# 거장처럼 써라

Write Like the Masters

**지은이_ 윌리엄 케인** William Cane
본명은 마이클 크리스티안(Michael Christian)이다. 뉴욕시립대학교(CUNY)와 보스턴 대학에서 영문학을 가르쳤다. 지금까지 여섯 권의 책을 펴냈는데, 세계적인 베스트셀러인 『나는 이런 키스를 하고 싶다 The Art of Kissing』를 비롯해서 『사랑의 탄생 순서 The Birth Order Book of Love』 등이 있다.

**옮긴이_ 김민수**
한국외국어대학교 사학과를 졸업하고 광고회사와 음반회사, 영화기획사에서 근무했으며, 현재는 펍헙 번역그룹에서 전문번역가로 일하고 있다. 옮긴 책으로는 『남자답게 사는 법』, 『미래 영어 사전』(근간)이 있다.


**거장처럼 써라**
글 윌리엄 케인 | 옮긴이 김민수 | 처음 펴낸날 2011년 2월 17일 | 4쇄 펴낸날 2013년 11월 20일 | 펴낸곳 이론과실천 | 펴낸이 김인미 | 등록 제10-1291호 | 주소 121-842 서울시 마포구 잔다리로 71 (서교동, 아내뜨빌딩) 503호 | 전화 02-714-9800 | 팩시밀리 02-702-6655

WRITE LIKE THE MASTERS ⓒ 2009 by William Cane
Originally published by Writer's Digest Books, an imprint of F+W Media, Inc., 4700 East Galbraith Road, Cincinnati, Ohio 45236. (800) 289-0963. First Edition.
All rights reserved.

Korean Translation Copyright ⓒ 2011 Theory & Praxis Publishing Co.
Korean translation edition is published by arrangement with Writer's Digest Books, an imprint of F+W Media, Inc. through PubHub Literary Agency.
이 책의 한국어판 저작권은 PubHub 에이전시를 통한 저작권자와의 독점 계약으로 도서출판 이론과실천에 있습니다. 저작권법에 의해 한국 내에서 보호를 받는 저작물이므로 무단 전재와 무단 복제를 금합니다.

ISBN 978-89-313-6031-8 03800

값 23,000원
• 잘못된 책은 바꾸어 드립니다.

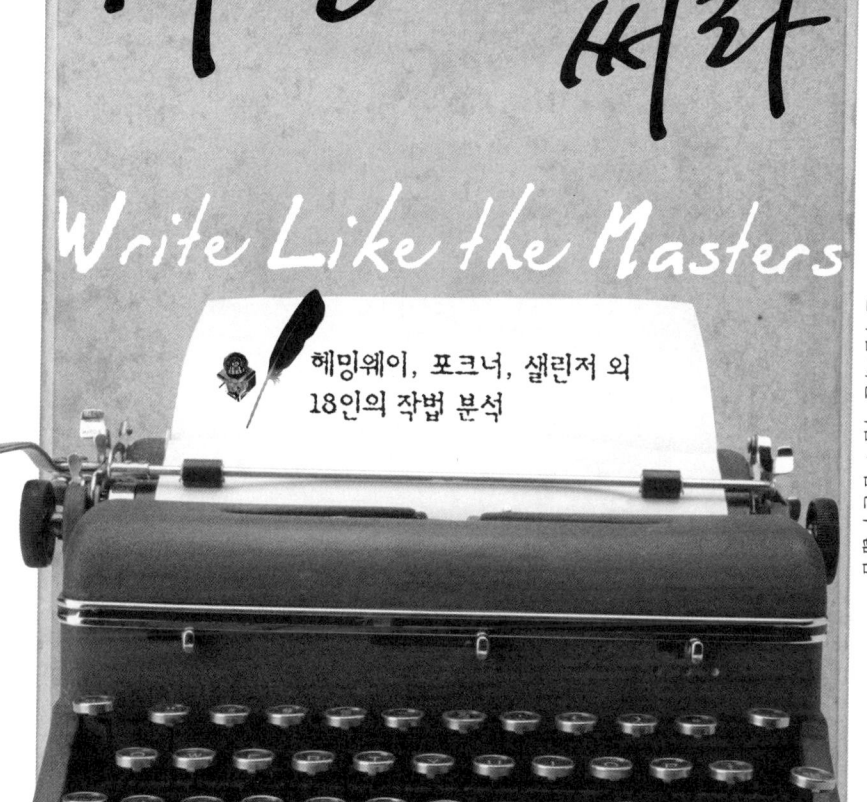

내 단어를 먹어치운 아내 마릴린과
내 원고지를 먹어버린 딸 케이트에게

**차례**

서문 • 9

1장  오노레 드 발자크처럼 써라 • 17

2장  찰스 디킨스처럼 써라 • 39

3장  허먼 멜빌처럼 써라 • 53

4장  표도르 도스토예프스키처럼 써라 • 71

5장  크누트 함순처럼 써라 • 91

6장  이디스 워튼처럼 써라 • 111

7장  서머싯 몸처럼 써라 • 131

8장  에드거 라이스 버로스처럼 써라 • 149

9장  프란츠 카프카처럼 써라 • 165

10장  D. H. 로렌스처럼 써라 • 185

11장  윌리엄 포크너처럼 써라 • 205

12장  어니스트 헤밍웨이처럼 써라 • 225

13장  마거릿 미첼처럼 써라 • 251

14장　조지 오웰처럼 써라 • 271

15장　이언 플레밍처럼 써라 • 291

16장　J. D. 샐린저처럼 써라 • 311

17장　레이 브래드버리처럼 써라 • 333

18장　플래너리 오코너처럼 써라 • 353

19장　필립 K. 딕처럼 써라 • 371

20장　톰 울프처럼 써라 • 389

21장　스티븐 킹처럼 써라 • 407


글을 마치며 • 422

감사의 글 • 426


참고문헌 • 430

찾아보기 • 453

# 서문

오늘날 수많은 사람들은 컴퓨터 자판 앞에서 자신의 머리를 쥐어뜯으며 이런 질문을 던지고 있다. "나는 왜 위대한 작가들처럼 쓰지 못할까?" 답은 간단하다. 당신도 그들처럼 쓸 수 있다. 그러나 먼저 분명하게 알아두어야 할 사실이 있다. 위대한 작가들은 당신이나 나와는 사뭇 다른 방식으로 작가수업을 받았다는 것이다.

안타깝게도 지난 80년 동안 작가들은 작법을 향상시키는 데 반드시 필요한 훈련 방법을 배우지 못했다. 반면 그들의 선배작가들은 그러한 훈련을 의당 거쳐야 할 과정으로 여겼다. 그것은 지금까지 작가들을 위해 개발된 가장 중요한 훈련 방법 중 하나였고, 덕분에 문학은 2천 년 동안 눈부신 결과물을 쏟아낼 수 있었다. 그랬던 이 방법이 어느 날 갑자기 대학의 교과과정에서 쏙 빠져버렸다. 위대한 작가들은 거의 예외 없이 이 방법을 공부했지만, 오늘날 작가를 꿈꾸는 사람들은 달라진 교육 시스템으로 인해 이러한 훈련 방법에 접근할 기회조차 얻지 못했을 것이다. 잃어버렸던 기술을 되찾고, 잊힌 이 기교를 연습할 수만 있다면 글쓰기는 어마어마하게 달라질 것이다. 초서와 셰익스피어, 밀턴과 포프, 스위프트와 T. S. 엘리엇, 그 밖의 수많은 작가들에게 일어났던 일이 당신에게도 일어날 것이다. 새로운 인생이 작품에 스며들고, 창의력은 폭발할 것이다.

위대한 작가들과 당신이 받은 교육의 가장 큰 차이는 무엇일까? 그 전에 먼저 이런 질문을 던져보겠다. 당신은 학창시절에 '독창성'이라는 단어를 얼마나 자주 들어보았는가? 새로운 작품을 쓰라거나 문학의 새로운 지평을 개척하라거나 자신의 목소리가 담긴 글을 써야 한다는 이야기를 얼마나 자주 들었는가? 보나 마나 표절을 죄악시하고 진정성을 추구해야 하며 무엇보다도 독창적인 글을 써야 한다는 잘못된 가르침을 귀에 못이 박히도록 들었을 것이다. 교수들은 "자네의 목소리를 듣고 싶단 말일세!"라는 말을 전가(傳家)의 보도(寶刀)처럼 틈만 나면 꺼내 들었을 것이다. 강의실에 쩌렁쩌렁 울려 퍼지던 그 주문들이 아직도 메아리가 되어 귓전을 맴도는 것 같다.

그렇다. 문제는 바로 그 목소리다.

어느 날 갑자기 허공에서 뚝 떨어진 위대한 작가란 없다. 어느 날 갑자기라니! 지나가던 소가 웃을 일이다. 기존의 작품을 연구하고 구조가 무엇인지 배우고 필수적인 기교를 연마하고 언어의 가능성에 대한 기본 감각을 충분히 익히고 난 후에야 비로소 뮤지컬코미디의 새로운 경지를 개척한 프레드 어스테어처럼 무거운 외투를 벗어던지고 종이 위에서 가볍고 자유롭게 탭댄스를 출 수 있다.

그렇다면 위대한 작가들과 당신이 받은 교육의 차이는 정확히 '무엇'인가? 그 얘기를 하기 전에 내가 왜 이 안타까운 현실에 관심을 갖게 되었는지부터 말하겠다. 법대에 진학하기 훨씬 전 나는 퀴퀴한 냄새가 배어 있는 도서관의 서가를 배회하고 다녔다. 토론 동아리의 회장을 맡고 있던 터라 다른 동아리와의 경쟁에서 뒤지지 않기 위해 가능한 한 많은 참고 자료를 모아야 했다. 틈만 나면 보스턴 대학의 후덥지근한 도서관 3층에 들러 정부 문서를 살펴보면서 몇 시간씩 서 있었다. 그러다가 이따금 머리도 식힐 겸 토론 동아리와 상관없는 자료를 뒤적거렸다. 당시 나는 대학 방송국에서도 일하고 있었는데, 내가 연출하는 라디오 드라마에서 써먹을 만한 자료를 찾을 수 있을까 해서였다. 하루는 한 책꽂이(실제로는 2층 3층으로 쌓아올린 책꽂이들)에서 고대 수사학과 관련된 책들을 발견했다. 세상에! 먼지를 뒤집어쓴 그 책들은 우리 대학 방송국에서 제작하는 통속 드라마에 요긴하게 쓸 수 있는 아이디어의 보고나 다름없었다. 물론 우리 방송을 꼬박꼬박 들어주는 열혈 학생은 몇 명 되지 않았지만.

무엇보다 놀라웠던 것은 작법 강좌에서 고대 수사학을 가르치는 대학이 단 한 곳도 없었다는 점이다. 적어도 내가 직접 알아본 대학들의 상황은 그랬다. 수사학은 스피치 커뮤니케이션(speech communication) 학과에서나 겨우 명맥을 유지하고 있었다. 거기서는 기껏해야 아리스토텔레스나 키케로, 퀸틸리아누스에 대해 따분한 강의를 몇 번 듣는 게 전부다. 이제 본론으로 돌아와 내 결론을 밝히자면 오늘날의 작법 교육에서 등한시되고 있는 과정은 바로 수사학이다. 현존하는 학자 중 이 분야에서 가장 뛰어난 업적을 이룬 인물로 꼽히는 에드워드 P. J. 코벳(Edward P. J. Corbett)은 실제로 수사학의 핵심 요소가 1930년 무렵부터 미국 교육에서 자취를 감추기 시작했다고 지적한다.[1]

수사학이 사라졌다고 치자. 그게 뭐 그렇게 큰일인 것처럼 호들갑을 떠는가? 수사학이란 결국 상대방에게 자신의 신념을 설득하려는 의미 없는 소음에 불과한 것 아니냐고 반문할지도 모르겠다. 물론 그럴 수도 있다. 하지만 수사학은 얄팍한 말싸움이나 정치 선전만을 위한 도구가 아니다. 수사학은 문체를 확립하는 방법에서 적절한 어휘를 사용하는 방법까지 아우를 만큼 폭이 넓다. 가장 순수한 형태의 수사학은 여기에 덧붙여 글을 전개하는 방법과 명료하고 예술적이며 흥미로운 소재를 선택하는 방법까지 가르쳐준다. 무엇보다도 수사학은 독자를 처음부터 끌어들여 정신 못 차리게 쥐고 흔들다가, 마지막 장을 덮을 때까지 잠시도 책에서 눈을 뗄 수 없게 만드는 방법을 가르쳐준다. 그런 기술을 얻을 수 있다면 누구인들 수사학 배우길 망설이겠는가!

이제 나는 수사학의 한 가지 측면을 소개하고자 한다. 이 작은 기교는 말 그대로 당신의 작가 경력을 어둠에서 구원해줄 것이다. 수사학은 당신의 문체에 새로운 힘과 활기를 불어넣고, 위대한 작가들이 지녔던 것과 똑같은 목소리를 당신에게 선사할 것이다. 이 책에는 아주 오래 전부터 전해 내려온 방법인 '모방'이라는 고전적 수사학의 테크닉으로 가득하다. 그렇다. 이 책은 모방에 관한 책이다. 현대 교육만을 놓고 보자면 모방은 지도에서 삭제되었고 바닥에 내팽개쳐졌으며 지구상에서 사라진 작법 훈련이다.[2] 그러나 아리스토텔레스와

---

1) Edward P. J. Corbett, *Classical Rhetoric for the Modern Student*, 2nd ed, New York:Oxford University Press, 1971, pp. 32-33, 627.
2) 한 몸에 존경을 받는 어느 현대 작가가 지적했듯이 "18세기에는 모방이 글쓰기를 가르치는 주된 방법이었다." (John Gardner, *On Becoming a Novelist*, New York:Harper & Row, 1983, p. 26.)

키케로를 비롯해 수많은 위대한 작가들은 모방이야말로 작가가 문학적 기교를 배울 수 있는 가장 효과적인 수사학적 장치라는 점에 이견을 달지 않았다.[3]

모방이라니, 진리치곤 너무 단순한가? 비틀즈나 비치 보이스를 생각해보라. 혹은 당신이 지금 아이팟으로 듣고 있는 뮤지션들은 어떤가? 그들은 모두 선배 뮤지션들의 노래를 베끼면서 숙련된 뮤지션으로 성장했다. 간단히 말해 다른 뮤지션들의 음악을 모방하면서 자신의 경력을 쌓기 시작한 것이다. 그런 과정을 통해 기본기를 닦은 후에야 비로소 자신만의 독창적인 음악을 만들어내는 긴 여정에 오를 수 있었다. 작가들이라고 뮤지션들처럼 하지 말라는 법이 있는가? 대체 왜 작가들에겐 모방부터 가르치지 않는가? 이것이 바로 모방이라는 고전적 기교가 전하는 교훈이다.

이 책에서 전하고자 하는 것도 모방이다. 누구나 위대한 작가를 모방할 수 있다. 모방하는 동안 거장의 문체를 구성하는 요소들이 자연스레 내 문체 속으로 흡수되어 노래처럼 부드러운 작품이 탄생할 것이다. 나는 모방이라는 수사학 장치가 당신의 작가적 역량을 크게 향상시킬 것이라고 믿는다. 모방은 밀턴과 멜빌, 플로베르와 포크너, 디킨스와 셰익스피어를 키웠다. 더 중요한 사실은 모방을 통해 다른 작가들에게서 배우지 않는다면 당신은 작가로서의 잠재력을 충분히 펼쳐 보일 수 없다는 점이다.[4]

---

[3] 실제로 키케로는 모방을 수사학의 첫 번째 원칙으로 꼽았다.(James J. Murphy, Richard A. Katula, Forbes I. Hill, and Donovan J. Ochs, *A Synoptic History of Classical Rhetoric*, Philadelphia:Lawrence Erlbaum Associates Inc., 2003, p. 172.)

이 책에서 소개하는 방법은 오랜 세월을 통해 검증을 거친 것들이다. 오늘날 작가들이 학교에서 접해보지 못한 이 방법을 통해 작품의 질은 물론 글쓰기 실력이 몰라보게 향상되고 기적 같은 효과를 낳을 것이다. 굼벵이처럼 지루하게 흘러가던 문장이 샐린저와 헤밍웨이의 문체로 바뀔 것이다. 위대한 작가들은 마치 글을 쓰는 것이 세상에서 가장 쉬운 일이라는 듯 나비의 날개처럼 가볍게 펜을 움직여 써내려 간다. 이 책에 나온 기교들은 이전에 배웠던 어떤 것과도 분명히 다를 것이다. 수년 동안 학생들을 지도해온 영문과 교수로서 이 방법의 효과를 확신한다. 책의 마지막 장을 덮고 나면 내 말에 동의하리라.

이 책은 학교에서 배우지 못한 부분을 채워준다. 나는 스물한 명의 위대한 작가들과 그들의 작품을 분석하면서 모방이라는 고전적 방법을 소개하려고 한다. 이러한 방법을 당신의 작품에 어떻게 적용하면 좋을지도 구체적으로 언급할 것이다. 화가들이 구도나 색조, 분위기를 결정하는 데 필요한 각각의 요소를 익혀 자기 것으로 만들듯 이 책을 통해 당신은 핵심적인 기교들을 하나하나 접하게 될 것이다. 무엇보다도 글의 리듬과 캐릭터 묘사, 이야기 전개와 같은 필수 요소를 익히게 될 것이다. 이런 과정을 거치며 작법 기술과 재능을 발전시킬 수 있고, 위대한 작가들이 그들보다 앞선 세대의 거장들에게 배웠듯

---

4) 많은 위대한 작가들은 단순히 모방에 그친 것이 아니라 모방의 위대함을 찬미했다. 그들은 모방이 자신의 작품에 큰 도움을 주었다는 사실을 거리낌 없이 인정했다. 한 예로 단테는 "완벽에 도달하려면 과거 위대한 시인들의 작품을 베껴야 한다."고 말했다.(Barbara Reynolds, *Dante: The Poet, the Political Thinker, the Man*, London:I.B. Touris, 2006, p. 59.)

이 책의 거장들에게서 작법의 기술을 물려받을 것이다.

이 책의 최종 목적은 당신을 위대한 작가들의 복제 작가로 만들려는 것이 아니다. 그들이 위대해질 수 있었던 비결을 배우는 이유는 말할 것도 없이 독창적인 문체와 목소리로 자신을 표현하기 위해서다. 일단 모방을 통해 창작의 도구들을 완벽하게 내 것으로 만들어 놓는다면 이 결정적인 창작의 도구를 몰랐을 때는 꿈도 꿀 수 없었던 방식으로 작가 내면의 목소리를 밖으로 끌어낼 수 있다.

오래전 도서관에서 먼지 쌓인 책들을 처음 발견했을 때부터 줄곧 하고 싶었던 말이 있다. 자신 있게 말하지만, 이 책을 선택한 당신은 경쟁자들보다 몇 년 더 앞서갈 수 있는 기회를 잡은 것이다. 책을 다 읽고 난 뒤 배운 것을 하나하나 자신의 글에 적용해 기쁨과 즐거움, 발견의 짜릿함으로 가득한 순간을 만끽하길 바란다.

**오노레 드 발자크** | 주요 작품 『고리오 영감』, 『외제니 그랑데』
성공 가도를 달리면서 문장은 점점 더 엉망이 되었다. 하지만 발자크는 문장을 가다듬는 대신 줄곧 이야기를 더 복잡하게 비틀고 더 많은 글을 쓰는 데만 신경을 썼다.

[ 1장 ]

## 오노레 드 발자크처럼 써라

*Honoré de Balzac*

발자크는 어설픈 작가였다. 문장은 매끄럽지 못하고, 표현은 세련되지 못했으며, 문체도 매력적인 것과 거리가 멀었다. 그런데도 그는 작가로서 대단한 성공을 거두었다. 그 이유를 어떻게 설명해야 할까?

답은 발자크가 지녔던 또 다른 재능들에 있다. 그의 소설은 사실주의적 인물로 가득 차 있고 구성이 복잡하게 얽혀 있으며 로맨스로 풍성하다. 때문에 독자는 발자크의 촌스러운 문장쯤은 별로 문제 삼지 않았다. 그런 것을 문제 삼기는커녕 독자들은 외젠 드 라스티냐크와 고리오 영감, 외제니 그랑데를 비롯한 수많은 등장인물들에게 무슨 일이 일어났을지 궁금해 하며 페이지를 넘기기에 바빴다. 발자크가 만들어낸 허구 속의 등장인물들은 마치 살아 숨 쉬는 사람처럼 생생하게 독자에게 다가갔다. 발표한 문학작품의 양으로만 보자면 발자크는 프랑스 최고의 작가였다. 소재의 방대함만을 놓고 봤을 때 그를 따라올 사람은 없었다. 작가가 아닌 한 사람의 인간으로서는 둘째가라면 서러워할 난봉꾼이었고, 사소하지만 괴상한 잘못을 수도 없이 저질렀다. 당대에 가장 많은 원고료를 받는 작가였으나 방탕한 생활로 쉽게 돈을 탕진해버려 무일푼의 가난한 작가로 전락하기 일쑤였다. 그는 프랑스 문학의 선봉에 서 있었으나 여러 면에서 기이하고 천박하며 자기중심적인 인물이었다. 앞으로 살펴보겠지만, 바로 이 점이 그의 작품을 이해하는 핵심 열쇠이므로 큰 성공을 거둔 그의 작법을 당신의 글에 적용시키려 할 때에도 중요한 지표로 삼을 만하다.

발자크는 1799년 집안의 장남으로 태어났다. 밑으로는 그가 몹시 아끼는 두 명의 여동생이 있었다. 법학을 공부한 발자크는 카프카와 마찬가지로 법률가 생활이 따분하다는 것을 일찌감치 깨달았다. 그는 아버지의 협박과 애원에도 불구하고 법률가의 길을 포기하고 작가의 길로 들어섰다. 욕심으로 똘똘 뭉친 야심가답게 무모한 사업들을 벌였다가 실패만 거듭했던 발자크에겐 글을 쓰는 것 외에 다른 대안이 남지 않았다. 글은 그에게 부를 가져다주었다. 실제로 발자크는 몇 번이고 부자가 될 만큼 큰돈을 벌었다. 그러나 어느 전기 작가가 말했듯 발자크는 방탕한 천재였다. 글을 써서 번 돈을 장갑이나 값비싼 옷을 사는 데 쏟아붓거나 소설 속 등장인물들이 그랬듯 귀족 가문 여인들의 환심을 사는 데 마구 뿌려댔다. 결국 발자크는 죽는 날까지 빚에 쪼들리며 살아야 했다. 이 책에 수록된 모든 작가 중 가장 낭만적이라고 해도 과언이 아닐 만큼 구제불능의 낭만주의자였던 발자크는 많은 여인들과 염문을 뿌리고 다녔다. 그중에 고급 창녀였던 올랭프 펠리시에(Olympe Pélissier)도 있었다. 그녀의 삶과 그녀가 친분을 나눈 유명 인사들에 관한 이야기는 발자크의 많은 소설에 소재를 제공했다.[1] 발자크는 여러모로 매우 현대적인 작가였으며, 그의 문학적 감성은 오늘날에도 여전히 독자들의 가슴에 반향을 일으킨다.

## 투박한 문체를 극복하는 법

처음부터 끝까지 매끄럽지 못하고 더듬거리는 듯한 문체를 견딜 수 있는 독자는 많지 않다. 아무리 아이디어가 좋다 한들 문장이 따분하고 서툴고 덜커덕거린다면 좋은 평가를 받지 못할 것이다. 훌륭한 작가라 하더라도 매끄러운 문장을 만들기 위해 항상 노력해야 하는 이유다. 문장 구성의 요령을 배우고, 끊임없이 수정하고, 마음을 열고 편집자의 제안에 귀를 기울여야 한다. 다시 말해 글이 어떤 리듬을 타고 흘러갈 수 있도록 작가가 할 수 있는 모든 노력을 기울여야 한다. 당신의 글이 독자의 귀에 음악처럼 들릴 수 있을 때까지 노력을 멈춰서는 안 된다. 그래야만 설령 이야기가 늘어지는 경우가 있더라도 독자는 읊기 편한 시처럼 매끄러운 글을 읽을 수 있을 것이다.

발자크의 작가 경력은 조금은 장난처럼 시작되었다. 어설픈 문체도 그런 과정에서 비롯되었다. 사업에 잇달아 실패하고 생계 수단을 찾고 있던 발자크는 어느 젊은이들 모임에 흥미를 느꼈다. 이들은 공동으로 책을 써서 수익이 생기면 공평하게 나눠 갖기로 하고 여러 출

---

1) Noel Gerson, *The Prodigal Genius: The Life and Times of Honoré de Balzac*, Garden City, N.Y.:Doubleday, 1972, pp. 103-104.

판사에 자신들의 작품을 팔고 있었다. 이들의 성공을 지켜본 발자크는 여동생에게 자기도 글을 써보겠다고 말했다. 한 가지 차이가 있다면 그는 혼자 책을 쓰고 수익금도 혼자 챙기겠다는 것이었다. 그는 미친 사람처럼 일했고, 무시무시한 속도로 글을 써나갔다.

발자크는 작가로서 자신의 미래를 좌우할 재능을 발견했다. 바로 말하는 것만큼이나 빠르게 글을 쓸 수 있었던 것이다. 그 속도는 가히 상상을 초월했다. 한번 펜을 들었다 하면 잠을 자는 것도 잊은 채 작업에만 매달려 2, 3주에 중편 연애소설 한 편을 완성할 정도였다. 발자크는 마치 쏟아지는 검은 빗줄기처럼 교정을 볼 틈도 없이 빠르게 원고를 써 내려갔고, 이삼 일이면 까마귀 깃털이 달린 펜이 열 개나 닳아 없어지는 것을 자랑스러워했다. 그럼에도 그의 머릿속에는 손이 따라갈 수 없을 만큼 무수한 이야기들이 끊임없이 떠올랐다. 자신의 글이 사람들에게 어떻게 읽힐지 따위는 신경 쓰지 않았다. 그는 자기 안의 것들을 거르지 않고 그대로 쏟아내겠다고 말했다. 발자크의 아버지는 감탄했으나, 어머니는 아들의 글에 소름이 끼쳤다. 문법과 문체를 금과옥조로 여기며 자란 그녀에게 아들이 쓴 형편없는 문장은 충격적이었다. 성공 가도를 달리면서 그의 문장은 점점 더 엉망이 되어갔다.[2]

혹시 당신의 글 속에도 투박한 문장의 요소가 들어 있는가? 문장이

---

2) V. S. Pritchett, *Balzac*, New York:Knopf, 1973, pp. 51-52.

오노레 드 발자크처럼 써라

음악처럼 들리는 일이 별로 없는가? 종종 문장이 한없이 무디고 무겁게만 느껴지는가? 그렇더라도 용기를 잃지 않기 바란다. 물론 그러한 결점을 고치려는 노력은 필요하다. 그러나 그 결점이 글쓰기를 중단해야 할 만큼 절대적인 것은 아님을 명심하라. 발자크는 서툰 문장 때문에 글쓰기를 멈춘 적이 없다.

이 자리에서 발자크의 문장이 얼마나 엉망이었는지 예를 드는 것은 별 의미가 없다. 그의 모든 작품은 프랑스어로 쓰였고, 대부분의 영어권 독자들은 영어로 번역된 발자크의 작품을 읽는데, 번역가들이 지저분한 구문과 장황한 문장을 영어로 옮기기 위해 골머리를 앓는 과정에서 발자크의 글은 원작보다 훨씬 매끄러운 문장으로 바뀌는 경우가 흔하기 때문이다. 게다가 셀 수 없이 많은 발자크의 투박한 문장들을 일일이 살펴본다고 해서 상상력이 자극을 받거나 글쓰기에 대한 열정이 되살아나 하루아침에 발자크처럼 놀라운 속도로 펑펑 글을 쏟아낼 수 있는 것도 아니다. 그러나 한 가지 분명한 사실은 투박한 문체가 발자크의 성공을 가로막지 못했다는 것이다. 그는 문체를 가다듬는 데 시간을 들이는 대신 이야기를 더 복잡하게 비틀고 더 많은 글을 쓰는 데만 신경을 썼다. 특히 첫 번째 소설을 준비하는 초보 작가라면 발자크의 예에서 용기를 얻을 수 있을 것이다.

좋다, 단어들이 빚어내는 음악 소리를 가려낼 수 있는 귀가 없다고 치자. 단지 그 이유만으로 당신은 작가가 되려는 노력을 중단하려 하는가? 말도 안 되는 소리다! 음악 소리를 가려낼 수 있는 귀 따위는 잊어버려라. 그것 없이도 당신에겐 초고를 완성할 수 있는 동력이 얼마든지 있다. 자리에 앉아 펜을 들어라. 그리고 뒤돌아보지 마라. 소설을 쓸 때 가장 큰 어려움 중의 하나는 바로 초고를 완성하는 일이다. 이 점에 관한 한 발자크만큼 당신에게 용기를 북돋아주는 작가는 없다. 그가 도움이 되지 않는다면 아무도 당신을 도울 수 없다.

때로는 서툰 문체도 시간이 지나면서 나아진다. 많이 쓸수록 잘 쓰게 되는 것은 명백한 진리다. 매일 네 시간에서 여섯 시간씩 책상 앞에 앉아 혼신의 힘을 다해 글을 쓴다면 글솜씨가 나아지지 않을 리 없다. 블로그를 만들어 자신의 작품을 화면에 띄워보자. 단순한 아이디어도 좋고 두서없는 생각이나 장별 요약도 상관없다. 뭐든지 블로그에 올려라. 아무것도 아닌 것 같지만 이런 방법으로도 글쓰기 실력은 분명히 향상된다. 어느 유명한 작법 강사는 자신의 학생들 대다수가 문장에 결점을 갖고 있다고 내게 털어놓았다. "그들은 단어에서 흘러나오는 음악이나 문장의 리듬, 단어가 소리를 빚어내는 방식을 이해하지 못해요. 글쓰기에 필요한 박자와 반복을 전혀 모르고 있어요." 안타까운 일이지만 이는 결코 쉽게 배울 수 있는 것들이 아니다. 최선의 방법은 직접 많이 써보는 것뿐이다. 우리가 발자크에게서 배울 수 있는 점 중의 하나가 바로 이것이다. 가능한 한 많이 써라.

## 감정을 표현하는 수식어구 활용하기

당신도 발자크처럼 문장에 약점이 있는 작가인가? 그렇다면 발자크가 그랬듯 자신만의 장점을 이용하여 이러한 약점을 보완할 수 있다. 발자크는 감정 묘사의 대가였다. 그의 글엔 감정을 표현하는 수식어구(emotional tags)가 주렁주렁 매달려 있다. 그는 등장인물의 시시콜콜한 느낌 하나까지도 놓치려 하지 않는다. 『고리오 영감 *Père Goriot*』(1834)에서 발자크는 주인공 외젠 드 라스티냐크의 마음을 집요하게 파고들어 그의 감정을 드러낸다. "자작 부인 집에서의 저녁 식사는 *그가 손꼽아 기다려온 기쁨*을 선사했다. 덕분에 그를 짓누르던 *우울했던 기분*도 언제 그랬냐 싶게 모두 사라져버렸다."[3] 발자크는 내가 이탤릭체로 강조한 저 두 부분처럼 감정을 언급한 표현으로 문장을 꽉 채운다. 글에 힘을 싣고 싶다면 발자크처럼 감정을 표현하는 수식어구를 집어넣어라. 그렇게 하면 독자들은 문체의 사소한 결함이나 문장의 자잘한 실수쯤은 못 보고 지나치기 쉽다.

감정을 표현하는 수식어구는 『고리오 영감』에 더없이 완벽하게 들어맞는 도구였다. 소설은 신분 상승을 꿈꾸는 청년 외젠 드 라스티냐크를 중심으로 펼쳐진다. 그는 주로 귀족 가문 여인들과의 관계를 이용해 사회 계층의 사다리를 한 계단씩 올라간다. 라스티냐크 속에는 귀족 가문의 여인들과 항상 좋은 관계를 유지했던 작가 자신의 모습이 투영되어 있다. 때로는 경박하고 때로는 속을 알 수 없는 인물로, 진흙탕 같은 하층 신분에서 벗어나겠다는 목표를 마음에 품고 있다. 신분 상승의 꿈을 이룰 수 있다면 어떤 여자와도 잘 준비가 되어 있는 속물이지만 그도 자신과 한 약속 한 가지는 꼭 지키려 한다. 범죄자인 보트랭의 충고를 거부하는 데서 잘 드러나듯, 출세를 위해 어떤 짓이든 할 수 있지만 살인만은 저지르지 않겠다는 약속이다.

---

[3] Honoré de Balzac, *Père Goriot and Eugénie Grandet*, translated by E. K. Brown, Dorothea Walter and John Watkins, New York:Modern Library, 1834, p. 123.

발자크는 라스티냐크가 저녁 외출을 준비하는 장면에서 자신의 매력적인 모습을 바라보며 자아도취에 빠진 한 청년의 기쁨을 감정을 표현하는 수식어구를 사용하여 묘사한다. "사람들의 비웃음이 두려워 다른 젊은 남자들은 감히 표현하지 못하는 *아주 사소한 기쁨까지*도 외젠은 *거리낌 없이* 표출했다. 덕분에 귀족들의 허영심을 채워줄 수 있었다." 이후 무도회장에서 뉘싱겐 남작 부인을 차지한 라스티냐크가 자만에 빠져 있을 때도 발자크는 감정을 직접 드러내 보인다. "그는 처음으로 *의기양양한 기쁨*에 사로잡혔다."[4]

이쯤에서 어떤 패턴이 눈에 띄지 않는가? 감정을 표현하는 수식어구가 풍부함에도 불구하고 발자크의 문장은 여전히 세련됨과는 거리가 멀다. 등장인물의 감정을 묘사할 때 발자크가 사용하는 단어를 보면 절반가량은 같은 단어다. 기쁨! 기쁨! 기쁨! 발자크의 수법을 눈치챈 독자라면 그가 자신의 보폭을 고집스레 지키며 걸어가고 있다는 사실을 알 수 있을 것이다. 북소리에 맞춰 행군하는 군인처럼 발자크는 등장인물의 감정을 규칙적으로 반복한다. 이런 규칙적인 반복이 독자에게 발각된다면 비웃음을 사기 딱 좋다. 그러나 발자크는 마치 물방울이 일정한 시간 간격을 두고 한 방울씩 양동이에 떨어지듯 감정의 규칙적인 반복을 여러 페이지에 흩어놓음으로써 독자가 의식할 수 없게 만든다. '반복'이라는 장치의 단순한 본질을 꿰뚫어보는 사람은 오직 평론가와 초보 작가들뿐이다. 그렇다, 본질은 단순하다.

---

[4] 위의 책, p. 154.

그렇다면 반복은 정말 효과적일까? 성공적일까? 문맥 속에서 사용되었을 때 훌륭한 결과를 가져올까? 물론이다! 반복은 엄청난 성공을 가져다준다. 반복이야말로 세대를 뛰어넘어 많은 비평가들이 발자크의 작품을 치켜세우는 이유의 하나이다. 문장의 투박함 따위가 무슨 문제인가. 비평가들은 현실에서 바로 튀어나온 듯한 등장인물의 생생함과 사실성, 자연스러움에 탄성을 내뱉는다. 감정을 표현하는 수식어구는 하나의 작은 도구에 불과하고 반복이라는 장치는 단순한 데다 눈에 잘 띄지도 않는다. 당연히 이 두 가지만으로 위대한 작품을 쓸 수는 없다. 그러나 등장인물의 펄떡거리는 생동감과 인간성의 본질은 이 작은 기교만 잘 활용해도 충분히 전면에 드러날 수 있다. 감정을 표현하는 수식어구와 감정의 반복은 발자크의 작가 경력을 빛낸 일등공신이라 해도 지나치지 않다.

현대 문학에서 감정을 표현하는 수식어구 사용은 확고한 위치를 차지하고 있다. 필요할 때마다 들춰볼 수 있는 수식어구 모음집까지 따로 있을 정도가 아닌가. 우아하고 독창적인 수식어구가 필요하지만 너무 피곤하여 머리가 돌아가지 않을 때는 수식어구 모음집을 한 권 구입하여 유의어 사전이나 용어집을 보듯 참고할 수 있다.[5] 이런 모음집이 19세기에 있었다면, 보나 마나 발자크는 종이가 닳도록 수식어구 모음집을 끼고 살았으리라. 그러나 발자크가 전하는 가르침도 그런 모음집에 결코 뒤지지 않을 것이다. 발자크의 첫 번째 조언

---

[5] 최고의 수식어구 모음집 중 하나는 Jean Kent and Candace Shelton, *The Romance Writer's Phrase Book*이다.

은 수식어구는 반드시 감정을 묘사하는 데 사용해야 한다는 것이다. 감정이 격해질수록 수식어구의 효과도 더욱 강력해진다. 보트랭이 라스티냐크의 앞길에 방해가 되는 누군가를 살해했다는 사실이 드러나자 라스티냐크는 깊은 죄책감에 빠진다. 발자크는 강렬한 언어를 동원한 감정을 표현하는 수식어구로 라스티냐크의 심정을 멋지게 묘사한다. "라스티냐크는 상쾌한 공기를 한껏 들이마시고 싶어 밖으로 나갔다. 질식할 것처럼 숨이 막혀왔다." 밖으로 나간 라스티냐크가 뤽상부르 공원에 다다랐을 때 발자크는 이렇게 덧붙인다. "한 무리의 개들이 쫓아오고 있다고 생각했다."[6] 이것은 심연(深淵)이다. 가장 밑바닥에서 올라오는 감정이며, 비관의 알맹이다. 발자크는 이 순간을 잡아내기 위해, 인간의 마음이라는 지도 위에서 고동치는 맥박을 잡아내기 위해 감정을 표현하는 수식어구를 사용한다. 우리는 발자크에게서 많은 것을 배울 수 있다. 이후 라스티냐크의 감정이 고조되고 영혼이 생기를 되찾고 기쁨이 절정에 달했을 때 다시 감정을 표현하는 수식어구가 등장하고 있는 점에 주목하라. "라스티냐크는 델핀을 바짝 끌어당겨 있는 힘껏 껴안았다. 그의 눈에서 행복의 눈물이 흘러내렸다. 하루 종일 *머리와 마음을 짓누르던 근심 때문에* 라스티냐크는 *제정신이 아니었다*. 조금 전까지 바라보던 세상과 지금 눈앞에 있는 델핀, 두 세상은 너무나 극명하게 달랐다."[7] 감정 묘사에서 대가다운 면모를 최초로 보여준 발자크를 통해 알 수 있듯이 감정을 표현

---

6) Balzac, 앞의 책, p. 198.
7) 위의 책, p. 213.

하는 수식어구는 감정의 기복을 강조하는 역할을 한다.

등장인물이 강렬한 감정에 휩싸일 때 수식어구는 생기를 불어넣고 잔잔하던 이야기에 확실한 재미를 준다. 고통의 심연을 파헤치고 기쁨의 절정을 추구하는 발자크의 작품을 통해 글쓰기에서 무엇이 가장 효과적이고 가치 있는 것인지를 느껴야 한다. 감정의 한계에 다다를 때마다 우리는 수식어구에 의지할 수 있다. 이야기가 정상적인 속도로 흘러가거나 일상적인 일들이 일어나고 있을 때는 굳이 수식어구가 필요 없다. 그러나 이야기에 속도가 붙고 등장인물이 분노, 교만, 자만, 갈망, 사랑, 시기, 증오와 그 밖의 중요하고 강렬한 감정에 휩싸이기 시작하는 순간이 오면 잠잠하던 이야기의 돛을 뒤집을 바람과 독자를 위한 수식어구를 아끼지 말고 사용해야 한다. 만약 감정을 표현하는 수식어구를 몇 가지 갖고 있다면 전혀 없는 것보다는 나을 것이다. 스스로 독창적인 수식어구를 만들어낼 수 있다면 금상첨화다. 그러나 근사하고 독창적인 수식어구가 머릿속에 떠오르지 않는다고 좌절할 필요는 없다. 발자크도 당신과 크게 다를 바 없었다. 하지만 그가 이룬 것을 보라! 간결하면서 기지 넘치는 대사에 대한 열망과 타고난 재능을 지녔던 발자크는 감정을 표현하는 수식어구가 머릿속에 떠오르는 즉시 재빨리 낚아챘다. 물론 더 그럴듯하게 다듬거나 다른 표현으로 발전시키기 위해 되돌아보는 일은 없었다. 처음 머릿속에 떠오른 그대로 놔두었다. 쇠는 반드시 뜨겁게 달궈졌을 때 내리쳐야 한다. 영감이 떠오른 순간을 놓치지 마라. 한두 개의 멋진 문장 전환으로 독자의 뇌리에 못을 박아라. 독자가 등장인물의 마음속을 환히 들여다볼 수 있도록 수식어구라는 등불을 내걸어라.

## 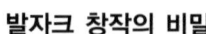 발자크 창작의 비밀

왕성한 창작력과 마르지 않는 아이디어를 자랑한 발자크였지만 그도 습관의 동물이었다. 매일매일 반복되는 똑같은 일상이야말로 그가 성공을 거둘 수 있었던 가장 큰 요인이었다. 발자크는 자신을 외부세계와 격리시키고 창작에만 전념하고자 했다. 이를 위해 그가 선택한 방법은 두 가지다. 하나는 블라인드를 친 방에서 살았던 것이고,[8] 또 하나는 모두 잠든 한밤중에 작업을 한 것이다. 끊임없이 집중력을 방해하는 세상과 거리를 두어라. 성공한 작가들은 대부분 이 방법을 택했다. 조셉 콘래드(Joseph Conrad)는 자신을 방에 가두었고, J. D. 샐린저(Salinger)는 콘크리트 벙커에 들어가 글을 썼으며, 이언 플레밍(Ian Fleming)은 자메이카의 은신처에 틀어박혀 007 시리즈를 완성했다. 소란스러운 대중과 격리되지 않으면 글쓰기 작업은 세상의 혼란에 방해받기 쉽다. 그러나 발자크에겐 세상과의 격리보다 더 중요한 창작의 비밀이 있었으니, 바로 커피였다.[9] 그는 밤에 작업을 하는 동안 맑은 정신을 유지하기 위해 끔찍할 정도로 검고 진한 커피를 커피포트에 가득 채워놓고 밤새도록 마셨다. 커피를 너무 좋아한 나머지 흥분제에 관한 어느 과학 논문에는 커피를 찬미하는 글을 기고

---

[8] 발자크가 살던 바스티유 13번지의 아파트에 들어오려는 방문객은 비밀번호가 필요했다. 덕분에 발자크는 빚쟁이의 접근을 막을 수 있었고 사생활도 보호할 수 있었다. 발자크는 이 아파트 2층에 살았다.(André Maurois, *Prometheus: The Life of Balzac*, translated by Norman Denny, New York:Carroll & Graf Publishers, 1965, p. 273.)

[9] Gerson, 앞의 책, p. 162. 또는 Marcus Boon, *The Road of Excess: A History of Writers on Drugs*, Cambridge, Mass: Harvard University Press, 2002, p. 174.

하기도 했다.[10] 그는 이렇게 고백했다. "커피는 내 삶의 위대한 원동력이다. 나는 커피의 위대한 효과를 몸으로 느끼고 있다."[11] 커피가 그를 깨어 있게 했고, 글을 쓰게 만들었다. 커피는 창작력을 자극했으며 생각을 정리할 수 있게 도와주었다. 때로는 너무 많은 아이디어가 쏟아져 나와 일일이 손으로 옮겨 적기 힘들 정도였다. 발자크의 손은 정신없이 원고 위를 질주했고, 무서운 속도로 새로운 소설을 완성해나갔다.[12]

글을 쓰려면 발자크처럼 커피에 탐닉해야 한다고 말하려는 게 아니다. 진한 커피를 밤새 들이키라는 이야기는 더더욱 아니다. 커피가 발자크에게 영감을 불어넣은 것은 사실이지만 언젠가 발자크 자신도 인정했듯이 커피를 많이 마시면 "속이 타는 듯 쓰라리다." 실제로 말년의 발자크는 커피로 인해 온갖 위장병에 시달렸으며, 의사에게서 커피를 줄이라는 경고까지 들어야 했다.[13] 요컨대 작가로 성공하려면 두 가지 조건이 전제되어야 한다. 바로 사람들로부터의 격리와 집중이다. 의지력을 발휘하거나 명상을 통해서, 아니면 누트로픽(nootropic)[14]의 힘을 빌려서라도 격리와 집중을 쟁취하는 것은 많은

---

10) Honoré de Balzac, *Traité des Excitants Modernes*, Paris:Éditions du Boucher, 1838, p. 198.
11) Honoré de Balzac, "The Pleasures and Pains of Coffee", translated by Robert Onopa, *Michigan Quarterly Review*, vol. XXXV, no. 2, spring 1996, p. 273.
12) 미국 작가 아인 랜드(Ayn Rand, 1905~1982)는 밤에 작업을 하기 위해 각성제인 암페타민을 복용했다는 이야기도 있다.(Nathaniel Branden, *Judgement Day: My Years With Ayn Rand*, Boston:Houghton Mifflin, 1989, p. 348.)
13) 발자크가 비교적 이른 나이인 51세에 세상을 떠난 데는 커피를 너무 많이 마신 것도 한 원인이 되었다.(Boon, 앞의 책, p. 175.)

작가들에게 필수적이다.

 **발자크는 어디에서 아이디어를 얻었을까**

발자크는 자신의 실제 삶에서 끌어낸 이야기를 소설 속 주인공들의 성적(性的) 무용담으로 변형시켰다. 발자크의 주인공들은 대개 이제 막 성인의 문턱에 들어서기 시작한 젊은 청년이거나 가진 것 없이 혼자 힘으로 존경과 권력을 누리는 자리에 오르기 위해 귀부인들과 좋은 관계를 맺으려 노력하는 청년, 세상의 주목을 갈망하며 유명해질 수만 있다면 어떤 일도 마다하지 않을 청년 들이다. 라스티냐크가 살인의 유혹을 거부한 것은 그가 정직한 청년이어서가 아니다. 정직하기는커녕 라스티냐크라는 이름은 오늘날까지도 프랑스에서 출세주의자의 허영과 공격성, 탐욕의 상징으로 인식되고 있다. 이는 발자크의 인물 묘사는 물론 발자크의 자아가 시대를 초월하여 영향을 끼치고 있다는 명백한 증거이다.

『일곱 가지 기본 플롯 *The Seven Basic Plots*』(2004)을 쓴 크리스토퍼 부커(Christopher Booker)는 라스티냐크에 관한 이야기가 17세기의 도덕적 이야기에서 탈피한 새로운 시도라고 지적했다. 그러나 내가

---

14) 머리를 좋게 하는 약으로도 알려진 누트로픽은 인지 기능과 뇌 기능을 향상시키는 보충제의 한 종류다. 미래학자 레이 커즈와일(Ray Kurzweil)은 『노화와 질병: 레이와 테리의 건강 프로젝트 *Fantastic Voyage : Live Long Enough to Live Forever*』에서 커피를 비롯하여 차(茶), 후페리진(huperzine), 프레그네놀론(pregnenolone) 등을 누트로픽으로 꼽았다. 차나 후페리진, 프레그네놀론 등은 커피보다 효과가 좋고, 부작용이 적다.

볼 때 라스티냐크는 17세기뿐 아니라 셰익스피어와 단테, 더 멀게는 고대 그리스인들과 호메로스(Homer)에서부터 시작된 오랜 문학적 전통과의 단절을 의미한다. 발자크 이전 문학에서는 도덕과 교훈이 빠지면 이야기가 될 수 없었다. 주인공은 다양한 단계를 거치며 성장하고 인격적으로 성숙하다가 결국에는 자신의 적을 물리치고 인간이란 무엇인가에 대한 소중한 가치를 깨닫는 것으로 대미를 장식했다(비극적 주인공은 제외한다). 발자크는 이러한 도덕이나 교훈을 무시했다. 자기중심적 이야기와 감상주의를 전면에 내세워 소설의 근본적 변화를 주도하며 현대소설 전반에 영향을 미쳤고, 이러한 특징은 오늘날 할리우드를 규정하는 색깔이 되었다. 뒤에서 캐릭터의 변화를 다룰 때 이야기하겠지만 이 다작 소설가는 '성장하는' 인물보다는 작가 자신의 독특한 상상을 구현할 수 있는 인물에 관심이 더 많았다.

발자크가 창조한 인물들은 자신에 대해 아무런 깨달음을 얻지 못하며 자신의 선한 면을 발견하지도 못한다. 이들은 작가의 상상 속에서 나온 이기적인 인물들이기 때문에 오직 작가가 쟁취하기를 원하는 것을 위해 존재할 뿐이다. 젊은 라스티냐크는 젊은 발자크와 마찬가지로 여자를 정복하고 싶어 한다. 발자크처럼 라스티냐크도 부(富)를 갈망하고 상류사회의 일원이 되길 원한다. 이 모든 목표가 이기심 때문이란 것은 너무나 분명한 사실이다.[15] 외젠 드 라스티냐크는 자기중심적 태도 때문에 원만한 대인관계가 불가능하다. 그는 어떤 사

---

15) Christopher Booker, *The Seven Basic Plots: Why We Tell Stories*, New York:Continuum, 2004, p. 352.

람과도 진정한 관계를 맺지 못한다. 예외가 있다면 순간의 불장난으로 그치고 말 사랑에 빠져 있을 때, 그리고 고리오 영감에게 연민의 정을 느낄 때뿐이다. 물론 라스티냐크가 사랑이라고 믿고 있는 것마저도 그 속을 들여다보면 신분 상승을 위한 도구에 불과하다. 어떤 여자와도 진실한 관계를 맺지 않기 때문에 행복한 결혼 생활은 꿈도 꾸기 어렵다. 대체적으로 독자들은 라스티냐크를 어린애 같고 유치한 인물로 생각한다.

아이디어를 얻고 다양한 구성―발자크처럼 사람의 마음을 움직이는 역동적인 구성―을 발전시키는 비결은 작가의 상상이 나아가는 대로 내버려두는 것이다. 이처럼 상상에 모든 것을 맡기고 글을 써나갈 때 호메로스의 걸작이나 셰익스피어의 교훈극이 나올 가능성은 얼마나 될까? 오비디우스의 서사시처럼 참회하고 새로운 인물로 거듭나는 주인공들로 가득한 작품이 나올 수 있을까? 천만에! 상상을 가로막지 않고 써내려간 소설 속에는 사회라는 틀 안에서 자신이 원하는 것을 얻기 위해 아귀다툼을 벌이는 인물들로 가득하게 될 것이다. 이들은 오직 자신의 이익을 챙기는 데만 혈안이 되어 있는 그런 인물들이다. 혹시 이런 주제의 이야기를 쓰고 싶다면 발자크보다 더 뛰어난 작가는 찾기 힘들 것이다.

그러나 주인공의 성장과 변화 속에서 풍부한 교훈을 제시하는 『천로역정 *Pilgrim's Progress*』 같은 작품을 쓰고 싶어 하는 사람도 발자크를 통해 배울 점은 있다. 방법은 내면에 비친 삶의 풍경 안에서 상상이 마음껏 피어나게 하는 것이다. 상상은 내면의 자아가 원하는 곳으로 작가를 데려다 줄 것이다. 추억을 활용할 수도 있다. 살아오면서 실패했던 기억이나 성공을 거두었던 순간을 이용하면 주인공의 목표 달성과 관련 있는 일련의 장면들을 정교하게 쓰는 데 도움을 줄 것이다. 그런 다음 주인공의 자아가 중심이 된 장면들로부터 구성을 짜고 메시지와 교훈을 뽑아내는 일은 어디까지나 작가 개개인의 논리와 편집 능력, 철학에 달려 있다. 그럼에도 우리는 다른 작가들의 작품을 공부해야 한다. 우리는 발자크를 통해 소설 창작에서 가장 중요한 원동력이 열정이라는 것을 배운다. 그러나 작품 속에 교훈을 넣거나 주인공을 성숙한 인간으로 거듭나게 하고 싶다면 그에게 별로 배울 점이 없다. 물론 자아란 한 시대의 아이콘이다. 그러나 오늘날 독자를 사로잡기 위해서는 자아뿐 아니라 숨 가쁘게 변하는 줄거리도 반드시 필요하다. 이러한 기술을 배울 수 있는 작가는 발자크 외에는 그리 많지 않다.

 **발자크의 등장인물과 현대 소설에서 캐릭터의 변화**

세상의 모든 작법 강사들을 괴롭히는 가장 골치 아픈 문제는 어떻게 하면 등장인물의 변화와 발전에 대해 학생들에게 효과적으로 설명하느냐 하는 것이다. 작법 강사들은 등장인물에 변화를 주거나 발전시키는 것이야말로 아무리 애를 써도 결코 찾을 수 없는 성배(聖杯)나 다름없다고 얘기한다. 등장인물의 변화와 발전은 소설의 모든 것이자 궁극적인 것이다. 등장인물의 변화를 만들어낼 수 있다면 다른 것은 아무래도 상관이 없다고 강조할 정도다. 그들은 "만약 등장인물이 변화할 여지가 없다면 앞으로 어떻게 될지 뻔히 보이기 때문에 독

자들이 금세 흥미를 잃게 될 것"이라고 경고한다.[16]

그런데 뜻밖에도 현대 소설의 흐름을 가만히 들여다보면 지난 백 년간 등장인물의 변화와 발전이 모든 작법 강사들이 말한 것처럼 정말로 그렇게 중요한 문제로 여겨져 왔는지 의문이 들 정도다. 예컨대 데이비드 코퍼필드(David Copperfield: 1850년에 발표된 찰스 디킨스의 동명 소설 주인공—옮긴이)가 보여준 변화를 홀든 콜필드(Holden Caulfield: 1951년에 발표된 J. D. 샐린저의 소설 『호밀밭의 파수꾼』의 주인공—옮긴이)는 보여주지 않는다.[17] 제인 에어가 겪은 경험과 성장도 대부분의 현대 소설에서는 찾아보기 힘들다. 등장인물의 변화는 상대적으로 사소한 '전환점'이나 등장인물이 잠깐 겪고 마는 부수적인 유희가 되어버렸다. 이런 까닭에 오늘날 평론가들은 등장인물의 성격에 변화가 일어나는 순간을 포착하면 대단한 발견이라도 한 양 실제보다 부풀려 의미를 부여한다. 『고리오 영감』의 라스티냐크도 상류사회의 귀부인들을 유혹하는 몇 가지 새로운 방법을 터득하여 조금씩 달라지는 모습을 보여주기는 한다. 그러나 우리는 이런 것에다 등장인물이 본질적으로 변했다거나 성장했다는 이름을 붙이지 않는다.

젊은 청년 외젠 드 라스티냐크의 꿈은 오로지 출세이다. 이 꿈은 소설 말미에 와도 전혀 변하지 않는다. 소설 내내 그는 눈 하나 깜빡하지 않고 친척을 비롯한 모든 사람들을 자신의 출세를 위한 디딤돌

---

16) Brandi Reissenweber, "Character: Casting Shadows", In *Writing Fiction: The Practical Guide From New York's Acclaimed Creative Writing School*, edited by Alexander Steel, New York:Bloomsbury, 2003, p. 34.
17) 어쩌면 이런 이유 때문에 J. D. 샐린저가 『호밀밭의 파수꾼』의 첫 문단에서 홀든으로 하여금 데이비드 코퍼필드를 비웃게 했는지도 모르겠다.

로 이용한다. 어떤 사람과도 오랫동안 관계를 맺지 않으며, 마지막엔 항상 언제 봤냐는 듯 단호하게 관계를 끊는다. 그는 늘 탐욕스럽고 이기적이며 굶주려 있다. 결혼을 한 적도 없고 진정한 사랑에 빠져본 적도 없으며, 윤리적으로든 도덕적으로든 갈수록 나아지는 모습은 전혀 찾아볼 수 없다. 마치 등장인물의 변화에 대한 강좌를 한 번도 들어보지 못한 작가가 창조했음직한 등장인물이다. 발자크가 소설 전체를 통틀어 등장인물의 변화에 대해 언급하는 것은 단 몇 차례뿐이고, 그마저도 마지못해 하는 기색이 역력하다. 소설의 마지막 부분이 이러한 변화를 가장 잘 보여준다. 그래서 비평가들은 라스티냐크가 언덕에 올라 파리 시내를 내려다보는 소설의 마지막 문단을 의미심장하게 거론할 때가 많다.

　　그의 두 눈은 방돔 광장의 기둥들과 앵발리드의 돔 사이로 펼쳐진 파리 시내를 뚫어지게 쳐다보았다. 그곳에는 그가 그토록 들어가길 원했던 상류사회가 펼쳐져 있었다. 그는 벌떼가 윙윙거리는 그곳에서 이미 달콤한 꿀을 빨아먹기라도 한 듯한 눈길을 던지며 자신 있게 말했다. "파리, 이제부터 너와 나의 전투를 시작하는 거야."

여전히 이 청년의 가슴은 출세에 대한 야망으로 가득 차 있다. 그는 만족할 줄 모르고, 삶에 대한 적절한 균형 감각도 없으며, 변해야겠다는 생각도 하지 않는다. 따라서 이 마지막 장면을 등장인물의 변화라 주장한다면 변화의 본질을 잘못 이해하고 있는 것이다. 소설 초반, 라스티냐크는 풋내기 청년이다. 그때 그는 "사회에는 계층이 있다는 것을 알게" 된다. "맨 처음 샹젤리제 거리를 따라 지나가는 마차 행렬을 본 순간부터 그는 자신도 그 행렬에 들어가고픈 열망을 품는다." 외젠 드 라스티냐크는 소설의 처음부터 끝까지 사회의 상류층에 소속되기를 꿈꾸고 열망하며 그것을 쟁취하기 위해 노력한다. 그는 항상 '(무엇이든) 더 원하기만 하는' 경박한 젊은이들의 속성을 보여주는 전형적인 인물이다. 그러면서도 변할 줄은 모른다. 그는 처음부터 끝까지 탐욕스럽고 투쟁적인 자아로 똘똘 뭉친 야심 가득한 젊은 한량이다.[18] 그나마 고리오 영감을 돕고 싶은 마음이 들 때만은 유일하게 감상에 젖기도 하지만, 그조차도 결국 행동으로 이어지지는 않는다. 오히려 그러한 감상은 고리오 영감의 딸을 이용하여 자신의 목적을 이뤄야겠다는 열망으로 변질될 뿐이다.

변화를 모르는 발자크 소설의 주인공에 대해 이러쿵저러쿵 떠드는 것은 순전히 시간낭비일 뿐일까? 그렇지 않다. 그것 말고도 발자크의 소설 속에는 현대의 작가들이 배울 만한 점들이 많다. 특히 등장인물의 변화를 최소한 보여주는 데도 충분히 강력한 효과를 거둘 수 있다는 점은 많은 것을 생각하게 만들며 사실 이것이야말로 발자크가 현

---

[18] 라스티냐크가 종종 스탕달의 소설 『적과 흑』의 주인공 쥘리앵 소렐과 비교되는 것은 놀랄 만한 일이 아니다. 소렐 역시 야심에 가득 찬 젊은이로, 소설이 끝날 때까지 감정이나 심리 상태가 거의 변하지 않는다는 점에서 라스티냐크와 매우 닮았다.(Patrice Higonnet, *Paris: Capital of the World*, translated by Arthur Goldhammer, Cambridge:Harvard University Press, 2002, p. 82. 참조) 크리스토퍼 부커도 『일곱 가지 기본 플롯』에서 라스티냐크와 소렐이 여러 면에서 닮았다고 말한다. "신분 상승의 사다리를 거침없이 밟고 올라가는 동안 라스티냐크에게서는 내면의 변화나 인간적 성숙을 향한 그 어떤 조짐도 보이지 않는다. 오로지 자기 과시를 위한 전쟁에서 더 강력하고 새로운 무기를 손에 넣으려는 열망만 가득하다."

대의 작가들에게 전하는 최고의 가르침일 것이다. 앞에서 언급한 크리스토퍼 부커의 지적, 즉 라스티냐크가 17세기의 도덕적 이야기에서 탈피한 인물이라는 분석도 주목할 부분이지만, 발자크가 보여준 등장인물의 아주 미미한 변화를 적지 않은 현대의 작가들이 모방하고 있는 점 또한 그냥 지나쳐서는 안 된다. 발자크의 작품을 통해 이러한 방법을 직접 배우라고 권하고 싶다. 영리한 작가라면 바로 지금이 발자크의 방법을 공부하기에 적절한 시점이라는 것을 알 것이다. 왜냐하면 현대 소설의 추세가 『신데렐라』나 『백설공주』, 『데이비드 코퍼필드』 같은 소설의 등장인물들이 겪었던 극단적인 변화와는 다른 방향으로 가고 있기 때문이다. 그런 등장인물이 보여주는 극단적 변화가 오늘날엔 마치 거짓말처럼 들린다. 이러한 때 발자크가 우리에게 남긴 몇 가지 요령은 관심을 기울일 만한 충분한 가치가 있다. 여기서 한 번 눈길을 잡아채고 저기서 한두 문장에 힘을 주며 이따금—특히 끝 부분에—그럴듯한 펀치를 한두 개씩 먹여라. 더 이상 무엇이 필요한가. 실제로 오늘날 대부분의 편집자들은 작가들에게 자세한 설명보다는 날카로운 직관과 통찰을 기대한다. 요즘 편집자들은 미니멀리즘이라고 해도 과언이 아닐 만큼 최소한의 기교만 가미해도 충분히 소설의 맛을 낼 수 있음을 알고 있기 때문에 구태여 등장인물이 발전하는 과정에 예전만큼 많은 페이지를 할애할 필요를 느끼지 못한다. 현대 소설에서는 감지하기 힘들 만큼 미묘한 변화만으로도 살아 숨 쉬는 인물을 만들 수 있다. 이것이 발자크가 우리에게 주는 가르침이다.

찰스 디킨스 | 주요 작품 『황폐한 집』 『돔비와 아들』 『데이비드 코퍼필드』 『위대한 유산』 각양각색의 인간 군상과 흥미진진한 이야기, 음악을 연상시키는 리드미컬한 언어는 더없이 매력적이었다. 이를 위해 디킨스는 네 가지 비법을 활용했다.

[ 2장 ]

## 찰스 디킨스처럼 써라
*Charles Dickens*

　블라디미르 나보코프(Vladimir Nabokov)는 웰즐리 대학과 코넬 대학에서 교수로 재직하던 시절 학생들에게 디킨스에 대해 강의하면서 작가 지망생이라면 이 위대한 성인(聖人)의 작품을 읽고 그 세계에 "푹 빠져봐야 한다"고 했다.[1] 우리 시대 최고의 문장가 중 한 사람으로 꼽히는 나보코프가 디킨스를 그토록 극찬한 이유는 무엇일까?[2] 미국 독자들이 책방 앞에 길게 줄지어 서서 영국에서부터 배에 실려 오는 디킨스의 소설을 기다렸던 이유는? 우리가 글쓰기에 관해 디킨스에게 배울 수 있는 점은 무엇일까?

---

1) Vladimir Nabokov, *Lectures on Literature*, edited by Fredson Bowers, New York:Harcourt, 1980, p. 63.
2) Zoran Kuzmanovich, "Strong Opinions and Nerve Points: Nabokov's Life and Art", In *The Cambridge Companion to Nabokov*, edited by Julian W. Connolly, New York:Cambridge University Press, 2005, p. 13.

셰익스피어 이래 디킨스만큼 많은 캐릭터를 창조한 작가는 없다. 그는 어마어마하게 다양한 캐릭터를 창조했고, 그가 펼쳐 보인 인간 군상은 더할 나위 없이 매력적이었다. 또한 셰익스피어만큼이나 흥미진진한 이야기와 음악을 연상시키는 리드미컬한 언어로 독자를 사로잡았다. 덕분에 이야기가 다소 시들해지는 순간에도 언어가 빚어내는 소리로 독자를 감동시킬 수 있었다. 디킨스는 1812년 중산층 가정에서 태어났다. 그러나 아버지가 빚더미에 올라 감옥에 가면서 가세는 급격히 기울었다. 디킨스를 뺀 나머지 식구들도 가장인 아버지를 따라 감옥에 들어갔다. 어린 디킨스는 난생 처음 밑바닥 생활을 맛보았고, 이때의 경험은 이후 평생 동안 그의 작품에 투영되었다. 아버지가 석방된 후 공장에 취직한 디킨스는 계약 도제보다 못한 대우를 받으며 끔찍한 시간을 보냈다. 훗날 법학을 공부하여 변호사 사무실에서 일하다가 신문기자가 되었는데, 그의 소설이 대부분 연재물 형식으로 발표된 것은 신문사에서 일했던 경력과 무관하지 않다.

오늘날 디킨스에 필적한다는 평은 소설가에게는 확실한 성공의 징표와 다름없다. 미니멀리스트라 불리길 원하는 글쓰기 강좌 출신 작가들을 제외한 거의 모든 주요 작가들은 디킨스의 후계자라는 타이틀을 얻기 위해 치열한 경쟁을 벌인다. 최근 톰 울프(Tom Wolfe: 미국 작가. 이 책 20장 참조—옮긴이)는 존 어빙(John Irving: 1942년생. 미국 작가. 대표작으로 『사이더 하우스』, 『가아프가 본 세상』 등이 있다—옮긴이)이 디킨스와 비교되고 싶어 했을 거라면서 실제로 어빙이 현대의 찰스 디킨스로 불리기 시작했을 때는 질투심을 느꼈다는 얘기도 털어놓았다.[3] 눈치 빠른 작가들은 이미 디킨스가 소맷자락 속에 몇 가지 비법을 숨겨두고 있다는 걸 간파했다. 우리는 그중 네 가지 유용한 비법을 살펴볼 것이다. 관심만 있으면 누구나 쉽게 터득할 수 있고, 터득한 즉시 작품에 써먹을 수 있는 비법들이다. 당연한 얘기지만, 이런 비법들이 비참한 환경의 공장에서 혹사당하는 가난한 소년을 다룬 이야기에만 사용되는 것은 아니다. 디킨스의 비법은 어떤 종류의 이야기에도 적용할 수 있기 때문에 더욱 빛을 발한다. 우리가 살펴볼 디킨스의 네 가지 비법은 갈등하는 등장인물의 성격 구축, 유머의 사용, 연민(pathos)의 활용, 지속적인 서스펜스다.

 **갈등하는 인물을 만들어라**

등장인물이 이야기의 중심이 될 때 독자는 그 작품을 읽고 싶은 열망에 사로잡힌다. 디킨스의 모든 소설은 바로 등장인물이 이끌어간다. 독자들이 디킨스의 소설에서 주로 기억하는 것은 스크루지나 핍, 유라이어 힙과 같은 등장인물이다. 오늘날 스크루지라는 이름이 무엇을 의미하는지 모르는 사람은 없다. 물론 디킨스도 소설 연재를 앞두고 몇 달 전부터 줄거리를 만들어 놓을 만큼 이야기 자체에 신경을 썼고, 그의 줄거리가 강력한 흡인력을 지녔다는 사실을 아무도 부인할 수 없지만, 그 이전에 그는 인물 풍자에 관한 한 최초이자 최고의 작가라 할 수 있었다.[4] 디킨스는 인물을 다채롭게 묘사하기 위해 끊

---

3) Tom Wolfe, "My Three Stooges", *Hooking Up*, New York: Picador, 2000, p. 153.
4) 포드(Ford)와 모노(Monod)의 "디킨스의 텍스트에 관한 노트 A Note on the Texts" (1853)에는 디킨스가 미리 줄거리를 만드는 방법에 관한 흥미로운 논의가 실려 있다.

임없이 사람들을 관찰했다. 비록 비현실적이고 풍부한 상상력이 동원되긴 했지만 디킨스의 인물 묘사는 기본적으로 자신이 살아온 험난한 시절에 바탕을 두고 있다.

하지만 진득하게 소설 한 페이지를 읽는 독자가 드물고 대사 없이 묘사만 긴 책들은 외면당하기 십상인 오늘날, 생생하고 사실적인 디킨스의 인물 묘사를 작품에 어떻게 적용할 수 있을까? 전(前) 세계 체스 챔피언인 이매뉴얼 래스커의 말을 빌려 답하자면, "좋은 묘사가 떠올랐을 때 더 좋은 묘사가 없는지 찾아보는 것"[5]이다. 식상한 것에 안주하지 마라. 상상력을 끝까지 밀고 나가라. 특히 유머를 잃지 말고 터무니없는 상상과 풍자를 활용하라. 자신이 만든 인물을 조롱하고 익살맞으며 아이러니한 별칭을 붙여라. 그들을 엉뚱한 방식으로 묘사하라. 그러면 독자도 당신의 장난에 맞장구를 치며 즐길 것이다.

디킨스는 『황폐한 집 *Bleak House*』(1853)에서 변호사인 털킹혼 씨를 이렇게 묘사한다. "그는 사람들이 흔히 말하는 옛날 양반이다. 그러니까 도무지 젊은 시절이라고는 있었을 것 같지 않은 사람이다. 그는 리본으로 묶은 반바지에 각반을 차거나 스타킹을 신고 있다. 특이한 점이라면 실크나 소모사로 만든 게 분명한 검은 옷과 검은 스타킹이 전혀 반짝거리지 않는다는 것이다. 모든 빛을 죽이고 어떠한 빛도 반사하지 않는 옷과 스타킹은 털킹혼 씨 자신을 빼다 박았다. 털킹혼 씨는 직업상 상담을 할 때가 아니면 절대로 입을 여는 일이 없다."[6]

---

5) 래스커는 "체스 말(馬)을 옮길 좋은 자리가 보이면 더 좋은 자리는 없는지 찾아보라."고 말했다.
6) Charles Dickens, *Bleak House*, New York:Bantam, 1853, p. 10.

디킨스는 털킹혼 씨의 인상을 음울하게 묘사하는 것으로 시작하지만 여기에서 그치지 않는다. 그의 다음 전략은 공들여 깎은 체스 말을 체스판 구석으로 몰아붙여 갈등에 빠뜨리는 것이다. 이것이 디킨스 소설의 모든 장면을 푸는 열쇠이자 당신의 이야기에서 해결되어야 할 숙제다. 털킹혼 씨는 비밀을 남편에게 폭로하겠다고 데들록 부인을 협박하여 그녀와 곧바로 갈등 관계에 놓인다. 총알은 발사됐고 독자는 이야기에 빠져들기 시작한다.[7]

『돔비와 아들 Dombey and Son』(1848)의 40장에서 돔비와 그의 아내 에디스가 충돌하는 장면은 갈등이란 무엇인지 보여주는 또 하나의 완벽한 예다. 그들의 언쟁은 지독하리만치 자세하게 묘사된다. 돔비는 아내가 자신을 두려워한다고 착각한다. 하지만 에디스는 사실 딸 플로렌스를 보호하기 위해 굳게 입을 다물고 있을 뿐이다. "그녀는 줄곧 시선을 떨군 채 떨리는 입술을 힘껏 깨물고 있었다. 가슴은 가볍게 오르락내리락하고 얼굴은 붉어졌다가 창백해졌다. 돔비는 그 모습이 무엇을 뜻하는지 알았다. 그러나 아내의 가슴 깊은 곳에 한마디 말이 감춰져 있다는 사실을 돔비는 짐작조차 할 수 없었다. 아내가 침묵하고 있는 이유는 순전히 그 한 마디 때문이었다. 그 한 마디는 바로 플로렌스였다."[8] 이처럼 독자에게 등장인물의 마음속 비밀을 공개하면 갈등은 더 흥미진진한 국면으로 치닫기 시작한다.

갈등하는 캐릭터를 만드는 디킨스의 비결은 생각보다 어렵지 않

---

7) 위의 책, 41장.
8) Charles Dickens, *Dombey and Son*, New York:Penguin, 1848, p. 651.

다. 방법은 두 가지다. 첫째, 풍자와 외양 묘사, 그 밖의 다른 점들을 주의 깊게 관찰하여 인물을 그려낸다. 그렇게 만들어진 인물은 다혈질일 수도 냉혈한일 수도 있다. 혹은 흑인일 수도 백인일 수도 있으며, 젊은 사람일 수도 나이 든 사람일 수도 있다. 단 이러한 인물 묘사가 지나치게 길어진다 싶으면 과감히 잘라내야 한다. 인물 묘사는 짧을수록 좋다. 우리는 디킨스의 인물 묘사에서 많은 것을 배울 수 있다. 다만 오늘날 독자들의 기호에 맞추고 싶다면 묘사의 분량만큼은 디킨스가 한 것보다 줄이는 게 바람직하다. 갈등을 만드는 두 번째 방법은 디킨스처럼 육체적으로든 언어적으로든 정신적으로든 주요 등장인물들을 서로 적대관계에 몰아넣고 충돌시키는 것이다. 기억나는가? 『돔비와 아들』에서 에디스와 돔비가 충돌했을 때나 『황폐한 집』에서 털킹혼 씨가 데들록 부인의 비밀을 폭로하려고 주변을 맴돌며 염탐하고 다닐 때, 디킨스는 갈등을 전부 드러내지 않고 수면 아래 감춰둔다. 이렇게 숨죽이고 있던 갈등이 봇물처럼 쏟아져 나올 때 독자가 맛보는 희열이란 무엇과도 바꿀 수 없을 만큼 짜릿하다.

 **독자를 웃겨라**

"독자를 웃기고 울리고 애타게 만들어라." 이 세 가지는 디킨스의 좌우명이자 작법의 비밀이다. 디킨스가 독자를 웃기고 울리고 애타게 만들기 위해 사용한 기교들을 세심하게 살펴보자. 왜냐하면 이러한 기교가 이야기의 장인인 디킨스의 작품에서 중요한 역할을 맡고 있기 때문이다. 안타깝게도 요즘은 유머 감각을 가진 작가를 찾아보

기 힘들다. 진지한 소설을 추구하는 작가의 경우 특히 더 그렇다. 그들은 저급한 유머를 멀리하려다가 고급 유머까지 소홀히 여기는 실수를 범하고 있다. 디킨스는 고급 유머의 대가였다. 그의 고급 유머는 재치 넘치는 말장난과 풍자, 그리고 캐릭터를 만드는 디킨스만의 별난 방법을 통해 발휘된다. 그는 자신이 만든 등장인물에게 생명을 불어넣고 성격을 부여하는 동안 무게만 잡고 있지 않았다.

디킨스의 유머는 인물 묘사에서부터 조금씩 드러난다. 가령 『돔비와 아들』에서 퍼치를 묘사하는 장면을 보자. "어찌나 정확하고 꼼꼼하게 문단속을 하는지 마치 일주일쯤 집을 비우기라도 할 사람처럼 보였다."[9] 『데이비드 코퍼필드』(1850)의 유라이어 힙에 관한 묘사는 익살스러운 묘사의 고전이다. "나는 그가 웃는 것을 본 적이 없다. 입을 크게 벌리고 볼 양쪽에 딱딱한 주름을 하나씩 만드는 것을 웃음이라고 우기지만 않는다면."[10]

디킨스가 『황폐한 집』에서 상류층을 향해 끊임없이 풍자를 퍼붓자 독자들은 배꼽을 잡았다. 12장에서 디킨스가 레스터 경을 어떻게 그리고 있는지 보자. "레스터 경은 대체로 낙천적인 편이다. 쉽게 싫증을 내는 일도 없다. 딱히 할 일이 없을 때면 언제든지 자신의 위대함을 음미할 수 있기 때문이다. 이런 남자에게 그처럼 무궁무진한 소일거리가 있다는 것은 얼마나 다행한 일인가. 그는 편지 몇 통을 읽고 마차 의자에 등을 기대고 자신이 사회에서 차지하고 있는 중요한 위

---

9) 위의 책, p. 377.
10) Charles Dickens, *David Copperfield*, New York:Oxford University Press, 1850, p. 190.

치에 대해 다시 한 번 음미해본다."

디킨스가 톡톡히 재미를 본 이 기교를 사용하면 당신 작품에도 웃음이 흘러넘칠 것이다. 이야기에 유머를 넣으려면 어떻게 해야 할까. 머릿속에 떠오르는 엉뚱한 단상들을 끝까지 발전시켜 보는 방법이 있다. 등장인물을 과장해보고 풍자적인 말투를 사용해보라. 그걸로 모자랄 땐 디킨스를 읽고 웃음이 터져 나오는 문장에 밑줄을 긋고 등장인물을 묘사할 때 그 문장과 비슷한 말투나 접근 방법을 사용해보자. 인물을 우습게 보이도록 묘사하고 싶다면 디킨스의 말투나 접근 방법은 더욱 효과적이다. 이러한 유머를 사용한다고 해서 작품의 품격이나 진지함이 훼손된다고 생각하면 오산이다. 오히려 유머는 심각하기만 한 작품에 인간적인 요소를 집어넣을 수 있는 좋은 기회다.

### 독자를 울려라

디킨스의 작법의 두 번째 비밀에서는 연민 또는 강렬한 정서가 중요한 역할을 한다. 『시학』에서 아리스토텔레스는 연설가들이 즐겨 쓰는 방법의 하나로 정서에 대한 호소를 꼽았다. 이 말은 소설가들에게도 확대 적용할 수 있다. 아리스토텔레스가 살았던 시대에는 소설이란 장르는 없었지만 대신 연극이 있었다. 고대 그리스의 희곡 작가들은 관객에게 연민과 공포를 불러일으키기 위해 사전에 교묘하게 이야기를 짜둔다고 아리스토텔레스는 말했다. 소설가 역시 독자에게 강렬한 정서를 전달하기 위한 방법을 알고 있어야 한다. 독자를 격한 감정의 도가니로 몰아넣은 디킨스의 작품에서 그 방법을 배울 수 있다.

『황폐한 집』에서 에스더는 데들록 부인이 자신의 엄마라는 사실을 알고 충격에 빠진다. 그러나 디킨스는 충격만으로는 부족하다는 것을 잘 알고 있다. 그는 이 장면을 최대한 이용한다. 디킨스는 엄마와 자식, 특히 오랜 세월 동안 엄마가 누군지 모른 채 살아온 딸과 엄마의 재회가 얼마나 감동적일지 알고 있다. 뿐만 아니라 어떻게 하면 감정을 서서히 증폭시킬 수 있는지도 잘 알고 있다. 데들록 부인은 에스더에게 두 번 다시 만나지 않을 것이며 그 어떤 도움도 줄 수 없다고 말한다. 제 아무리 메마른 감성의 소유자라 할지라도 눈물을 짜내려고 철저하게 계산된 이런 장면에서는 배겨낼 도리가 없다.

물론 삭막한 현대의 독자를 울리려면 19세기의 독자를 울릴 때보다 훨씬 힘이 든다. 그러나 디킨스가 누구인가. 그는 어떤 장면이 독자의 감성을 건드리고 연민을 불러일으키는지 훤히 꿰고 있었다. 미국 독자들이 영국에서 연재소설인 『골동품 상점 *The Old Curiosity Shop*』(1841)의 마지막 회가 실린 잡지를 싣고 오는 배를 기다리며 부둣가에 길게 줄을 늘어섰던 이유는 소설 역사에 길이 남을 장면인 넬의 죽음을 보기 위해서였다. 독자들은 열광적으로 호응했으나 정작 디킨스 자신은 그 장면을 쓰는 동안 친구들과 연락도 끊고 깊은 절망에 빠졌다. 몇 년 전 제대로 손 한 번 써보지 못하고 열일곱의 나이로 디킨스의 품에서 숨을 거둔 처제 메리 호가스에 대한 기억이 그를 괴롭혔기 때문이다.[11] 여기서 전하는 메시지는 무엇일까? 등장인물의

---

11) Charles Dickens, *The Old Curiosity Shop*, Introduction by Peter Preston. Ware, Hertfordshire, England:Wordsworth Editions, 1841, xv.

감정을 만들려면 작가 자신이 먼저 그 감정을 느껴야 한다는 것이다. 주저 말고 자신의 추억을 이용하라. 페이지마다 진짜 감정이 배길 원한다면 작가가 먼저 그러한 감정을 느껴야 한다. 작가 자신이 직접 경험한 것을 변형시켜라. 예술이란 그렇게 탄생한다. 작가가 겪었던 강렬한 감동과 슬픔은 독자에게도 그대로 전달될 것이다.

### 독자를 애타게 만들어라

미리 고백하건대, 추리소설은 정말 내 취향이 아니다. 내 어머니와 여동생은 추리소설이라면 자다가도 벌떡 일어날 정도로 좋아하지만 나는 추리소설을 읽을 때마다 왠지 도식적이라는 느낌에서 벗어나기가 쉽지 않다. 솔직히 말해서 누가 누구를 죽였는지 따위에는 눈곱만큼도 관심이 없다. 게다가 내 눈에는 추리소설 속의 등장인물들이 기껏해야 결론을 향해 이야기를 끌고 가는 데 필요한 도구로밖에 보이지 않는다. 오해 없기를. 나는 지금 추리소설을 읽지 말라고 설득하려는 게 아니다. 그보다는 추리소설에 전혀 관심이 없는 작가라 하더라도 잘 짜인 이야기에는 미스터리 요소가 필수적으로 들어 있어야 한다는 디킨스의 말을 강조하고 싶어서다. 미스터리가 정말 필수적인 요소일까? 내가 어찌 감히 디킨스의 말에 토를 달겠는가.

아치볼드 쿨리지(Archibald C. Coolidge Jr.)는 『연재소설가 찰스 디킨스 Charles Dickens as Serial Novelist』(1967)에서 상당히 설득력 있는 주장을 편다. 연재소설 때문에 하루하루 피가 마르던 디킨스가 아주 과감한 기법들을 개발하여 모든 소설가의 공통된 고민거리를 해결했다는 것이다. 그 고민거리란 어떻게 하면 독자가 다음 페이지를 궁금해 하도록 만들 것인가이다. 우리는 디킨스에게 많은 것을 빚진 셈이다. 그는 필수적인 소설 기법들을 발견하는 데 자신의 재능을 쏟아부었다. 그 기법들은 그의 작품에서 대담하고 눈에 잘 띄며 과장되게 사용되었다. 따라서 무엇을 써야 하고, 이야기를 어떻게 다듬어야 하며, 독자가 기억할 만한 인물은 어떻게 만들고, 그 인물에게 독자가 관심을 갖게 만들려면 어떻게 해야 하는지 궁금해 하는 작가들에게 디킨스의 작품은 그 자체로 교과서라 해도 과언이 아니다.[12] 디킨스가 사용한 중요한 기법 중 하나가 바로 미스터리와 서스펜스다. 장르문학이나 대중소설과 구분되는 이른바 순수문학 작가들은 미스터리와 서스펜스 기법을 종종 무시한다. 나처럼 추리소설에 시큰둥한 작가들은 주류 소설에서 미스터리와 서스펜스 기법으로 거둘 수 있는 효과가 미미하다고 생각할 수도 있다. 하지만 이는 착각이다. 우리는 거장의 가르침에 귀를 기울여야 한다. 디킨스는 미스터리와 서스펜스를 자신의 미스터리 기법이라 불렀다. "디킨스는 어떻게 하면 이야기가 앞으로 나갈 수 있는지 고민을 거듭했다. 그가 발견한 해결책은 미스터리를 심어주는 것이었다. 미스터리는 또 다른 미스터리를 낳고 그 미스터리가 또 다른 미스터리를 낳는 식으로 번갈아 가며 가지를 쳤다."[13] 『황폐한 집』에서는 에스더의 엄마가 누구인지를 놓고 미스터리 기법이 사용된다. 데들록 부인과 털킹혼 변호사가 하는 말과

---

12) Archibald C. Coolidge Jr., *Charles Dickens as Serial Novelist*, Ames:Iowa State University Press, 1967, p. 4.
13) 위의 책, p. 10.

행동은 온통 수상쩍다. 그러다가 마침내 진실이 밝혀지는 순간 독자의 관심은 최고조에 달한다. 데들록 부인이 자신이 에스더의 엄마라는 사실을 밝히는 장면에서 그동안 쌓여왔던 미스터리가 해결된다. 그러나 데들록 부인이 에스더에게 앞으로 두 번 다시 만나지 못할 것이라고 말하면서 이 장면은 또 다른 슬픔의 출발점이 된다. 에스더는 거대한 미스터리의 종착역에서 극적으로 엄마와 재회하지만 동일한 장면에서 다시 엄마를 잃는다. 이처럼 디킨스는 미스터리의 해결과 에스더의 운명을 엮어 자칫 느슨해질 수 있는 결말을 비튼다.

주류 소설에서 미스터리 기법을 활용하려면 작가는 이야기의 일부를 독자가 모르게 숨겨두어야 한다. 그런 다음 작가는 전지전능한 신이 되어 정보를 찔끔찔끔 흘려야 한다. 꼭 필요한 만큼만 조금씩.

『위대한 유산 *Great Expectations*』(1861)은 핍을 몰래 후원해주는 사람이 누구인지에 대한 미스터리가 이야기의 밑바탕에 깔려 있다. 핍은 자신이 사랑하는 에스텔라의 후견인인 미스 해비샴이 문제의 후원자라고 생각한다. 핍은 후원금 덕분에 가난한 집을 떠나 런던으로 진출하고, 그곳에서 성공의 길로 들어서기 시작한다. 그러는 동안에도 정체불명의 후원금 덕분에 핍이 가난을 벗어날 수 있었다는 이야기가 반복해서 등장함으로써 미스터리는 계속 유지된다. 심지어 디킨스는 미스터리를 다루는 장면에서 때때로 '미스터리'라는 단어를 직접 사용하기도 한다. 40장에서 핍은 이런 독백을 들려준다. "내가 느꼈던 기분은 말로 설명하기 힘들다. 맥위치, 그의 존재는 내게 무시무시한 미스터리였다. 그가 저녁에 마디가 굵은 두 손으로 안락의자 팔걸이를 꽉 움켜쥐고 주름살이 문신처럼 깊게 새겨진 머리를 가슴팍 위로 떨어뜨린 채 잠들어 있을 때면, 나는 앉아서 그를 바라보며 그가 어떤 짓을 했는지 궁금히 여기곤 했다." 나중에 핍의 후원자가 맥위치였다는 사실이 드러나며 미스터리가 풀리는 순간 이야기는 다급하게 돌아간다. 핍은 여태껏 미스 해비샴을 자신의 후원자라고 믿고 있었지만 그녀는 후원자가 아니었다. 그렇다면 미스 해비샴은 핍에게 어떤 의미였을까. 그 답을 찾기 위해 핍은 그녀를 찾아간다.

디킨스의 미스터리 기법을 사용하려면 중요한 정보를 꼭꼭 숨겨두어라. 예컨대 주인공의 진짜 친구는 누구이고 진짜 적은 누구인지 밝히지 마라. 또 핍이 미스 해비샴을 후원자라고 철석같이 믿었듯이 등장인물이 엉뚱한 사실을 진실이라고 믿고 있으면 이를 미끼로 독자를 엉뚱한 곳으로 유인할 수 있으며, 의외의 진실이 밝혀졌을 때 독자가 받는 충격과 놀라움은 두 배로 커진다.

때로는 드러나는 정보가 적을수록 독자는 열광한다. 부디 독자를 애타게 만들길.

**허먼 멜빌** | 주요 작품 「모비딕」「타이피족」「마디」
시적인 문장을 위해 많은 구절에서 운율과 두운을 채택했다. 많은 상징과 때로는 과장되기까지 한 등장인물의 묘사로도 유명했다.

[ 3장 ]

## 허먼 멜빌처럼 써라
*German Melville*

 

시처럼 아름다운 소설을 쓰고 싶다면 멜빌의 소설보다 훌륭한 스승은 없다. 그의 소설을 한 페이지씩 넘기다 보면 상징은 어떻게 사용하는지, 기억에 남을 만한 캐릭터는 어떻게 만드는지 배울 수 있을 것이다. 멜빌이 미국 최고의 소설가 중 하나로 꼽힌 데는 그만한 이유가 있다.

허먼 멜빌은 1819년 명문가 출신의 부모 밑에서 태어났다. 단순히 유복하다기보다는 귀족적 분위기가 흐르는 화목한 집안에서 형제자매들에 둘러싸여 자랐다.[1] 고등학교 때 작문에 뛰어난 재능을 보이며 에세이 쓰기를 즐겼다.[2] 그러나 그가 열두 살 때 아버지가 세상을 떠

---

1) 멜빌에게는 세 살 많은 형 한 명과 두 살 많은 누나 한 명, 두 살 어린 여동생 한 명이 있었고, 그 밑으로도 남동생 한 명과 여동생 두 명이 더 있었다. 막내와의 나이 차는 여덟 살이었다.

나면서 그의 형이 가장의 책임을 짊어지게 되었다. 열아홉 살 때 멜빌은 종종 다락방에 있는 자신의 책상 앞에 앉아 글을 썼다.[3] 멜빌은 스무 살 생일을 며칠 앞두고 선원이 되었다. 그는 바다 위에서 많은 경험을 했고 몇 년 간 선원으로 살며 수많은 항해를 했다. 폴리네시아 제도에도 들렀고 식인종을 만나 배를 버리고 달아나기도 했으며 포경선에서 일하기도 했다. 이러한 경험들이 모두 그의 소설에 녹아들어가 있다. 1847년에 결혼을 하자마자 매사추세츠의 피츠필드로 이사한 뒤 네 자녀를 두었고, 대부분의 시간을 소설을 쓰는 데 보냈다. 멜빌은 매사추세츠에서 너대니엘 호손(Nathaniel Hawthorne)을 만났다. 호손은 훗날 멜빌의 문체에 지대한 영향을 미쳤다.

### 멜빌의 초고에서 배우는 비밀

멜빌의 성공 비결 중 하나는 자신의 작품에 대한 다른 사람들의 평가에 전혀 신경 쓰지 않았다는 점이다.[4] 여기에는 은둔 생활과 규칙적인 작업 시간도 한몫했다. 멜빌은 밤을 새우면 다음 날 작업에 집중하지 못했다. 그러자 아내는 멜빌에게 매일 일정한 시간을 정해두

---

2) Laurie Robertson-Lorant, *Melville: A Biography*, New York: Clarkson Potter, 1996, p. 60.
3) 위의 책, p. 67. 밀튼 멜처(Milton Meltzer)가 쓴 훌륭한 멜빌 전기도 멜빌의 삶과 작품을 매혹적으로 분석하고 있다.
4) "프로 작가가 되기로 결심한 이후 멜빌은 다른 사람에게 자신의 작품이 어떻게 보일지 신경 쓰느라 작품을 망치는 일이 없도록 의식적으로 경계했다. 작가가 되기로 한 이유가 자신이 가진 것을 표현하기 위해서였기 때문이다." (위의 책, p. 132.)

## Herman Melville
### 허먼 멜빌처럼 써라

고 작업을 해보라고 권했다.[5] 『모비딕 *Moby-Dick*』(1851)을 쓸 당시 멜빌은 초고에 집중하기 위해 친구는 물론이고 가족으로부터도 자신을 격리시켰다.

> 일주일쯤 있다가 뉴욕에 가서 3층에 방을 하나 얻은 다음 그 방에 틀어박힐 것이다. 내 '고래'에 몰두하기 위해서 …… 작업을 끝내려면 그것만이 유일한 방법이다. 온 사방이 신경을 거슬리게 하는 것들 천지다. 항상 글을 써야만 하는 사람에게는 고요함과 차분함, 잔디 자라는 소리조차 들리지 않는 공간이 필요하다. 나는 그런 것들을 갖지 못할까 봐 두렵다.[6]

그의 또 다른 성공 비결은 한참 동안 작업을 중단했다가도 다시 열정을 갖고 작업에 뛰어들 수 있는 능력에 있었다. 『모비딕』의 초고 작업은 수 주 동안 중단되었다. 그러나 멜빌은 결연한 마음으로 다시 작업에 뛰어들었다. "머지않아 녀석의 목덜미를 움켜쥐고야 말겠어. 죽이 되든 밥이 되든 끝장을 봐야만 해."[7]

멜빌은 앞선 시대의 훌륭한 작가들에게서 배운 것을 뛰어넘지는 못했다. 실제로 멜빌은 너대니엘 호손에게서 이야기 전개 방법을 배

---

5) 위의 책, p. 176.
6) Hershel Parker, *Herman Melville: A Biography, Volume Ⅰ, 1819-1851*, Baltimore: Johns Hopkins University Press, 1996, p. 841. 자신을 격리시키는 방법은 많은 작가가 사용한 방법이다. 특히 J. D. 샐린저가 유명하다. 많은 작가들은 조용한 곳에서 작업하기 위해 호텔이나 여인숙에 방을 얻었다.
7) 위의 책, p. 841.

왔다고 인정했다.[8] "그는 내 영혼이 자랄 수 있도록 씨앗을 뿌려준 사람이다."[9] 어느 평론가의 말처럼 "두 사람이 급속히 가까워지면서 호손이 뿌려준 씨앗은 『모비딕』의 이야기를 진행시키는 기법으로 발전했다."[10] 멜빌은 호손에게서 겉으로 드러나는 이야기 이상의 것이 전달될 수 있도록 작가의 신념과 느낌을 작품 속에 담는 법도 배웠다. 덕분에 『모비딕』은 의미와 상징, 정서가 가득한 작품이 되었다.

 **시적 소설, 어떻게 쓸 것인가**

멜빌의 문체는 거대한 해일처럼 장면에 정면으로 부딪쳤다. 전통을 비웃는 문체였지만, 결과적으로는 이 문체 덕분에 미국 소설의 명성이 높아졌다. "명쾌하고 시적인 문장"을 구사한 『타이피족 Typee』(1846)은 "당시에 유행하던 따분하고 정보만 늘어놓은 여행기"와는 확연히 달랐다.[11] 숨 가쁘게 몰아치는 『마디 Mardi』(1849)의 도입부는 이 혁신적인 작가의 시적 문장이 어떤 것인지 잘 보여준다.

마침내 출항이다! 항로를 결정하고 돛을 올린다. 산호에 걸린 닻이 뱃머리 쪽에서 덜컹거린다. 사냥개 무리처럼 먼 바다까지 우리

---

8) Leon Howard, "Melville's Struggle with the Angel." In *The Critical Response to Herman Melville's Moby-Dick*, edited by Kevin J. Hayes. Westport, Conn.: Greenwood Press, 1994, pp. 71-72.
9) 위의 책, p. 72.에서 인용
10) 위의 책, p. 72.
11) Robertson-Lorant, 앞의 책, p. 141.

를 쫓아온 미풍이 세 개의 돛을 뒤흔든다. 위아래로 활짝 펼쳐져 날아갈 듯한 돛이 여러 개의 보조 돛과 함께 펄럭거리는 소리가 요란하다. 양 날개를 겨드랑이에 접은 매처럼 우리는 바다 위에 돛의 그림자를 드리울 때까지 거친 물살을 가르리라.

멜빌에 적대적인 비평가들은 멜빌의 문체에 상상을 초월하는 혹평을 쏟아부었다. 실제로 멜빌은 자신의 작품이 모욕에 가까운 비평의 도마 위에 너무 자주 오르내리자 방어적인 태도를 취하기도 했다. 『타이피족』이 거짓으로 날조된 허무맹랑한 소설이라는 비난에 휩싸였을 때는 자신이 직접 쓴 반박문을 친구에게 보내 그의 이름으로 발표해달라고 부탁할 정도였다.[12] 한 평론가는 『타이피족』을 이렇게 평했다. "산만한 이야기, 우아함, 범람하는 미사여구, 화려한 꽃들을 줄줄이 엮은 것 같은 진기한 모습을 보노라면 이런저런 문학의 거장들을 뒤죽박죽 섞어놓은 듯한 기분이 든다. 무슨 소리를 지껄이고 있는지 이해할 수 없는 소설이다."[13] 그러나 전반적으로는 혹평보다 호평이 더 많았다.[14] 적어도 그의 시적 문체만큼은 대부분의 사람들에게 인정을 받았다. 그렇다면 위험을 무릅쓰더라도 한 번쯤 멜빌의 문

---

12) 위의 책, p. 144.
13) Philarète Chasles, "Parisian Critical Sketches: The Actual and Fantastic Voyages of Herman Melville", In *Herman Melville: The Critical Heritage*, edited by Watson G. Branch, New York:Routledge, 1849, P. 171.
14) 어느 현대 비평가에 따르면 "그의 문체에 대한 평론가들의 반응은 대부분 호의적이었다." (Watson Branch, *Herman Melville: The Critical Heritage*, New York:Routledge, 1997, p. 4.)

체를 시도해볼 만한 가치가 충분하지 않을까.

멜빌이 사용한 기교 중 하나는 오늘날의 작가들도 적용해볼 만하다. 그 기교는 바로 셀 수 없이 많은 구절 속에서 운율과 두운(頭韻)을 채택하여 소설 속에 흥겨운 리듬과 경쾌한 음표를 집어넣는 것이다.[15] 멜빌은 친구에게 이런 편지를 보냈다.

> 그런데 말이야, 좀 이상한 책이 되지는 않을지 걱정이야. 그래, 블러버(고래의 지방—옮긴이)는 블러버일 뿐이지. 그렇지만 거기서 기름을 얻을 수가 있잖아. 이 소설은 꽁꽁 얼어붙은 단풍나무에서 흘러나오는 수액처럼 눈에 띄게 시적인 분위기가 지나치게 부각되고 있어. 이야기를 만들다 보면 상상이 나래를 펼 수밖에 없어. 물론 이렇게 큰 고래는 현실에는 없지만 그게 내겐 더 진실같이 느껴져. 나는 어디까지나 진실한 이야기를 만들고 싶었어.[16]

멜빌은 이 편지에서 시적 기법을 의도적으로 사용하고 있음을 인정한다. 운율과 두운은 느닷없이 그의 머릿속에 떠오른 것이 아니었다. 시적 효과를 내기 위해 멜빌은 쓰고 또 썼다. 멜빌과 같은 시적 문체를 쓰려면 우선 시인이 되어야 한다는 얘기인가? 물론 아니다. 소

---

15) 100년 후 블라디미르 나보코프는 멜빌과 비슷한 기법을 사용한다. 주목할 것은 멜빌의 고도로 세련된 시적 문체도 알고 보면 호손이나 버질, 셰익스피어와 『프랑켄슈타인』의 메리 셸리처럼 위대한 작가들을 창조적으로 모방한 결과라는 것이다. (Andrew Delbanco, *Melville: His World and Work*, New York:Knopf, 2005, pp. 126-131, 138.)
16) Branch, 앞의 책, p. 24.

리와 감각에 반응하는 어느 정도의 예술적 감성만 있으면 충분하다.

예를 하나 들어보자. 『모비딕』의 중심 사건이 벌어지기 전인 13장에서 소설의 화자는 뉴베드퍼드의 고래 마을에 도착한다. 13장의 다섯 번째 단락은 두운으로 가득하다.[17]

> 테라스가 늘어선 거리 위로 뉴베드퍼드가 보였다. 얼음을 뒤집어 쓴 거리의 나무들은 맑고 차가운(clear, cold) 공기 속에서 반짝반짝 빛났다. 술통 위에 술통(casks on casks)이 거대한 구릉(huge hills)과 산처럼 쌓여 있는 부두에 온 세계를 돌아다니던 포경선(world-wandering whale ships)이 마침내 안전하고 조용하게 정박한다. 가까운 곳 어딘가에 목수와 술통 만드는 사람(carpenters and coopers)이 있는지 배의 갑판에 방수재로 쓸 역청을 녹이기 위해 불을 지피고 금속을 내려치는(fires and forges) 소리가 요란하다. 이 모든 것이 새로운 항해가 시작될 것임을 예고하는 것이다. 가장 길고 위험한 항해가 끝났다는 것은 두 번째(second) 항해가 시작되었음을 의미하고, 두 번째(second) 항해의 끝은 세 번째 항해의 시작을 의미한다. 항해는 영원히 끝나지 않을 것이다. 이것은 끝도 없는, 아니 참을 수 없는 이 세상의 일상(earthly effort)이다.

한 전기 작가는 멜빌의 문장을 보고 최고의 시인이라는 극찬을 아

---

17) 이 부분에 관해 앤드류 델방코(Andrew Delbanco)의 뛰어난 전기에 실린 분석에 도움을 받았다.(Delbanco, 앞의 책, pp. 128-129.)

끼지 않았다. "길게 이어지는 두 번째 문장에서 두운을 맞춘 첫 자음은 부두에서 들려오는 요란한 소음을 언어로 흉내 낸 것처럼 들린다. …… 단어의 두운을 맞춘 일곱 쌍(clear, cold/casks on casks/ huge hills/carpenters and coopers/fires and forges/second, second/ earthly effort), 세 단어의 두운을 맞춘 한 쌍(world-wandering whale), 이러한 두운의 반복은 끊임없이 반복되는 부둣가의 노동을 완벽하게 묘사하는 상징적 장치로 작용한다. 멜빌은 위대한 성취를 이룬 시인들이나 보여줄 법한 언어적 효과를 매우 능수능란하게 펼쳐 보인다."[18] 오늘날 작가들은 당시 아무도 그러한 모험을 하려 들지 않은 상황에서 멜빌이 어떻게 그토록 과감한 시도를 할 수 있었는지 궁금해 한다. 멜빌의 용기 있는 도전이 있은 후에 20세기의 가장 영향력 있는 작가들인 블라디미르 나보코프, 레이 브래드버리, 필립 로스의 글에서 조심스럽게나마 두운을 사용하려고 한 시도가 나타났다.[19] 그러나 독자가 구태여 두 눈을 부릅뜨고 찾아볼 필요가 없을 만큼 자연스럽게 사용된 두운이야말로 가장 효과적으로 사용된 두운이라는 것을 잊지 말자.

---

18) 위의 책, pp. 128-129. 델방코의 책은 멜빌의 시적 문장을 탁월하게 분석한다. 이 분석만으로도 읽어볼 가치가 있는 책이다.
19) 블라디미르 나보코프의 『롤리타 Lolita』에 사용된 두운과 그 밖의 시적 장치에 대한 분석으로는 1968년 칼 프로퍼(Carl Proffer)의 분석이 대표적이다. 레이 브래드버리의 『무언가 위험한 것이 다가오고 있다 Something Wicked This Way Comes』는 그의 작품 중 가장 시적인 작품일 것이다. 필립 로스의 『위대한 미국 소설 The Great American Novel』의 첫 문장은 의심의 여지없이 멜빌에 대한 헌사이다. 이 소설의 첫 문단에서는 40차례 이상 두운이 사용된다. 주인공의 정신과 의사가 그에게 시적 장치의 사용을 줄이라고 경고할 정도다. Bob Baker, "Poetry of popular patter", Los Angeles Times, May 31, 2004. 참조.

# Herman Melville

허먼 멜빌처럼 써라

##  멜빌은 상징을 어떻게 사용했을까

오늘날 몇몇 작가들은 상징을 효과적으로 사용하지 못하는 것 같다. 마치 상징을 사용하면 행여 고상한 척 하려는 작가로 낙인찍히기라도 할까 봐 꺼려지는 모양이다. 사실은 정반대다. 상징을 적절하게 사용할수록 작품에 더 많은 의미를 불어넣을 수 있고 더 많은 독자를 만족시킬 수 있다.

멜빌은 상징을 사용하는 법을 공부하기에 좋은 작가다. 그는 많은 상징을 사용했을 뿐 아니라 그러한 상징을 자신의 작품에 결합하여 핵심 주제를 뒷받침했다. 고래는 분명히 자아의 상징으로, 카를 융(Carl Jung)이 말한 통합적 인격의 전형이다.[20] 에이해브 선장에게는 이 통합적 인격이 결여되어 있다. 에이해브라는 인간을 지배하는 것은 균형감각을 잃은 광기다. 그는 오로지 파괴에만 몰두하기 때문에 종종 편집증 환자로 묘사된다. 복수에 눈이 먼 그는 불구가 된 자신의 운명을 결코 받아들이지 않는다. 한 평론가는 "에이해브 선장은 추락한 천사나 기독교에서 루시퍼, 악마, 적, 사탄으로 다양하게 불리는 지배자를 상징한다."고 지적한다.[21] 틀린 말은 아니지만, 에이해브는 누가 뭐래도 자아 통합에 실패한 인물이나 증오에 과도하게 집

---

20) Christopher Booker, *The Seven Basic Plots: Why We Tell Stories*, New York:Continuum, 2004, pp. 358-364. 부커의 책은 고래가 무엇을 의미하는지 비밀을 풀지 못한 이전 세대의 비평가들을 부끄럽게 만든다. 예를 들어 예전에 고래는 또 다른 세계의 상징으로 해석되었다.(Rowland Sherrill, "The Career of Ishmael's Self-Transcendence." In *Herman Melville's Moby-Dick*, edited by Harold Bloom, New York:Chelsea House, 1986, p. 89.) 물론 고래는 사람마다 다양한 의미로 해석될 수 있지만 작품 전체적인 의미를 놓고 봤을 때는 고래 그 자체로 보는 것이 가장 바람직한 해석이다.

착한 나머지 모든 사람의 인생을 파괴하는 인물을 상징한다고 보는 편이 조금 더 진실에 가까울 것이다. 에이해브 때문에 화자인 이슈마엘을 제외한 모든 선원이 목숨을 잃는다.

우선 작품에 사용할 핵심 상징을 찾아야 한다. 그러고 나면 부수적인 상징들은 더 깊은 의미와 중요성을 위해 조절할 수 있다. 고래가 인간이 갈망하는 통합적 인격, 즉 자아를 상징한다는 말에 동의한다면,[22] 에이해브가 자아를 찾을 수 없는 이유는 너무나 명백하다. 그는 자신의 가슴에 용서가 깃드는 것을 용납하지 않고, 복수를 향한 삐뚤어진 욕망도 극복하지 못한다. 이런 인물은 결코 행복한 삶을 살 수 없다. 그런 점에서 퀴퀘그가 이상적인 인간의 상징에 더 가깝다. 멜빌은 34장에서 퀴퀘그를 "고귀한 야만인"이라고 부른다. 어떤 평론가는 퀴퀘그가 "형제애나 종교적 관용, 본능의 아름다움"처럼 멜빌이 소중히 여기는 가치를 상징한다고 보기도 한다.[23] 그렇다면 이슈마엘은 "모든 평범한 사람들의 상징"이라고 볼 수 있을 것이다.[24] 이슈마엘 역시 에이해브와 마찬가지로 흰 고래를 잡고 싶어 한다. 에이

---

21) Henry Murray, "In Nomine Diaboli", In *Moby-Dick Centennial Essays*, Dallas: Southern Methodist University Press, 1956, p. 10.
22) 지금까지 내가 읽은 것 중 『모비딕』에 대한 가장 설득력 있는 해석은 크리스토퍼 부커의 분석이다. 부커는 "고래는 신과 같은 존재다. 삶과 자연과 하나가 되고, 위대한 영혼과 완벽한 조화를 이루어 우주를 움직이는 강력한 존재, 즉 초자아의 완벽한 상징이다. 고래의 정반대에는 어둡고 흉포한 자아를 지닌 인간의 전형이 자리하고 있다. 그는 악령이 깃든 광인의 모습으로 등장해 세상을 파괴하는 데만 몰두한다."(Booker, 앞의 책, p. 363)
23) Howard Paton Vincent, *The Trying-Out of Moby-Dick*, Carbondale:Southern Illinois University Press, 1949, p. 78. 멜빌의 상징에 대한 빈센트의 분석은 탁월하다.
24) 위의 책, p. 339.

## 허먼 멜빌처럼 써라

해브와 다른 점이 있다면 이슈마엘에게 흰 고래는 통합적 인격을 상징한다는 것이다. 그런데 왜 이슈마엘 혼자만 살아남은 것일까? 그 답은 이슈마엘과 에이해브의 차이점에서 찾을 수 있다. 이슈마엘은 광기에 사로잡힌 에이해브 선장을 대할 때 결코 비이성적이거나 폭력적인 야만성을 드러내지 않는다. 에이해브와 달리 자신의 한계를 알고 있는 이슈마엘은 끝까지 자제력을 유지한다. 그는 옳고 그름을 구분할 줄 안다. 반면 에이해브는 자신의 증오에 눈이 멀어 무엇이 옳고 무엇이 그른지 판단할 능력이 없다. 또 이슈마엘은 자신의 충동을 다스리지만, 에이해브는 그러지 못한다.

오늘날 작가들이 멜빌의 작품에서 용기를 얻어 상징을 좀 더 적극적으로 사용했으면 좋겠다. 물론 대가의 훌륭한 솜씨 앞에서는 열등감부터 생기는 게 당연하겠지만 엄청난 작품을 쓴 거장 앞이라고 해서 괜스레 주눅 들 필요는 없다.[25] 만약 당신의 주인공이 통찰력이 결여되고 복수심에 불타오르는 편집광에다 자기밖에 모르는 사악한 인물이라면 멜빌의 상징 기법은 더욱 효과를 발휘할 수 있을 것이다. 밝은 등장인물[26]과 어두운 등장인물이 균형을 이뤄야 어두운 인물과 대비되어 밝은 인물이 더욱 돋보인다.[27] 이렇게 하면 등장인물의 구체적 성격을 만들어내는 작업과 추상적 개념(상징)을 만들어 내는 작

---

25) 예를 들어 샐린저는 카프카에게 열등감을 느꼈다. 존 키츠(John Keats)는 셰익스피어에게 열등감을 느꼈지만 10년간의 독서 끝에 셰익스피어를 능가하는 시인이 되었다. 록밴드 '비치 보이스'의 보컬리스트 브라이언 윌슨은 '비틀즈'의 〈러버 소울〉 앨범을 듣고 나서 깊은 좌절에 빠졌다. 그렇게 완벽한 앨범을 능가하기는 불가능하다는 생각이 들었기 때문이다.

업 사이를 자유롭게 오갈 수 있다. 아인 랜드(Ayn Rand)가 "빠른 춤(quick dance)"이라 부른 이 과정에서 작가는 "추상성과 구체성"을 함께 확보할 수 있다.[28] 추상성은 등장인물이나 사건의 상징적 의미를 가리키고 구체성은 등장인물과 사건, 행동의 묘사를 가리킨다. 두 과정을 동시에 진행함으로써 작가는 더 자유롭게 창의력을 발휘할 수 있고 추상성과 구체성 중 한 가지에만 매달리는 데서 오는 지루함에서 벗어날 수 있다. 상징은 등장인물과 줄거리를 세부적으로 발전시킬 때 진정한 힘을 발휘한다. 이러한 과정을 통해 좀 더 깊은 의미가 담긴 이야기가 탄생할 수 있으며, 깊은 의미를 발견하는 것은 우리가 책을 읽는 즐거움 중의 하나이기도 하다.

---

26) 밝은 캐릭터와 어두운 캐릭터라는 개념은 부커의 책에서 빌려왔다. 캐나다의 문학 비평가 노드롭 프라이와 마찬가지로 부커 역시 문학의 원형을 설명하는 데 탁월한 능력을 보여준다. 그가 『일곱 가지 기본 플롯』에서 제시하는 원형 해석은 현역 작가들을 위한 가장 유용한 접근법 중의 하나다. 특히 13장과 18장에 등장하는 밝은 캐릭터와 어두운 캐릭터에 대한 논의를 보라.

27) 멜빌은 상징을 사용하여 폭넓은 효과를 거두었다. 초월주의를 공격했고(Vincent, 앞의 책, p. 151, 155), 에이해브라는 인물을 통해 프로이트적인 죽음에 대한 동경을 제시했으며(Edwin Shneidman, "Melville's Cognitive Style: The Logic of *Moby-Dick*." In *A Companion to Melville Studies*, edited by John Bryant, New York:Greenwood Press, 1986, p. 553.), 구성에서 그다지 중요성을 띠지 않을 수도 있는 벌킹톤을 통해서도 그가 왜 인류를 이끄는 빛이 될 수 있는지 보여주었다.(William Gleim, *The Meaning of Mody-Dick*, New York:Russell & Russell, 1938, pp. 64-65.) 이 모든 것은 통합자아로 기능하는 고래라는 핵심 상징을 보완하는 주변부 상징이다.

28) Ayn Rand, *The Art of Fiction: A Guide for Writers and Readers*, New York:Plume, 2000, pp. 52-55.

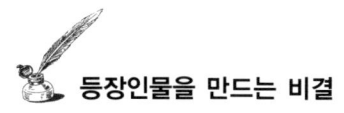
허먼 멜빌처럼 써라

## 등장인물을 만드는 비결

멜빌은 때때로 주인공을 과장되게 묘사한다는 비난을 들었다. "『모비딕』의 등장인물들 역시 과장되었다는 비난에서 자유롭지 못했다. 특히 에이해브 선장은 과장된 캐릭터의 대명사였다. 그러나 대다수 평론가들은 에이해브의 편집증을 그의 비이성적인 행동을 설명해주는 타당한 이유로 받아들였다. 흰 고래와 사투를 벌여야 할 사람이라면 보통 사람과는 뭔가 다른 면을 지닌 예외적인 인물이어야 한다는 점도 인정했다."[29] 적어도 등장인물 만들기를 공부하는 학생들에게는 멜빌이야말로 최고의 학습 모델일 것이다. 이유는 여러 가지가 있지만 그중 가장 큰 것은 멜빌의 등장인물 묘사가 워낙 선이 굵어 다른 거장들의 작품에 비해 훨씬 쉽게 눈에 들어오고, 자연히 뭔가를 배우기에는 안성맞춤이기 때문이다.

에이해브 선장에 대한 인물 묘사는 모든 문학작품 가운데 가장 유명한 묘사의 하나로 꼽힌다. 기법상의 완성도 면에서도 최고 수준으로 평가받는다. 등장인물의 성격을 만들 때 멜빌이 사용한 문학적 장치는 네 가지다. 우선 '복합성'이다. 그는 에이해브를 여러 가지 성격이 충돌하는 인물로 그렸다. 에이해브는 악과 광기로 무장했으며 예측이 불가능한 인물인 동시에 선과 이성, 그리고 예측가능성을 지닌 인물로도 묘사된다. 두 번째 장치는 '불확실성'이다. 우리는 펠레그 선장이나 빌다드 선장처럼 다른 사람의 입을 통해 에이해브 선장에 대한 이야기를 듣는다. 그러나 펠레그와 빌다드라는 두 인물은 에

---

29) Branch, 앞의 책, pp. 27-28.

이해브에 대해 편향된 시각을 갖고 있기 때문에 독자는 그들의 말을 곧이곧대로 믿을 수가 없다. 그 바람에 에이해브의 성격은 오히려 더 모호하고 불확실해진다. 쉽게 말해 에이해브가 어떤 인물인지 정말로 알고 싶은 독자는 소설에서 제시되는 사실을 각자 나름대로 짜맞춰봐야 한다는 것이다. 불확실성이라는 장치는 독자를 이야기 속으로 끌어들일 뿐 아니라 독자의 관심을 증폭시키는 역할을 한다. 멜빌이 사용한 세 번째 장치는 '선택'이다. 이는 몇 가지 주요 특징에만 집중해서 조명하는 것을 뜻한다. 가령 멜빌은 에이해브를 묘사할 때 그의 광기와 편집증에만 모든 관심을 집중시킨다. 멜빌이 사용한 마지막 장치는 '미스터리'다. 그는 에이해브에 대해 아직 알려지지 않았거나 알 수 없는 사실이 몇 개 더 있다고 슬쩍 흘려놓는다. 이 말을 들은 독자는 이 남자에 대해 더 알아야 할 것이 대체 무엇인지 궁금증이 커질 수밖에 없다.

에이해브에 대한 묘사는 광기를 떠올리는 섬뜩한 느낌과 전조가 깔리며 시작된다. 또 다른 선장과 이야기를 나눈 이슈마엘은 에이해브라는 수수께끼의 인물에 대해 몇 가지 사실을 알게 된다. 초반부에 나오는 묘사에는 멜빌이 얼마나 철저하게 복합성이라는 장치를 활용하고 있는지 눈여겨볼 대목이 나온다. 물론 앞서 말했듯이 미스터리와 불확실성, 선택이라는 장치도 적절히 곁들여진다.

나는 그의 문제가 무엇인지 정확하게 모른다.[미스터리] …… 일종의 병일까 …… 천만에, 그는 아프지 않다. 물론 아주 정상이랄 수는 없다.[복합성] …… 사람들은 그를 이상한 사람이라고 하지만 어

### German Melville
허먼 멜빌처럼 써라

떤 사람들은 좋은 사람이라고도 한다.[복합성] …… 그는 위엄이 넘치고 사악하지만, 신과 같은 존재이기도 하다.[복합성] …… 에이해브는 대학에도 다녀 봤고, 식인종 무리 속에도 있어 봤다.[복합성] …… 실성한 그의 어머니, 미망인이었던 그의 어머니는 …… 그가 태어난 지 열두 달 만에 세상을 떠났다. …… 나는 에이해브 선장을 잘 안다. …… 그가 어떤 사람인지 안다.[불확실성] …… 그는 좋은 남자다. 그러나 경건하고 훌륭한 남자는 아니다.[복합성] …… 아니, 맹세코 그는 좋은 남자다.[복합성] …… 그는 집으로 돌아가던 중에 잠시 이성을 잃긴 했었다.[선택] …… 하지만 그건 잘려 나간 한쪽 다리에서 칼로 찌르는 듯한 통증을 느껴 신경이 날카로워져서 그런 것이다. 당신도 직접 봤으면 내 말을 믿을 것이다. …… 나는 그가 지난 항해 때 저주받은 고래에게 한쪽 다리를 잃은 후로 침울해졌다는 얘기도 들어서 알고 있다. 극단적인 침울함, 때로는 극도로 사나워진다는 것도[선택] …… 경박하고 돼먹지 못한 선장보다는 침울하지만 좋은[복합성] 선장과 함께 항해하는 편이 더 낫다.

멜빌을 공부한 작가도 멜빌과 똑같은 문학적 장치를 시도해볼 수 있는 권리를 갖고 있다. 기억하라, 권투선수들은 결코 "오, 나는 잽은 사용하지 않을 거야. 그건 무하마드 알리의 기술이거든."이라고 말하지 않는다. 잽을 사용하지 않는 것은 어리석음의 극치다. 이 말은 글쓰기에도 똑같이 적용된다. 물론 작가라면 독창성을 위해 혼신의 노력을 기울여야 한다. 그러나 기초를 무시해서는 안 된다. 성공이 입증된 문학적 장치를 무시하는 작가는 링에 올라 잽을 사용하지 않는 권투선수만큼이나 치명적 실수를 저지르는 셈이다. 요컨대 문학적 장치는 이 책을 읽고 있는 독자의 이해력을 넘어서는 수준이 아니라는 것이다. 게다가 이 장치에는 저작권도 없다. 물론 에이해브 선장이 시대를 초월하여 가장 성공적으로 만들어진 등장인물 중 하나인 것만은 틀림없는 사실이다. 그렇다고 등장인물을 설정할 때 에이해브를 만들 때와 똑같은 장치를 사용하면 안 된다는 법은 없다.

등장인물에 여러 가지 성격을 한꺼번에 부여하는 기법을 과감하게 이용하라. 동일한 등장인물에게 복합성과 단순성을 함께 부여하는 것을 잊지 마라. 오로지 나쁘기만 하거나 오로지 착하기만 한 인물은 에이해브나 홀든 콜필드처럼 선과 악을 동시에 지닌 인물에 비해 설득력이 떨어진다. 주인공을 너무 완벽한 인물로 만들지 마라. 결함과 약점을 부여하라. 그래야 독자는 등장인물을 진정으로 받아들인다. 완벽하지 못한 등장인물의 모습에서 자신의 모습을 볼 수 있기 때문이다.

인물을 만드는 과정에 미스터리도 포함시켜라. 몇 가지 정보는 아예 드러내지도, 설명하지도 마라. 등장인물끼리 서로 궁금해 하도록 만들어라. 그들의 동기와 행동과 목적을 궁금해 하도록 만들어라. 이러한 긴장과 미스터리는 등장인물의 존재감을 풍부하게 만들어주며 더욱 생동감 넘치는 인물 묘사를 가능하게 해준다.

불확실성의 요소도 첨가할 수 있으면 좋다. 이를 위해 신뢰가 가지 않는 화자를 등장시키거나 제3자의 말이나 생각을 이용하라. 불확실성은 독자 스스로 등장인물에 대한 그림을 그려야 하기 때문에 등장인물의 성격을 만드는 과정에 독자를 참여시킬 수 있는 장치다. 독자는 이러한 과정을 즐기게 될 것이고, 그런 기회를 준 작가에게 감사하게 될 것이다.

마지막 장치인 선택도 앞에서 말한 세 가지 못지않게 중요한 장치다. 등장인물의 몇 가지 특징만을 부각시켜라. 입체적인 인물을 만들려는 노력은 좋지만 자연주의자들처럼 평범한 사람들을 사실적으로 묘사하는 것은 경계해야 한다. 아인 랜드도 말한 바 있지만, 있는 것 전부를 묘사하고자 하면 "지나치게 완벽해서 오히려 현실감이 떨어지는"[30] 인물을 만드는 지름길이 될 것이다. 두세 가지 특징만 잘 선택해도 당신의 에이해브를 만드는 데는 부족함이 없을 것이다.

---

30) 랜드는 자연주의자들을 훌륭한 작가로서 존경했지만, 지나치게 세부적으로 캐릭터를 묘사하는 방법으로는 사람들의 사실적인 모습을 전달하는 것 이상의 효과를 얻기 힘들며, 독자를 너무 많은 세부묘사 속에 파묻어버리는 위험이 있다고 지적한다. 그보다는 캐릭터를 규정할 수 있는 몇 가지 특성을 뽑아내는 편이 독자에게 더 강렬하고 생생한 인상을 남길 수 있다고 랜드는 말한다. (Rand, 앞의 책, p. 81.)

**표도르 도스토예프스키** | 주요 작품 「백치」 「죄와 벌」 「카라마조프 가의 형제들」 「지하로부터의 수기」
장면 전환이 영화를 연상시키듯 빠르고 효과적인데 비밀은 물리적 묘사를 최소화하고 대신 주인공의 감정 변화를 이용하는 것이었다.

[ 4장 ]

## 표도르 도스토예프스키처럼 써라
*Fyodor Dostoevsky*

    도스토예프스키가 다른 어떤 작가들보다도 잘한 것이 한 가지 있다. 그는 굴욕과 수치가 중요한 감정으로 작용하는 세계를 생생하게 그려 독자를 끌어들일 줄 안다. 등장인물들은 그러한 감정들로 인해 방향을 잃거나 혼란에 빠진다. "독자 스스로 깊은 수치심을 맛보도록 하는 게 도스토예프스키가 구사한 내러티브 전략의 하나다."[1] 앞으로 살펴보겠지만 도스토예프스키가 독자를 자신의 세계로 끌어들이기 위해 발휘한 기교적 성취는 비단 굴욕과 수치뿐 아니라 무엇이 됐건 감정에 초점을 맞춘 강렬한 장면을 쓸 때 적용할 수 있다.
    표도르 도스토예프스키는 1821년 러시아에서 7남매 중 둘째로 태

---

1) Deborah Martinsen, *Surprised by Shame: Dostoevsky's Liars and Narrative Exposure*, Columbus, Ohio:Ohio State University Press, 2003, p. 12.

어났다. 아버지는 의사였으나 알코올 중독자에다 걸핏하면 벌컥 화를 내는 성격의 소유자였다. 학창시절 언어에 탁월한 재능을 보인 도스토예프스키는 스물두 살이 되던 해 발자크의 『외제니 그랑데』를 러시아어로 번역했다. 그는 진보 성향의 정치 조직에 참여한 혐의로 체포되어 총살형을 선고받았지만 사형 집행 직전에 극적으로 사면을 받았다. 그 이후 도스토예프스키는 죽을 때까지 간질의 고통에서 벗어나지 못했다. 『백치 The Idiot』에서 미쉬킨 공작을 간질병 환자로 설정한 것도 자신의 고통과 무관하지 않을 것이다. 도스토예프스키는 마흔여섯 살이 되어서야 자신보다 26년이나 어린 속기사와 결혼했다. 그는 결혼 후 비로소 평생 꿈꾸던 삶의 안정을 찾았다.[2]

 **도스토예프스키 최대의 장점 – 관점 장악**

불안하면서도 강렬한 이야기를 만들기 위해 도스토예프스키는 치밀하게 계산된 방식으로 인물들의 마음 사이를 이동한다. 그가 어떤 상황에서든 그 상황에 가장 어울리는 감정에 다가갈 수 있었던 것도 이런 방법을 이용했기 때문이다. 구체적으로 그가 사용하는 방법은, 우선 장면을 설정하고 A라는 인물의 마음속으로 침투한 다음 B라는 인물의 마음속으로 이동하는 것이다. 일단 이 기교에 능숙해지면 굴욕이나 수치는 물론이고 모든 감정을 통틀어 지금 진행 중인 이야기

---

2) Ernest Simmons, *Dostoevsky: The Making of A Novelist*, London and New York:Oxford University Press, 1940, pp. 180-181.

에 가장 적합한 감정을 찾아 강렬한 장면을 만들 수 있게 된다.

도스토예프스키는 『죄와 벌 Crime and Punishment』(1866)의 5부 4장을 장면 설정으로 시작한다. 라스콜리니코프가 여자 친구인 소냐에게 자신이 살인자임을 고백하는 이 장면은 『죄와 벌』에서 가장 훌륭한 장면 가운데 하나이다. 라스콜리니코프는 당연히 소냐가 자신을 다시는 만나지 않을 것이라고 생각한다. 그러나 뜻밖에도 소냐는 그를 사랑하며 그가 가엾다고 말한다. 소냐는 라스콜리니코프를 짓누르는 죄책감이 그 어떤 벌보다 고통스럽다는 것을 알고 있다. 친구의 아파트에서 벌어지는 이 장면의 설정은 속전속결로 마무리된다. "그는 재빨리 문을 열고 문지방에 서서 소냐를 바라보았다. 소냐는 탁자에 팔을 괴고 두 손에 얼굴을 파묻고 앉아 있었다. 그녀는 라스콜리니코프와 눈이 마주치자마자 자리에서 벌떡 일어나더니 마치 그를 기다리고 있었다는 듯 라스콜리니코프에게 다가갔다." 장면 설정에서조차 긴박함이 느껴지지 않는가? 도스토예프스키는 지금 이 자리에 있는 인물과 그들이 처한 상황을 독자가 분명하게 알 수 있도록 이 장면을 썼다. 때문에 우리는 이 장면에 머무는 동안 인물의 마음을 번갈아 들여다볼 수 있다.

다음 단계는 인물의 마음속으로 침투하기다. 이 방법은 혼란의 와중에 있거나 강렬한 감정을 느끼고 있는 인물을 묘사할 때 도움이 된다. 『죄와 벌』이 좋은 예다. 도스토예프스키는 라스콜리니코프가 자신이 리즈베타를 죽인 살인자라고 털어놓자마자 곧바로 그의 마음속을 파고든다. "그 사실을 털어놓자마자 …… 그 장면이 다시 생생하게 떠올랐다. …… 그가 도끼를 들고 다가서자 팔을 내저으며 벽을 향해 뒷걸음질 치던 리즈베타가 짓던 그 표정…… 영락없이 공포에 질린 아이 같던 그 표정이 다시 떠올랐다."³⁾ 이 묘사는 기교의 극치를 보여준다. 놀라우리만치 적절한 시점에 라스콜리니코프의 마음을 파고들어 가장 깊숙한 곳에 숨어 있는 감정을 폭로한다. 도스토예프스키의 전매특허라 할 만한 이러한 기법은 소설의 주제인 수치심을 더욱 부각시킨다. 라스콜리니코프는 자신이 저지른 짓을 진심으로 후회하고 있다. 그는 여자 친구에게 자신이 살인자라고 고백해야 하는 상황을 부끄러워하고, 처음으로 살인자라는 사실을 수치로 여기기 시작한다. 도스토예프스키는 이처럼 내면의 혼돈을 눈에 띄게 드러낼 때 최고의 솜씨를 발휘한다.

마지막 단계는 상대 등장인물의 마음속으로 이동하기다. 이 정도는 식은 죽 먹기라는 듯 도스토예프스키는 마지막 단계를 너무나 쉽게 처리한다. 라스콜리니코프의 마음속에서 흘러나오는 후회의 목소리를 듣고 난 독자는 이제 소냐의 목소리에 귀를 기울이게 된다. "소냐는 얼른 그를 쳐다봤다. 처음엔 이 불행한 남자에 대한 연민으로 그녀의 가슴은 찢어지는 듯했다. 그러나 이내 살인이라는 무시무시한 생각이 들자 그녀는 온몸이 얼어붙었다. 소냐는 놀란 얼굴로 라스콜리니코프를 쳐다봤다. 그녀는 왜, 어떤 방법으로, 무엇 때문에 그런 끔찍한 일이 일어났는지 아직도 알지 못했다."⁴⁾ 도스토예프스키가 얼마나 절묘한 타이밍에 전환을 시도하는지 주목하라. 소냐의 감

---

3) Fyodor Dostoevsky, *Crime and Punishment*, translated by Sidney Monas, New York:Signet, 1866, p. 391.
4) 위의 책, p. 393.

정에 어떤 동요도 일어나지 않는 평범한 순간에는 도스토예프스키의 관점 전환이 이루어지지 않는다. 소냐의 고통이 절정에 도달하는 순간, 그녀가 감정에 휩싸여 거의 제정신을 잃다시피 하는 순간, 살인 이야기를 듣고 충격을 받는 순간, 그리고 그녀의 생각과 감정이 갈등과 혼란으로 소용돌이치는 순간, 도스토예프스키는 비로소 라스콜리니코프에서 소냐로 관점을 이동한다. 또 하나 눈여겨볼 점이 있다. 도스토예프스키는 등장인물이 하는 생각을 무조건 많이 쌓아놓고서 정리와 선택은 독자가 알아서 하라고 책임을 미루지 않는다. 이는 작가에게 중요하고 유용한 기법이다. 도스토예프스키는 소냐의 생각과 행동을 번갈아 가며 보여준다. 우리는 소냐의 생각을 듣는 동시에 그녀가 하는 행동을 보게 된다. "소냐는 놀란 얼굴로 라스콜리니코프를 쳐다봤다." 행동은 바로 생각으로 전환된다. "그녀는 왜, 어떤 방법으로, 무엇 때문에 그런 끔찍한 일이 일어났는지 아직도 알지 못했다." 생각과 행동의 교차는 지금 생각을 하고 있는 인물이 누구인지, 그런 생각을 하면서 어떤 행동을 하고 있는지 끊임없이 독자의 주의를 환기시킨다. 그 결과 독자는 소설 속에서 벌어지고 있는 일들을 더욱 더 실감나게 받아들인다. 독자는 그녀의 행동을 *보고나서* 그녀의 마음속으로 들어간다. …… 완벽한 흐름이다! 하나의 장면 안에서 바늘로 꿰맨 자국이 드러나지 않도록 자연스럽게 한 인물의 마음에서 다른 인물의 마음으로 이동하는 이 기법만 알고 있으면 산을 움직이는 것도 불가능하지 않다. 물론 산보다 더 힘든, 우리의 목표인 독자의 마음을 움직일 수도 있다. 등장인물의 마음과 머릿속을 보여줬을 때 소설은 비로소 최고의 경지에 이른다.[5]

**도스토예프스키에게서 배우는 장면 전환의 비밀**

도스토예프스키가 능수능란하게 사용한 또 다른 장치는 장면 전환이다. 장면 전환은 이야기를 만드는 작가라면 누구나 터득해야 하는 필수적 기교다. 하지만 도스토예프스키 이후 장면 전환은 더 이상 이렇다 할 기법상의 발전을 이루지 못했다. 솔직히 말해서 20세기와 21세기의 대다수 작가들이 보여주는 장면 전환은 19세기 러시아 거장의 장면 전환보다 어색할 때가 많다. 도스토예프스키의 장면 전환은 마치 영화를 연상시킬 만큼 빠르고 효과적이다. 물론 여기에도 비밀은 있다. 그 비밀을 알고 나면 부드러운 장면 전환을 보장하는 이 기법을 사랑하지 않고는 못 배길 것이다.

도스토예프스키의 초기 작품 중 한 편을 통해 장면 전환의 사례를 살펴보자. 그는 이미 풋내기 작가 시절부터 장면 전환을 사용하기 시작하여 평생 사용했다. 도스토예프스키가 장면 전환 기법을 얼마나 중요하고 쓸모 있는 장치로 여겼는지 짐작할 수 있다. 『지하로부터의 수기 Notes From Underground』(1864)를 보자. 주인공이 호텔에서 열리는 파티에 가기 위해 마차를 잡는 장면으로 한 장이 끝나고 바로 이어지는 다음 장에서 이미 독자를 위해 장면 전환이 이루어져 있다.

나는 내가 가장 먼저 도착하리라는 것을 진작부터 알고 있었다.

---

5) "진정한 관점 속에서는 독자가 캐릭터의 마음이나 중추신경계 안에 들어와 있다고 느낀다. 그런 의미에서 영화는 진정한 관점을 제공하지 못한다." 이런 점에서 소설이나 논픽션은 여느 매체를 능가한다.(톰 울프의 말 인용, Dorothy Scura, *Conversations with Tom Wolfe*, Jackson:University Press of Mississippi, 1990, p. 51.)

하지만 누가 먼저 도착했는지는 더 이상 중요한 문제가 아니었다.

도착한 사람이 아무도 없었을 뿐만 아니라 나는 파티가 열리는 방을 찾지도 못하고 헤매고 있었다.[6]

많은 말을 하지 않고도 장면 전환이 효과적으로 이루어졌다. 우리는 어느새 앞 장의 마지막 장면과는 다른 장소에 와 있다. 특히 도스토예프스키가 화자의 *의식*을 통해 우리를 새로운 장소로 데려왔음에 주목하자. 이로써 독자는 물리적 묘사와 주인공의 감정에 의해 새로운 장소에 대한 정보를 얻는다. 이때 물리적 묘사는 사실상 최소한으로 사용되고 그보다는 주인공의 감정이 더 중요한 역할을 한다. 장면 전환 시 도스토예프스키처럼 감정을 이용하는 방법은 세련된 테크닉에 속한다. 대다수의 현대 작가들은 이 기교를 사용하지 않는데, 이는 그들이 이 기법에 대해 전혀 아는 바가 없기 때문이다.

예를 하나 더 들어보자. 『카라마조프 가의 형제들 The Brothers Karamazov』(1880)에서도 『지하로부터의 수기』에서와 마찬가지로 세련된 장면 전환이 이루어진다. 2권 1장에서 표트르 미우소프와 표트르 칼가노프가 새로운 장소에 도착한다. 여기서 도스토예프스키는 두 남자에게 각각 다른 상황을 부여한다. 한 사람은 그곳에 도착하는 순간까지 대학에 입학할지 말지 마음의 결정을 내리지 못한 상태로 남겨둔다. 다른 한 사람은 새로운 장소에 예정된 시간보다 늦게 도착

---

[6] Fyodor Dostoevsky, *Notes From Underground*, translated by Mirra Ginsburg, New York:Bantam, 1864, p. 83.

시킨다. 신속하게 전환되는 두 장면 속에서 독자는 아직도 마음의 결정을 내리지 못했다는 감정의 짐(emotional baggage)을 안고 있는 한 남자와, 예정보다 늦게 도착했다는 감정의 짐을 안고 있는 또 다른 남자를 지켜본다. 따라서 독자는 단순히 두 남자가 새로운 장소로 이동했다는 사실뿐만 아니라 두 인물의 *정서적 느낌*을 통해서도 새로운 장소에 발을 들여놓는다.

도스토예프스키의 탁월한 장면 전환 솜씨는 집에 도착한 미쉬킨 공작이 사랑하는 여인의 살해 소식을 알게 되는 『백치』(1868)의 마지막 장면에서 더욱 빛을 발한다. 도스토예프스키는 자신이 즐겨 쓰는 효과적인 기교로 시작한다.

여관에서 50보쯤 떨어진 첫 번째 네거리의 인파 속에서 누군가 갑자기 그의 팔을 툭 쳤다. 그러곤 나지막한 소리로 그의 귀에 속삭였다.
"이보게 미쉬킨, 나를 따라오게. 할 말이 있네."
로고진이었다.

여기서 도스토예프스키는 그 다음 장면으로의 전환을 위해 함정을 판다. 즉 미쉬킨 공작을 유쾌한 기분에 들떠 있게 만드는 것이다. 살해된 여인과 맞닥뜨렸을 때 미쉬킨으로부터 격렬한 감정 변화를 이끌어내기 위해서다. "공작은 잔뜩 설레는 기분으로 이야기를 늘어놓기 시작했다. 신이 나서 혼자 떠드는 바람에 무슨 말을 하는지 알아듣기 힘들었지만 조금 전까지 호텔 복도에서 로고진을 만나는 생각을 하고 있었다는 이야기인 듯싶었다."[7] 그러곤 한순간 장면이 바뀌더니 미쉬킨 공작은 이제 혼자가 아니라 거리의 인파 속에서 자신을 낚아챈 남자, 즉 살인자와 함께 있다. 미쉬킨은 행복해 보인다. 미쉬킨의 감정이 한껏 고양된 가운데 이루어진 이 신속한 장면 전환은 폭발력을 지닌 새로운 장면으로 독자를 이끈다. 행복하던 미쉬킨이 실성을 하는 다음 장면으로의 완벽한 전환이다.

도스토예프스키의 장면 전환 방법을 따라하고 싶다면 단순히 장소만 바꾸는 데 그치는 오늘날 대부분의 작가들은 무시하라고 말하고 싶다. 물론 오늘날의 작가들도 효과적으로 장소를 바꿀 줄 안다. 그러나 도스토예프스키는 새로운 요소를 더해 독자의 숨을 멎게 한다. 명심할 것. 장면 전환은 빨라야 한다. 그리고 단순히 장소를 이동하는 데 그치지 말고 정서적 요소를 보태라. 기왕이면 주인공이나 주요 등장인물의 정서적 요소가 좋다. 장소의 빠른 전환과 정서적 요소의 추가, 이 두 가지 방법을 통해 더욱 효과적인 장면 전환이 가능하다. 도스토예프스키의 장면 전환은 웬만한 영화의 장면 전환보다도 빠르다. 게다가 사람이란 원래 단순한 묘사보다는 감정에 더 반응하기 마련이므로 정서적 요소를 보태면 장면을 전환하는 동안에도 독자의 관심을 계속 붙들어둘 수 있다. 한마디로 빠른 장면 전환과 정서적 요소의 추가는 장면과 장면 사이의 간극을 튼튼하게 이어주는 다리나 다름없다. 그렇게 튼튼한 다리는 현대 소설에서 좀처럼 찾아보기

---

[7] Fyodor Dostoevsky, *The Idiot*, translated by Henry and Olga Carlisle, New York:Signet, 1868, p. 630.

힘들다. 만약 당신이 한 장면에서 다음 장면으로 전환할 때 거장도 쉽게 사용하지 못할 감정의 *반전*을 보여준다면 이 책의 개정판에서 나는 한 장을 늘려 당신을 다루게 될 것이다.

 **작가의 목소리를 좋아하게 만들려면**

여기서 말하는 목소리란 어휘 선택과 문체, 그 밖의 언어 장치를 통해 표현되는 작가 고유의 어조와 느낌, 개성을 가리키는 예술 용어다. 독자가 작가의 목소리를 좋아하게 만들기 위해 도스토예프스키는 두 가지 방법을 쓴다. 첫째, 그는 1인칭 화자가 등장할 때 종종 화자 스스로 자신의 병약함이나 노쇠함, 나약함 등을 인정하게 한다. 이 방법은 J. D. 샐린저의 『호밀밭의 파수꾼 *The Catcher in the Rye*』, 헤르만 헤세(Hermann Hesse)의 『황야의 이리 *Steppenwolf*』, 마크 트웨인(Mark Twain)의 『허클베리 핀의 모험 *Adventures of Huckleberry Finn*』, 헌터 톰슨(Hunter S. Tompson)의 『라스베이거스의 공포와 혐오 *Fear and Loathing in Las Vegas*』에서도 효과적으로 쓰였다. 두 번째 비결은 독자와 허물없는 사이가 되는 것이다. 이를 앨버트 삼촌 문체 (Uncle Albert style)라 부르기도 한다. 두 방법 모두 의심의 여지 없이 도스토예프스키가 활동하던 19세기는 물론이고 오늘날까지도 효과를 발휘하고 있다. 다시 말해 오늘날 이런 방법을 사용하더라도 구닥다리 냄새가 나는 작품으로 보는 사람은 없다. 오히려 독자들은 작가의 말 한 마디 한 마디에 귀를 쫑긋 세우고 열광할 것이다.

J. D. 샐린저는 두 방법 중 하나를 사용했다. 『호밀밭의 파수꾼』에

서 홀든 콜필드는 독자에게 자신의 모든 약점과 기벽(奇癖)을 숨김없이 털어놓는다. 샐린저는 이러한 방법을 누구에게 배웠을까? 그 이름도 오래된 도스토예프스키다. 도스토예프스키는 독자가 자신의 목소리를 좋아하게 만드는 데 대가였다. 다음은 주인공의 독백으로 유명한 『지하로부터의 수기』 도입부다.

> 나는 병자다. …… 나는 심술궂은 인간이다. 나는 남의 호감을 사지 못하는 인간이다. 이것은 아무래도 간장이 나쁘기 때문인 것 같다. 하기는 나 자신의 병에 관해선 아무것도 아는 게 없을 뿐 아니라 내 몸의 어디가 나쁜지 그것조차 확실히는 모르고 있다. 나는 의학이나 의사를 존경하고는 있지만 치료라는 걸 받고 있지는 않다. 그리고 여태까지 받아본 적도 없다. 게다가 나는 극단적인 미신가이다. 이를테면 의학 따위를 존경할 만큼 미신가란 말이다.(나는 미신가가 되지 않아도 될 만큼은 충분한 교육을 받았지만 그래도 역시 미신가이다.) 좋다. 오기로라도 의사의 치료 같은 건 받지 않을 작정이다.

화자는 호감이라곤 전혀 느낄 수 없고 결점도 한두 가지가 아니며 여러 면에서 이해하기도 힘든 인물이다. 그러나 스스로 문제가 많은 인간임을 솔직하게 인정하고 있기 때문에 독자는 이 인물에 대해 거부감보다 호기심이 더 커진다. 말하자면 '세상에 뭐 이런 괴상한 인간이 다 있지? 분명 뭔가 흥미로운 이야기가 숨어 있을 것 같군!' 하는 식이다. 도스토예프스키는 독자로부터 이런 반응을 끌어내어 책장을 넘기게 만든다. 작가가 흘려놓은 단편적인 정보들을 붙이고 이어 이 인물을 분석해보고 싶은 충동을 느끼는 것이다. 이것이 바로 1인칭 화자가 등장했을 때 도스토예프스키가 사용하는 마술이다.

두 번째 방법으로 도스토예프스키는 깔끔하게 정돈된 산문이 아니라 실제로 말을 하는 듯한 글을 통해 독자와 자연스럽게 친해진다. 한 평론가는 이렇게 지적한다.

> 『카라마조프 가의 형제들』에 등장하는 수많은 인물의 목소리는 이야기의 흐름과 관련된 목소리에도 영향을 미친다. 도스토예프스키는 특정한 인물의 말투를 떠오리는 문체로 소설의 서사를 끌고 나간다. 화자의 태도는 독자와 직접 대화를 주고받는 느낌까지 주고, 화자가 사용하는 단어와 문법에서는 문어(文語)보다는 즉흥적인 구어(口語)가 더 쉽게 연상된다. 문장과 단락은 제대로 된 문법을 비켜가기 일쑤며 균형 감각도 찾아보기 힘들다. 우리는 " '꼬리에 꼬리를 무는 문장'을 통해 이야기를 파악할 수 있을 뿐이다. 한 걸음씩 발을 내딛는다고 할까. …… 도스토예프스키는 자신의 생각이 담긴 최종적인 표현을 향해 조금씩 더듬거리며 나아간다."[8]

이처럼 소탈한 문체는 오히려 독자들이 지금 어떤 사건이 벌어지고 있는지 그 실체를 이해하는 데 어려움을 줄 수도 있다. 그렇다 하더라도 분명한 사실은 이러한 문체가 독자의 관심을 증폭시키고 사

---

8) Victor Terras, *A Karamazov Companion: Commentary on the Genesis, Language, and Style of Dostoevsky's Novel*, Madison:University of Wisconsin Press, 1981, p. 87.

건의 해석에 대한 독자의 참여를 높여준다는 점이다. 독자는 따뜻함과 개성이 깃든 목소리에 더 열렬하게 반응한다는 사실을 잊지 말자.

## 도스토예프스키의 등장인물이 오래도록 기억에 남는 이유

도스토예프스키가 만든 등장인물이 두고두고 독자의 기억에 남는 이유는 여러 가지다. 무엇보다도 도스토예프스키는 등장인물을 묘사할 때 인물의 개성을 확실히 드러낸다. "드미트리 표도로비치는 보통 키에 호감이 가는 용모를 지닌 스물여덟 살의 청년이었지만 나이보다 더 늙어 보였다."[9] 첫 문장부터 독자의 흥미를 불러일으킨다. 드미트리는 왜 나이보다 더 들어 보일까? 이것은 무슨 의미일까? 구성이 완벽한 소설에서는 묘사 하나조차 의미 없이 쓰이는 경우란 거의 없다. "그는 근육질의 몸을 자랑하며 매우 건강해 보였지만 얼굴에서는 뭔지 모를 병색이 느껴졌다. 약간 튀어나온 크고 까만 두 눈은 한곳에 시선을 집중하고 있는 것 같으면서도 어딘가 안정성이 없어 보였다." 드미트리에 대한 묘사가 길어질수록 궁금증이 해결되기는커녕 호기심만 더 커진다. 도스토예프스키는 인물의 안에 숨어 있는 특징은 밖으로 드러난다는 사실을 알고 있다. 등장인물의 외모는 곧 그 인물의 내면이며 성격이다. 이를 아는 작가들은 등장인물을 묘사할 때 인물의 미묘한 성격적 특성에 초점을 맞춘다.

---

[9] Fyodor Dostoevsky, *The Karamazov Brothers*, translated by Ignat Avsey, New York:Oxford University Press, 1880, p. 85.

도스토예프스키의 등장인물이 깊은 인상을 남기는 또 다른 이유는 그들의 격정적이고 혼란스러운 생각 때문이다.『지하로부터의 수기』에서 화자는 리자라는 매춘부를 만난다. 그러나 막상 그녀가 집으로 찾아오자 몹시 당황한다. 돼지우리나 다름없는 곳에서 비참하게 살고 있는 자신의 처지를 보이기 창피해서다. "나는 무엇에 호되게 얻어맞은 듯 볼썽사나운 꼴로 그녀 앞에 서 있었다. 넝마가 다 된 옷 앞섶을 서둘러 여미면서 빙그레 웃고 있었던 것 같다."[10] 작가가 인물을 격정과 혼란에 빠트리는 순간 그 인물은 더 이상 평범한 사람으로 다가오지 않는다. 격정과 혼란으로 머릿속이 뒤죽박죽이기는 라스콜리니코프와 드미트리, 미쉬킨 공작 모두 마찬가지다. 사실상 도스토예프스키의 주인공들은 하나같이 지향점을 잃은 정신적 혼란을 겪는다. 이런 혼란은 그들의 분절된 삶의 소용돌이 속으로 독자를 끌어들인다.

도스토예프스키의 등장인물을 얘기할 때 빼놓을 수 없는 것은 그들의 행동이다. 기이하거나 놀랍도록 대담한 행동은 도스토예프스키의 작품에 등장하는 인물들의 또 다른 특징이다. 라스콜리니코프는 단지 자신이 그러한 범죄를 저지를 자격이 있는 초인이라는 것을 증명하기 위해 살인을 저지른다. 이보다 더 대담하고 놀랍고 극적인 이유가 어디 있겠는가! 지하생활자는 창녀와 자고 나서 돈을 주는 것으로 그녀를 모욕할 수 있다고 생각하지만 그녀가 진심으로 그를 사랑하는 순간, 수치와 모멸은 지하생활자의 몫이 된다. 미쉬킨 공작은

---

10) Dostoevsky, 앞의 책, 1864, p. 138.

나스타샤 필리포브나에게 청혼하지만 그녀는 미쉬킨의 숙적에게 살해당하고 미쉬킨은 그 충격으로 미치광이가 된다. 드미트리는 그루센카를 놓고 아버지와 싸우다 하마터면 그를 살해할 뻔 한다. 등장인물들의 충격적인 행동과 줄거리의 대담한 전환, 주인공들이 느끼는 혼란과 격정이 도스토예프스키의 등장인물들을 평범하지 않은 존재로 만든다.

이러한 장치를 작품에 적용하려면 작가의 시선이 평범함 너머에 있는 것을 향해 있어야 한다. 일단 머릿속에 어떤 행동이 떠오르면 그 행동을 더 대담하고 더 눈에 띄며 심지어 더 난폭하게 만들어라. 과연 얼마나 극단적인 지점까지 행동을 밀어붙일 수 있는지 도전해 보라. 명백한 묘사와 혼란스러운 생각을 뒤섞어보라. 그랬을 때 비로소 도스토예프스키처럼 오래도록 기억에 남는 인물을 만들게 될 것이다.

### 독자의 맥박을 빨라지게 하는 도스토예프스키의 묘사 방법

19세기는 사실주의 소설의 마지막 전성기였다. 발자크와 디킨스, 졸라와 톨스토이 같은 작가들은 현실의 세부묘사를 통해 동시대 독자들에게 친숙한 세계를 창조했다. 톰 울프는 소설을 올바른 방향으로 이끈 가장 중요한 발견으로 사실주의를 꼽는다. 그는 소설의 성패가 오로지 사실주의에 달려 있다고까지 강조한다.[11] 도스토예프스키도 사실주의의 거대한 전통 안에 있다. 19세기의 소설가들 누구나 그랬던 것처럼 도스토예프스키의 묘사도 오늘날의 작가들과 비교하면 무척 길었다. 예를 들어 『죄와 벌』 6부의 3장 중반 부분에서 라스콜리니코프는 "오른손 손가락에 턱을" 괴고 "스비드리가일로프를 골똘히" 쳐다본다. 그러고는 무려 116개의 단어를 사용하여 집주인 스비드리가일로프를 묘사하고 나서야 다시 두 사람의 대화가 이어진다.[12] 오늘날 이만큼 긴 묘사는 장황한 느낌을 준다. 현대 독자의 취향에 맞춰 묘사 분량을 줄이면서 독자의 흥미를 끌 수 있다면 더 바람직할 것이다. "이상한 얼굴이었다. 어떻게 보면 가면을 쓰고 있는 것 같았다. 잘생긴 데다 그 나이라고는 믿기지 않을 만큼 젊어 보였지만 하여튼 뭔가 기분 나쁜 얼굴이었다." 얼굴을 묘사하고 있는 이 구절이 감정의 함축으로 가득하다는 점에 주목하라. 이탤릭체 부분이 감정의 함축이다. 그 얼굴은 *이상하고 가면을 쓴 것 같으며 뭔가 기분 나쁜* 구석이 있다.

이처럼 도스토예프스키는 좀 더 효과적이고 감동적인 인물 묘사를 위해 묘사에 감정을 집어넣었다. 그리고 앞에서도 언급했듯이 외모와 인물의 의미도 연결시킨다. "외모상의 자세한 특징 하나하나가 단지 그 인물의 외형 묘사를 위해서만 사용되는 경우는 거의 없다. 외모는 은연중에 드러나는 내적, 정신적 세계를 상징한다."[13] 『카라마

---

11) 톰 울프는 "재능 있는 현대 작가들이 사회적 배경이나 맥락도 없는 주인공들이 등장하는 소설을 쓴다. 사회적 배경을 배반하는 말 한 마디 들어볼 수 없다."며 불만을 터트린다. 그는 단호한 어조로 "그런 태도가 작가 경력을 망치고 있다."고 말한다.(톰 울프의 말 인용, Scura, 앞의 책, p. 34.)
12) Dostoevsky, 앞의 책, 1866, p. 445.
13) William Leatherbarrow, *Fyodor Dostoyevsky: The Brothers Karamazov*, New York:Cambridge University Press, 1992, p. 85

조프 가의 형제들』에서 알료샤의 외모에 대한 묘사를 읽고 있으면 왠지 마음도 선하고 고귀한 성품을 지닌 사람의 얼굴이 떠오른다. "그때만 해도 알료샤는 뺨이 발그레한 열아홉 살의 매력적인 청년이었다. 눈은 맑게 빛났고 건강미가 넘쳐흘렀다. 게다가 대단한 미남이었다. 보통 키에 늘씬한 몸매, 밤색 머리에 좀 갸름하긴 하지만 윤곽이 뚜렷한 얼굴, 그리고 시원하게 열린 짙은 잿빛 두 눈이 언제나 반짝이고 있어 명상적이면서도 매우 침착한 청년으로 보였다."[14] 이러한 묘사는 제법 오랫동안 이어진다. 마치 한가롭게 공원을 거닐다가 문득 눈에 들어온 사람을 묘사하기라도 하듯 얼굴, 몸집, 표정 등을 하나하나 묘사하고 그때마다 자기 느낌을 덧붙인다. 현대 소설에서는 어울리지 않는 방식일지도 모르겠다. 하지만 독자가 긍정적인 느낌으로 봐주길 원하는 인물을 묘사할 때는 그 인물의 긍정적인 면을 강조하고 부정적인 느낌을 원할 때는 부정적으로 묘사하는 도스토예프스키의 기교는 현대 작가들도 충분히 받아들일 만하다.

그러나 묘사의 영역에서 도스토예프스키가 성취한 가장 뛰어난 기교는 등장인물들이 난폭한 행동을 저지르는 장면에서 빛을 발한다. 이런 장면에서 독자는 도스토예프스키의 글을 읽으며 섬뜩함을 느끼고 가슴은 쿵쾅쿵쾅 방망이질 친다. 『죄와 벌』에서 살인은 여러 차례 묘사된다. 처음엔 살인이 암시되고, 실제로 살인 사건이 일어나며, 이후 라스콜리니코프가 살인을 돌이켜 떠올리고 자신이 저지른 짓

---

14) Fyodor Dostoevsky, *The Brothers Karamazov: A Novel in Four Parts and an Epilogue*, translated by David McDuff, New York:Penguin Classics, 1880, pp. 38-39.

때문에 불안해하고 두 노파를 잔인하게 살해한 죄책감에 시달리기 시작하면서 다양한 심리적 측면에서 반복적으로 살인이 언급된다. 『백치』에서 나스타샤의 죽음 장면도 다소 장황한 면이 없지 않지만 사실적 묘사의 훌륭한 모범이다. 이 장면은 불길한 징조로 시작한다. "공작은 한 걸음 앞으로 내디뎠다. 또 한 걸음. 그리고 갑자기 그 자리에 멈춰 섰다." 도스토예프스키는 묘사를 제대로 이용할 줄 안다. 그는 장면과 묘사를 최대한 이용하기 위하여 감정이 들어간 장면을 길게 늘린다. 『죄와 벌』에서 살인이 반복적으로 언급되듯이 『백치』에서 나스타샤의 살인도 미쉬킨 공작과 살인자인 로고진이 나스타샤의 시체가 있는 방에서 함께 허심탄회한 대화를 나누다가 마침내 공작이 실성하기 시작할 때까지 여러 페이지에 걸쳐 묘사된다.

단순한 묘사에서 최대한 많은 의미를 뽑아내기 위해 도스토예프스키가 사용하는 다양한 방법은 현대 소설에도 적용할 수 있다. 외모를 묘사할 때 감정과 상징적 의미를 첨가하는 그의 방법을 모방하라. 당신의 작품에 기억에 남을 만한 장면이나 강렬한 장면이 있다면 그 효과를 배로 늘리기 위해 등장인물의 생각을 통해 그 장면을 반복하라. 묘사를 통해 뽑아낼 수 있는 것이 있다면 남김없이 뽑아내라. 목적을 이룰 때까지 등장인물을 섬뜩하고 강렬한 사건 현장에 계속 남겨두어라. 이렇게 하면 하나의 묘사에서 실로 많은 것을 얻어낼 수 있으며 그러한 장면은 독자의 뇌리 속에도 오래도록 남게 될 것이다.

도스토예프스키는 작가를 위한 작가다. 그의 작품이 현대의 취향에서는 다소 장황해 보일지 몰라도 작가들에게는 세월이 흘러도 변함없는 가치를 지닌다. 그 어떤 소설도 등장인물의 마음과 영혼 속으로 깊숙이 들어가지 않고서는 완벽할 수 없다. 도스토예프스키는 우리에게 그 방법을 보여준다. 이뿐만 아니라 효과적인 장면 전환과 독자가 좋아할 만한 목소리 만드는 법, 강렬한 감정에 휘둘리는 인물의 외모와 심리 상태를 묘사하는 법을 알려준다. 이것이 바로 도스토예프스키의 유산이고 현대 작가들에게 주는 선물이다.

**크누트 함순** | 주요 작품 「신비」「빅토리아」「너무 커진 길 위에서」
소설에 등장하는 인물들을 보면 단순히 정신 속에서 과거와 현재가 따로 존재하는 데 그치지 않고 복잡하고 심리적인 힘에 의해 과거와 현재가 서로 결합하고 뒤섞였다.

[ 5장 ]

# 크누트 함순처럼 써라
*Knut Hamsun*

새로운 문학을 갈망하는가? 혁신가의 운명을 두려움 없이 받아들일 자신이 있는가? 그렇다면 당신은 크누트 함순의 작품을 사랑하게 될 것이다. 그는 다양하고 사실적이고 독창적인 인물 묘사 방법을 만들어냈다. 뿐만 아니라 시간의 흐름(passage of time)이라는 새로운 기법으로 문학의 새 지평을 열기도 했다. 그러나 그는 단순히 변화를 위한 변화를 추구하지는 않았다. 또 그는 자신만의 문학이론을 정립했고, 그 이론에 기초하여 작품을 썼다.[1]

크누트 함순은 1859년 노르웨이에서 태어났다. 함순은 여러 차례

---

[1] 2001년 스베어 링스타드(Sverre Lyngstad)가 번역한 『신비 Mysteries』의 '서문'을 참조할 것. 그 책의 '서문'에서는 함순이 한 강연과 "인간의 무의식적 삶으로부터"라는 그의 글을 다루고 있다.(Knut Hamsun, *Mysteries*, translated by Sverre Lyngstad, New York:Penguin, 1892, pp. xv - xvi.)

미국을 여행하며 전차 안내원을 비롯하여 밑바닥 직업을 두루 경험했으나 그가 미국에서 정말로 하고 싶었던 일은 소설 강의였다. 그가 보기에 전통적인 소설에는 몇 가지 지배적 특징(dominant trait)을 지닌 전형적인 인물들만 등장했다. 그는 이를 소설의 심각한 결함으로 여겼으며 이러한 소설은 현실의 삶과 너무 동떨어져 있다고 생각했다. 비록 톰 울프처럼 사실주의가 모든 것에 우선해야 한다는 주장까지 나가지는 않았지만 소설에 대한 분명한 이론을 갖고 그 이론을 자신의 작품에 실제로 적용하고 싶어 한 점은 울프와 다르지 않았다. 함순은 결국 노르웨이로 돌아가게 되었으나 당대 소설에 대해서는 지속적인 목소리를 냈다. 함순은 논란을 불러일으킨(어떤 이들은 '사람들을 당혹스럽게 만든' 이라는 표현을 더 많이 썼다.) 자신의 새로운 아이디어에 기대가 컸다. 그가 쓴 소설은 이전에는 볼 수 없었던 완전히 새로운 종류의 소설이었다. 무엇보다도 이야기의 직선적 진행이라는 전통적인 방식을 무시하고 있었다. 또 도스토예프스키에게서 배운 내면의 독백을 이용하여 두 가지 이상의 시간대를 자유자재로 이동했다. 그런가 하면 등장인물의 내면 상태를 묘사하기 위해 '꿈을 꾸는 장면'을 이용하기도 했다. 꿈 장면을 통해 얻은 가장 큰 성과라면 등장인물의 의식 속에서 희미하게 깜빡거리는 빛을 낚아채 이전에는 누구도 예측할 수 없었던 등장인물의 의식을 더 가까이에서 엿볼 수 있게 됐다는 점이다.

**작가의 장애물 극복하기**

소설에 대해서는 누구보다도 혁신적인 시각을 갖고 있었지만, 인생이나 문학에서 여성의 역할에 대한 함순의 시각은 지독할 정도로 전통적이었다. "그의 소설에서 여성은 어머니의 모습일 때 가장 행복한 것으로 묘사된다. 반면 교육이나 문명, 여행은 여성을 파괴하고 망치는 것으로 묘사된다."[2] 첫 번째 결혼이 실패로 끝난 것도 아내에게 재정적 독립을 포기하라고 종용한 것이 한 원인이었다. 두 번째 결혼은 "훨씬 성공적이었다. 그러나 결혼 생활을 위해 그의 아내가 치러야 했던 대가는 너무 컸다. 그녀는 때 묻지 않은 경이로운 자연에서 살고 싶어 했던 함순의 소망을 위해 배우로서의 경력을 포기하고 그를 따라 외진 시골로 이사했다."[3] 허먼 멜빌이나 J. D. 샐린저, 그리고 기타 수많은 작가들처럼 함순도 "한 번 나갔다 하면 몇 달씩" 아내를 집에 남겨두고 "여관이나 하숙집을 전전하며" 글을 썼다.[4] 실제로 그는 작업을 방해하는 상황을 벗어나고 싶은 충동이 일 때는 언제든 집을 떠나 새로운 곳에 자리를 잡고 글을 쓸 수밖에 없다고 믿었다. 그가 선택한 방법은 효과가 있었다. 친숙한 주변 환경을 떠나서 쓴 글들은 대부분 그의 대표작이 되었다.[5]

---

2) Monika Zagar, "Knut Hamsun's Taming of The Shrew: A Reading of Dronning Tamara", *Scandinavian Studies 70*, no. 3(Fall), 1998, pp. 337-359.
3) 위의 글
4) 위의 글
5) 물론 이 방법이 항상 효과를 본 것은 아니다. 그러나 함순은 창작력을 자극하기 위해 새로운 장소를 찾아다녔고, 대부분은 훌륭한 작품으로 그 결과가 돌아왔다. (Robert Ferguson, *Enigma: The Life of Knut Hamsun*, New York:Farrar, Straus & Giroux, 1987, p. 282.)

## 헤밍웨이와 카프카를 가르친 남자

작가로서 비교적 빨리 성공하여 미래가 창창했던 함순은 제2차 세계 대전 기간에 중대한 정치적 어려움에 직면한다. 영국을 너무나 싫어한 나머지 히틀러를 지지한 것이다. 심지어 독일군 탱크가 밀고 들어와 자신의 조국인 노르웨이를 점령했을 때도 히틀러에 대한 지지를 철회하지 않았다. 전쟁이 끝난 후 함순은 독일군을 지지했다는 이유로 벌금형을 받고 상당한 재산을 잃었으며, 덩달아 그의 작품들도 외면당하기 시작했다. 특히 영국과 미국에서는 거의 쓰레기만도 못한 취급을 받았다. 정치적 견해를 너무 딱 부러지게 밝히는 바람에 빚어진 불행한 결과였으나 사실 그는 진정한 의미의 친독주의자는 아니었다. 실제로 노르웨이인들이 처형당할 때 함순은 독일인들을 만나 살상 행위를 멈추라고 호소했다. 그가 균형 감각을 잃고 맹목적으로 나치의 침공을 지지한 것은 오직 반영(反英) 감정 때문이었다. 논란의 중심에 서 있던 그의 작품은 전쟁이 끝난 후 철저하게 독자의 눈 밖에 났다. 오늘날 함순이 상대적으로 미국에서 덜 알려진 이유이기도 하다.

함순은 1920년 『대지의 성장 Growth of the Soil』(1917)으로 노벨상을 수상했다. 공교롭게도 『대지의 성장』은 그의 작품 가운데 가장 독창성이 떨어지는 작품이었다.[6] 기교적인 면에서 훨씬 더 우리의 흥미

---

[6] 깊은 생각이 담긴 에세이에서 에드문드 화이트(Edmund White)는 함순의 최고작으로 『신비』, 『팬 Pan』, 『빅토리아』 같은 초기 작품을 꼽은 반면 『대지의 성장』은 "따분한 작품"이라고 평했다.(Edmund White, "Knut Hamsun", *Review of Contemporary Fiction* 16, no 3, 1996, p. 25.)

를 끄는 작품은 『신비 Mysteries』(1892)와 『빅토리아 Victoria』(1898)다. 두 작품 모두 인물 묘사와 언어의 혁신적 사용이라는 면에서 모험에 가까운 새로운 시도를 하고 있다. 사람들은 함순을 "심리 소설의 선구자이자 진정한 의미의 산문시인"이라고 부른다.[7] 그는 종종 한 사람 속에 들어 있는 두 가지 성격을 보여주기 위해 두 명의 인물을 등장시킨다. 도플갱어(doppelgänger)라 불리는 이 문학적 장치는 함순을 흠모했던 헤르만 헤세가 자신의 많은 작품에서 사용한 것으로도 유명하다.[8]

비록 고국에서는 정치적 문제로 어려움을 겪었지만 영국과 미국의 소설가들은 그의 작품을 면밀하게 분석하고 있었다. 그중엔 D. H. 로렌스와 헤밍웨이, 카프카도 있었다.[9] 이들은 함순의 문체에 숨어 있는 비밀을 배우려 했고 정서적 내용(emotional content)을 전달하는 함순의 완벽한 기교를 자신들의 작품에 적용하고자 했다. 함순의 꿈 장면과 시적 글쓰기를 받아들이고, 인간 내면의 예측 불가능성에 더 가까이 다가가기 위해 직선적 줄거리 구조를 포기함으로써 등장인물의 정서적 삶(emotional life)을 충실히 전달할 수 있다는 것을 함순의 작품에서 배웠다. 현대 작가들도 늘 변하는 속성을 지닌 인간 의식의

---

[7] Dolores Buttry, " 'Secret Suffering' : Knut Hamsun's Allegory of the Creative Artist", *Studies in Short Fiction 19*, no. 1, 1982, p. 1.

[8] 예를 들어 함순의 소설 『신비』에서 네이글과 난쟁이는 동일한 남자의 두 가지 얼굴이다. 단편 『비밀스런 고통 *Secret Suffering*』에는 "두 남자는 하나의 인격을 지닌 두 개의 다른 얼굴이다."라는 구절이 나온다.(위의 책, p. 3.) 헤세는 『나르치스와 골드문트』(1930), 『황야의 이리』(1927), 『데미안』(1919)에서 도플갱어 장치를 적극적으로 활용한다.

본질에 도달할 수 있는 몇 가지 세련된 방법을 함순에게서 배울 수 있다. 다면성과 복합성을 존중하는 사람에 관한 이야기를 쓰고 싶은 작가라면 한두 가지 지배적 형질만으로 인물을 묘사하는 평범하고 뻔한 방법에서 벗어나 새로운 길을 찾아야 한다. 함순은 쉴 새 없이 변하는 인간의 마음과 생각을 더욱 근접해서 보여줄 수 있는 방법을 가르쳐준다.

전통적인 소설에 대한 함순의 비판은 전적으로 옳았다. 대부분의 소설은 직선적인 방식으로만 이야기를 펼쳐나간다. 즉 시간의 한 지점에서 시작한 이야기는 일련의 에피소드와 장면을 거치며 앞으로 나아간다. 그러다가 불씨가 되는 사건이 본격적으로 가동되기 시작하면 우연에 의해 연결되어 있던 에피소드와 장면들은 마치 우르르 무너지는 도미노처럼 서로 영향을 미친다. 물론 현대 작가들도 종종 플래시백(회상) 기법을 사용하여 직선적인 진행에 제동을 걸기도 한

---

9) 비록 일반 독자에게 함순의 명성은 그리 높지 않지만, 작가들은 그에게 많은 영향을 받았다. D. H. 로렌스의 『채털리 부인의 연인』은 함순의 『팬』(1894)에서 결정적 영향을 받았다.(Peter Fjågesund, "D. H. Lawrence, Knut Hamsun and Pan", *English Studies 72*, no. 5 (october), 1991, p. 421.) 찰스 부코우스키(Charles Bukowski)도 자신이 함순의 많은 점을 모방했다고 인정하며 함순을 "정신적 지주"라 부르기까지 했다.(Russell Harrison, *Against the American Dream: Essays on Charles Bukowski*, Santa Rosa, Calif:Black Sparrow Press, 1994, p. 217.) 그런가 하면 함순의 전기를 쓴 작가에 따르면 헤밍웨이는 습작 시절에 마치 함순의 "제자가 된" 기분으로 함순의 초기작품을 연구하며 명쾌하고 분명한 문장을 쓰는 방법을 배웠다고 한다.(Ferguson, 앞의 책, p. 24.) 그밖에도 셔우드 앤더슨, 존 골즈워디, H. G. 웰스, 토마스 만, 베르톨트 브레히트, 헤르만 헤세, 헨리 밀러, 막심 고리키 등이 함순을 스승으로 삼았다. 헤밍웨이는 『위대한 개츠비』의 작가 스콧 피츠제럴드에게 유익한 조언이 필요하다면 함순의 작품을 읽어보라고 권하기까지 했다.(Ferguson, 앞의 책, pp. 228, 301.)

다. 그러나 플래시백은 대부분 배경 설명을 위한 장치에 불과하다. 우리가 살아가는 현실 속에는 자신의 기억을 통해 세상을 바라보거나 감정의 그물에 걸러 사건을 경험하는 사람들이 있다. 이런 사람들은 종종 우리가 인식하기 힘든 형태로 직선적인 시간을 왜곡하기도 한다. 플래시백만으로 진짜 사람들의 의식을 자세히 들여다보는 데는 한계가 있다는 이야기다. 크누트 함순은 직선적이고 이성적인 방식보다는 꿈을 이용한 자기 성찰적 접근을 선호했다. 헤밍웨이나 카프카 같은 작가가 함순의 작품을 존경하고 연구했던 것은 그다지 놀랄 일도 아니다. 그들은 더욱 효과적인 작품을 위해 필요한 기법이라면 언제라도 배울 준비가 되어 있었다.

## '지배적 특징'을 넘어서는 글쓰기

노르웨이인들은 "오랜 세월이 흘렀어도 여전히 함순의 소설을 손에서 놓지 않는다. 그의 작품이라면 심지어 최악의 작품이라 평가받는 소설까지도 사랑한다."[10] 제2차 세계 대전의 기억이 멀어져가면서 함순의 인기도 되살아나고 있다. 평론가 에드문드 화이트(Edmund White)는 다음과 같이 함순을 극찬한다. "크누트 함순은 내가 가장 좋아하는 작가 중 한 명이다. …… 그의 작품은 시적 아름다움의 기준을 제시했고 의식(意識)이 보여주는 비논리적인 패턴을 가장 정확하

---

10) Ellen Rees, "Knut Hamsun, Novelist: A Critical Assessment [book review]", *Scandinavian Studies*, vol. 80, no. 1 (spring), 2008, p. 110.

게 포착하는 작품의 시금석이 되었다. 나는 육체적 욕망, 거절당하는 것에 대한 두려움, 연애의 희비극 같은 부분에서 함순보다 감정 묘사를 잘하는 작가를 알지 못한다."[11] 화이트가 함순을 존경하는 가장 큰 이유는 인간의 정신을 묘사하는 데 있어서 기존의 틀을 깨고 새로운 지평을 열었기 때문이다. 표현주의자라 불러도 손색이 없을 만큼 함순은 복잡하고 다양한 인간의 성격을 표현하는 데 전력을 기울였다. "그는(함순은) 등장인물의 정서적 내용을 표현하기 위해 기꺼이 현실을 왜곡했다."라고 말하는 사람도 있다.[12]

함순이 문학에 기여한 가장 중요한 공로가 있다면 에밀 졸라의 캐릭터 접근법을 거부한 것이다. 실제로 함순은 지배적 특징을 내세워 등장인물을 묘사하는 자연주의 작가들을 대놓고 비웃었다. 함순에게는 등장인물을 몇 가지 지배적 특징으로 한계 지우는 것이 인위적인 방법으로 보였다. 그런 인물은 도무지 진짜 같지 않았다. 함순은 도스토예프스키의 작품에 등장하는 인물들, 즉 상황에 따라 이랬다저랬다 마음이 바뀌고 앞으로 어떤 행동을 할지 예측이 불가능한 인물이야말로 진짜 인간에 가깝다고 생각했다. 도스토예프스키에게서 강한 영향을 받은 함순은 자신의 등장인물 중에 '지배적 특징'으로 설명할 수 있는 인물은 단 한 명도 없다고 주장했다. 대신 함순의 소설에는 변덕이 죽 끓듯 수시로 마음이 바뀌거나 하나의 특징을 선보이

---

11) White, 앞의 책, p. 21.
12) 그런 점에서 표현주의 화가 에드바르트 뭉크(Edvard Munch)의 그림이 함순의 장편소설인 『빅토리아』와 『신비』의 표지로 쓰인 것은 어찌 보면 당연하다.(Penguin editions)

는가 싶으면 눈 깜짝할 사이에, 그리고 뜬금없이 아무런 관련 없는 또 다른 특징을 드러내는 인물들이 등장한다.[13] 여러 가지 면에서 함순은 독특하고 현대적인 작가였다. 그는 마치 불교에서 명상을 하듯 인간의 의식을 묘사한다.

예를 들어 보자. 초기작 『신비』의 주인공인 네이글은 수수께끼 같은 인물이다. 노란색 정장차림으로 마을에 나타난 그는 자신의 과거에 대해서는 그다지 말을 하지 않는다. 싸구려 술집에 방을 얻어 살지만 사실은 부자이고, 타고난 재능은 뛰어나지 않지만 대가 못지않은 바이올린 연주 실력을 갖고 있다고 떠벌리고 다닌다. 그는 가능하면 사람들과 어울리지 않으려 애쓰지만 마을의 미녀에게 홀딱 반하고 만다. 그녀가 다른 남자와 약혼을 하는데도 네이글은 물귀신처럼 그녀를 쫓아다닌다. 네이글의 변화무쌍한 성격은 미니맨이라는 이름의 난쟁이와 극명하게 비교된다. 네이글은 어둡고 침울한 성격의 미니맨과 친구가 된다. 소설이 거의 끝나갈 무렵 네이글은 약을 먹고 자살을 시도하지만 실패한다. 독자는 그가 죽었을 거라고 생각하지만 약으로 인한 환각 상태에서 그가 속으로 어떤 생각을 하고 있는지 드러난다. 이 소설은 사랑에 실패하고 낙담한 네이글이 호수에 뛰어들어 자살하는 것으로 끝난다.

『신비』 전반에 걸쳐 함순이 사용하고 있는 기교는 직선적 줄거리로 전개되는 기존의 소설에서는 볼 수 없는 것들이다. 한 사람의 등장인물이 하나의 심리적 유형만을 드러내는 당대의 문학적 접근과도

---

13) White, 앞의 책, p. 22.

동떨어져 있다. 네이글은 허풍쟁이에다 떠버리인가 하면 수줍음 많고 충동적인 연인이며, 바보인가 하면 천재이다. 판사에게는 깡패이지만, 사람들에게 손가락질 당하는 난쟁이에게는 다정한 친구이며, 이웃 사람들에게는 신비로운 존재다. 그는 많은 비밀을 간직한 채 조증과 울증을 오가다가 끝내 자살한다. 함순의 작품을 번역한 현대의 어느 번역가는 『신비』의 매력을 이렇게 요약한다. "대체적으로 『신비』는 죽기 일보 직전에 있는 중심인물의 생각이 매일매일 시시각각 변할 때마다 독자가 그 즉시 느낄 수 있도록 해준다. …… 함순은 『신비』에서 전통적 소설에서는 필수적이었던 요소, 즉 일관성 있는 줄거리, 인과관계, 완벽함, 한결같은 등장인물, 타당성, 그리고 관점을 모조리 무시한다." [14] 중심인물의 생각을 좀 더 즉각적으로 묘사할 수 있는 방법을 찾는 작가에게 『신비』는 분명 연구해볼 만한 가치가 있는 소설이다.

### 다중 시간대(Multi-Time Zone) 기법

함순의 소설에는 자주 반복되는 하나의 패턴이 있다. 에드문드 화이트가 지적했듯이 "주인공은 혼자 한 마을에 도착하고, 그곳에 살고 있는 젊은 여자에게 반한다. …… 여자는 주인공의 괴팍한 행동에 깜짝깜짝 놀라지만 그의 구애에 결코 무관심하지는 않다.(실제로 함순은

---

14) Sverre Lyngstad, *Knut Hamsun, Novelist: A Critical Assessment*, New York: Peter Lang, 2005, pp. 34-35.

대단한 미남이었고 그의 주인공들은 항상 매력적인 외모를 지닌 인물로 묘사된다.)"[15] 그러나 함순의 기교를 활용하기 위해 줄거리 패턴까지 모방할 필요는 없고 이는 별로 도움이 되지도 않는다. 함순의 뛰어난 현대적 문체는 변화가 심한 인간의 정신을 묘사하고자 하는 어떤 이야기에도 적용할 수 있고, 현대 작가들은 함순의 혁신적인 기교를 자신의 작품에 맞게 변형하여 사용할 수 있다.

함순의 책은 "대단히 즉흥적이고, 한 페이지 한 페이지를 낭만적 이기주의자의 가슴을 찢어 만들었다."[16] 이는 아마도 함순이 등장인물의 머릿속에서 과거와 현재를 자유자재로 섞어놓는 데 다른 작가들보다 더 뛰어난 솜씨를 보여주기 때문일 것이다. 이 점에서 함순은 의식의 흐름을 구사하는 작가로 유명한 제임스 조이스(James Joyce)나 버지니아 울프(Virginia Woolf)를 능가한다. 함순의 소설에 등장하는 인물들을 보면 단순히 정신 속에서 과거와 현재가 따로 존재하는 데 그치지 않고 복잡하고 심리적인 힘에 의해 과거와 현재가 서로 결합하고 뒤섞인다. 바로 그것이 등장인물이 혼돈을 느끼면 독자도 혼돈을 느끼게 되는 이유다.

함순의 모든 기교는 이러한 정신적 혼란과 연관되어 있다. 예를 들어 『빅토리아』의 낭만적인 남자 주인공 요하네스는 얼마 전 자신의 라이벌인 중위가 내뱉는 모욕적인 말을 우연히 엿듣게 된다. 중위의 약혼녀는 바로 요하네스가 사랑하는 빅토리아다. 몇 년 전, 요하네스

---

15) White, 앞의 책, p. 23.
16) 위의 책, p. 25.

는 빅토리아의 키스를 받은 적도 있다. 이제 중위의 모욕적인 말을 곰곰 되짚어보는 동안 요하네스의 머릿속에서는 세 가지 시간대가 뒤섞인다. 빅토리아가 자신에게 키스를 해주었던 먼 과거와 중위가 모욕적인 말을 내뱉은 가까운 과거, 빅토리아와 중위가 자신은 빼놓고 둘이서 다정히 공원을 산책하고 있을 현재로 이루어진 세 가지 시간대가 나타난다.

언젠가 빅토리아는 요하네스에게 키스를 건넸다. 아주 오래전, 아마도 여름이었을 것이다. 하도 오래전 일이라 정말 그런 일이 있었는지는 오직 신만이 기억할 수 있으리라. 어떻게 됐더라? 함께 벤치에 앉아 있었나? 오랫동안 대화를 나누고 공원을 나설 때 요하네스는 그녀 옆에 바짝 붙어서 걸었고, 그의 손이 그녀의 팔에 닿았다. 잠시 후 공원 입구에서 그녀가 그에게 키스를 했다. 그녀가 말했다. 사랑해요. …… 지금쯤 그들은 그 공원을 걷고 있을 것이다. 정자 같은 곳에 앉아 다리를 쉬고 있을 것이다. 중위의 목소리는 누구나 들을 수 있을 만큼 컸다. 요하네스는 잠이 들지 않았기 때문에 중위가 하는 말을 똑똑히 들을 수 있었다. 하지만 그는 일어나지도 않았고 중위에게 따지지도 않았다. 요하네스는 속으로 중얼거렸다. 장교들이란 다 저런 거지. 그런 건 상관없어. ……[17]

---

17) Knut Hamsun, *Victoria*, translated by Sverre Lyngstad, New York:Penguin, 1898, pp. 54-55.

원문에서는 모든 문장이 동일한 글자체다. 여기서는 세 가지 시간대가 어떻게 뒤섞이고 있는지를 보여주고자 글자체를 달리했다. 이탤릭체는 빅토리아가 요하네스에게 입을 맞춘 먼 과거를 가리킨다. 진한 글자체는 요하네스가 자신을 모욕하는 중위의 말을 엿들은 가까운 과거를 가리킨다. 끝으로 밑줄을 친 문장은 중위와 빅토리아가 공원을 산책하고 있는 현재를 가리킨다. 함순이 한 문단 안에서 여러 시간대를 어떻게 넘나드는지가 한눈에 보인다. 먼 과거와 가까운 과거, 현재를 섞어놓음으로써 정신적 압박에 시달리는 사람과 깊은 감정이나 수치심, 기억에 빠져 있는 인간의 생각이 시시각각 어떻게 변하는지를 바로 눈앞에서 들여다볼 수 있다.

함순의 소설 『빅토리아』는 〈엘비라 마디간〉으로 유명한 영화감독 보 비더버그(Bo Widerberg)에 의해 또 한 편의 관능적이고 낭만적인 영화로 탄생했다. 소설 『빅토리아』와 영화 〈엘비라 마디간〉은 비슷한 점이 아주 많다. 우선 두 작품 모두 사랑을 이루지 못한 연인들에 관한 이야기다. 『빅토리아』의 주요 장애는 빅토리아가 자신의 감정에 솔직하지 못하다는 사실이다. 그녀는 요하네스를 몹시 사랑하지만 자신의 감정을 억누른다. 아버지의 성(城)을 빼앗기지 않으려면 돈 많은 중위와 결혼할 수밖에 없기 때문이다. 사르트르라면 거짓 신념에 따라 행동하는 그녀를 꾸짖었을 것이다. 확실한 신념을 갖지 못한 빅토리아 때문에 빅토리아와 요하네스 두 사람 앞에는 진실한 사랑이 없는 인생이 기다리고 있다. 깊은 감정의 골은 두 사람 사이를 점점 더 갈라놓지만 두 사람은 불가항력적으로 상대에게 끌리는 강렬한 감정을 어찌할 수 없다. 함순이 현미경으로 들여다보듯 요하네스의 생각을 파헤칠 수 있는 것은 두 사람 사이의 이러한 감정적 대립 때문이다. 주인공이 정서적으로 스트레스에 짓눌려 있는 시점에 함순이 이러한 기교를 사용한다는 사실을 주목하기 바란다. 이쯤에서 떠오르는 작가가 없는가? 그렇다. 도스토예프스키도 함순과 마찬가지로 정서적 모욕과 두려움, 수치에 초점을 맞춘 작가였다.

함순의 문체를 모방할 때 일시적으로 독자를 혼동시킬 위험이 있는 것은 분명하다. 그러나 주요 등장인물이 느끼는 혼란을 표현하기 위해서라면 그런 혼동을 감수할 만한 가치가 있다. 인물의 생각 속으로 들어가는 시점을 신중하게 고른다면 당신도 함순과 똑같은 효과를 거둘 수 있을 것이다. 함순처럼 주인공이 정서적 혼란의 한복판에 있을 때 인물의 생각 속을 파고들어간다면 그만큼 성공할 가능성이 높다. 인물 간의 긴장과 대립이 최고조에 달한 순간에는 한 개 이상의 과거와 미래 사이를 자유롭게 오가며 인물의 생각을 드러낼 수 있다. 요하네스가 빅토리아의 키스를 받거나 중위에게 모욕을 당했던 순간처럼 그 과거가 감정으로 가득 차 있다면 금상첨화다. 작가의 몽상은 주인공의 생각을 드러내는 것과 동시에 독자를 정신적 혼란에 휩싸인 주인공의 마음속으로 밀어 넣는 이중효과를 거둘 수 있기 때문이다.

다중 시간대 기법은 매우 정교한 장치이므로 정서적으로 불안정한 인물을 창조해낼 수 있느냐 없느냐에 그 성패가 달려 있다. 그렇다고 함순의 기교를 모방하기가 어렵다는 이야기는 아니다. 어떤 현대 작가라도 자신이 원하는 대로 함순의 기교를 변형하여 사용할 수 있다. 그러자면 세 단계를 거쳐야 한다. 첫 번째, 주인공의 삶에서 일어날 일련의 사건들을 떠올려보라. 주인공의 감정을 짓누를 만한 사건이라야 한다. 두 번째, 그 감정은 사소한 감정이 아니라 마음 깊은 곳을 강력하게 흔드는 감정이어야 한다. 함순이 반복적으로 사용한 감정은 모욕, 수치, 두려움, 갈망이었다.(그보다 앞서 도스토예프스키가 이런 감정을 이용하여 성공을 거두었다). 세 번째, 주인공의 생각 속으로 파고들 시점을 신중하게 선택하라. 반드시 내면의 분노나 작가가 묘사하려는 인물의 감정이 곧 폭발하려는 순간이어야 한다.

다중 시간대 기법을 활용하려는 작가들은 『신비』와 『빅토리아』를 훑어보며 함순이 이 기법을 어떤 부분에서 사용하고 있는지 찾아보기 바란다. 그가 얼마나 자연스럽게 현재에서 과거로, 과거에서 더 먼 과거로, 그리고 다시 현재로 돌아오는지 주목하라. 그가 어떻게 현실을 과장하고, 꿈속에 빠졌다가 다시 정상 시간대로 돌아오는지 주의 깊게 살펴보라. 구두점, 문장의 길이, 인용부호의 사용도 어떻게 쓰이고 있는지 놓치지 마라. 이 모든 것이 당신의 작품을 성공으로 이끌 것이다. 함순의 복잡한 내면 묘사는 모든 작가를 위한 기법은 아니다. 그러나 강력한 표현주의적 효과를 추구하는 작가라면 다른 어떤 거장보다도 함순을 통해 중요한 가르침을 얻을 수 있을 것이다. 함순의 기법을 가르쳐주는 책은 어디에도 없다.[18] 가르침은 직접 함순의 작품 속에서 찾아내야 한다. 물론 최고인 그에게서 배운다면

---

18) 하지만 꼭 언급하고 싶은 책이 한 권 있다. 도리트 콘(Dorrit Cohn)의 『내적 투명성: 소설에서 의식을 표현하는 내러티브 모드 Transparent Minds: Narrative Modes for Presenting Consciousness in Fiction』(1978)는 작가들이 등장인물의 정신세계를 어떻게 묘사하는지 날카롭게 분석한 책이다.

언젠가는 최고를 뛰어넘게 될 것이다.

 **꿈 활용하기**

함순은 주인공의 생각을 더 깊숙이 파고들기 위하여 도스토예프스키에게 배운 한 가지 기법을 사용했다. 꿈 장면을 이야기 속에 집어넣는 것이다. 『신비』의 마지막 페이지에서 함순은 독자가 소설이 끝날 때까지 그것이 꿈이라는 사실을 알지 못하도록 꿈 장면을 사용한다. 그는 소설 초반부에서도 꿈을 사용하여 독자에게 주인공인 네이글이 목에 걸고 다니던 약병에 든 독약을 먹고 자살하려 한다는 착각을 불러일으킨다. 주인공은 물론이고 독자도 네이글의 친구인 미니맨이 약병의 독약을 버렸다는 사실을 알지 못한다. 함순은 주인공이 죽어가고 있다고 믿게 만들어 독자를 전율에 휩싸이게 한다. 독자는 그가 죽어가고 있다고 확신한다. "벌써 그의 눈이 침침해지고 있구나!" [19] 함순은 네이글이 (거짓으로) 죽어가는 이 장면에서 숨을 조여오는 듯한 상세한 설명을 덧붙임으로써 독자는 더더욱 그의 죽음을 기정사실로 받아들인다. 몇 페이지 뒤에서 진실이 밝혀지고 주인공이 깨어났을 때 비로소 네이글과 독자는 이것이 네이글의 꿈이었음을 알게 된다.

꿈 또는 환영을 통해 현실에서 벗어나는 표현주의적 기법을 사용하여 함순은 도스토예프스키가 그랬듯 주인공의 생각 속으로 파고들

---

19) Hamsun, 앞의 책, 1892, pp. 245-248.

어가 그의 광기와 절망적인 생각을 드러내 보인다. 함순에게 중요한 것은 현실이 아니라 주인공을 억누르고 있는 감정이다. 꿈은 이야기를 더욱 박진감 넘치게 끌고 가기도 한다. 예를 들어 네이글이 자살 시도에서 깨어났을 때 독자의 머릿속엔 곧바로 몇 가지 궁금증이 고개를 든다. 네이글은 자살에 실패해서 실망했을까? 아니면 열심히 살아야겠다는 교훈을 얻었을까? 아니면 다시 자살을 시도할까? 이처럼 주인공의 생각이나 꿈을 이용하여 이야기를 앞으로 진전시키는 작가는 흔치 않다. 저 유명한 제임스 조이스의 의식의 흐름이나 버지니아 울프의 복잡한 내면의 소리도 함순의 꿈 장면만큼 이야기를 진전시키지는 못한다.

### 함순의 유산

함순의 말년은 고통스러웠다. 법정에서는 반역자 판결을 받았고, 강제로 입원하게 된 정신병원에서는 그가 정신적으로 문제가 있다고 생각하는 의사들로부터 여러 가지 검사를 받으며 시달림을 받았다. 그러나 그는 한 번도 정신이 이상한 적은 없었다. 오히려 "대단히 지적이고 의사들보다 더 섬세한 감성의 소유자였다."[20] 그는 자신의 경험을 바탕으로 『너무 커진 길 위에서 On Overgrown Paths』(1949)를 썼고, 이는 함순의 마지막 작품이 되었다. 함순은 이 작품에서 의사

---

20) Robert Coles, "Knut Hamsun: The Beginning and The End", *New Republic 157*, no. 13, 1967, p. 23.

와 변호사들이 예술가를 분석하려고 할 때 저지를 수 있는 실수들을 섬세한 감성으로 잡아내 써내려갔다. 작가이자 정신과 의사인 로버트 콜스는 "함순은 한 사람이 다른 사람에게 어떻게 모욕과 수치를 줄 수 있는지 지적하고 있다. 정신과 의사가 환자에게 던지는 어리석고 모욕적이며 거만한 질문들을 함순보다 더 완벽하게 옮겨놓은 작가는 없다."고 주장한다.[21] 함순이 쓴 최고의 작품에는 바로 이런 섬세한 감성이 깃들어 있으며, 이는 그가 현대 작가들에게 전하는 선물이다. 섬세한 감성은 그의 소설에서 마치 의식 그 자체가 빛나듯 발산된다. 그의 작품이 지닌 흡인력을 글로 전부 설명하는 것은 불가능하다.

현대 작가들은 함순의 작품을 연구함으로써 예민한 감성을 계발하는 것이 얼마나 중요한 가치를 지니고 있는지 배울 수 있다. 예민한 감성을 연마하다 보면 전형에서 탈피해 사람의 가슴과 머릿속으로 깊이 파고들어가는 방법을 찾아내게 될 것이다. 함순의 또 다른 유산인, '지배적 특징'이라는 진부한 틀에 얽매이지 않고 글을 쓰는 방법은 분명 모방하기 쉽지 않다. "함순은 인물이 항상 행동을 해야 하는 것은 아니라고 생각한다."[22] 전형에 도전할 때는 위험이 따른다. 그러나 위대한 작가들은 모두 위험을 감수하고 평범함을 뛰어넘겠다는 목표를 세웠다. 헤밍웨이와 카프카, 헤세가 그랬듯이 함순이 걸어간 혁신적인 길을 따른다면 당신도 현대 소설의 최첨단 대열에 서게 될

---

21) 위의 글, pp. 23-24.
22) White, 앞의 책, p. 23.

것이다. 그렇다고 사실주의나 장면 구성, 주요 인물의 지배적 특징을 완전히 무시하라는 이야기가 아니다. 겉에서는 보이지 않는 내면을 파고들어 인간을 더 충실하게 묘사할 수 있는 방법을 찾아가는 것이 더 중요하다는 뜻이다.

**이디스 워튼** | 주요 작품 『이선 프롬』 『순수의 시대』 『아이들』
장황한 묘사로 속도를 늦추지 않고 곧장 핵심으로 들어갔다. 문장은 직접적이고 복잡한 추가 설명도 없지만, 그럼에도 강렬하다.

[ 6장 ]

# 이디스 워튼처럼 써라
*Edith Wharton*

　워튼만큼 문장을 다듬는 데 많은 공을 들이면서 정제된 우아함을 선보인 작가도 흔치 않다. 친구이자 '스승'인 헨리 제임스(Henry James)의 소설에 비해 이야기가 지나치게 단순하다거나 뉴잉글랜드 지방 서민들의 삶을 제대로 담아내지 못했다는 비판이 있지만 나는 이 의견에 반대한다. 그녀의 소설에 등장하는 인물들은 헨리 제임스의 소설에 등장하는 인물들보다 더 사실적이었다. 워튼은 뛰어난 표현주의 작품으로 자신의 작품을 단순하다고 깎아내리는 비평가들의 입을 다물게 만들었다.

　1862년 뉴욕에서 태어난 이디스 워튼은 각각 11년, 16년 차이가 나는 두 오빠와 함께 맨해튼에서 자랐다.[1] 여섯 살 때부터 파리에 살기 시작한 워튼은 글쓰기에 재미를 붙였고, 이때부터 벌써 풍부한 상상력으로 부모를 놀라게 했다.[2] 오랜 세월 에드워드 워튼과 불행한 결혼 생활을 이어오던 그녀는 모튼 풀러턴과 불륜에 빠졌다.[3] 이후 워튼은 남편과 이혼한 후 수많은 유명 예술가들과 두터운 친분을 쌓았고, 그중엔 〈내 인생의 사랑〉을 부른 성악가 발터 베리와 헨리 제임스도 포함되어 있었다.

이 짧은 연보(年譜)만으로도 우리는 워튼이 현실에서 겪었던 인간관계를 소설로 승화시키기 위해 혼신의 노력을 기울였음을 알 수 있다. 그녀의 소설에 등장하는 인물들을 짓누르는 사랑의 고뇌는 사실 그녀의 실제 삶의 한 부분이었다. 이것이 워튼에게서 배울 수 있는 첫 번째 교훈이다. 아직 그녀의 기교적 성취를 살펴보기 전이라 이른 감이 있지만, 글씨로 빼곡한 페이지 밖에 존재하는 작가의 삶이 예술작품의 훌륭한 소재가 될 수 있다는 사실은 언제라도 기억해둘 만하다.[4]

---

1) Shari Benstock, *No Gifts From Chance: A Biography of Edith Wharton*, Austin:University of Texas Press, 1994, p. 3.
2) 위의 책, p. 21. 『우연한 재능은 없다: 이디스 워튼 전기』의 저자 샤리 벤스톡은 워튼이 유모와 가정교사들의 손에 자라서 엄마와 자식 사이의 정상적인 유대감을 느끼지 못했고, 이 때문에 워튼이 예술에 의지하고, 많은 남자들과 사랑에 빠졌을 거라는 주장을 편다. 상당히 설득력 있게 들린다.
3) Gloria Erlich, *The Sexual Education of Edith Wharton*, Berkeley:University of California Press, 1992, xii and chapter three.
4) 이것은 워즈워스(Wordsworth)가 말한 '고요함' 속에서 다시 감정이 떠오르는 과정이다. "시란 강렬한 감정이 자연스럽게 흘러넘치는 것이다. 시는 고요함 속에서 다시 떠오르는 감정으로부터 그 기원을 찾아간다." (William Wordsworth, Preface to *Lyrical Ballads*, London:Biggs and Cottle, 1802, p. 1.)

## 워튼처럼 간결하게

간결한 문장을 위해 워튼이 사용한 문학적 기교는 모든 희극 배우들이 훌륭한 공연을 위해 갈고 닦는 기술과 다르지 않다. 문장의 간결함은 작가들에게 기대 이상의 효과를 가져다준다. 물론 모든 작가가 간결한 문장을 쓰기 위해 노력하는 것은 아니다. 당장 윌리엄 포크너나 제임스 조이스만 봐도 간결함이라는 말과는 너무나 동떨어져 있다. 그러나 워튼에게는 자신의 작품을 간결하게 압축해야 하는 분명한 문학적 이유가 있었다. 특히 『이선 프롬 Ethan Frome』(1911)은 압축이라는 양식적 장치가 가장 효과적으로 사용된 작품이다.

한 평론가는 "워튼의 문체에서 모범적인 절제와 압축"[5]은 결코 우연히 잉태된 것이 아니었다고 말한다. 오히려 간결한 문장은 엄청난 노력의 산물이었다. "워튼은 초기에 문장의 '간결함과 엄격함'에 사로잡힌 나머지 '형용사를 사냥하며' 글을 썼다고 자서전에서 밝힌다. 워튼은 조지 엘리엇(George Eliot)의 『로몰라 Romola』 같은 작품을 보며 과도한 묘사가 작품의 생명력을 앗아갈 수 있다고 확신했다. 그녀는 '그렇게 모든 것을 자세하게 설명한다면 종이를 여러 장 이어붙인 널빤지와 무엇이 다른가.'라고 썼다."[6] 워튼의 첫 번째 소설인 『기쁨의 집 The House of Mirth』(1905)은 원래 연재소설이었던 것을 단행본 형태로 출간한 것이다. 워튼은 단행본으로 출간하기 전 문장

---

5) Frederick Wegener, "Edith Wharton and the Difficult Writing of The Writing of Fiction", in Modern Language Studies, 25:2 (Spring), 1995, pp. 60-72.
6) Clair Hughes, "Consuming Clothes: Edith Wharton's The House of Mirth", Fashion Theory: The Journal of Dress, Body & Culture, vol. 9, no. 4, 2005, p. 387.

을 더 간결하게 만들기 위해 소설을 수정했다. 그 결과 "단행본에서는 표현을 줄이거나 묘사를 정확하게 하는 쪽으로 바뀌었다."[7)]

『이선 프롬』은 말주변 없고 감정 표현이 불분명한 이선이라는 남자와 그의 아내의 먼 사촌인 매티 사이의 안타까운 사랑 이야기다. 매티는 이선의 병든 아내 지나를 돌보기 위해 이선의 집에서 함께 지낸다. 이선은 매티를 보자마자 첫눈에 반한다. 두 사람은 뉴잉글랜드의 눈 덮인 숲을 헤매며 뜨겁지만 가망 없는 사랑을 이어나갈 수 있을지 회의를 품는다. 마침내 두 사람은 같이 죽기로 하고 가파른 언덕 위에서 함께 썰매를 타고 내려와 나무를 들이박는다. 하지만 무슨 운명의 장난인지 자살은 실패로 돌아가고 이선과 매티는 평생 불구의 몸으로 살아가야 하는 상처만 얻는다. 쓸쓸한 결말은 워튼 소설의 특징이다.

이제 우리가 이야기하고 있는 압축의 몇 가지 예를 살펴보기로 하자. 매티가 자신의 집에 머문 지 얼마 되지 않아 이선은 그녀를 사랑하게 된다. "매티 실버의 모습과 목소리만이 그의 모든 인생이 되었다(All his life was lived in the sight and sound of Mattie Silver)." 얼마나 짧고 달콤한 문장인가. L과 S를 반복적으로 사용하여 두운(頭韻)을 살린 덕분에 시적이기까지 하다. 이선과 매티가 운명의 나무를 향해 돌진하는 장면에서도 워튼은 장황한 묘사로 속도를 늦추지 않고 곧장 핵심으로 들어간다. "마지막 순간, 수백만 개의 전깃불이 타오르듯 세

---

7) R.W.B. Lewis, "Note on the Texts", in *Edith Wharton: Novels: The House of Mirth/ The Reef/ The Custom of the Country/ The Age of Innocence*, New York:Library of America, 1986, p. 1322.

찬 바람이 그를 때렸다." 문장은 직접적이다. 복잡한 추가 설명도 없다. 그럼에도 강렬하다. 마치 워튼을 두고 한 말이기라도 하듯 영국의 낭만파 시인 로버트 사우디(Robert Southey)가 했던 말이 떠오른다. "단어는 햇살과 같다. 한 곳으로 모으면 모을수록 더 거세게 불타오른다."

### 첫눈에 반한 사랑을 묘사할 때

오늘날 워튼의 영향력이 특히 강하게 드리워진 분야는 연애와 사랑을 다룬 소설이다.[8] 그녀가 사용한 전통적인 기교는 '첫눈에 반한 사랑'이다. 이선은 매티를 보자마자 홀딱 반한다. "그녀가 도착하던 날 이선은 플랫스로 마중을 나갔다. 그녀는 손을 흔들며 '이선 맞죠?' 하더니 짐을 들고 기차에서 뛰어내렸다."[9] 이러한 장치는 『아이들 The Children』(1928)에도 등장한다. 이 소설은 노골적인 성적 묘사가 빠진 나보코프의 『롤리타』를 떠올리게 한다. 『아이들』의 주인공인 중년의 엔지니어는 열다섯 살 소녀에게 반한다. 그는 소녀가 동생과 함께 유람선의 계단 위를 오르고 있을 때 그녀를 처음 본다.

남자 나이가 마흔여섯쯤 되면 스무 살 때 그랬던 것처럼 매력적

---

[8] 에스더 롬바르디(Esther Lombardi)에 따르면, 워튼은 당대의 작가들뿐 아니라 많은 현대작가들에게도 영향을 끼쳤다. Robert L. Coard, "Edith Wharton's Influence on Sinclair Lewis", *Modern Fiction Studies*, 1985.
[9] Edith Wharton, *Ethan Frome*, New York:Collier Books, 1911, p. 23.

인 여자의 얼굴을 보고 숨이 멎는 경우는 드물다. 그러나 정말 드문 경우이긴 하지만 거부하기 힘들 만큼 매력적인 얼굴을 보았을 때는 이야기가 달라진다. 보인은 예쁜 얼굴보다는 흥미로운 얼굴을 좋아했다. 그러나 이제 자신의 기준을 바꿔야 할 것 같다는 불안한 느낌이 엄습했다. 그렇게 어린 소녀의 얼굴에서 그토록 슬픈 우아함을 본 적은 없었다.[10]

사랑이라는 주제를 파고들 때 사용할 수 있는 또 다른 장치는 등장인물의 마음을 열고 들어가 다른 사람들에게 숨기고 있는 갈망과 욕망을 드러내는 것이다. 『순수의 시대 The Age of Innocence』(1920)에서 뉴랜드 아처와 올렌스카 백작부인은 각자 아내와 남편이 있는 기혼자들로, 백작부인은 아처의 아내와는 사촌지간이다. 아처가 백작부인을 마중하러 기차역으로 가는 장면에서 워튼은 아처의 마음을 열고 들어가 앞으로 일어날 장면을 위해 로맨틱한 설정을 해둔다.

그는 마치 철부지 남학생처럼 기대에 부풀어 올렌스카 부인이 기차에서 내리는 장면을 그려보았다. 저 멀리 그에게는 아무런 의미도 없는 사람들의 얼굴 사이로 그녀가 보인다. 그가 마차로 안내하는 동안 그녀는 그의 팔에 착 달라붙어 떨어질 줄 모른다. 부두로 가는 길은 더디다. 무거운 짐을 가득 실은 마차, 발을 헛디디는 말들, '이랴 이랴' 외치며 말을 재촉하는 마부들의 소음이 지나가면 어느

---

10) Edith Wharton, *The Children*, New York:Scribner, 1928, p. 11.

새 사방에 고요함이 감도는 배 안에 들어와 있다. 두 사람은 지붕에 눈을 뒤집어쓴 마차 안에 나란히 앉아 있다. 온 세상은 그들 밑으로, 태양의 반대편으로 지나가고 있는 듯하다. 그녀에게 하고 싶은 말이 넘쳐흐른다. 그의 입술 끝에는 그녀를 현혹할 말들이 매달려 있다. ……11)

도리트 콘(Dorrit Cohn)도 지적한 바 있지만, 작가가 등장인물의 생각을 드러내는 가장 손쉬운 방법은 "그는 생각했다"나 "……했던 일이 떠올랐다."처럼 '생각을 서술하는(psycho-narration)' 구절을 이용하여 등장인물의 생각을 말로 드러내는 것이다.12) 워튼은 위에 인용된 첫 문장에서 "그는 ……을 그려보았다."라는 구절을 통해 전혀 힘들이지 않고 아처의 속마음을 고스란히 드러낸다. 일단 이렇게 운을 떼고 나면 그 다음부터는 작가가 원하는 대로 아처의 마음을 돌아다니며 그의 생각, 그의 모든 로맨틱한 상상을 드러낼 수 있다.13)

사랑을 표현하는 또 다른 수단은 대화다. 아처는 백작부인에게 말

---

11) Edith Wharton, *The Age of Innocence*, New York:Barnes & Noble Classics, 1920, p. 242.
12) 콘의 연구는 매우 흥미롭다. 그는 이처럼 노골적으로 인물의 생각을 드러내는 방법은 자칫 흥미를 반감시킬 수 있다고 지적한다. 이 점을 눈치 챈 영리한 작가들은 캐릭터의 머릿속을 파고들 때 "마음을 서술하는"(저자가 캐릭터의 생각을 보고하는) 방식 대신 독백을 이용하는(캐릭터가 마음속의 이야기를 직접 이야기하는) 방식을 택한다.(Dorrit Cohn, *Transparent Minds: Narrative Modes for Presenting Consciousness in Fiction*, Princeton, N.J.:Princeton University Press, 1978, p. 38.)
13) 구스타브 플로베르(Gustave Flaubert)의 『마담 보바리 *Madame Bovary*』에서도 워튼이 사용한 기법과 비슷한 기법을 쉽게 찾아볼 수 있다. 즉 엠마는 그녀의 연인들과 누릴 수 있는 낭만적인 인생을 머리로 그려본다.

한다. "그래요, 나는 정말이지 당신을 훔쳐서 그런 단어, 그런 분류가 존재하지 않는 세상으로 달아나고 싶습니다. 그곳에서 우리는 단지 서로 사랑하는 두 사람의 인간일 뿐이겠지요. 당신은 나의 모든 것이고, 나는 당신의 모든 것인 두 사람의 인간일 뿐입니다. 세상의 어떤 일도 우리와는 상관이 없습니다."[14] 이런 대화는 결코 시대에 뒤떨어지는 법이 없고, 언제 들어도 새롭다. 이 점에서는 첫눈에 반하는 사랑도 마찬가지다. 첫눈에 반하는 사랑과 대화, 우리는 이 두 가지 기교를 등장인물의 생각을 표현하는 방법과 함께 워튼에게서 배울 수 있고, 사랑과 연애를 그리는 대부분의 현대 소설에 적용할 수 있다.

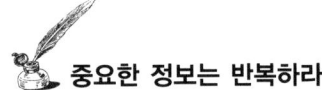
### 중요한 정보는 반복하라

작가가 너무 많은 것을 이야기하는 것도 문제지만 지나치게 정보를 아끼는 것도 올바른 선택은 아니다. 그렇다면 성공한 소설가들은 어떤 방법으로 중요한 정보를 반복해서 드러낼까?

『이선 프롬』에서 워튼은 초반부에 이선의 짧은 학력에 대한 몇 가지 정보를 구체적으로 밝힌다. "그는 우스터 공대를 1년 정도 다녔다." 워튼은 몇 페이지 뒤에서 매티와 사랑에 빠진 이선을 묘사하면서 그의 학력을 다시 한 번 언급한다. "잠시 맛본 대학교육이 이선에게 그런 감수성을 선사했다. 아무리 비참한 순간에도 이선은 대지와 하늘이 자신에게 걸어오는 말소리를 들을 수 있었다. 그럴 때마다 이

---
14) Wharton, 앞의 책, 1920, p. 247.

선은 깊고 강렬한 감동을 느꼈다."[15] 중요한 정보를 반복할 때는 다른 단어를 사용하고, 이를 의미 있는 문맥 속에 끼워 넣는 것이 요령이다. 이선이 짧게나마 대학교육을 받았다는 언급이 앞에서 나왔기 때문에 독자는 그의 감수성에 고개를 끄덕일 수 있다. 이선의 감수성은 매티와의 사랑에서도 중요한 역할을 한다. 매티가 이선을 좋아하는 이유 중의 하나가 그가 보여주는 감수성이기 때문이다.

이선의 아내가 병자라는 사실도 중요한 정보다. 아내 지나가 혼자 생활하기 힘들 정도로 병약하다는 사실을 독자에게 어떻게 전달하면 좋을까? 1장에서 우리는 다음과 같은 문장을 만난다. "동네 사람들은 지나를 항상 '병자'라고 불렀다." 8장에서 지나를 버리고 떠나려던 이선이 갈등하는 이유도 지나가 아프다는 사실 때문이다. "그는 가난한 남자였다. 그가 '병자'인 지나를 버리고 떠나면 지나는 외로움과 가난에 시달리며 살아갈 것이다."[16] 이 경우에는 '병자'라는 똑같은 단어를 사용해서 지나의 상태를 반복해서 설명하고 있지만 1장과 8장이라는 긴 시간 차이가 있기 때문에 큰 문제가 되지 않는다.

이 소설에서 반복해서 강조하는 것들은 이뿐만이 아니다. 어찌 보면 이 정보야말로 가장 핵심적인 정보라고 할 수 있다. 바로 매티 실버의 아름다운 외모와 착한 마음씨, 소설의 절정 부분에서 결정적인 역할을 하는 눈 덮인 뉴잉글랜드의 쓸쓸한 풍경이 바로 그것이다. 소설에서 중요한 정보를 반복하는 것은 필수적이다. 문장에 다양한 변

---

15) Wharton, 앞의 책, 1911, p. 19, 23.
16) 위의 책, p. 23, 103.

화를 주어 의미 있는 맥락 속에 끼워 넣고, 이를 시간을 두고 반복한다면 주제를 더욱 부각시킬 수 있다. 정보의 반복은 길고 긴 소설 한 편을 지탱해줄 수 있는 의미 있는 장치다.

### 워튼과 배경 묘사

이디스 워튼은 소설가였을 뿐 아니라 정원사이자 실내 장식가이기도 했다. 실제로 그녀가 출간한 첫 번째 책은 『주택 장식하기 *The Decoration of Houses*』(1897)라는 제목의 실용서였다. 물론 모든 작가가 화려한 의상과 넓은 저택, 낭만적인 배경을 쓰기 위해 인테리어 디자이너가 되어야 할 필요는 없다. 하지만 적어도 작가라면 실제로 보고 듣고 느낀 것을 세 가지 도구를 이용하여 이야기로 옮길 수 있는 능력을 갖추고 있어야 한다. 세 가지 도구란 선택과 압축, 통합이다.

선택은 묘사할 내용을 고르는 과정을 말한다. 사람은 눈으로 수없이 많은 것들을 보고 귀로는 온갖 소리를 듣는다. 눈과 귀뿐 아니라 그 밖의 다른 감각기관들도 엄청나게 많은 것들을 받아들여 포화상태에 이른다. 이러한 불협화음 속에서 작가는 중요한 것을 선택해야 한다. 『이선 프롬』의 첫 장면에서 이선은 눈을 헤치고 매티를 만나러 간다. "온 동네가 60센티미터 깊이의 눈에 묻혀 있고, 바람 부는 골목 모퉁이에는 눈 더미가 쌓여 있었다. 쇳빛 하늘엔 북두칠성이 고드름 같이 매달렸고, 오리온자리는 차가운 빛을 내뿜었다." 매티를 만나러 가는 도중에 나무들도 있었지만 워튼은 나무에 눈길 한 번 주지 않는다. 지평선도 보였지만 역시 워튼은 지평선에 대해 단 한 마디도 해야 할 필요를 느끼지 않는다. 다른 세부적인 배경들은 모두 무시한 채 워튼은 마치 화가처럼 오직 자신이 필요한 것들만 선택했다. 그녀는 빛을 이용하여 최대의 효과를 얻기로 하고, 교회 창문에서 흘러나오는 빛이 눈 덮인 거리를 비추는 모습을 묘사한다. "교회 지하실에서 새어나온 노란 불빛들이 끝없이 일렁거렸다." 배경을 최대한 신중하게 선택하여 펼쳐 놓으면 독자는 비로소 작품 속의 세상으로 성큼 발을 들여놓고 그 세상에서 살고 있는 등장인물들을 마음속에 그리기 시작한다.

압축은 몇 개의 단어로 묘사를 대신하는 기법이다. 뭔가를 묘사할 때 단어 몇 개로 상황을 요약할 수 있다면 굳이 긴 문장이 필요치 않다. 『순수의 시대』 33장에서 백작부인은 유럽으로 떠나기 전 아처와 마지막 작별 인사를 나눈다. 이 장면에서 워튼은 강렬한 인상을 남기기 위해 몇 가지 세부사항만을 사용한 압축 기법을 보여준다. 백작부인은 마차를 타고 있고, 마차 안은 어둡다. 아처는 영원히 다시 보지 못할 그녀가 곧 떠나려 하는데도 여태 그녀와 제대로 된 대화 한 번 나눌 기회를 갖지 못했다. 워튼은 한 줄의 짧은 문장으로 두 연인(육체적인 의미가 아니라 정신적 의미의 연인)의 관계를 요약한다. "잠시 그는 대형 란다우 마차 안의 어둠 속에서 갸름한 얼굴과 빛나는 눈을 어렴풋이 보았다. 그녀는 떠나버렸다." 무엇이 더 필요한가? 워튼은 이 장면의 정수만을 압축하여 뽑아냈다. 단어를 생략하고 묘사를 줄이고 초점을 좁힌다면 워튼처럼 압축의 묘를 살릴 수 있다. 모든 것이 어떤 것의 서곡이 될 수 있다면, 모든 것이 출발이나 도착을 암시할 수 있다면, 그러한 중요한 순간이 왔을 때 묘사를 확장하지 말고 몇 개의 단어로 압축하라. 그러면 워튼과 같은 효과를 얻을 수 있을 것이다.

앞서 말한 세 가지 방법 중에서 아마도 가장 세련되고 정교함을 필요로 하는 기법은 통합이 아닐까 싶다. 통합은 행동이 벌어지는 동안 배경이 되는 장소를 묘사하는 기법이다. 『이선 프롬』에서 워튼은 눈 덮인 쓸쓸한 공간에 대한 묘사를 서사와 결합하면서 마치 다른 세상에 와 있는 듯한 낯선 감정을 낳는다. 이런 장면은 통합이 무엇인지, 특히 시적인 통합이 무엇인지 단적으로 보여준다. 2장을 보자. 이선은 댄스 파티에 간 매티를 집으로 데려오려고 마중을 간다. 이선은 밖으로 나온 매티의 팔짱을 낀다. "전나무 밑이 너무 어두워서 바로 옆에 있는 그녀의 머리가 윤곽만 겨우 보였다." 전나무들이 어둠을 알려주는 역할을 하는 동시에 낭만적인 고립을 암시하는 장치로도 사용되고 있다. 잠시 후 그들은 함께 걷는다. "그들은 말없이 짙은 솔 송나무 그늘을 지나 걸었다. 어둠 속에 이선의 정미소가 솟아 나와 있었다." 다시 한 번 배경은 두 사람의 관계를 더욱 의미 있게 만들어 주는 고립감을 주며 그들의 행동과 결합된다. 9장에서 운명의 썰매타기가 있기 직전 이선과 매티는 결말을 향해 가고 있다는 암시라도 되는 양 교회에서 울려 퍼지는 종소리를 듣는다. "정적을 뚫고 교회 종이 다섯 번 울렸다." 이러한 세부 사항들을 이야기 속에 포함시키고, 배경을 묘사하면서 그 의미까지 강조해야 하는 장면이 나올 때 이러한 세부 사항을 집어넣는다면 단순한 묘사로 얻는 것보다 훨씬 큰 효과를 얻을 수 있을 것이다.

### 전조(Foreshadowing)

『이선 프롬』은 비극적 사랑으로 끝나는 절망적인 이야기이다. 워튼은 독자가 비극적 결말에 대비할 수 있도록 다가올 일들을 암시하는 단서들을 흘려 놓는다. 소설 중반쯤 우연히 부모의 묘지를 지나가던 이선이 비석에 쓰인 문구를 바라보는 장면에서 워튼은 이렇게 쓴다. "그는 문득 자신과 지나가 죽은 후에도 그런 문구가 새겨질지 모른다는 생각이 들었다." 즉 부모의 비석을 통해 한참 후에 일어날 그의 죽음(정확히는 불구가 되는 미래)이 미리 예고되고 있다.

『순수의 시대』에서 메이와 결혼식을 올린 직후 아처는 끔찍한 상상에 사로잡힌다. "아처는 문득 그녀가 생전 처음 보는 사람처럼 낯설게 느껴졌다. 그녀의 아름다운 피부 바로 밑에 흐르는 피는 파괴적인 요소보다는 보존적인 요소를 담은 피일 듯 싶었다." 모든 묘사에는 이유가 있다. 두 문장은 모두 전조의 좋은 예다. 나중에 메이는 아처가 자신을 못 떠나게 하려고 사람들에게 거짓말을 퍼트리고, 아처의 예감대로 메이는 낯선 사람처럼 행동하게 된다.

역설적인 전조는 워튼의 장기다. 19장을 보자. 결혼식을 올린 후 메이는 이렇게 말한다. "아, 우리의 행운은 이제 막 시작되었을 뿐이죠. 앞으로 우리 두 사람 앞에 얼마나 근사한 행운이 펼쳐질까요!" 그러나 실제로는 어떤가. 정반대의 운명이 그들을 기다리고 있지 않은가. 아처는 자신과 메이가 부유한 명문가 출신이라는 점을 제외하면 공통점이라곤 전혀 없고, 자신이 진심으로 사랑하는 사람은 이제는 만날 수 없는 곳으로 떠난 백작부인이라는 사실을 뒤늦게 깨닫는다.

물론 전조를 남용하는 것은 금물이다. 그러나 앞으로 벌어질 일을 암시하는 단서를 소설 곳곳에 12개 정도는 흘려놓아라. 흘려놓은 단서를 독자가 기억하도록 하려고 일부러 애쓸 필요는 없지만 적어도 길조가 됐든 흉조가 됐든 앞으로 다가올 일과 관계가 있을 것이라는 분위기는 전달되어야 한다. 그래야 독자는 자신이 짜임새 있는 우주 안에 들어와 있다는 즐거움을 맛볼 수 있다.

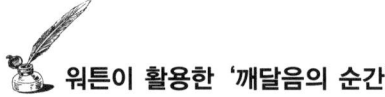
## 워튼이 활용한 '깨달음의 순간'

크리스토퍼 릭스(Christopher Ricks)도 지적했지만 밥 딜런 콘서트에 갈 수 없는 유일한 사람은 밥 딜런뿐이다. 그가 객석에 앉아 있다면 콘서트는 열릴 수 없을 테니까. 마찬가지로(그리고 슬프게도) 작가는 순수하게 독서를 즐길 수 없는 유일한 사람일 것이다. 비평가 해럴드 블룸(Harold Bloom)이 한 말을 바꿔 말하자면, 모든 위대한 작가는 오직 자기 자신을 읽을 수 있을 뿐이다.[17] 작가는 무언가를 읽을 때 항상 작가로서 읽는다는 이야기다. 분석하고 분해하고 조사하고 당신의 배를 아프게 만든 다른 작가의 비밀을 파헤치느라 순수한 독서의 기쁨을 누리는 일은 불가능하다. 문체의 완벽주의자 사뮈엘 베케트(Samuel Beckett)가 추리소설에 탐닉했던 것도 이런 이유 때문이었을까? 베케트는 생전에 자신의 작품과는 전혀 다른 세계로 도망치기 위해 몸부림을 쳤다. 그러나 작가가 짊어진 이러한 저주는 반대로 작가

---

17) Harold Bloom, *The Anxiety of Influence: A Theory of Poetry*, 2nd ed., New York:Oxford University Press, 1997, p. 19.

의 가장 훌륭한 무기가 될 수 있다. 다른 사람들은 『기쁨의 집』을 그냥 읽겠지만, 작가라면 등장인물인 로렌스 셀던의 캐릭터 아크(character arc: 이야기가 전개되면서 달라지는 등장인물의 관점 혹은 태도—옮긴이)를 분석하며 읽을 것이다. 다른 사람들은 그저 줄거리를 따라가며 읽으면 그만이겠지만, 작가는 소설의 장단점을 집어내고 워튼이 어떻게 등장인물들을 발전시켰는지 골똘히 생각하며 읽을 것이다. 그런 다음 자신의 작품에도 '깨달음의 순간'을 사용하기 시작할 것이다. 깨달음의 순간은 문학의 오랜 전통과 어깨를 나란히 할 수 있는 방법인 동시에, 독자를 매혹시키는 작품에 한 걸음 더 다가설 수 있는 지름길이다.

'깨달음의 순간'을 이야기할 때 사람들은 제임스 조이스를 가장 먼저 떠올린다. 깨달음의 순간이란 등장인물이 자신의 세계에 대해 눈을 뜨는 시점을 말한다. 이는 계몽이고 깨어남이며 '아하!' 하고 무릎을 치는 순간이다. 제임스 조이스는 『더블린 사람들 *Dubliners*』(1914)에서 이런 순간을 여러 차례 사용했다. 가령 이블린은 남자 친구와 함께 배를 타고 새로운 세계로 나가 새로운 인생을 살기로 한다. 그런데 갑자기 자신은 그럴 수 없다는 깨달음에 이른다. 그 참담한 깨달음은 그녀가 비로소 세상을 분명하게 보기 시작했음을 의미한다. 워튼은 조이스로부터 깨달음의 순간을 배웠지만 조이스의 작품 전체를 좋아하지는 않았다. 워튼이 보기에 조이스의 소설은 지나치게 자기중심적이고 자아도취적이며 감각적이었다. 하지만 자신이 싫어하는 작품에서도 배울 점이 있다는 것 정도는 알고 있었다. 조개에서 진주를 캐내는 어부처럼 워튼은 조이스의 작품에서 깨달음의 순간들만을 뽑아냈다. 그것을 자신의 작품에서는 더욱 전통적인 방법, 즉 줄거리를 발전시키고 등장인물의 변화를 더욱 명확하게 보여주기 위한 장치로 사용했다. 조이스에게 깨달음의 순간이 등장인물의 도덕적인 발전까지는 비추지 못한 섬광처럼 번득이는 빛이었다면(이런 경향은 『율리시즈』(1922)나 『피네간의 경야』(1939)처럼 후기 작품으로 갈수록 더 짙게 나타났다), 워튼에게 깨달음의 순간은 줄거리를 진전시키고 캐릭터를 발전시키는 장치였다.[18]

이는 스탠리 큐브릭(Stanley Kubrick)이 영화를 준비하는 방식이기도 했다. 그는 "우리는 6개나 7개쯤 되는 중요한 순간(big moments)이 필요하다."고 말했다. 워튼도 항상 6개나 7개의 깨달음의 순간을 준비해놓고 소설의 얼개를 짰다. 이를 캐릭터 아크라 부른다. 그러나 캐릭터 아크가 초반, 중반, 결말로 이루어지는(물론 그보다 세분화된 단계를 포함하기도 하지만) 포괄적인 영어라면 깨달음의 순간은 캐릭터 아크의 최소 단위라 할 수 있다. 따라서 더 명확하게 이해할 수가 있고, 더 쉽게 당신의 작품에 적용할 수 있다. 깨달음의 순간에 도달하면 앞만 보고 나아가던 등장인물의 직선이 구부러지기 시작한다. 그림 하나를 떠올려보면 더 쉽게 이해될지도 모르겠다. 앞으로 뻗어나가던 직선이 곡선 형태를 이루면서 마디마디가 부러진 활을 떠올려보라(128쪽 그림 참조). 부러진 마디마디가 바로 깨달음의 순간이다. 조이스는 깨달음의 순간을 '직관의 번득임(lightnings of intuition)'이라 불

---

[18] Sharon Kim, "Edith Wharton and Epiphany", *Journal of Modern Literature*, vol. 29, no. 3 (spring), 2006.

렀다.[19]

『순수의 시대』는 뉴랜드 아처가 명문가의 아내에게 배신당하는 이야기이다. 아처는 뉴욕에서 활동하는 명문가 출신의 변호사로 자신이 속한 상류층의 관습과 틀에 박힌 사고방식에 염증을 느낀다. 그러나 어느 날 자신의 삶 속으로 올렌스카 백작부인이 들어온 순간 아처는 가치관의 혼란을 겪기 시작하면서 많은 깨달음을 얻는다. 올렌스카 부인은 아처의 마음속에 숨어 있던 폭죽에 불을 붙이는 불똥 역할을 한 셈이다. 아처에게는 섬광 같은 직관에 휩싸이는 순간이 여러 차례 찾아온다. 그중에서도 최초이자 가장 중요한 깨달음을 얻는 순간은 남편과 헤어지고 다른 남자와 동거중이라는 이유로 올렌스카 부인을 헐뜯는 사람 앞에 나서서 그녀를 변호하는 순간이다. "그는 멈춰 서서 몸을 돌리며 성난 얼굴로 담배에 불을 붙였다. 그리곤 '여성들도 자유로워질 권리가 있습니다. 우리들처럼 말입니다.'라고 또박또박 말했다. 너무 분개한 나머지 그 말이 가져올 파장에 대해서는 생각할 겨를조차 없었다."[20] 이러한 깨달음으로 5장을 끝낸 워튼은 6장이 시작되자 아처가 한 말의 의미를 더 깊이 파고들어간다. "자신의 결혼도 물질적, 사회적 이해관계로 맺어진 지루한 관계가 한쪽의 무지와 다른 쪽의 위선으로 유지되는 대다수의 결혼과 별반 다르지 않을 거라는 오싹한 예감이 스치고 지나갔다."[21] 이러한 통찰의 순간

---

19) James Joyce, *A Portrait of the Artist as a Young Man*, New York:B.W.Huebsch, 1916, p. 205.
20) Wharton, 앞의 책, 1920, p. 38.
21) 위의 책, p. 40.

## 캐릭터 아크(Character Arc)

아래의 그림은 이야기 한 편을 거치는 동안 등장인물에게 변화가 일어나는 지점을 보여준다.

**깨달음의 순간(Epiphany)**
직관의 번득임과 등장인물의 변화

**캐릭터 아크(Character Arc)**
한 등장인물이 겪는 깨달음의 순간을 도표로 나타냈다. 이 인물은 깨달음의 순간을 여섯 번 맞이한다. 깨달음의 순간은 동일한 시간 간격을 두고 일어나는 것이 아니기 때문에 마디 간의 거리는 일정하지 않다. 즉 이야기나 등장인물이 발전하는 과정에서 필요에 의해 언제든지 깨달음의 순간이 일어날 수 있다. 깨달음의 순간이 일어날 때마다 등장인물이 나아가는 방향은 변한다. 깨달음의 순간을 통해 등장인물은 이전과는 다른 인물이 되기 때문이다.

**이야기의 시작 (Beginning of Story)**

이 이 소설에서 차지하는 중요성은 새삼 강조할 필요가 없으리라. 캐릭터 아크가 시작된 이후 첫 번째 중요한 전환점이기 때문이다.

등장인물이 깨달음을 얻었을 때, 잠시 속도를 늦추고 정성을 들여 그 순간을 다듬어 작품 속에 집어넣어라. 깨달음의 순간을 이용하는 방법은 의식적으로 노력하면 터득할 수 있다. 이두박근을 키우기 위해 집중적으로 역기를 들어 올리는 투창 선수처럼 작가도 많은 훈련을 통해 깨달음의 순간을 쓸 수 있는 능력을 향상시킬 수 있다. 이 기교를 배울 수 있는 가장 효과적인 방법 중의 하나가 바로 워튼의 작품을 공부하는 것이다. 왜냐하면 워튼은 "깨달음의 순간을 자신의 소설론 한가운데 놓았던 작가"이기 때문이다.[22]

---

22) Kim, 앞의 글, p. 150.

**서머싯 몸** ǀ 주요 작품 『인간의 굴레』 『달과 6펜스』 『면도날』
뜻밖의 사건을 일으킬 때는 항상 개연성을 염두에 두었다. 반드시 타당한 이유가 있어야 하고 전체 이야기와 밀접한 관련이 있어야 했다.

## [ 7장 ]

# 서머싯 몸처럼 써라
### W. Somerset Maugham

자신의 글이 갈수록 화려해지고 지나치게 기교적이 되어간다고 느낀다면 몸의 소설을 읽어보길 권한다. 조지 오웰(George Orwell)은 "내게 가장 큰 영향을 준 현대 작가는 서머싯 몸이다. 장식이 없는 단순한 문체로 그토록 강렬한 이야기를 만들어낸 그를 존경한다."는 말을 했다. 몸의 문체는 복잡함과는 거리가 멀다. 그래서 사람들은 그를 가리켜 "간결한 문체를 지닌 최초의 거장"이라고 부른다.[1]

1874년에 태어난 윌리엄 서머싯 몸은 열한 살이 되기 전에 부모를 모두 잃은 뒤 다소 차갑고 엄격한 삼촌 밑에서 자랐다.[2] 삼촌의 기대에 어긋나지 않으려고 의대에 들어갔지만, 몸이 정말로 관심을 가졌

---

1) Anthony Curtis, *The Pattern of Maugham: A Critical Portrait*, New York:Taplinger Publishing Co., 1974, p. 245.
2) Ted Morgan, *Maugham*, New York:Simon & Schuster, 1980, pp. 8-11.

던 일은 글쓰기였다. 몸은 스물세 살 때 첫 번째 소설 『램버스의 라이자 Liza of Lambeth』(1897)를 발표했다.[3]

몸은 독일 하이델베르크 유학 시절 젊은 남자와 처음으로 성관계를 가졌고, 훗날 프레드릭 핵스턴이라는 남자와도 연인 사이가 되었다. 핵스턴이 세상을 떠날 때까지 두 사람은 친분을 이어갔고, 핵스턴이 사망했을 때 몸은 일흔 살이었다. 몸은 유부녀였던 시리에 웰컴과의 사이에서 딸을 낳기도 했다. 웰컴은 스캔들이 터지자 1917년 남편과 이혼하고 몸과 재혼했다. 그러나 1927년 파경을 맞았다.

제1차 세계 대전 때는 영국을 위한 스파이로 활동했으며, 이후 미국으로 건너가 할리우드에서 일하기도 한 몸은 희곡을 비롯하여 단편소설과 수필, 스무 편의 장편소설을 발표하며 다양한 분야에서 지칠 줄 모르는 창작력을 과시했다.

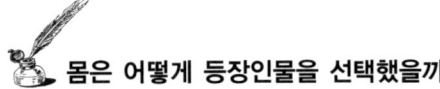

## 몸은 어떻게 등장인물을 선택했을까

아무런 근거도 없이 무작위로 등장인물을 선택하는 작가는 세상에 없다. 등장인물을 선택할 때 가장 중요한 목표는 서로 대조적인 성격을 지닌 인물을 균형 있게 등장시키는 것이다. 우디 앨런(Woody Allen)이 가장 좋아하는 구성 만들기 교과서 『극작의 마법 The Art of Dramatic Writing』(1960)을 쓴 레이조스 에그리(Lajos Egri)는 등장인물 선택을 오케스트라 구성에 비유한다. "모든 등장인물이 똑같은 유형

---

3) 몸의 데뷔작은 표절 논란에 휩싸이기도 했다.(위의 책, p. 57.)

의 사람들이라면, 예컨대 등장인물이 전부 악당이라면 북만 있는 오케스트라와 무엇이 다르겠는가?"[4] 다양성을 위한 다양성이 아니라 인물 상호간에 충돌을 불러올 수 있는 '다름'이 목표가 되어야 한다. 몸은 오케스트라 구성의 대가였다.

『인간의 굴레 Of Human Bondage』(1915)의 주인공 필립 케리는 예민한 감수성을 지닌 젊은 의사로 몸 자신의 모습을 반영한 인물이다. 또 다른 주요 인물인 밀드레드 로저스는 필립과는 정반대의 인물이다. 자신만만하고 음탕하며 잔인한 그녀는 사사건건 필립과 충돌한다. 둘의 관계가 깊어질수록 밀드레드는 점점 가학적이 되고 필립은 그녀가 주는 고통을 오히려 즐기는 지경에까지 이른다. "그들은 눈만 마주쳤다 하면 서로 싸우려 들었다. 하지만 그는 사실 그녀를 사랑하는 자신을 증오했고, 그녀는 언제까지고 그를 업신여길 것처럼 보였다."[5] 항상 상대방의 신경을 거슬리게 하는 두 사람은 완벽하게 의견이 일치하는 경우가 단 한 번도 없다.

폴 고갱을 소재로 한 실화 소설 『달과 6펜스 The Moon and Sixpence』(1919)에도 정반대의 성향을 지닌 인물들이 등장한다. 주인공 찰스 스트릭랜드는 잔인하고 냉정한 화가다. 그는 오로지 예술에만 관심이 있을 뿐 인간 따위는 그에게 아무런 의미를 지니지 못한다. 아내를 존중하는 마음 또한 전혀 없어서 그림 공부를 위해 파리로 훌쩍 떠나버리면서도 혼자 남을 아내는 전혀 걱정하지 않는다. 또

---

4) Lajos Egri, *The Art of Dramatic Writing*, New York:Simon & Schuster, 1960, p. 114.
5) W. Somerset Maugham, *Of Human Bondage*, New York:Signet, 1915, p. 309.

다른 인물인 덕 스트로브는 이류 화가로 스트릭랜드의 친구가 된다. 두 사람은 서로 멋진 조합을 이루면서도 성격 면에서는 정반대 성향을 보인다. 스트릭랜드가 냉정하고 타인에게 관심이 없는 반면 스트로브는 마음이 여리고 타인에게 친절하다. 스트로브는 친구인 스트릭랜드에게 호의와 친절을 베풀지만 이기적인 스트릭랜드는 스트로브의 아내를 빼앗는 것으로 그 친절을 되갚는다. 그러나 이마저도 금세 싫증이 나자 그녀와 관계를 끊어버린다. 스트로브는 아내가 다시 돌아오기를 기다리지만 스트릭랜드에게 버림받은 그녀는 절망 속에서 자살을 선택한다. 두 인물을 이보다 더 다르게 만들 방법이 있을까? 몸이 두 화가를 대비시키는 방법을 잘 기억해둔 다음, 당신의 작품에 등장하는 두 인물을 골라 이들 두 화가와 비교해보라. 당신의 작품에 등장하는 두 인물이 서로 대척점 상에 놓인 인물들이라고 말할 수 있는가? 이 질문에 자신 있게 "그렇다"고 대답할 수 있을 때가 바로 등장인물을 다듬는 일에서 그만 손을 떼도 좋을 때다.

 **장(章) 나누기**

가장 소홀히 다뤄지고 있는 기교 중의 하나가 빠르고 느린 장의 교차 편집이다. 가령 행동이 중심이 되는 장들을 연달아 보여주고 나서 설명이 중심이 되는 장들을 또 연달아 보여준다고 가정해보자. 이런 배치로는 그 어떤 거장도 균형 잡힌 효과를 거둘 수 없다.[6] 극적인 행동이 중심이 되는 장과 설명이 중심이 되는 장을 번갈아 배치할 때 독자의 즐거움은 두세 배 늘어난다.

W. Somerset Maugham

서머싯 몸처럼 써라

몸은 **빠른** 장과 느린 장을 교대로 배치했다. 『면도날 The Razor's Edge』(1944)의 주인공은 정신적 깨달음을 얻고 싶어 하는 래리 다렐이라는 청년이다. 소설 초반에는 래리가 사업 대신 공부를 하고 싶다는 말로 약혼녀를 놀라게 하는 극적인 장면이 배치된다. 약혼녀가 실망감을 드러내지 않으려고 애쓰면서 이 장면의 극적 긴장은 한층 강화된다. "그녀의 가슴은 미칠 듯 뛰었고 걱정이 밀려들었다."[7] 겉으로는 태연한 척 하지만 그녀는 래리와 결혼하지 않기로 결심하고 약혼반지를 돌려달라고 한다. 이 장이 끝나면 그녀는 차분하게 가족과 친구들에게 래리와의 약혼이 깨졌음을 알린다. 느린 장으로 바뀐 것이다. 빠른 장과 느린 장의 교차는 소설이 거의 끝나갈 무렵에도 나타난다. 길게 이어지는 느린 장에서 화자(話者)는 영적 추구에 대한 래리의 이야기를 듣는다. 고요한 느낌마저 주는 이 차분한 장면이 끝나면 곧바로 래리의 여자 친구 중 한 명인 소피 맥도날드의 갑작스런 죽음을 묘사하는 두 개의 짧은 장이 이어진다. 말할 필요도 없이 이러한 고요함과 격렬함의 교차는 몸의 치밀한 계산에서 나온 결과다.

『인간의 굴레』에서도 이 같은 교차 편집을 볼 수 있다. 필립은 밀드레드를 데리고 극장에 다녀와서 그녀를 집까지 바래다준다. 필립은

---

6) 유명한 예가 노먼 메일러(Norman Mailer)의 『밤의 군대들 The Armies of the Night』(1968)이다. 책의 전반부는 시종일관 흥미진진하고 극적으로 진행된다. 그러나 책의 후반부에서는 군대의 행군 방법에 관한 분석이 느린 속도로 이어진다. 이 소설은 퓰리처상과 내셔널 북 어워드를 수상했지만, 전반부와 후반부가 전혀 다른 책처럼 느껴질 정도다. 하퍼 출판사는 『펜타곤의 계단』이라는 제목으로 책의 전반부를 출간했지만, 후반부는 지나치게 '건조'하다는 이유를 들어 출간을 거부했다.(Mary Dearborn, *Mailer: A Biography*, Boston:Houghton Mifflin, 1999, p. 235.)
7) W. Somerset Maugham, *The Razor's Edge*, New York:Penguin, 1944, pp. 76-77.

밀드레드와 헤어지기를 몹시 안타까워한다. "그녀를 다시 볼 수 있을 때까지 혼자 보내야 할 시간들을 어떻게 견뎌야 할지 막막했다."[8] 그러나 밀드레드는 필립을 경멸하고, 필립은 비참한 심정으로 그녀와 헤어진다. 이 극적인 장면이 끝나자마자 이어지는 긴 장면에서 필립은 밀드레드와의 관계를 차분히 돌아보며 외로움에 젖는다. 그러나 59장의 마지막에 이르면 또 다시 밀드레드가 필립의 자존심을 짓밟는 장면이 기다리고 있다. 느리게 숨을 고르던 독자의 심장은 일순 빨라진다. 장과 장 사이에서뿐만 아니라 이렇게 한 장 안에서도 빠르고 느린 장면을 번갈아가며 배치할 수 있다.

문단의 길이를 조절하여 교차 편집과 똑같은 효과를 거둘 수도 있다.[9] 길이가 긴 문단은 느린 장면인 경우가 많다. 전체가 짧은 문단으로 구성된 장을 앞에 배치하고 바로 뒤에 긴 문단으로 구성된 장을 배치할 수도 있다. 『달과 6펜스』의 51장과 52장이 좋은 예다. 51장은 짧은 문단과 대화로 구성된 극적인 장이다. 이 장에서는 스트릭랜드가 타히티에서 열일곱 살짜리 소녀를 소개 받아 그녀와 관계를 맺기까지의 과정이 묘사된다. 빠르게 전개되던 51장이 끝나면 긴 문단으로 가득한 느린 장이 뒤를 잇는다. 이 장에서는 이후 스트릭랜드와 그 소녀가 사이좋게 살아온 3년간의 세월을 차분하게 요약해준다. 다음 장에서는 다시 속도가 빨라지면서 타히티의 젊은 원주민 남녀들을 모델 삼아 스트릭랜드가 그림 작업에 몰두하는 이야기가 펼쳐진다.

---

8) Maugham, 앞의 책, 1915, p. 297.
9) Renni Browne and Dave King, *Self-Editing for Fiction Writers: How to Edit Yourself into Print*, New York:HarperCollins, 2004, pp. 164-165.

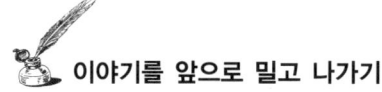

## 이야기를 앞으로 밀고 나가기

이야기를 진전시키는 한 가지 방법은 힘든 결정을 내려야 하는 상황 속으로 등장인물을 밀어 넣는 것이다. 그렇게 하면 독자는 등장인물이 어떤 결정을 내릴지 궁금해 할 수밖에 없다.

『면도날』의 중반부에서 몸이 어떻게 이 방법을 사용하고 있는지 살펴보자. 래리는 농장에서 엘리와 프라우 베커라는 두 명의 여자를 만난다. 두 여자 가운데 프라우 베커는 래리를 좋아하는 기색이 역력하다. 어느 날 밤 한 여자가 래리의 침대를 파고든다. 래리는 그녀가 프라우 베커라고 여기며 사랑을 나눈다. 유감스럽게도 그녀는 엘리였음이 밝혀지고 예상치 못한 사태는 래리에게 결정을 강요한다. 래리가 이 상황을 어떻게 해결해 나갈지 독자의 궁금증은 커진다.

『인간의 굴레』 30장에서도 몸은 등장인물을 난처한 상황에 빠뜨려 결정을 내리길 요구한다. 열여섯 살의 세실리아는 아시아 남자와 관계를 갖는다. 하숙집 주인은 용서할 수 없다며 그녀를 내쫓겠다고 협박한다. 선택의 기로에 놓인 세실리아는 수많은 갈등 끝에 결국 연인과 함께 달아나기로 한다. 갈등이 이야기를 앞으로 나아가게 만드는 것이다. 독자들은 연인과 헤어지라는 하숙집 주인의 압력에 맞서 세실리아가 어떤 결정을 내리는지 알고 싶어 바삐 책장을 넘기게 된다.

이보다 훨씬 더 강력한 갈등은 소설의 중반부에 등장한다. 필립은 밀드레드의 끊임없는 멸시과 굴욕을 견디다 못해 마침내 그녀를 떠나 배려심 넘치고 모성이 깊은 노라에게 가기로 결심한다. 필립은 노라와 함께 있으면 친밀감이 넘치고 마음이 편안해지기 때문에 자신이 노라를 사랑하고 있다고 생각한다. 모든 사람이 이제는 필립이 밀드레드를 잊었을 거라고 생각하는 그 때, 새 애인에게 버림받은 밀드레드가 비참한 몰골로 필립 앞에 나타난다. 밀드레드를 향한 필립의 욕망은 한순간에 깊은 잠에서 깨어난다. 그는 어떻게 할 것인가? 밀드레드와 노라 중에 누구를 선택할 것인가? 그가 이 갈등을 어떻게 풀어나갈지 보고 싶기 때문에 독자는 다음 이야기를 기다린다.[10]

어려운 결정을 내려야 하는 상황 속으로 등장인물을 밀어 넣는 방법이 이야기를 진전시키는 한 방법이라면, 미래에 벌어질 사건에 대한 호기심을 자극하고 앞으로 일어날 일을 '광고'하여 독자의 기대를 부풀리는 것은 이야기를 속도감 있게 진행시킬 수 있는 또 다른 방법이다.[11] 『달과 6펜스』의 도입부에서 화자는 자신이 찰스 스트릭랜드와는 가까운 사이였고 전쟁 중에 우연히 들렀던 타히티에서 스트릭랜드의 비밀을 알게 되었다고 독자에게 밝힌다. '나는 그의 비극적 삶 가운데 어둠에 묻혀 있던 부분을 밝혀줄 수 있는 사람이 되었다." 인간의 본성에 조금이라도 관심이 있거나 예술가에 대한 관심을 가진 사람이라면 누구나 화자가 말하는 스트릭랜드의 비밀에 흥미를 느끼며 더 알고 싶은 충동을 느낄 수밖에 없다. 화자가 말하는 어둠에 묻힌 부분이란 무엇일까? 어떤 진실이 감추어져 있을까? 언제쯤

---

10) Maugham, 앞의 책, 1915, 66-69장.
11) 미래의 사건을 '광고'한다는 개념은 시나리오 작법에서 유래했다.(David Howard and Edward Mabley, *The Tools of Screenwriting: A Writer's Guide to the Craft and Elements of a Screenplay*, New York:St. Martin's Press, 1993, pp. 74-76.) 미래의 사건과 관련 있다는 점에서 '광고'는 '전조 드러내기(foreshadowing)'와 유사하다. 그러나 '전조 드러내기'가 단순히 미래에 대한 암시(hint)라면, '광고'는 약속(promise)이라는 점이 다르다.

그 진실이 하나하나 실체를 드러낼까? 소설가는 독자에게 정말 모든 사실을 털어놓을까? 앞으로 수많은 진실이 기다리고 있다는 작가의 약속을 믿으며 독자는 계속해서 책장을 넘긴다.

『달과 6펜스』의 8장에서 몸은 이러한 약속을 이용한다. 스트릭랜드는 아내를 남겨두고 다른 여자와 함께 파리로 떠난다. 이는 독자에게 앞으로 일어날 일에 대해 궁금증을 불러일으킨다. 그녀의 아내는 어떤 결정을 내릴까? 스트릭랜드와 이혼할까? 파리에서 스트릭랜드의 삶은 어떤 모습일까? 우리가 계속해서 책장을 넘기는 이유는 찰스 스트릭랜드의 부도덕한 인생에 앞으로 더 많은 일들이 기다리고 있다는 몸의 약속 때문이다.

45장에서 화자는 자신이 전쟁의 혼란 중에 타히티 섬에 도착했을 때는 스트릭랜드가 죽고 9년이 지난 뒤였다고 말한다. 다시 말해 9년 전 스트릭랜드가 살아 있던 시절의 이야기를 들려주겠다고 독자에게 약속 내지는 광고를 하고 있다. 화자는 타히티에서 스트릭랜드를 잘 알았던 사람들을 수소문하고 다닌다. 그중엔 스트릭랜드에게 나병 판정을 내렸던 의사도 있다. 의사는 스트릭랜드의 죽음과 그가 세상을 떠나기 전에 시력을 잃은 상태에서 그린 '아름답고 외설적이었던' 그림들에 관한 이야기를 들려준다.

몸의 두 가지 기법은 독자의 관심을 붙잡아두면서 이야기를 전진시키는 역할을 한다. 첫 번째 기법, 등장인물을 난처한 상황에 몰아넣고 어려운 결정을 요구하면서 등장인물에게 두 가지 선택 중 하나를 고르게 해야 한다. 그 결정은 등장인물의 인생을 바꾸어놓을 만큼 까다롭고 힘든 결정이어야 한다. 『면도날』에서 사랑하지도 않는 엘리와 관계를 가졌다는 사실을 알게 된 래리는 어떤 식으로든 결정을 내려야만 하는 상황에 처한다. 래리가 어떤 남자인지는 자신이 내리는 결정에 따라 규정된다. 『인간의 굴레』에서 아시아인과 관계를 가진 것이 발각된 세실리아도 세상이 자신에게 등을 돌리는 상황에서 최후의 결정을 내려야 한다. 고민 끝에 결국 아시아인과 달아나기로 한 선택은 그녀의 인생을 바꿔놓는다. 필립도 밀드레드가 돌아왔을 때 그녀와 노라 중에서 한 사람을 선택해야 하는 딜레마에 처한다. 그 선택은 필립의 인생 판도를 바꿀 만한 결정이다. 등장인물이 쉽게 내릴 수 있는 결정은 무의미하다. 그들의 어깨 위에 선택이라는 무거운 짐을 올려놓고 삶을 송두리째 바꿔놓을 수 있는 결정을 요구하라. 그들이 어떤 결정을 내리고 그 결정에서 비롯된 새로운 인생을 어떻게 살아가는지 독자는 흥미롭게 지켜볼 것이다.

미래에 일어날 일을 독자에게 약속할 때는 몸이 그랬듯 미래의 그 일이 이야기에 결정적인 작용을 하고 줄거리에 필수적이며 등장인물에 심대한 영향을 끼치는 일이어야 한다. 『달과 6펜스』에서 스트릭랜드를 개인적으로 알고 있으며 그에 대한 수수께끼를 풀기 위해 타히티 섬을 찾았다는 화자의 이야기는 다시 말해 독자에게 "앞으로 펼쳐질 이야기 속에는 그에 대한 흥미진진한 사실과 그를 이해하는 데 중요한 열쇠가 될 진실이 들어 있다."라고 말하고 있는 셈이다. 독자에게 무엇을 기대해야 할지 미리 알려준다면, 그리고 작가의 약속이 강한 호기심을 불러일으킬 만큼 흥미진진하다면, 독자는 잔뜩 기대에 부풀어 책장을 넘길 것이다.

### 깜짝 놀라게 하기

'뜻밖의 사건(surprise)'은 스토리텔링의 핵심적 요소다. 글쓰기란 결국 당장 필요한 만큼만 이야기를 드러내고 나머지 사건은 마지막에 독자를 놀라게 하기 위해 숨겨놓는 일종의 게임이다.

『면도날』에서 독자가 래리와 이사벨의 행복을 믿어 의심치 않고 있을 때 몸은 래리가 진리와 깨달음, 지혜를 구하는 일에 더 관심이 많다는 사실을 드러낸다. 『인간의 굴레』에서 밀드레드가 필립 앞에 다시 나타나는 시점을 보라. 그가 노라와 한창 행복한 시간을 보내고 있을 때다. 『달과 6펜스』에서 스트릭랜드는 스트로브의 아내를 빼앗으면서까지 끝내 자신이 원하는 여자를 얻은 것처럼 보이지만 곧 그녀를 헌신짝처럼 내팽개쳐 자살로 내몬다.

이러한 뜻밖의 사건들은 독자를 깜짝 놀라게 하고 흥미를 배가시킨다. 위에서 예로 든 세 가지 뜻밖의 사건은 각각의 이야기에서 중요한 전환점이 되고 등장인물에 대해 새로운 사실을 알려준다. 래리가 전 세계의 지혜로운 사람들과 어울려 공부를 하고 싶다고 하자 이사벨은 약혼을 파기하고 그를 놓아준다. 독자는 궁금해 한다. 대체 래리는 무슨 일을 하려는 것일까? 여기서 그의 실체가 조금씩 명확해지기 시작한다. 래리는 보통 사람들이 원하는 인생과는 조금 다른 삶을 추구하는 사람이었다. 그는 자신을 사랑하는 아름다운 여인을 거부했다. 대체 무엇 때문에? 겨우 고전을 읽을 수 있는 기회를 놓치기 싫어서? 고대의 지혜를 공부할 수 있는 시간을 갖기 위해서? 대체 이 남자는 무엇을 원하고 있을까?

밀드레드가 다시 나타났을 때 필립 못지않게 독자도 놀란다. 독자는 이제 필립이 어떤 사람인지 좀 더 명확히 알게 된다. 그는 자신을 그토록 괴롭혔던 여자를 여전히 사랑하는 남자다. 어쩌면 학대받는 것을 즐기는 사람인지도 모르겠다. 이러한 발견을 통해 주인공의 세계관이 드러나고 독자의 관심은 더욱 고조된다.

스트릭랜드가 스트로브의 아내를 자살로 내몰 때 독자는 깜짝 놀라기도 하지만 동시에 스트로브에게 치명적인 상처를 안긴 스트릭랜드가 앞으로 어떤 결정을 내릴 것인지 알고 싶어 한다. 그리고 스트로브의 선택도 궁금해진다. 그는 스트릭랜드에게 복수를 하게 될까? 대체 스트릭랜드라는 괴물의 정체는 무엇인가? 짐승만도 못한 이런 인간이 언젠가 훌륭한 화가가 된단 말인가?

본론과 전혀 상관없는 곳으로 벗어나지만 않는다면 뜻밖의 사건을 이용하여 큰 효과를 거둘 수 있다. 몸이 뜻밖의 사건으로 독자를 놀라게 할 때 결코 의외의 인물에게 사건이 일어나게 하지 않는다는 점에 주목하라. 몸은 뜻밖의 사건을 일으킬 때 항상 개연성을 염두에 둔다. 그렇다. 뜻밖의 사건에는 반드시 타당한 이유가 있어야 한다. 뜻밖의 사건은 전체 이야기와 밀접한 관련이 있어야 한다. 밀드레드가 돌아온 것은 놀랍지만 한편으로는 충분히 있을 법한 일이며 전체 줄거리에도 들어맞는다. 독자는 밀드레드가 애정에 굶주린 인물이고 한때 필립을 사랑했음을 알고 있다. 따라서 독자는 그녀가 찾아온 시점에 놀라기는 하지만 필립을 찾아온 것 자체는 당연한 일로 받아들인다. 마찬가지로 우리는 자기 아내를 버렸을 때 이미 보았듯이 스트릭랜드가 파렴치한 인간임을 잘 알고 있다. 따라서 그가 스트로브의 아내를 떠날 때 놀랍기는 해도 그의 행동을 이해 못하지는 않는다.

래리가 결혼이 아니라 공부를 선택하는 것은 분명 뜻밖의 사건이지만 독자는 앞에서 이미 그가 똑똑하고 생각이 깊은 청년임을 알고 있었기 때문에 래리의 결정에 거부감을 느끼지 않는다. 이처럼 뜻밖의 사건은 사실상 미리 준비되어야 한다.

개연성과 더불어 뜻밖의 사건이 갖추어야 할 또 다른 조건은 그 사건을 통해 독자가 알지 못했던 등장인물의 면모가 드러나야 한다는 것이다. 결혼보다는 공부를 하고 싶다는 래리의 발언을 통해 우리는 그가 깨달음을 추구하는 인물이라는 사실을 확실히 알 수 있다. 돌아온 밀드레드와 노라 사이에서 밀드레드를 선택하는 필립을 보면서 독자는 그가 어떤 인물인지 더 잘 알게 된다. 스트릭랜드가 스트로브의 아내를 차버릴 때 비록 내면의 복잡한 동기까지 속속들이 이해할 수는 없다 해도 독자는 적어도 그의 잔인성에 다시 한 번 치를 떨며 스트릭랜드라는 인물에 한 걸음 더 다가간 느낌을 받는다. 뜻밖의 사건을 만들 때 이런 점들을 염두에 둔다면 독자를 놀라게 하고 그들의 마음을 사로잡는 것은 물론 줄거리와 등장인물에 대한 독자의 공감도 더 커질 것이다.

### 작가의 인생을 작품 속에 집어넣기

몸은 작품 속에 자신의 모습을 집어넣기 좋아했다. 몸 스스로 "나는 내가 살아온 인생을 작품 속에 집어넣는다."라며 이 점을 인정했다. 그런 점에서 몸은 자서전적 작품을 가장 많이 쓴 작가 중 한 명이라고 할 수 있다. 그는 『면도날』의 화자다. 그는 등장인물인 소피가 화자를 "딱딱하고 격식을 중요시하는 사람"이라고 부르게 함으로써 자신을 조롱하고 있다.[12] 『인간의 굴레』가 그의 모습을 가장 많이 반영한 자전적 소설이라는 점은 널리 알려져 있다. 소설의 주인공인 의대생의 성격이나 일화는 몸의 실제 삶을 떠올리게 한다. 예를 들어 어린 시절 말을 더듬었던 몸의 장애가 소설에서는 필립이 다리를 저는 것으로 바뀌어 묘사된다. 이처럼 자신이 가장 잘 아는 사실을 예민한 감성으로 표현하고 있는 것이야말로 이 소설이 선사하는 즐거움 중 하나다. 『달과 6펜스』와 『과자와 맥주』(1930)의 화자 역시 몸 자신의 인생을 모델로 하고 있다.[13]

『요약 The Summing Up』(1938)에서 몸은 자신의 작품에 사실과 허구가 섞여 있으며 그 둘을 분리하기 힘들다는 사실을 인정한다. "나는 어떤 식으로든 내 인생에서 겪었던 일들을 작품에 써먹는다. …… 내 작품 속에는 사실과 허구가 한 몸처럼 엉켜 있다. 이제 와서 다시 보면 무엇이 사실이고 허구인지 분간하기도 힘들다. 내가 어떤 사실들을 기억하고 있다 하더라도 내가 이미 예전의 작품 속에 그 사실을 써먹었다면 또 다시 그 사실을 기록하는 것에는 관심이 없다."[14] 결국 자신의 작품은 자기 자신의 심리적 초상화라는 사실을 인정하고 있는 셈이다.

---

12) Maugham, 앞의 책, 1944, p. 192.
13) Jeffrey Meyers, *Somerset Maugham: A Life*, New York:Knopf, 2004, p. 9.; Richard Cordell, *Somerset Maugham: A Biographical and Critical Study*, Bloomington: Indiana University Press, 1961, p. 37.
14) Somerset Maugham, *The Summing Up*, Garden City, N.Y.:Doubleday, Doran & Co., 1938, p. 1.

작가라면 누구나 자신의 실제 삶에서 다양한 이야기를 끌어내지만 몇몇 작가들은 유독 심하게 자신의 경험에 의존한다. 자신의 체험을 작품에 쏟아 넣는 몸의 작업방식에서 배울 수 있는 교훈은 무엇일까? 몸은 독단과 편견에 찬 언론인들처럼 자신의 경험을 심하게 왜곡하거나 과장하지 않았다. 오히려 충실하다 싶을 정도로 자신의 삶을 소설 속에 옮겨 놓았다.[15] 당연한 얘기지만 개인의 경험을 작품에 이용할 때 그 경험과 관련된 실존 인물이 글 속에 묘사된 인물이 자신이라는 사실을 눈치 채면 명예훼손으로 소송을 걸어올 수 있으므로 조심해야 한다. 그들의 눈을 속이려면 두 명의 실제 인물을 한 사람의 가상의 인물 속에 섞어놓거나 직업이나 장소를 바꿔줄 수도 있다.

## 몸처럼 꾸준히 작업하기

몸은 한때 의대생이었다. 그래서인지 그가 건강관리에 끔찍이 신경을 썼다는 사실은 낯설지 않다. 몸은 규칙적인 생활을 유지하면서 (예를 들어 몸은 아침에 일찍 일어나 꼬박꼬박 온천에 갔다) 아흔한 살까지 장수를 누렸다.[16] 작가로서 몸이 어떻게 생활했는지 가장 생생하게 보여주는 것은 가슨 캐닌(Garson Kanin)의 증언이 아닐까 싶다. "어디에 있든지 매일 아침 여덟 시면 눈을 뜨고 아침을 먹고 나서 잡다한 일을

---

15) 몸의 『인간의 굴레』와 헌터 톰슨의 『라스베이거스의 공포와 혐오』(1971)를 비교해 보면 차이를 명확히 알 수 있다. 두 작품 모두 작가인 몸과 톰슨의 실제 삶을 반영하고 있지만 톰슨의 작품은 코믹한 효과를 위해 사실을 과장하고 왜곡한다.
16) Morgan, 앞의 책, pp. 287-288.

처리한 후 늦어도 아홉 시에는 책상에 앉아 네 시간 동안 글을 쓴다고 몸은 말했다."17) 그 네 시간 동안 몸은 자신의 인생 경험이라는 거대한 창고를 이 잡듯이 뒤졌다. 매일 똑같은 시간에 글을 쓰는 판에 박힌 일상을 고수했지만 이로 인해 몸이 사교생활을 충분히 누리지 못했다고 생각하면 큰 오산이다. 여기서 문득 떠오르는 인물이 있다. 발자크다. 그 역시 몸처럼 매일 정해진 시간에 글을 쓰면서도 많은 사람을 만나고 인생을 즐겼다. 언젠가 몸은 젊은 작가들에게 이런 충고를 했다. "작가가 되고 싶다면 인생의 모든 우여곡절을 겪어 봐야 한다. 우여곡절은 앉아서 기다리는 사람에게는 찾아오지 않는다. 밖으로 나가서 찾아라. 때로 정강이가 까질 수도 있지만, 그런 경험을 언젠가는 요긴하게 써먹을 수 있을 것이다."18) 몸이 서른 편의 희곡을 포함하여 엄청난 분량의 작품을 쏟아낼 수 있었던 밑바탕에는 수많은 인생 경험과 매일매일의 규칙적인 글쓰기가 있었다.

  몸은 명상에도 관심이 많았다. 여러 가지 명상법 중에서 몸은 일상생활을 하면서 동시에 명상을 수행하는 방법을 글을 쓸 때 적용했다. 작가는 책상 앞에서만 글을 쓰는 것이 아니라 하루 종일 쓴다. 생각에 잠길 때나 책을 읽을 때, 그리고 무언가를 경험하고 있을 때 작가가 보고 느끼는 모든 것은 글쓰기에 중요한 의미를 지닌다. 의식하든 의식하지 못하든 작가는 항상 자신이 받은 인상을 가슴 속에 저장하는 작업을 하고 있다."19) 이처럼 언제 어디서 무엇을 하든 글쓰기와

---

17) Garson Kanin, *Remembering Mr. Maugham*, London:Hamish Hamilton, 1966, p. 33.
18) Morgan, 앞의 책, p. 509.

서머싯 몸처럼 써라

연관시키는 습관은 훈련과 노력을 통해 얼마든지 얻을 수 있다.

작가로서 몸의 생활이 우리에게 전하는 가르침은 두 가지다. 첫째, 규칙적으로 글을 써야 한다. 그것이 더 많은 글과 더 성공적인 작품을 쓸 수 있는 지름길이다. 둘째, 개인의 경험을 작품 속에 녹여야 한다. 그러려면 피상적인 인생을 뛰어넘어 다양한 인간관계를 진심으로 받아들여야 한다. 그러한 경험을 해본 것만으로도 당신의 작품에 그 경험들이 반영될 수 있다. 글쓰기에 지속적인 관심을 갖는다면 반드시 보답을 얻을 것이다. 진정한 예술가로서 글에 대해 끊임없이 관심을 갖는 것만이 문장력을 향상시키는 유일한 방법이기 때문이다.

---

19) Franklin Silverman, *Publishing for Tenure and Beyond*, Westport, Conn.:Praeger, 1999, p. 65.

에드거 라이스 버로스 | 주요 작품 「유인원 타잔」, 「화성의 공주」, 「금성의 해적」
상상력의 제약을 받지 않고 등장인물이나 짐승들을 만들어내고 끊임없이
독자의 입을 벌어지게 하는 새로운 배경을 만들어냈다.

[ 8장 ]

## 에드거 라이스 버로스처럼 써라
*Edgar Rice Burroughs*

    타잔을 창조한 남자는 자신을 사람들에게 즐거움을 주는 엔터테이너 정도로 여겼다. 정말 그는 엔터테이너에 불과했을까? 사실 버로스는 그 이상이었다. 그는 이야기를 만들어내는 뛰어난 솜씨로 전 세계인의 마음을 사로잡은 스토리텔링의 장인이었다. 이야기의 속도 조절과 인물들 사이의 갈등 구축, 사랑의 감정을 묘사할 때 버로스가 보여준 장인의 솜씨는 자신의 작품에 활기와 짜릿함을 채워 넣고 싶어 하는 현대의 작가들에게 중요한 가르침을 전해준다.

    에드거 라이스 버로스는 1875년 미국 시카고에서 네 형제 중 막내로 태어났다. 막내들은 보통 창의력이 뛰어나다고 알려져 있는데, 버로스도 예외는 아니었다. 사변소설(Speculative Fiction: 과학소설, 호러, 판타지 소설을 묶어 부르는 명칭—옮긴이)의 역사에서 가장 기억에 남을 몇몇 캐릭터는 바로 버로스가 빚어낸 인물들이었다. 또 오늘날 활동 중인 몇몇 일급 작가들은 지금도 버로스가 쓴 수많은 과학소설 시리즈에서 영향을 받고 있다. 그러나 버로스가 처음부터 작가의 길에서 자신의 인생을 찾은 것은 아니다. 작가가 되기 전 그는 여러 직업을 전전했다. 목장 일도 했고, 형들 밑에서 일하기도 했다. 어느 날 싸구려 잡지에 실린 소설을 읽던 버로스는 친구에게 이렇게 말했다. "내가 써도 이거보단 잘 쓰겠다." 친구는 어디 한번 써보라고 버로스를 부추겼고, 그 결과 새로운 역사가 탄생했다. 버로스의 첫 소설 『화성의 공주 A Princess of Mars』(1912)는 역사상 가장 성공한 과학소설 시리즈 중 하나로, 가상의 행성 바르숨(바르숨 행성의 거주자들이 부르는 이름. 화성을 가리킴)을 중심으로 빠른 속도로 이야기가 전개된다. 배경은 주로 화성이나 금성처럼 멀리 떨어진 곳이고, 고도로 발달된 문명을 가진 서로 다른 종족들의 세력 다툼이 주 내용을 이룬다. 버로스는 이 시리즈에서 외계 문명의 관습을 배워야 하고 자유를 위해 싸워야 하는 동시에 자신의 목숨도 지켜야 하는 영웅적인 지구인 캐릭터를 창조한다. 물론 아름다운 공주도 등장한다. 작은 천 조각으로 주요 부위만을 아슬아슬하게 가리고 나오는 이 공주는 영웅적인 지구인의 신부가 된다. 이러한 등장인물과 기본 설정은 이후 버로스의 모든 작품에 즐겨 쓰이는 공식이 되었다. 이러한 공식을 등에 업은 버로스는 상상력의 제약을 받지 않고 등장인물이나 짐승들을 만들어내고 끊임없이 독자의 입을 벌어지게 하는 새로운 배경을 만들어냈다. 버로스의 상상력은 타잔 시리즈에서도 유감없이 발휘되었고, 타잔 소설은 이후 영화로도 엄청난 성공을 거두었다.

버로스는 주로 SF 작가로 알려져 있지만, 그의 솜씨는 모든 장르의 작가들을 가르치고도 남을 만큼 훌륭하다. 이제부터 우리는 그가 어떻게 이야기를 시작하고 어떻게 등장인물의 이름을 짓는지, 이야기의 속도는 어떻게 조절하고 갈등은 어떻게 만드는지 살펴볼 것이다. 또 독자의 관심을 끌기 위해 사랑의 감정을 어떤 식으로 이용했는지도 살펴볼 것이다.

 『타잔』에서 배울 수 있는 것

버로스가 오늘날의 작가들보다 뛰어난 점 한 가지는 이야기를 정상적인 상황에서 시작한다는 점이다. 그는 혐오감을 주거나 거부감을 주는 이름을 가진 인물로 이야기를 시작하지도 않고, 낯설거나 생소한 장소에서 이야기를 꺼내지도 않는다. 별것 아닌 것 같지만 사실 주류 문학계의 소설가들조차도 매번 이 함정에서 빠져나오지 못한다. 그들은 이야기를 시작하자마자 한 번도 보지 못한 가상의 세계를 보여주거나 한 번도 들어본 적 없는 괴상한 이름을 들려주면 독자의 관심을 불러일으킬 수 있다고 생각하는 모양인데, 이는 처음부터 독자에게 소외감을 느끼게 하고 독자가 이야기에 참여하는 것을 가로막으려 안간힘을 쓰는 거나 마찬가지다. 버로스는 절대 그러지 않았다. 그는 마치 친구가 또 다른 친구의 어깨에 팔을 두르고 진심에서 우러나오는 말을 쏟아놓듯이 친근한 주제에서 이야기를 시작했다. 화성이나 금성처럼 '다른' 세상을 이야기하기 이전에 우리가 살고 있는 '이' 세상에 대한 이야기부터 꺼냈다. 익숙한 것들을 먼저 소개하고 나서 덜 익숙한 것으로 넘어갔다. 이처럼 그는 독자가 잘 알고 있는 세상에서 출발하여 점점 새로운 세계로 이동하는 과정을 통해 전에 없던 즐거움을 선사했다. 이런 준비 과정이 있었기 때문에 독자는 예상치 못한 장면을 접해도 소외감을 느끼지 않았고 버로스가 만든 새로운 세계를 실제로 존재할 법한 세계로 받아들일 수 있었다.

타잔 시리즈의 첫 작품인 『유인원 타잔 Tarzan of the Apes』(1912)을 예로 들어보자. 이 소설의 도입부에는 제목과 달리 동물들과 대화를 나누는 유인원이 등장하지 않는다. 그랬다면 역사상 가장 생뚱맞은 도입부가 되었을 것이다. 소설은 아프리카로 여행을 간 영국인 존 클레이튼이 아내와 함께 정글에서 길을 잃는 장면으로 시작한다. 그곳에서 클레이튼 부부는 암컷 침팬지가 훔쳐 가서 키우고 있던 인간 갓난아기를 발견한다. 이 아이가 바로 타잔이다. '고결한 야만인(noble savage)'이라는 고전적 주제를 다루는 『유인원 타잔』은 인간사회의 과시적 요소들이 오히려 인간이 갖고 있던 진정한 선(善)을 빼앗아간다는 메시지를 던진다. 타잔은 서구 혹은 유럽 사회에서 한 번도 살아본 적이 없지만 강한 체력과 착한 심성을 지니고 있다. 타잔은 인간이 도달할 수 있는 궁극적인 모습이자 인간이 꿈꾸는 이상적인 모델이다. 버로스는 소설 초반부에서 타잔을 낳은 친부모의 모험을 꽤 자세하게 그리고 있다. 덕분에 독자는 자칫 허무맹랑할 수도 있는 이야기를 낯설지 않게 받아들인다. 침팬지 암컷이 갓난아기인 타잔을 낚아채 달아나는 장면에 이르면 그때까지 의심의 눈초리를 거두지 못하던 독자들도 모든 불신을 버리고 소설 속으로 빠져들게 된다. 그때부터 이야기는 막힘없이 자연스럽게 흘러가기 시작한다.

이런 예는 버로스의 모든 작품에서 찾아볼 수 있다. 존 카터가 최초로 등장하기 시작하는 『화성의 공주』를 보자. 소설은 지구에서 시작된다. 버로스는 직접 쓴 서문에서 매우 유쾌한 남자인 엉클 잭(Uncle Jack: 존 카터의 다른 이름—옮긴이)을 소개한다. 이는 확실히 이해하기 쉽다. 그러나 버로스는 앞으로 벌어질 일에 대한 단서 하나를 툭 끼워 넣는다. 엉클 잭이 조카인 버로스에게 자신이 죽으면 "안에서만 열 수 있는" 경첩이 달린 관에 넣어달라고 부탁하는 것이다. 이제부터 독자는 존 카터(엉클 잭)가 남긴 글과 만나게 된다. 애리조나에서 황금을 찾던 카터는 인디언들에게 쫓겨 동굴로 피신하지만 정신을 잃고 만다. 여기까지 이야기를 따라가는 데 큰 문제가 없다. 우리가 존 카터와 그의 세계를 쉽게 이해할 수 있는 까닭은 그 세계가 알고 있는 세계이기 때문이다. 어느새 장면이 바뀌고 우리는 화성에 와 있다. 그렇다고 당황할 이유는 없다. 소설의 시작과 함께 늘 곁에 있었고 이제는 제법 친해진 존 카터가 여전히 우리 곁에 있는 한.

이야기를 정상적인 상황에서 시작하는 방법 중에서 내가 가장 좋아하는 예는 단연 『금성의 해적 The Pirates of Venus』(1934)의 도입부다. "이번 달 열세 번째 날 자정에 하얀 수의를 입은 여인이 당신의 침실에 나타나면 이 편지에 답장을 보내라." 편지 수신인은 무슨 장난이려니 싶어 편지를 처박아두고 까맣게 잊어버린다. 그러나 예정된 열세 번째 날이 되자 정말로 하얀 수의를 입은 여인이 나타난다. 이야기는 그렇게 시작되어 평범하고 익숙한 세계(편지를 받는 남자)에서 낯선 관습과 호전적인 금성의 군대, 매혹적인 외계의 여인들이 살고 있는 기이한 행성으로 독자를 데려간다. 버로스가 도입부를 다루는 솜씨는 그야말로 전문가답다. 오늘날 이런 도입부가 실린 버로스의 초기 판본들을 쉽게 구할 수 없다는 게 유감스러울 뿐이다. 현대 작가들이 버로스의 작품을 구해 볼 수 있다면 아마도 더 쉽고 재미있는 독자 친화적 소설들이 지금보다 많아질지도 모른다.

 **이름도 중요하다**

이름은 버로스의 소설을 읽는 즐거움 중 하나다. 여자 주인공들의 이름은 항상 매력적인 여자를 연상시키고 남자 주인공들의 이름은 강한 남자를 연상시킨다. 악당은 그야말로 악랄한 악당을 연상시킨다. 남자 주인공은 항상 견고한 울림을 주는 근육질의 이름을 갖고 있다. 존 카터(화성 시리즈), 타잔(타잔 시리즈), 카슨 네이피어(금성 시리즈), 고든 킹(『은둔자의 땅』), 보웬 타일러(캐스팩 시리즈), 데이비드 인스, 애브너 페리, 제이슨 그리들리(펠루시다 시리즈). 여자 주인공들의 이름은 아름다운 외모만큼이나 매혹적인 느낌을 준다. 데자 토리스(『화성의 공주』), 내일라(『달 처녀』), 발라 디아(『화성의 지배자』), 듀어(『금성의 해적』), 그 밖에 이국적인 이름이 무수히 많다. 등장인물의 이름은 처음부터 끝까지 독자와 함께한다는 것을 기억하자. 매력이 느껴지지 않는 이름은 판매부수를 떨어뜨릴 수 있다. 소설을 사려고 책을 집어 든 예비 독자가 몇 장 뒤적여보다가 매력 없는 이름에 실망해 책을 다시 내려놓을 수도 있다. 다행히 우리 주변에는 이름에 대한 훌륭한 조언가들이 있다. 개인적으로 크리스토퍼 앤더슨이 지은 『이름 짓기 놀이 The Name Game』(1977)를 추천한다. 이름을 들었을 때 부지불식간에 형성되는 느낌이 심리학과 어떤 관계가 있는지 보여준다. 아

기 이름을 짓는 데 도움을 주기 위해 쓴 이 책은 작가들에게도 실질적이고 특별한 도움을 줄 것이다.

##  버로스처럼 이야기의 완급 조절하기

버로스는 완급 조절의 대가였지만, 처음부터 능숙했던 것은 물론 아니다. 몇 권의 책을 쓰고 나서야 그는 비로소 독자가 책장을 넘길 수 있게 하는 요령을 터득할 수 있었다. 물론 그의 줄거리는 항상 흥미진진했지만 완급 조절을 위한 핵심 도구로 무장한 것은 『화성의 공주』를 끝낸 후였다.[1] 버로스는 최대한의 재미를 주기 위해 이야기의 완급을 조절하려면 두 가지 방법이 필요하다는 사실을 깨달았다. 이야기의 완급 조절을 고민하는 작가라면 누구라도 버로스의 방법을 귀담아들어둘 만하다.

첫째, 서머싯 몸을 이야기할 때 이미 살펴봤듯이 버로스도 빠르게 전개되는 장면이 끝난 후 잠시 한숨을 돌리며 극적인 휴식을 취했다. '극적인 휴식 혹은 극적 대비'는 효과적인 완급 조절에 기여하기 때문이다.[2] 그러나 몸과의 차이점이라면 버로스는 속도를 줄이는 대신 지금까지 진행하던 줄거리에서 그에 못지않게 흥미진진한 새로운 줄거리로 이동함으로써 독자로 하여금 새로운 장면에 대한 기대감을

---

1) Richard Lupoff, *Edgar Rice Burroughs: Master of Adventure*, Revised and enlarged edition, New York:Ace, 1968, p. 48.
2) Jeffrey Williams, *Theory and the Novel: Narrative Reflexivity in the British Tradition*, New York:Cambridge University Press, 1998, p. 84.

불러일으킨다. 이 방법이 가장 효과를 볼 수 있는 시점은 장과 장이 바뀔 때다. 『캐스팩 Caspak』과 『펠루시다 Pellucidar』 시리즈에서 버로스는 이 방법을 수차례 사용한다. 한 인물을 위험에 빠트려 놓으면 독자는 그 인물의 이야기가 다시 시작될 때까지 그의 안위와 그가 처한 곤경을 걱정한다. 이렇게 하면 굳이 이야기의 속도를 줄이지 않더라도 긴장감을 강화하고 이야기의 완급을 조절할 수 있다.

두 번째 방법은 문학작품에서 가장 흔하게 사용하는 방법으로 어떤 특정 부분에서 행동의 속도를 올렸다가 그 다음에 속도를 늦추고 숨을 고르는 방법이다. 버로스가 이런 식으로 이야기의 완급을 조절한 덕분에 독자는 이야기에 몰입하면서도 피로를 느끼지 않았다. 작가들이 완급 조절에 실패하는 이유는 모든 것을 전속력으로 질주하게 만들거나 한 가지 줄거리에만 머물러 있기 때문이다. 달리기 선수가 처음부터 끝까지 전속력으로 달려서는 우승을 할 수 없듯이 작가도 최대의 효과를 얻으려면 보폭에 변화를 주어야 한다. 『화성의 전사 A Fighting Man of Mars』(1931)에는 해드론이 사라진 공주를 찾아 붉은 행성(화성의 속칭)을 수색하는 긴 장면이 나온다. 이처럼 느리게 전개되는 장면들 덕분에 버로스는 긴장을 강화할 수 있었다. 느린 장면들은 이야기의 강도에 변화를 주고 다른 장에서 벌어지는 격렬한 전투나 목숨을 건 탈출 장면과 극명한 대비를 보여준다. 몸과 버로스 모두 완급 조절을 위해 이 방법을 사용했지만 버로스의 작품은 몸보다 행동(액션)이 더 중심이 되는 작품이기 때문에 그가 이 방법을 사용했을 때는 독자가 더 쉽게 알아차렸다. 등장인물의 행동이 실제로 느려졌기 때문이다. 반면 몸의 경우에는 그 장면의 심리적 강도에 변화를 주어 완급을 조절할 때가 많았다. 이처럼 완급 조절의 두 가지 방법을 비교해보면 흥미로운 점이 발견된다. 물론 버로스의 방법은 액션 소설에 좀 더 적합하기는 하지만, 어떤 장르의 이야기에서든 두 가지 방법 모두 효과적으로 사용할 수 있다는 것은 분명하다.

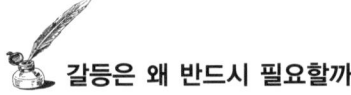
### 갈등은 왜 반드시 필요할까

버로스는 다작(多作) 작가였다. 그는 작품을 빨리 썼다. 존 탈리아페로(John Taliaferro)가 지적하듯이 버로스는 이야기를 빨리 완성하기 위해 스스로 많은 시도를 거쳐 효과가 입증된 다음과 같은 몇 가지 방법을 공식처럼 써먹었다.

- "'낯선 땅의 이방인'이 등장한다. 정글의 타잔, 화성의 존 카터, 내부세계의 데이비드 인스, 금성의 카슨 네이피어가 그렇다."
- 주인공은 "타고난 전사이며 훈련받은 전사이다."
- "주인공은 수적 열세에서 시종일관 야만인 무리에 쫓기다가 캄캄한 감방에 갇힌다."
- "버로스의 모든 주인공은 낙천적이다."
- "궁극적으로 주인공은 강인한 체력과 뛰어난 두뇌, 용맹함을 앞세워 적들을 물리친 다음 집으로 돌아가거나 더 살기 좋은 새로운 장소를 발견하면 그곳에 눌러앉기도 한다."
- "단 한 번의 예외도 없이 주인공은 위험에 처한 아가씨를 구해주고 반드시 그녀와 사랑에 빠진다. …… 주인공이 사랑하는 아

가씨는 명문가 출신에 아름답고 도발적이다."
- 수많은 전투와 목숨을 건 아슬아슬한 탈출을 한다.
- 섹스는 없지만 항상 성폭행의 위험이 도사리고 있다. "버로스의 거의 모든 작품에서 여자 주인공은 반드시 끔찍한 운명과 맞닥뜨리게 된다."[3]

혹시 버로스가 금과옥조로 여긴 줄거리의 공식을 보면서 뭔가 공통점을 발견하지는 않았는가? 하나하나가 분명하게 갈등과 관련되어 있다. 예를 들어보자. 별로 힘들이지 않고 17일 만에 완성한 『머나먼 별 너머 Beyond the Farthest Star』(1964)에는 채 두 페이지를 넘기기도 전에 갈등이 일어난다. 한 전투기 조종사가 지구에서 45만 광년 떨어진 곳으로 날아간다. 정신을 차려보니 그곳은 폴로다(Poloda)라는 행성이고, 자신은 알몸 상태다. 그리고 붉은색 스팽글(반짝거리도록 옷에 장식으로 붙이는 작고 동그란 금속편—옮긴이) 차림에 검은 장화를 신은 남자들에게 포로로 잡혀 있다. 이야기가 진행될수록 갈등은 고조된다. 조종사는 지구에서 보낸 첩자로 의심 받아 법정에서 재판을 받고, 그 과정에서 갈등이 증폭된다. 조종사는 마침내 자신이 도착한 그 행성에서 카파족과 유니스족이 지난 101년간 전쟁을 치르고 있다는 사실을 알게 된다.

『은둔자의 땅 The Land of Hidden Man』(1932)에서 고든 킹은 정글

---

3) John Taliaferro, *Tarzan Forever: The Life of Edgar Rice Burroughs, Creator of Tarzan*, New York:Scribner, 1999, pp. 18-20, 65.

로 탐험을 떠난다. 갈등은 첫 페이지부터 인간 대 인간의 충돌로 시작된다. 길 안내를 맡은 캄보디아인이 정글이 무섭다며 더 깊숙이 들어가지 않겠다고 버틴다. 고든은 할 수 없이 혼자서 정글로 들어간다. 물론 독자는 혼자 탐험을 계속하기로 한 고든의 결정이 큰 화(禍)를 불러올 것을 짐작한다. 마침내 고든도 미지의 정글에 혼자 오겠다고 한 것부터가 잘못이라고 스스로 책망하기 시작한다. 고든 대 고든의 내적 갈등이다. 머지않아 고든이 야생돼지의 공격을 받으면서 독자는 또 다른 갈등과 대면한다. 고든과 짐승의 갈등이다. 이후 그가 나병에 걸린 왕과 싸울 때 다시 인간 대 인간의 갈등이 재현된다.

버로스의 어떤 책을 펼치더라도 갈등이 꿈틀거린다. 그의 소설에서는 팔다리가 여섯 개인 거인이나 날개 달린 인간들에게 쫓기는 주인공, 전쟁 중인 부족의 포로가 되거나 미개한 원시인에게 위협당하고 짐승이나 공룡에게 공격당하는 주인공의 모습을 어렵지 않게 볼 수 있다. 그런가 하면 주인공이 사랑하는 여인은 항상 사악한 부족의 포로가 된다. 대개 이런 부족의 우두머리는 욕정이 넘치고 잔인하기 짝이 없어서 매번 붙잡아온 여인들을 겁탈하려고 한다. 갈등은 멈출 줄 모르고 종종 부족 간, 국가 간, 심지어 행성 간 전쟁으로 폭발한다.

수적으로 열세인 상황에서 적들과 싸워야 한다면 주인공을 계속해서 위험에 빠트릴 수 있다. 『슈비아, 화성의 처녀 *Thuvia, Maid of Mars*』(1920)에서 주인공 카토리스는 지체 높은 가문 출신의 귀족이자 뛰어난 전사다. 그는 듀사의 군인들에게 잡혀 있는 슈비아를 구하러 간다. 마침내 슈비아를 찾아낸 카토리스는 혼자서 남자 세 명을 물리쳐야 한다. 그 사이 슈비아는 다른 전사의 도움으로 탈출한다. 카토리스는 셋 중 두 명의 적을 죽이고 사랑하는 슈비아를 찾아 떠난다. 천신만고 끝에 카토리스는 토르크의 왕인 제닥에게 잡혀 있는 슈비아를 찾아낸다. 이 시점에 이르면 카토리스는 슈비아를 납치한 악당뿐 아니라 자신을 향한 슈비아의 의심과도 싸워야 한다. 슈비아는 이 납치극을 꾸민 자가 바로 카토리스라고 의심하고 있다. 그밖에도 수많은 문제가 끊이지 않던 이야기는 마지막 페이지에 이르러서야 카토리스와 슈비아의 결합으로 끝이 난다.

엄밀히 말해 주류 소설에서 이렇게까지 많은 갈등은 필요하지 않지만 주인공을 끊임없이 위험에 처하게 만드는 버로스의 방법은 새겨둘 만하다. 버로스의 예를 통해 작가는 튼튼한 줄거리를 만드는 필수적인 비결을 배울 수 있다. 갈등은 이야기를 진전시키는 엔진이다. 이야기가 늘어지기 시작한다면 주인공을 다른 누군가와 충돌시켜 위험을 고조시키는 도박을 걸어보라. 그 즉시 이야기는 생명력을 되찾을 것이다. 버로스가 자신의 이야기에서 쌓아둔 갈등의 십분의 일만이라도 만들 수 있다면, 얽히고설켜 있던 사랑의 실타래를 마지막 장(아니, 마지막 페이지!)에서 시원하게 풀어줄 수 있다면 당신도 충분히 이야기의 달인으로 불릴 만하다. 그때쯤 이런 교훈을 일깨워준 버로스에게 감사의 인사라도 한 마디 해주길 바란다.

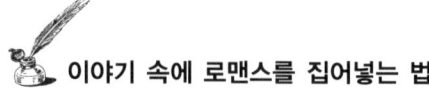

### 이야기 속에 로맨스를 집어넣는 법

앞에서도 언급했듯이 남녀 간의 사랑은 버로스 소설의 출발점이라 해도 지나친 말이 아니다. 예를 들어 『은둔자의 땅』 5장에서 고든 킹은 정글 소녀 푸탠에게 반한다. "유연하게 움직이는 몸동작 하나하나와 우아한 손짓, 아름다운 얼굴과 눈동자의 다양한 표현까지 모든 것이 도발적이었다. 그녀가 발산하는 매력은 마치 자석처럼 사람을 끌어당겼다. 고든은 자신의 피부와 눈동자와 콧구멍의 반응으로 푸탠의 매력을 직감했다." 버로스의 소설에 등장하는 여주인공들은 모두 매력 덩어리인 데다 종종 시적(詩的)이기까지 하다. "남자가 여자를 만나고 그 여자를 잃었다가 다시 되찾는다는 이른바 '소년, 소녀를 만나다' 라는 주제는 이미 다른 작가들도 흔하게 사용하고 있던 진부한 주제였는지 모르지만 '소년, 소녀를 만나다' 를 SF에 도입한 최초의 작가는 단연 버로스였다."[4] 다른 행성을 무대로 펼쳐지는 모험 이야기에 사랑 이야기를 결합하자 독자들은 한 번도 가보지 못한 공상의 세계를 배경으로 하는 이야기인데도 버로스의 이야기를 마치 주위에서 실제로 일어날 법한 이야기로 받아들였다. 주인공과 여주인공은 저 먼 화성에 있을지 모르지만, 『화성의 체스판 위의 말들 The Chessmen of Mars』(1922)에서처럼 "헬리움의 타라 공주가 초음속 비행기를 몰고 헬리움의 쌍둥이 도시 너머에 있는 죽은 바다의 황토 빛 바닥을 가로지르며" 떠돌아다니고 있을지 모르지만, 남녀 간의 사랑이라는 보편적인 감성에 호소함으로써 버로스의 이야기는 단순한 공상 수준을 뛰어넘었다. 로맨스는 버로스의 이야기에 현실성을 부여하고 세계의 모든 문학작품에 등장하는 사랑 이야기를 끼워 넣는다.

---

[4] 위의 책, p. 19. E.E. 스미스(Smith)와 로버트 하인라인(Robert Heinlein)도 '소년, 소녀를 만나다' 란 주제를 성공적으로 활용한 SF 작가로 꼽힌다.

물론 이야기 속에 로맨스를 집어넣을 때 '남자가 여자를 만났는데 그 남자는 그 여자를 얻었다' 처럼 단순한 줄거리를 원하는 작가는 없을 것이다. 작가는 사랑을 가로막는 장애물을 원한다.[5] 『달 처녀 The Moon Maid』에서 달의 내부로 여행을 떠난 지구인 줄리안은 매력적인 여인을 만나 사랑에 빠진다. 줄리안과 내일라라는 이름의 그녀는 반인반마(半人半馬) 형상을 한 짐승들에게 포로가 되고, 줄리안은 내일라를 보호하려고 애쓴다. 그러는 동안 내일라도 줄리안을 사랑하고 있다는 암시가 끊임없이 흘러나온다. 그러나 버로스는 소설이 끝날 때까지 두 예비 연인을 맺어주지 않는다. 죄수 신세라 사랑보다는 여기서 살아나가는 일이 급선무인 탓도 있지만, 내일라가 줄리안의 본심을 오해하고 있는 데도 원인이 있다. (사랑을 방해하는 장애물들이란 알고 보면 거기서 거기다. 줄리안과 내일라 사이의 오해와 제인 오스틴의 『오만과 편견 Pride and Prejudice』에서 엘리자베스와 다아시 사이의 오해가 얼마나 닮았는지 비교해 보라.) 줄리안은 이렇게 독백한다. "뭔가 잘못된 게 틀림없어. 내일라가 나한테 뭔가 화가 난 것 같은데 아무리 생각해봐도 왜 화가 났는지 도통 이유를 알 수 없단 말이야."[6] 거기서부터 열 페이지쯤 지나면 내일라의 오해가 풀리지만 여전히 그들의 목숨을 노리고 쫓아오는 전사들 때문에 공식적인 연인 관계를 선포할 겨를이

---

5) Kathryn Falk, *How to Write a Romance and Get It Published: With Intimate Advice From the World's Most Popular Romantic Writers*, New York:Crown, 1983, pp. 65-67. "제아무리 줄거리가 탄탄하다 하더라도 두 연인의 사랑을 깨어놓을 만큼 강력한 장애물이 없다면 그 소설은 문제가 있다."
6) Edgar Rice Burroughs, *The Moon Maid*, New York:Ace, 1926, p. 144.

없다. 언제나 그랬듯 버로스는 두 사람이 떨어져 있는 시간을 최대한 길게 끌고 간다. 소설의 마지막에 이르러서야 풀려 있던 모든 실타래가 말끔하게 정돈되고 두 사람은 상대방의 진심을 확인한다.

 SF에 사랑 이야기를 도입함으로써 버로스의 소설이 더 흥미진진해진 것은 의심의 여지가 없다. 버로스는 설사 그것이 지극히 공상적이고 비현실적인 이야기라 하더라도 남녀의 사랑이 들어감으로써 거의 모든 이야기가 더 많은 독자들에게 호소력을 지닐 수 있다는 점을 분명하게 증명해준다. 주저하지 말고 주인공과 여주인공의 성격 묘사를 강화하고 그들을 더 부려 먹어라. 당신의 이야기가 로맨스로 가득하게 하라. 카프카처럼 암울한 작가도 자신의 이야기에 남녀 간의 사랑을 집어넣었고, SF의 거장인 버로스는 화성과 금성을 돌아다니는 동안에도 로맨스를 잊지 않았다. 로맨스가 이야기를 진전시키지 못하는 경우란 거의 없다. 버로스가 입증하고 있지 않은가.

**프란츠 카프카** | 주요 작품 「심판」 「성」 「변신」
도입부에서 앞으로 펼쳐질 이야기의 정수만을 뽑아내어 전체 갈등을 한 문장으로 요약해버렸다. 모든 살을 발라낸 메마른 문체 역시 이야기에 힘을 실었다.

[ 9장 ]

## 프란츠 카프카처럼 써라
*Franz Kafka*

　카프카는 많은 사람들을 당황스럽게 만든다. 그의 작품을 읽고 감탄하는 이들은 많지만 정작 카프카에게서 글쓰기를 배울 수 있을까 하는 질문에는 다들 고개를 가로젓는다. 물론 카프카의 문체가 너무 독특하기에 그렇게 생각하는 것도 무리는 아니다. 실제로 내가 카프카의 작품에서도 뭔가 모방할 것이 있다고 말하면 학생들은 하나같이 눈을 동그랗게 뜬다. "농담하세요, 교수님? 저는 하룻밤 사이에 벌레로 변한 사람이나 관료사회에서 고통 받으며 살아가는 별 볼 일 없는 사람에 대한 이야기는 쓰고 싶은 생각이 없는데요." 사람들은 카프카의 작품세계가 너무 특이한 까닭에 그에게서 배울 것이 없다고 생각한다. 그러나 바로 그런 특이함이야말로 카프카의 가장 큰 장점일 수 있다. 카프카를 통해서만 배울 수 있는 점이 있다는 뜻이기 때문이다. 비록 카프카가 특이하긴 하지만, 아니 어쩌면 바로 그 특이함 때문에 이 장(章)은 이 책에서 가장 중요한 부분이 될 수도 있다.

우리가 카프카에게서 배울 수 있는 점으로 나는 가장 먼저 그의 유머 감각을 꼽고 싶다. 언뜻 카프카와 유머 감각은 어울리지 않는 조합 같다. 누구나 알다시피 카프카만큼 어둡고 음울한 작가도 없다. 그의 소설 속 주인공들을 보라. 하나같이 정부 관리와 만날 약속을 잡거나 가까운 곳으로 여행을 떠나는 게 최대의 목표인 사람들이다. 그런데 보통 사람이라면 목표 축에도 들지 않는 이런 일들을 위해 카프카의 주인공들은 말 그대로 죽을힘을 다한다. 재밌는 건 그마저도 항상 실패로 돌아간다는 것이다. 『심판 The Trial』(1925)에서 영문도 모른 채 체포당한 주인공은 자신의 무죄를 입증하기 위해 발버둥치지만 모든 노력은 수포로 돌아간다. 『성 The Castle』(1926)의 주인공은 처음부터 끝까지 오로지 성에 들어가려고 안간힘을 쓰지만 결국 단 한 발짝도 들여놓지 못한 채 소설은 끝나버린다. 『변신 The Metamorphosis』(1915)의 주인공 역시 자신이 벌레로 변한 이유를 끝내 알아내지 못한다. 애초에 카프카가 『변신』을 쓴 의도는 사람들에게 웃음을 주기 위해서였다고 한다. 개중에는 카프카의 의도를 눈치챈 이들도 있다. 『포트노이 씨의 불만 Portnoy's Complaint』(1969)의 저자이자 퓰리처 상 수상작가인 필립 로스(Philip Roth)도 『변신』을 배꼽 빠지게 웃으며 읽었다고 한다. "나는 …… 책상머리에 앉아서 떠벌리는 프란츠 카프카라는 코미디언과 그가 쓴 『변신』이라는 제목의 웃기는 책에서 많은 영향을 받았다. 내가 낄낄거렸던 대목에서는 카프카 자신도 글을 쓰다가 혼자 미소를 지었을 거라고 확신한다. 나는 이 소설을 읽는 내내 배꼽을 잡았다. 왜 아니겠는가. 이토록 지독하게 죄의식에 사로잡힌 인물은 일찍이 본 적이 없다. 징그럽지만 정말 웃긴 소설이다."[1] 로스의 이야기에는 중요한 통찰이 담겨 있다. 카프카의 작품에 흐르는 카프카 특유의 괴기스러움만 보지 말고 그 너머에 널려 있는 수많은 유머를 이해하기 시작한다면 겉으로 보이는 것이 카프카의 전부가 아니며 그에게서 배울 점이 한두 가지가 아니라는 사실을 깨닫게 될 것이다. 유머와 더불어 우화적 문체를 사용하는 방법 또한 카프카에게서 배울 수 있을 것이다.

프란츠 카프카는 1883년 체코 프라하에서 태어났다. 밑으로 세 명의 여동생이 있었지만 아버지와의 심각한 갈등 때문에 카프카는 '명예 막내(honorary laterborn)' 취급을 받았다.[2] 대학에서 법률을 공부한 카프카는 낮에는 보험 회사에서 일을 하고 밤에는 글을 썼다.[3] 가장 유명한 작품은 『심판』, 『성』, 그리고 단편 『변신』이다. 그의 작품 속 주인공들은 대부분은 부조리한 관료사회의 덫에 걸린 인물들이다. '끔찍하게 복잡한' 상황이나 지독한 관료주의적인 상황을 가리키는 '카프카적(Kafkaesque)'이라는 표현이 여기에서 비롯되었다. 카프카가 세상을 떠난 후 세 명의 여동생이 모두 나치 수용소에서 목숨을 잃

---

1) Philip Roth, *Conversations with Philip Roth*, edited by George J. Searles, Jackson:University Press of Mississippi, 1992, pp. 39-40.
2) 프랭크 설로웨이(Frank Sulloway)가 만든 용어로, 창의력이나 붙임성처럼 전형적으로 막내들이 갖고 있는 특징을 보이는 첫째 자녀를 가리킬 때 사용한다. 설로웨이는 부모와의 갈등이 심각할 경우 첫째 자녀에게 이런 특성이 나타난다고 지적한다. (Frank Sulloway, *Born to Rebel: Birth Order, Family Dynamics, and Creative Lives*, New York:Pantheon, 1996, p. 123.)
3) Pietro Citati, *Kafka*, translated by Raymond Rosenthal, New York:Knopf, 1990, p. 100.

었다는 사실을 떠올리면 왠지 섬뜩한 기분이 든다. 카프카 본인이야 (그의) 사후에 벌어진 나치의 만행과 여동생들의 비극을 상상조차 하지 못했겠지만 그의 작품은 마치 인류 역사상 가장 사악한 인간인 히틀러의 등장을 암시하고 있는 것 같기 때문이다.

본격적인 이야기로 들어가기 전에 한 가지만 확실하게 짚어두자. 카프카는 독특한 작가였다. 내용이나 구성, 문체 면에서 모두 선구자였다. 카프카의 작품과 비슷한 것은 그 이전에도 없었고 그 이후에도 없었다. 그러나 잊어서는 안 되는 사실이 있다. 카프카 같은 혁명가조차도 세상과 단절된 채로 작업을 하지는 않았다는 것이다. 그렇다, 카프카도 모방을 했다. 실제로 그는 디킨스의 영향을 강하게 받았다. "그는 러시아, 독일, 프랑스, 체코, 미국 등 여러 나라의 작가들을 자신의 모델로 삼았다."[4] 작가(더불어 독자)들에게 영향을 미치는 작품들 간의 관계 속에서 카프카가 어떤 위치를 차지하고 있고, 어떤 작품이 다른 작품에 미치는 영향을 분석하여 새로운 시각을 얻을 수 있다고 믿는 사람에게는 J. D. 샐린저가 카프카의 엄청난 팬이었다는 사실이 흥미롭게 들릴 것이다. 샐린저는 뉴햄프셔 주의 커니시에 은둔하며 카프카의 일기를 닥치는 대로 읽었다. 모르긴 몰라도 샐린저는 카프카에게서 큰 영향을 받은 뒤 『호밀밭의 파수꾼』(1951)을 썼을 가능성이 크다.[5]

---

[4] Mark Spilka, *Dickens and Kafka:A Mutual Interpretation*, Bloomington:Indiana University Press, 1963, p. 39.

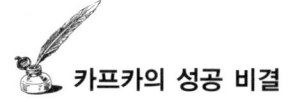

### 카프카의 성공 비결

카프카는 문학적, 예술적으로 성공을 거두었고, 그의 작품들은 수많은 현대 작가들에게 영감을 주었다. 예를 들어 사뮈엘 베케트(Samuel Beckett)는 카프카의 영향을 받아 소설 3부작을 썼고, 닥 솔스타트(Dag Solstad)는 『부끄러움과 위엄 *Shyness and Dignity*』(1944)에서 카프카의 문체를 그대로 따라했다. 필립 로스도 카프카의 문체에 영향을 받았다. 카프카의 독특함을 언급할 때 우선 짚고 넘어가고 싶은 부분은 그의 문장이다. 때때로 카프카의 문장을 읽다 보면 꼭 변호사가 작성한 계약서 같다는 느낌이 든다. 가령 『심판』에서 주인공인 K의 생각이나 그가 겪은 어려움을 묘사할 때 그의 문장은 답답할 정도로 느릿느릿 나아간다. 신기한 것은 그런데도 무척 재미있다는 것이다. 카프카의 문체에서 더 흥미로운 점은 분명하고 정확한 언어의 사용이다. 이러한 특징은 특히 소설의 도입부에서 두드러진다. 그가 작가로서 성공을 거둘 수 있었던 이유 중에는 분명히 도입부의 그 유명한 첫 문장들이 들어갈 것이다.

카프카처럼 이야기를 시작할 수 있다면 그보다 역동적인 출발은 없을 것이다! 카프카처럼 멋진 도입부로 소설의 문을 열어젖힌다면 독자들은 턱이 빠지는 줄도 모르고 첫 문장부터 소설 속으로 빨려 들

---

5) 『호밀밭의 파수꾼』의 주인공인 홀든과 『심판』의 요제프 K는 여러 면에서 닮았다. K와 마찬가지로 홀든은 누구를 만나든 진심으로 마음을 열지 않는다. 홀든은 세상 사람들을 모두 짜증나는 거짓말쟁이라고 비난하면서도 한편으론 자신이 사람들을 얼마나 좋아하고 그리워하는지 과장되게 떠벌린다. 이는 정신분열증 환자를 연상시킨다.(Christopher Booker, *The Seven Basic Plots: Why We Tell Stories*, New York:Continuum, 2004, p. 394.)

어갈 것이다. 카프카처럼 핵심을 찌르는 간단명료한 문장으로 시작해본 적이 있는가? "누군가 요제프 K를 중상모략한 것이 틀림없다. 왜냐하면 어느 날 아침 그는 잘못한 일이 전혀 없는데도 체포되었기 때문이다."[6] 『심판』의 첫 문장에는 소설 전체의 줄거리와 갈등이 압축되어 있다. 발자크처럼 소설의 무대가 되는 공간을 장황하게 묘사하지도 않고, 디킨스처럼 마치 사람을 분해하듯 꼼꼼한 인물묘사로 시작하지도 않으며, 토머스 하디(Thomas Hardy)처럼 난해한 배경 설명으로 도입부를 열지도 않는다. 한가한 소리 하지 말라는 듯, 카프카는 시작하기가 무섭게 곧장 사건으로 뛰어든다.

『변신』의 첫 장을 펼쳐본 사람이라면 첫 문장을 읽고 깜짝 놀랐을 것이다. 소설의 맨 앞에서 제시되는 이야기의 전제는 놀라우리만큼 독창적이다. "간밤의 뒤숭숭한 꿈에서 잠을 깬 그레고르 잠자는 자신이 침대 위에서 한 마리의 거대한 벌레로 변해 있다는 것을 알았다." 이 첫 문장은 모든 문학작품 가운데 가장 유명한 문장의 하나가 되었다. 아무 대학에나 가서 문학을 전공하는 학생들에게 이 문장을 들려줘보라. 열에 아홉은 대번에 "카프카군요."라고 대답할 것이다. 카프카를 좋아할 수도 있고 싫어할 수도 있지만(싫어하는 경우는 거의 없겠지만) 적어도 카프카의 문장이란 사실을 모르는 학생은 없을 것이다.

『심판』과 『변신』의 도입부에서 카프카는 엄청난 일을 하고 있다. 앞으로 펼쳐질 이야기의 정수만을 뽑아내어 전체 갈등을 한 문장으

---

6) Franz Kafka, *The Trial*, translated by Breon Mitchell, New York:Schocken, 1925, p. 3.

로 요약해버린 것이다. 다른 작가들은 이런 방식을 꺼린다. 그들은 비밀을 감춰두고 싶어 한다. 주요 갈등과 이야기의 전제를 드러내기 전까지 최대한 뜸을 들이고 싶어 한다. 그러나 공포소설이나 과학소설에서는 소설의 첫 문장부터 이야기의 핵심을 제시하는 경우가 종종 있다. 심지어 첫 페이지에서 범인이 누구인지 알려주는 추리소설도 있다. 문제는 분위기 조성이다. 분위기 조성만 그럴듯하게 된다면 도입부에 너무 많은 패를 보여준다는 우려는 그야말로 기우에 불과하다.

 **카프카의 위대함은 줄거리에 접근하는 방법에 있다**

카프카는 신화를 만들어내는 작가였다. 신화와 민담의 권위자 엘리자 멜레틴스키(Eleazar Meletinsky)는 신화야말로 카프카가 작품을 이끌어가는 원칙이라고 말한다.

> 카프카의 줄거리와 주인공은 …… 역사적 시간을 초월한 덕분에 보편적 의미를 획득한다. '카프카적'이라는 수식어가 붙는 '보통 사람'은 평범한 일반인을 상징하고, 세상은 줄거리를 구성하는 사건이라는 측면에서 묘사되고 설명된다. 카프카는 주인공의 일상에 꿈을 연상케 하는 특징들을 부여한다. 그늘에 깃든 햇살, 주인공의 불안한 집중력, 수시로 바뀌는 감정과 생각, 이야기가 펼쳐지고 있는 장소에 어울리지 않는 행동, 예고 없이 불쑥불쑥 튀어나오는 성에 대한 주제가 바로 그런 예이다.[7]

톰 울프도 카프카가 신화 작가라는 데 동의한다. 그러나 톰 울프의 주장은 미국 소설의 *나쁜* 면들을 지적하는 과정에서 나왔다. 톰 울프는 신화 만들기를 현대 소설이 피해야 할 실수로 보고 있다. 그러나 신화적 요소가 서사 속에서 여전히 *효과를 발휘하고* 있음은 부인하기 어렵다. 또 현실적인 요소를 한 꺼풀 벗겨냄으로써 보편성을 확보할 수 있는 접근 방식도 여전히 유효하다. 필요한 정보만 남겨두고 모든 살을 발라낸 메마른 문체가 이야기에 더욱 *강력한 힘을 실어준*다는 사실로 미뤄보건대 카프카는 앞으로도 유효하다. 베케트나 마르그리트 뒤라스, 닥 솔스타트와 알랭 로브그리예는 카프카의 뒤를 잇는 성공적인 작가들로 꼽힌다.

카프카의 주인공은 항상 줄거리의 덫에 걸려 **빠져나오지** 못하고 허우적댄다. 주인공이 자기 힘으로 이야기를 앞으로 전진시키는 모습은 카프카의 소설에서는 좀체 보기 어렵다. 그러기는커녕 자신이 속한 세상의 장애물과 요구조건에 가로막혀 악전고투를 거듭하기 일쑤다. 그렇기 때문에 카프카의 주인공은 뭔가를 이루기 위해 제아무리 발버둥을 친다 해도 여전히 수동적인 인물로 비친다. 그나마 『토끼굴 *The Burrow*』의 주인공은 문제를 해결하기 위해 주도적으로 동분서주하는 것 같지만, 고작해야 땅 속에 자기 몸 하나 숨길 안전한 굴 하나를 팔 수 있을 뿐이다. 『심판』에서 주인공 K는 온갖 수를 다 써보지만 "끝내 자신의 운명을 손에 쥔 대법관을 만나지 못한다."[8]

---

7) Eleazar Meletinsky, *The Poetics of Myth*, translated by Guy Lanoue and Alexandre Sadetsky, New York:Routledge, 2000, p. 317.
8) 위의 책, p. 322.

이런 수동성은 오늘날 대부분의 작가들이 귀가 따갑게 들어온 조언에 정면으로 배치된다. 주인공은 반드시 '행동하는 인물', '상황을 움직이고 뒤흔드는 인물(mover and shaker)' 이어야 한다는 조언은 카프카 앞에서 무색해진다. K가 어떤 것이라도 이루었다면 '행동하는 인물' 이 되었겠지만, 아쉽게도 그의 첫 번째 해결과제는 어떻게든 살아남는 것(『심판』)이거나 성에 들어가는 것(『성』)에 불과하다. 『심판』과 『성』의 주인공은 자기 자리에서 한 발짝도 더 나아가지 못한다. 게다가 『변신』의 주인공 그레고르 잠자는 벌레가 되어버린 신체 구조 때문에 앞으로 나아가기는 고사하고 제 힘으로 발가락 하나 까딱하기도 힘든 지경이다. 카프카의 처녀작 『아메리카 Amerika』(1927)에서도 주인공은 다른 인물들에게 "끊임없이 시달리고 학대당한다."[9]

이 모든 것이 암시하는 것은 꿈이 가진 악몽 같은 특성이다. 실제로 카프카의 모든 줄거리는 "꿈을 연상케 하는 요소를 담고 있다. 카프카는 이런 꿈의 요소를 자신의 내면과 동일시한다."[10] 복도에서 문을 여니 법정으로 걸어 들어오는 사람이 보이고 추격자의 손아귀에서 벗어날 수 없으며 누군가의 질문에 답을 할 수 없다. 그러나 카프카는 꿈이 가진 이러한 탄력적인 면들을 자신의 내면을 반영하기 위해서뿐만 아니라 표현주의적 기법을 통해 보편적인 인간의 마음을 드러내는 수단으로 사용한다. 카프카의 작품이 보편성을 얻고 그토

---

9) Adam Kirsch, "America, 'Amerika'", *New York Times*, January 2, 2009, p. BR23 (New York edition). 마크 허만(Mark Harman)이 영어로 번역하여 큰 호평을 받은 『아메리카』는 카프카의 문체와 구두법에 관심 있는 작가들에게는 필독서다.
10) Hans Reiss, *The Writer's Task from Nietzsche to Brecht*, London:Macmillan, 1978, p. 134.

록 폭넓은 호소력을 지니는 이유가 여기에 있다. 인간의 정신이란 직선처럼 곧게 나아가지 않고 꿈결을 따라 출렁이듯 움직이는 법이다. 프로이트가 정신의 이런 특성을 *분석*했다면, 카프카는 이를 *보여*주었다.

카프카가 줄거리에 접근하는 방식은 표현주의적이었다. 그러나 정작 카프카 자신은 독일의 표현주의로 알려진 당대의 예술사조와 분명한 선을 그었다. 그는 독일 표현주의가 지나치게 화려하고 '야단스럽다'며 고개를 돌렸다. 그렇다 하더라도 그의 작품에는 여전히 꿈의 요소가 들어 있었다. 그런 꿈의 요소 때문에 카프카의 작품에선 크누트 함순이 연상되기도 하고 동화나 신화가 연상되기도 한다. 여러 면에서 카프카의 작품은 존 번연(John Bunyan)의 우화소설『천로역정』(1678)과 비슷하다. 이 작품은 천국을 향해 가는 한 남자의 상징적 여행을 그리고 있다. 하지만 신(神)에게 가는 길을 상징하는『천로역정』의 길처럼 어떤 것이 다른 것을 분명하게 상징하는 것이 우화소설이라고 한다면, 카프카의 소설을 우화소설로 부르기엔 무리가 있다. 카프카가 사용한 상징과 비유는 그보다는 더 유동적이거나 가변적이며, 독자가 스스로 해석할 여지를 더 많이 남겨둔다. 카프카의 주인공들이 살고 있는 세계는 분명 위험하고 이상하며 낯선 곳이다. 시간이 지날수록 주인공은 이상한 세계로 더 깊이 가라앉다가 결국 그 세계를 현실로 받아들인다. 독자는 대리 경험을 통해 낯선 꿈의 세계로 빠져들고 주인공의 눈을 통해 그 세계의 진실을 바라본다. 이렇듯 카프카의 줄거리는 강력한 비유와 함축을 동원하여 신화적으로 각색된 현대의 풍경 속으로 독자를 끌어들인다.

##  카프카처럼 이야기를 구성하라

카프카의 소설이 독자를 낯선 악몽의 세계로 이끈다는 사실은 누구나 알고 있다. 그러나 구성이 비슷하다면 당신의 작품을 쓸 때 어떤 도움을 받을 수 있을지 알아보기 위하여 카프카의 방식을 연구해 볼 만한 가치가 있다는 사실을 아는 작가는 많지 않다. 특히 닫힌 구조의 생소한 이야기를 다루는 경우는 카프카의 작품을 참고할 만하다. 사뮈엘 베케트가 지적했듯이 카프카처럼 이야기를 구성하려면 주인공을 진퇴양난의 상황에 빠트려야 한다. 주인공은 무슨 일이 일어나고 있는지 몰라 당황해야 하고, 낯설고 이상한 세계에 빠져들어야 한다. 해결책을 찾으려고 하거나 임무를 완수하려고 할 때마다 주인공 앞에는 당혹스러운 결과가 기다리고 있어야 한다. 플래너리 오코너(Flannery O'Connor)의 작품이 카프카적이라고 불리는 이유도 주인공들이 낯선 세상에 적응하지 못하기 때문이다.[11] 그녀의 첫 소설인 『현명한 피 Wise Blood』(1952)에서 헤이즐 모츠가 그랬고, 『폭력이 그것을 끌고 갔다 The Violent Bear It Away』(1960)의 타워터가 그랬다.[12]

조지 오웰의 『1984년』은 여러 면에서 카프카의 작품과 닮았다. 오웰의 주인공도 결코 물리칠 수 없는 적을 상대한다. '오웰적 (Orwellian)'이라는 말과 '카프카적(Kafkaesque)'이라는 말을 비교해보

---

11) Joe Lee Davis, "Outraged or Embarrassed", In *The Critical Response to Flannery O'Connor*, edited by Douglas Robillard, Jr., Westport, Conn.:Praeger, 1953, p. 24.
12) 또 다른 카프카적 현대 소설로는 벤 마커스(Ben Marcus)의 『주목할 만한 미국 여인 *Notable American Women*』이 있다.

면 카프카식 이야기가 어떤 것인지 그 의미가 좀 더 분명해질 것이다. 두 표현 속에는 공통적으로 자신이 사는 세상과 반목하고 있는 인물이 그려진다. 차이가 있다면 '오웰적'이라는 표현은 "권력을 쥔 자의 편의를 위해 언어가 왜곡되고 더럽혀지는 상황과 …… 동시에 국가의 폭력과 억압이 난무하는 악몽 같은 세상을 묘사한다."[13] 그에 비해 '카프카적'이라는 표현은 "음울하고 소외된 도시 풍경을 묘사하는 경우에 사용한다. 이 표현은 또한 '얼굴 없는' 관료사회에 맞선 개인의 투쟁에도 적용할 수 있다."[14] 이런 차이를 통해 카프카의 줄거리에서는 주인공을 세상과 반목시키거나 경계가 불분명한 악몽 같은 지역에 떨어뜨려 당혹스럽게 만들고, 복잡한 정부 체제나 사회의 규제를 동원해 주인공을 궁지로 몰아넣고 있음이 명확해진다.

『일곱 가지 기본 플롯』에서 크리스토퍼 부커가 제안한 방식에 따라 카프카의 작품을 분석해보는 것도 그의 비밀을 이해하는 데 도움이 된다. 『심판』은 '여행과 귀환(voyage and return)'이라는 줄거리의 '어두운 버전'을 대표한다. 이런 유형의 이야기에서 주인공은 모든 것이 낯설고 기괴한 세상에 던져지고 그 세상의 사람과 사건들은 주인공에게 위협적으로 다가오기 시작한다. 줄거리가 진행될수록 낯섦과 위험은 증가한다. '여행과 귀환'의 '밝은 버전'이라 할 수 있는 루이스 캐롤의 『이상한 나라의 앨리스』에서는 마지막에 주인공이 집으

---

13) Philip Gooden, *Name Dropping: Darwinian Struggles, Oedipal Feelings, and Kafkaesque Ordeals—An A to Z Guide to the Use of Names in Everyday Language*, New York:St. Martin's Press, 2008, p. 141.
14) 위의 책, p. 101.

로 돌아온다. 그러나 『심판』의 주인공은 "여전히 덫에서 빠져나오지 못하고 다시는 집으로 돌아오지 못한다." [15] 부커와 마찬가지로 노드롭 프라이(Northrop Frye)도 카프카가 직선적인 줄거리보다 '심리적 사건'에 더 초점을 맞춘다고 봤다. 프라이는 『성』을 '불안의 악몽'이라고 부르기도 한다. [16]

이런 유형의 줄거리가 오늘날의 작가에게 실제로 뭔가 유용한 것을 제공할 수 있을까? 20세기에 가장 존경받는 몇몇 작가들의 작품에 그 답이 있을지도 모른다. 앞서 언급한 바 있는 플래너리 오코너는 카프카의 줄거리를 모범으로 삼아 세상 사람들과는 다른 시각으로 세상을 보는 국외자(outsider)를 주인공으로 설정한다. 솔 벨로(Saul Bellow)의 『희생자 The Victim』(1947)는 의심의 여지 없는 '카프카적 소설'이다. 자신이 뉴욕이라는 도시의 덫에 걸렸다고 느끼는 주인공은 다른 사람들에게 이용당하며 아픈 조카에 대한 책임감에 짓눌린다. [17] 필립 로스의 『포트노이 씨의 불만』도 비슷한 줄거리를 포함하고 있고, "과장의 정도만 덜할 뿐 카프카와 마찬가지로 피해의식과 죄책감에 사로잡혀 있다." [18] 닐 게이먼(Neil Gaiman)은 『네버웨어 Neverwhere』(1996)에서 주인공을 낯설고 기이한 런던의 지하세계로

---

15) Booker, 앞의 책, p. 393.
16) Northrop Frye, *Northrop Frye on Modern Culture*, edited by Jan Gorak, Toronto:University of Toronto Press, 2003, pp. 40-41.
17) Sacvan Bercovitch and Cyrus Patell, *The Cambridge History of American Literature: Prose Writing, 1940-1990*, New York:Cambridge University Press, 1994, p. 144.
18) Judith Jones and Nance Guinevera, *Philip Roth*, New York:Ungar, 1981, p. 81.

떨어트린다. 카프카가 줄거리를 만든 방식을 이용하여 성공을 거둔 현대 작가는 이 외에도 많다. 요점은 현대 소설이 '여행과 귀환'이라는 줄거리의 '어두운 버전'을 열심히 활용하고 있다는 점이다. 이런 유형의 이야기 속에는 자신이 낯설고 위험한 세계에 떨어진 것을 깨닫는 주인공들이 등장한다. 이런 줄거리를 가진 작품이나 카프카적 요소가 들어간 작품을 쓰려고 한다면 이런 장르의 창시자인 카프카보다 더 훌륭한 모델은 찾기 힘들 것이다.

예를 들어 『심판』은 어떤 방식으로 주인공을 기이하고 낯선 세상으로 밀어 넣는지 분명하게 보여준다. 앨리스가 '원더랜드'를 두려워하듯 『심판』에서 주인공은 기이한 세상에 내던져진 후 주변 환경을 끊임없이 *걱정한다*. 만약 당신의 주인공이 낯선 세계로 들어가는 인물이라면 그는 새로운 세계가 어떤 곳인지 걱정하고 자신이 왜 그 세계로 떨어졌는지 궁금해 해야 한다. 내가 뭘 어쨌다고 이런 가혹한 운명을 짊어져야 하는 거지? 그런 다음엔 한 가지 문제가 더 남는다. 주인공이 그 이상한 세계에서 빠져나오느냐 마느냐 하는 문제다. 빠져나오지 못한다면 카프카처럼 '여행과 귀환'의 어두운 버전이 될 것이고, 당신의 주인공은 영원히 낯선 세계에 발이 묶여 있을 것이다. 그런 이야기의 결말은 어떻게 되어야 할까? 카프카는 K가 처형당하는 『심판』의 결말을 통해 주인공이 돌아오지 못하는 '어두운 버전'의 결말을 어떻게 내려야 하는지 보여준다. 기어코 주인공에게 가혹한 운명을 짊어지게 하고 싶은 작가는 카프카에게서 영감을 얻을 수 있을 것이다. 『호밀밭의 파수꾼』은 홀든이 미쳐버리면서 끝난다. 샐린저가 내린 결말은 완벽하게 카프카적이다. 『1984년』의 결말도 암울하기는 마찬가지다. 주인공 스미스는 정신이 나가버리고 이전에 갖고 있던 모든 신념을 잃어버린다.

 ## 카프카 최대의 약점과 당신의 가장 큰 장점

작가로서 카프카의 약점 중 하나는 등장인물에 대한 배경 설명이 몹시 빈약하다는 것이다. 예를 들어, 『심판』의 요제프 K는 대체 어떤 인물인가? 우리는 그에 대해 아는 바가 거의 없다. K는 현실의 특정 유명인물보다는 우리가 매일 스쳐 지나는 평범한 인물에 더 가깝다. 카프카에게 "모든 대상이란 오로지 중심인물과의 관계 속에서만 존재한다. …… 개인의 과거나 환경은 물론이고 분명한 심리적 긴장 상태조차도 카프카의 작품에서는 찾아볼 수 없다."[19] 인물에 대한 배경 정보가 거의 없는 카프카의 주인공들은 많은 작가들이 현대 소설에 관한 책이나 강좌에서 지겹게 들어온 가르침에 정면으로 배치된다. 작가들은 캐릭터 개발에 목숨을 걸어야 한다고 배웠다. 심지어 캐릭터 개발 훈련을 따로 받아야 한다는 말까지 듣는 현실이다.

카프카는 남녀 간의 사랑을 묘사하는 데도 약점을 보인다. D. H. 로렌스나 조지 엘리엇의 작품에 나오는 연인이 카프카의 소설에는 없다. 도스토예프스키와 디킨스를 존경했지만 도스토예프스키(『죄와 벌』의 라스콜리니코프와 소냐, 『백치』의 미쉬킨 공작과 나스타샤)와 디킨스

---

19) James Rolleston, "Kafka's Time Machines", in *Franz Kafka (1883-1983): His Craft and Thought*, edited by Roman Struc and J.C.Yardley, Waterloo, Ont., Canada:Wilfrid Laurier University Press, 1986, p. 28.

(『위대한 유산』의 핍과 에스텔라, 『데이비드 코퍼필드』의 데이비드와 도라)가 작품 속에서 묘사한 열정적 사랑이 카프카의 작품에는 없다. 혹시 이렇게 반문할지도 모르겠다. "그것은 카프카의 약점이 아니라 애초에 카프카가 남녀의 사랑을 작품 속에 포함시키려는 의도가 없었던 것 아닌가?" 설령 그렇다 하더라도 인간관계, 특히 남녀 간의 관계와 그것을 지속시키는 능력은 문학에서 중요한 부분을 차지한다. 일부에서 카프카의 작품을 음울하고 지루하게 여기는 이유 중의 하나가 바로 그의 작품에서는 남녀 간의 사랑 묘사를 찾아보기 힘들기 때문이다. 그의 작품에서 성적인 에피소드가 길게 이어지는 법은 결코 없고 남녀 간의 관계는 있다 해도 아주 잠깐 나왔다가 끝나버린다.

그러나 카프카의 가장 큰 약점이라면 그의 작품에는 남녀 간의 관계 뿐 아니라 중심인물과 주변인물 간의 관계조차도 없다는 점이다. 『심판』의 주인공 요제프 K는 친구가 하나도 없다. 레니라는 여자와 사랑을 나누기는 하지만 "얼마 후에 그녀가 다른 피고인과 사랑에 빠졌다는 소리를 듣고" 난 후 두 사람의 관계는 시작하자마자 허무하게 끝나버린다.[20] 진정한 의미에서 그를 도와주는 사람은 한 명도 없다. 『성』의 K도 외롭긴 마찬가지다. 그의 비서 두 명은 형식적으로 배치된 인물에 불과하고, 여관 주인들이 맡은 역할은 거의 없으며, 여자들은 전혀 도움이 안 된다. 마치 K 혼자 살고 있는 세상처럼 보일 정도다. K는 사람들과 관계다운 관계를 맺고 있지 못할 뿐만 아니라 타인과 관계를 맺으려는 시도조차 하지 않는다. 그가 유일하게 여자와 관

---

20) Booker, 앞의 책, p. 393.

계를 가지려고 시도할 때는 그런 관계가 성에 발을 들여놓는 데 도움이 될 수 있겠다는 계산이 섰을 때다. 그러나 그가 만나는 여자들은 그가 그토록 작은 소망을 이루는 데도 도움을 주지 못한다. 『변신』에서도 마찬가지다. 그레고르의 가족들은 그가 거대한 벌레로 변한 것을 알자 그를 혐오하고 역겨워한다. 그나마 가장 가까웠던 여동생마저도 결국은 그에게 등을 돌린다. 카프카 소설의 모든 주인공처럼 그레고르에게는 가까운 사람도 없고 제대로 된 인간관계를 맺을 사람도 없다.

크리스토퍼 부커는 이와 같은 인간관계의 결핍을 이유로 카프카 소설의 주인공들이 정신병자가 아닐까 의심하기까지 한다.[21] 카프카의 이러한 '결점'들이 당신에게 어떤 가르침을 주는가? 그 답은 작가가 신화나 우화에 가까운 이야기를 쓸 의도를 갖고 있느냐에 달려 있다. 신화나 우화에 가까운 이야기는 등장인물의 정보를 최대한 줄이고 남녀 간의 사랑도 생략하며 주인공의 소외를 부각시키기 위해 인간관계를 단순화했을 때 더 큰 효과를 거둘 수 있다는 게 카프카를 통해 입증되었다. 사뮈엘 베케트는 이런 방법을 적용하여 『몰로이 Molloy』(1951)와 『말론 죽다 Malone Dies』(1951), 『이름 붙일 수 없는 것 The Unnamable』(1953)을 썼다. 닥 솔스타트도 『부끄러움과 위엄』으로 비슷한 성공을 거두었다.

만약 철저하게 소외되고, 기이하고 낯선 세상에 발을 들여놓으며, 줄거리가 진행될수록 점점 더 목을 죄어오는 세상의 위협에 노출된

---

21) 위의 책, p. 394.

주인공이 등장하는 이야기를 구상하고 있다면 카프카를 길잡이로 삼을 만하다. 카프카의 방법을 그대로 모방하는 데 그치지 말고 조금 변화를 주는 것도 좋다. 주인공에게 한 번 정도 강렬한 사랑의 기회를 줄 수도 있고, 주인공의 과거에 좀 더 많은 살을 붙일 수도 있다. 어쩌면 주인공을 도와주거나 최소한 곤경에 처한 그를 이해해주는 친구를 만들어줄 수도 있다. 인물들 사이에 직접적 관계가 부족한 카프카의 결정적인 약점은 이렇게 당신의 강점으로 되살아날 수 있다. 아예 카프카의 신화를 새롭게 써내려갈 수도 있다.

『성』에서 K는 술집 마룻바닥에서 여자와 관계를 갖는다. 그는 다른 여자와도 관계를 갖게 된다. 그러자 첫 번째 여자가 질투를 한다. K는 한동안 두 여자를 달래느라 시간을 보낸다. 그러나 이 사건은 별다른 주목을 끌지 못한다. 왜냐하면 비평가들은 카프카의 작품에서 관료주의에만 초점을 맞추기 때문이다. 카프카를 모방하고 싶은 작가라면 그가 더 발전하지 못한 지점에서 시작할 수도 있겠다. 하마터면 악몽이 되어버릴 뻔했던 자기 작품에 카프카적 분위기를 간직한 남녀 간의 사랑 같은 것을 추가해보는 것이다. 베케트와 솔스타트가 카프카를 모방할 때는 미처 여기까지 의도하지 않았다. 그러나 누구라도 카프카가 더 나아가지 못하고 중단한 지점에서부터 시작하여 완전히 새로운 방향으로 전개되는 이야기를 완성할 수 있다. 모방은 이런 것이다. 진정한 모방은 본보기로 삼은 작가보다 한 발 더 나아간다는 의미를 담고 있다. D. H. 로렌스가 단순히 조지 엘리엇을 모방하는 데 그치지 않고 사랑하는 남녀의 눈빛 같은 세부묘사에 집중함으로써 조지 엘리엇보다 한발 더 나아갔듯이 카프카를 모방하면서 사랑 이야기를 좀 더 집어넣거나 그 밖에 적절하다고 판단되는 요소들을 추가할 수 있다. 모방은 당신과 당신이 모범으로 삼은 작가 사이의 경쟁이 되어야 한다. 그 속에서 모범으로 삼은 작가보다 더 나아지려고 노력하게 된다.

카프카에 집착하여 그의 작품을 뜯어고치거나 덮어놓고 그를 따라하라는 얘기가 아니다. 나는 다른 작가로부터 무언가를 배우는 것이 가능하다는 것을 말하고 싶은 것이다. 요컨대, 모방을 통해 다른 작가로부터 '한 가지 좋은 점'을 배울 수 있고, 나머지는 자신에게 맞게 변형시키고 바꿀 수 있다는 것이다. 고대의 수사학자들이 항상 최고를 모방해야 한다고 믿었던 이유도 바로 이 때문이다. 맹목적인 모방이나 베끼기, 표절은 우리의 목표가 아니다. 모방은 위대한 작가보다 나아지고 마침내 그를 뛰어넘기 위한 노력으로 이어져야 한다. 모방을 옹호하는 모든 이들은 하나같이 우리가 본보기로 삼은 위대한 작가들보다 더 나아지기 위해 노력해야 한다고 믿는다. 갤브레이스는 "모방은 그를 추월하기 위한 수단이어야 한다. 일단 그를 따라잡는 데 성공하면 그때부터 그를 뛰어넘기 위해 모든 노력을 기울여야 한다. …… 그러나 경쟁과 모방은 항상 함께 가야 한다."고 말한다.[22] 모방을 시작하지 않는다면 위대한 작가를 따라할 수도 없고, 능가할 수도 없다. 위대한 작가를 따라하고 마침내 뛰어넘는 것, 그것이 항상 우리의 목표가 되어야 한다.

---

22) David Galbraith, *Architectonics of Imitation in Spenser, Daniel, and Drayton*, Toronto:University of Toronto Press, 2000, p. 168n, 77.

D. H. 로렌스 | 주요 작품 『채털리 부인의 연인』, 『사랑에 빠진 여인들』, 『아들과 연인』. 생생하고 지적인 대화, 세밀한 묘사와 관계에서 이끌어내는 흥분, 명확한 상징으로 인해 20세기에 뜨거운 논란을 불러일으켰다.

[ 10장 ]

## D. H. 로렌스처럼 써라
*D. H. Lawrence*

이제 20세기에 가장 뜨거운 논란을 불러일으켰던 작가 중 한 명을 살펴보려고 한다. 매우 위험한 사람이니 조심하기 바란다. 이 남자의 작품과 친숙해지면 무모한 모험도 기꺼이 시도해보고 싶어지고, 위험천만한 주제도 다뤄보고 싶어지며, 심지어 문체의 결함까지도 따라해보고 싶어지기 때문이다. 로렌스는 매혹적인 작가이다. 그의 소설은 종종 지나치게 장식적이고 걸작과 범작의 편차가 심한 편이지만 새로운 영역에 도전하는 그의 대담한 자세는 우리 안에 잠든 재능을 자극하고 흔들어 깨우는 데 꼭 필요하다. 그러나 미리 경고하건대 한 걸음씩 내딛을 때마다 주변을 잘 살피고 적절한 판단을 내려야 한다. 로렌스의 발자국을 따라 걷다 보면 길은 좁아지고 작품의 질이 고르지 못하다는 함정과 과잉 문체, 다루기 위험한 소재가 도처에 널려 있기 때문이다. 이 모든 것을 감수할 용기가 있다면, 로렌스와 함께하는 여정은 신선한 기운과 영감을 불어넣어줄 것이다.

    D. H. 로렌스는 1885년, 광부인 아버지와 교사인 어머니 사이에서 다섯 아이 중 넷째로 태어났다. 그의 초기 작품에는 가족의 영향이 두드러지게 나타나는데 이를 증명하듯 소설에 등장하는 남자들은 대개 자신의 아버지처럼 제대로 교육을 받지 못한 인물들이고 여자들은 어머니처럼 지적이고 가정교육을 잘 받은 미모의 인물들이다. 그는 세 번째 장편소설인 『아들과 연인 Sons and Lovers』(1913)에서 자신이 경험했던 어머니와의 친밀한 관계에 초점을 맞춘다. 이 소설에서는 아버지의 일터였던 광산도 중요한 역할을 한다. 주인공 폴 모렐의 아버지는 광부다. 폴의 여자 친구인 미리엄은 로렌스의 어린 시절 여자 친구였던 제시 챔버스를 모델로 삼고 있다. 『아들과 연인』은 사춘기 시절 작가의 초상이라고 해도 지나치지 않을 정도로 로렌스 자신의 청소년 시절을 생생하게 묘사한 소설이다. 그런가 하면 『미스터 눈 Mr. Noon』(1920)은 아내 프리다 위클리와의 관계를 묘사하고 있다.[1] 세 아이의 엄마였던 프리다는 남편과 어린 자녀들을 놔둔 채 로렌스와 함께 도주한다. 이 사랑의 도피행각은 로렌스가 여성들에게 얼마나 매력적이었는지를 엿볼 수 있게 해주는 대목이다. 그는 남녀 관계에 대해 알고 있는 모든 것을 작품에 쏟아부었고, 그로 인해 그의 작품은 현대 문학사에서 독보적인 위치를 차지하게 되었다.

---

1) Brenda Maddox, *D. H. Lawrence: The Story of a Marriage*, New York:Simon & Schuster, 1994, pp. 117-120. ; Jeffrey Meyers, *D. H. Lawrence: A Biography*, New York:Knopf, 1990, p. 92. 『미스터 눈』에는 프리다와의 관계 외에도 영문학 사상 가장 긴 키스 장면이 실려 있다.

D. H. 로렌스처럼 써라

『채털리 부인의 연인 Lady Chatterley's Lover』(1928)은 오랜 기간 미국과 영국을 비롯한 여러 나라에서 출판이 금지되었다. 성(性)을 이야기할 때 솔직해야 한다고 생각한 로렌스는 『채털리 부인의 연인』에서 꽤 노골적인 단어들을 사용했는데 당시로서는 큰 충격이었다. 이 일로 로렌스는 정부 기관으로부터 시도 때도 없이 괴롭힘을 당해서 프리다와 함께 정치적 자유를 찾아 수시로 이사를 다녀야 했다. 로렌스 부부는 한동안 뉴멕시코 주의 타우스 지방에서 살았다. 그곳의 따뜻한 기후가 로렌스의 결핵 치료에 도움이 되었기 때문이다.

 **왜 아무도 로렌스처럼 대화를 쓰지 않을까**

로렌스는 '올바른 형식'이란 게 뭔지 잘 이해하고 있었다. 그에게는 또 사람에 대해 직관적으로 파악한 것을 글로 옮길 줄 아는 남다른 능력이 있었다. 이 두 가지 조건, 즉 정확한 형식과 날카로운 직관은 좋은 대화를 쓰기 위한 필수 조건이다. 로렌스의 방법을 이해하면 초보 작가들조차도 생생하고 지적인 대화를 쓰는 법을 배울 수 있다.

가장 먼저 익혀야 할 것은 물론 정확한 형식이다. 정확한 형식을 구사할 줄 알면 대사를 잘 쓸 수 있고, 많은 경우 작가의 개성까지 드러낼 수 있다. 당연히 로렌스는 대화 장면을 쓰면서 형식을 지킨다. 하지만 대사를 주고받는 도중에 등장인물에 대한 묘사를 슬쩍 끼워 넣음으로써 일반적인 형식을 한 단계 뛰어넘는다. 『사랑에 빠진 여인들 Women in Love』(1920)은 제럴드와 구드룬, 루퍼트와 우르술라라는 두 쌍의 연인이 등장하는 본격 연애 소설이다. 이 소설에서 독자를 사로잡는 힘은 로렌스의 대화 구사력에서 나온다. 예를 들어 6장의 한 장면은 인물들의 대화 사이에 세부묘사를 끼워 넣는 로렌스의 솜씨가 얼마나 탁월한지 보여준다. 제럴드와 루퍼트는 카페에서 대링턴 양과 이야기를 나누고 있고, 제럴드는 대링턴 양에게 매력을 느낀다. 이 장면에서 중요한 것은 대화중인 두 인물에 대한 묘사다.

"얼마나 계실 건가요?" 그녀가 물었다.
"글쎄요, 하루나 이틀 정도?" 그는 대답하고 한 마디 덧붙였다. "하지만 딱히 서둘러야 할 일은 없습니다."
그녀는 천천히, 그리고 똑바로 그의 얼굴을 바라보았다. 그녀의 눈빛엔 그에 대한 호기심과 기대가 가득했다. 그도 자신의 매력을 모르지 않았다. 자신감에 넘친 그에게선 상대방을 끌어들이는 자력이 느껴졌다. 그는 그녀의 파란 눈동자가 자신을 바라보고 있다는 사실을 알고 있었다. 꽃처럼 아름다운 그녀의 눈동자가 활짝 열려 있었다. 그 벌거벗은 눈동자 속에 그 남자가 담겨 있었다. 그 눈동자는 보는 각도에 따라 색깔이 달라지는 무지개 같았다. 마치 찢어진 필름처럼. 그러나 왠지 침울해 보이기도 했다. 물에 뜬 기름처럼.[2]

로렌스는 대링턴 양에 대한 제럴드의 반응을 길게 묘사한다. 그녀의 눈동자를 묘사할 때는 애정 어린 관심이 느껴진다. 대화 사이에 이처럼 세부묘사를 끼워 넣는 것은 일반적인 방식에서 벗어난다. 로

---

2) D. H. Lawrence, *Women in Love*, New York:Penguin Books, 1920, p. 57.

렌스는 눈동자와 얼굴과 감정을 묘사하는 적절한 단어를 기가 막히게 찾아낼 줄 안다. 그리고 이 순간 중요한 것이 무엇인지도 잘 알고 있다. 그래서 로렌스는 제럴드의 열망, 그를 향한 그녀의 응시, 오래도록 머무는 시선, 상대방을 바라보는 눈길을 놓치지 않는다. 물론 어떤 단어로 두 인물의 마음을 드러내야 하는지도 알고 있다. 로렌스는 적절하면서도 도발적인 단어를 찾아내는 데 탁월한 감각을 발휘한다. 로렌스가 고른 단어는 감정과 함축된 의미가 가득하다. 그렇다면 로렌스는 누구에게서 그런 기교를 배운 것일까? 로렌스가 뚜렷하게 영향을 받았다고 말할 수 있을 만한 작가는 두 사람이다. 바로 토머스 하디와 조지 엘리엇이다. 하디와 엘리엇의 작품에는 연인에 대한 묘사가 많이 등장한다. 하디와 엘리엇은 로렌스가 가장 존경하는 작가들이었고 실제로 그들을 모방하던 시절도 있었다.[3]

로렌스는 여자 친구였던 제시 챔버스에게 『하얀 공작 The White Peacock』(1911)을 구상할 때의 이야기를 들려주었다.

> 로렌스는 "일단은 두 쌍의 연인이 나오고 그들의 관계를 발전시켜 나가는 게 기본 구상이야. 조지 엘리엇의 작품도 대부분 그런 식이었어. 줄거리는 아무래도 좋아. 난 줄거리를 따라가는 게 지루해. 일단 두 쌍의 연인들을 가지고 시작해봐야겠어."[4]라고 말했다.

---

[3] "로렌스는 조지 엘리엇의 문체를 모방하면서 『하얀 공작』을 쓰기 시작했다." (Carl Krockel, *D. H. Lawrence and Germany: The Politics of Influence*, Amsterdam: Rodopi, 2007, p. 20.)
[4] 위의 책, p. 20.

『사랑에 빠진 여인들』의 기본 구상도 『하얀 공작』과 다르지 않다. 『사랑에 빠진 여인들』에도 우르술라와 구드룬 자매, 그리고 그녀들의 연인인 루퍼트와 제럴드로 구성된 두 쌍의 연인이 등장한다. 로렌스는 줄거리보다 개인들 간의 관계에 더 관심이 많았다. 그래서인지 이야기는 하나의 큰 흐름보다는 단편적인 사건들로 이루어진 느낌을 준다. 이러한 약점을 보완하기 위해 로렌스는 인물의 마음과 생각을 깊이 파고든다. 『사랑에 빠진 여인들』을 읽는 가장 큰 재미 가운데 하나는 모든 장에서 깊은 정서적 관계를 묘사하는 장면들을 만날 수 있다는 점이다. 로렌스는 선배 작가들에게서 배운 구성의 기술에 자신의 독창적인 시도를 가미해 더욱 훌륭한 대화 기법으로 발전시켰다.

## 구성과 원고 쓰기

대부분의 성공한 직업 작가들과 마찬가지로 로렌스도 원고를 한 개 이상 썼고 수정 작업도 여러 번 거쳤다. 그러나 로렌스는 다른 작가들보다 훨씬 빠르게 수정 작업을 했다. 게다가 그가 원고를 수정하는 방식은 독특했다. 로렌스는 우선 최대한 빨리 초고를 완성하고 원고 수정에 들어갔다. 로렌스의 수정 작업은 단순히 초고를 수정하는 작업이 아니었다. 윌리엄 포크너는 수정 작업을 할 때 단순히 페이지의 배열을 다시 하는 정도였고 어니스트 헤밍웨이는 교정을 보는 정도였지만 로렌스는 처음부터 완전히 다시 썼다. "로렌스는 단순히 수정을 한 것이 아니라 처음부터 완전히 새로운 작품을 쓸 때가 많았다."[5] 이상하게 들리겠지만 그는 아무것도 쓰여 있지 않은 첫 페이지

*D. H. Lawrence*

D. H. 로렌스처럼 써라

부터 이야기를 완전히 새로 썼던 것이다! 이런 작업을 통해 주요 인물들 간의 관계나 동기가 초고와 180도 달라지기도 했다. 예를 들어 『채털리 부인의 연인』은 세 가지 판본으로 출판되었다. 그리고 "사냥터 관리인과 채털리 부인이 사랑에 빠진 동기는 판본마다 다르다."[6]

『사랑에 빠진 여인들』은 『채털리 부인의 연인』보다 훨씬 더 복잡한 역사를 지니고 있다. 실제로 "30년 동안 학자들은 이 소설의 변천사를 지켜봐왔다." 사람에 따라선 이런 행동이 우스운 짓으로 보일 수도 있다. 그러나 작가라면 한 번쯤 생각해봐야 한다. 최초의 『사랑에 빠진 여인들』은 1913년에 완성되었다. 당시 제목은 『자매들 The Sisters』이었다. 같은 해 말 로렌스는 이 소설을 완전히 다시 쓰기 시작했지만 내용이 만족스럽지 않아 380페이지까지 쓰다가 작업을 중단했다. 1914년 초반에 세 번째 버전이 완성됐고 이 작품에는 『결혼반지 The Wedding Ring』라는 제목이 붙었다. 그가 출판사에 보낸 것은 바로 이 세 번째 버전이었다. 그러나 제1차 세계 대전이 발발하면서 소설의 출간은 뒤로 미뤄졌고, 로렌스는 1914년부터 1915년까지 똑같은 소재를 가지고 네 번째 시도를 했다. 마침내 방대한 원고가 완성되었고, 로렌스는 이 작품에 『무지개 The Rainbow』라는 제목을 붙였다. 1916년에 다섯 번째 시도가 있었고, 로렌스는 이 작품을 타자로 친 다음 수정 작업을 했다. "소설의 10퍼센트는 완전히 새로 썼

---

5) Paul Poplawski, *Writing the Body in D. H. Lawrence: Essays on Language, Representation, and Sexuality*, New York:Greenwood Press, 2001, p. 31.
6) David Madden, *Revising Fiction: A Handbook for Writers*, New York:New American Library, 1988, p. 106.

다. …… 나머지 90퍼센트도 대폭 수정했다."[7] 결국 로렌스는 다섯 번 이상 똑같은 소재로 다른 소설을 쓴 셈이다! 대체 로렌스는 왜 그토록 여러 번 고치고 다시 썼던 것일까? 비평가들은 소재의 방대함을 한 가지 이유로 꼽는다. 로렌스가 다룬 소재 자체가 책 두 권은 족히 될 만큼 방대했다는 것이다. 또 다른 이유가 있다면, 아마도 로렌스가 인물들의 관계에 변화를 주고 싶어 했기 때문이다. 작품을 다시 쓰는 동안 "소설의 핵심 관계, 특히 루퍼트와 제럴드, 루퍼트와 우르술라 사이의 관계가 크게 달라졌다."[8]

로렌스의 작업 방법을 보면서 얻을 수 있는 중요한 교훈은 초고를 끝냈거나 첫 번째와 두 번째 수정 작업이 상당히 진척되었을 때 문득 그때까지 해놓은 작업에 놀라게 될 수도 있다는 것이다. 자신이 써놓은 것을 돌아보면 매우 만족스럽지 못할 때가 있다. 그쯤 되면 작가는 다양한 인물들의 관계를 다시 설정하거나 이야기의 근본적인 변화를 고민하게 된다. 그럴 때는 로렌스가 종종 그랬듯이 완전히 새로 쓰는 것이 더 쉬울지도 모른다. 물론 원고를 조금만 손질하는 방법이 더 쉬울 것이다. 더구나 오늘날은 컴퓨터 덕분에 원고를 고치는 일이 무척 간편해졌다. 그러나 처음부터 다시 써야 할 상황이거나 그렇게

---

7) 『사랑에 빠진 여인들』의 초기 버전 연대기는 피터 프레스턴(Peter Preston)과 피터 호어(Peter Hoare)의 책을 참조했음을 밝힌다. 여기서는 편의상 간략하게 요약했다.(Peter Preston and Peter Hoare, *D. H. Lawrence in the Modern World*, New York:Cambridge University Press, 1989, pp. 11-12.)
8) 워튼(Worthen)과 베이시(Vasey), "서문". D.H. Lawrence, *The First 'Women in Love'*, edited by John Worthen and Lindeth Vasey, New York:Cambridge University Press, 1998, liii.

D. H. 로렌스처럼 써라

하는 것이 더 낫겠다는 생각이 들면 로렌스의 방법을 사용해보는 것도 나쁘지 않을 것이다.

어느 비평가가 지적한 대로 "로렌스의 소설에서 줄거리가 가장 중요한 흥밋거리인 적은 한 번도 없었다."[9] 로렌스도 여자 친구인 제시 챔버스에게 자신은 구태여 줄거리를 원하지 않는다고 분명하게 밝힌 바 있다. 그럼에도 그의 소설은 고전적인 줄거리를 받아들인다. 다시 말해 이야기 속에 갈등과 해결을 포함하고 있다. 관계에 중점을 둔 이야기를 쓰고 있는 작가라면 이러한 사실이 크게 도움이 될 것이다. 물론 로렌스가 일정한 양식에 얽매이지 않고 글을 쓴 것은 분명한 사실이다. 그는 등장인물이나 몇 쌍의 연인들만 갖고 이야기를 시작했고, 이 인물들이 소설 한 권이 끝날 때까지 이야기에 영감을 불어넣었다. 그는 별다른 줄거리 없이 작업을 지속해나가는 방식을 가장 좋아했다. 장면과 장을 자신의 상상에 맞게 구성하고, 그렇게 써놓은 거친 초고를 바탕으로 수정 작업에 들어갔다. 많은 작가들이 이 방법으로 효과를 봤다. 이야기가 어디로 흘러갈지 몰라서 조바심을 내지만 않는다면 이 방법은 당신에게도 효과적일 것이다. 많은 작가들은 이야기의 절정이나 결론을 정해놓지 않고 글을 시작한다. 로렌스도 마찬가지였다. 이 방법을 '등장인물의 망령(Character Possession)'이라 부른다. "등장인물이 작가를 위해 살아 움직이고 스스로 목소리를 내기 시작하고 말을 하고 행동을 한다. 처음 소설을 쓰기 시작할 때부

---

9) Weldon Thornton, *D.H. Lawrence: A Study of the Short Fiction*, New York:Twayne, 1993, p. 5.

터 그들이 살아 있는 사람처럼 말을 하고 행동하리라고 짐작하는 작가는 한 명도 없다."[10] 로렌스의 방식은 주먹구구식이며 체계적인 것과는 거리가 멀다. 그러나 긴장을 풀고 로렌스처럼 등장인물을 살아 움직이게 만들어 보면 뜻밖에도 로렌스의 방식이 매우 효과적임을 깨닫게 될 것이다. 이야기를 구성하는 일은 두 번째 순서로 밀려나게 될 것이다. 무엇보다도 초고를 쓰는 일이 더 쉬워질 것이다.

 **로렌스는 단순한 장면에서 어떻게 흥분을 만들어냈을까**

로렌스는 눈에 띄는 액션 장면이나 총격전 대신에 사람들의 관계를 묘사하는 데 심혈을 기울인 작가다. 하지만 사람들 간의 관계를 묘사하면서도 액션 장면 못지않은 흥분을 만들어냈다. 『아들과 연인』에서 로렌스는 의외의 순간에 성적 호기심을 끼워 넣어 야릇한 흥분을 끌어낸다. 7장에서 폴은 정신적 연인인 미리엄에게 거의 강제로 수학을 가르친다. 그들은 탁자에 앉아 공부를 시작하지만, 분위기는 곧 아벨라르와 엘로이즈(중세 프랑스의 수도사 아벨라르와 수녀 엘로이즈는 금단의 사랑으로 널리 알려짐—옮긴이) 같은 분위기로 변한다. 폴이 미리엄에게 성적 매력을 느끼는 것이다. "그녀를 보자 피가 끓었다. 그녀

---

10) Robert Meredith and John Fitzgerald, *Structuring Your Novel: From Basic Idea to Finished Manuscript*, New York:Barnes & Noble Books, 1972, pp. 35-36, 124. 이 방법을 사용한 또 다른 작가로 윌리엄 포크너(William Faulkner)가 있다. 실제로 포크너는 자신의 캐릭터들이 무슨 일을 하게 될지 자신도 모른다고 말한 것으로 유명하다.

는 입을 벌리고, 웃을 땐 두 눈을 커다랗게 떴다. 그 눈동자엔 두려움과 미안함과 부끄러움이 가득했다." 12장에서 폴은 기혼녀 클라라 도스와 관계를 갖기 시작한다. 처음엔 건전한 데이트로 시작하지만 폴은 곧 그녀의 몸을 갈망하게 된다. 폴의 생각을 따라가는 동안 작가로서 로렌스의 장기가 유감없이 발휘된다. 폴의 마음을 묘사하며 짜릿한 흥분을 만들어내는 것이다. "폴은 잠시 제정신이 아니었다. 지금 당장 월요일이 오지 않는다면 미칠 것 같았다. 월요일이나 되어야 그녀를 다시 볼 수 있다. …… 그것은 견딜 수 없는 일이었다." 12장 후반에서 폴은 진흙길을 산책하느라 더러워진 클라라의 부츠를 닦아준다. 그러자 클라라가 폴에게 키스한다. "폴은 클라라의 발밑에 무릎을 꿇고 막대기와 풀 더미를 가지고 열심히 부츠를 닦았다. 클라라가 폴의 머릿결을 어루만지더니 그의 얼굴을 자신을 향해 끌어당겼다. 그리고 그에게 키스했다." 로렌스는 마음속에서 사랑이 싹트고 있는 젊은 남자의 감정에 세심한 관심을 기울인다. 그 결과 부츠를 닦는 단순한 행동 하나에서도 강렬한 흥분을 만들어낸다. 이처럼 남녀 관계의 아주 사소한 부분에까지 주의를 기울이는 것은 이후 로렌스의 모든 작품에서 볼 수 있는 특징으로 자리 잡는다.

『무지개』에서 흥분을 만들어내는 방법도 이와 비슷하다. 로렌스는 열여섯 살 우르슬라와 그녀의 애인인 스물한 살짜리 스크레벤스키의 관계에 집중한다. 로렌스는 자신이 만든 등장인물들의 은밀한 감정을 거침없이 드러내 보이고 그들의 독백은 점점 더 대담해진다. 11장을 보자. "그녀는 나른해져서 가만히 있었다. 그런데 그의 입술이 가까이 다가오더니 그녀의 입을 눌러 벌렸다. 뜨겁고도 축축한 열기가 그녀의 가슴 속에 몰려왔고 우르술라는 입술을 벌렸다. 고통스럽고 격렬한 소용돌이 속에서 우르술라는 그를 더 가까이 당기며 남자가 더 깊숙이 그녀에게 다가오도록 했다. 그의 입술은 부드럽게 다가오고, 아, 부드럽게 밀려오고 또 밀려왔다. 그러나 아, 제어할 수 없는 거센 파도처럼 밀려와 마침내 우르술라가 작은 외마디 비명을 지르며 물러났다." 이 문장에서는 로렌스의 결함으로 꾸준히 지적되어 온 단어의 지나친 반복이 잘 드러난다. 그러나 감탄사 '아'의 삽입과 문장의 길이, 쉼표와 마침표의 적절한 사용은 로렌스가 의도한 숨 막힐 듯한 느낌을 강화해준다.

『채털리 부인의 연인』에서는 주인공과 그녀의 연인인 사냥터 관리인의 관계를 성적으로 묘사하여 흥분을 만들어낸다. 채털리 부인은 그 남자를 생각할 때마다 황홀감에 젖는다. 로렌스는 일찍이 자신의 작품에서 사용했던 묘사 기술을 총동원하여 그녀의 격정을 묘사한다. 10장을 보자. "그녀는 부드러운 황홀경에 잠겨 있었다. …… 그리고 자신의 몸 안에서, 모든 혈관 속에서, 그 남자와 그의 아기의 존재를 느낄 수 있었다. 그의 아기는 그녀의 온 혈관 속에, 마치 황혼의 빛처럼 스며들어 흐르고 있었다." 약간 반복적이긴 하지만 로렌스의 묘사는 독창적이다. 이는 중요한 단어를 반복하는 로렌스의 재능 덕분이다. 일부에서는 재능이 아니라 로렌스의 결함이라고 부르기도 하지만 어쨌거나 다소 장식적이라 할 수 있는 묘사가 소설 전반에 깔려 있다. 이런 묘사는 줄거리 속의 단순한 사실만으로는 만들어낼 수 없는 특별한 힘과 강렬함을 지닌다. 많은 비평가가 지적했듯이 로렌스에게 중요한 것은 줄거리가 아니다. 사람, 그리고 그들의 관계, 흥분과 황홀감이 교차하는 미묘한 기운 속에 자리 잡은 내면의 감정과 열망이야말로 로렌스의 작품에서 가장 중요한 요소들이다.

관계에서 비롯되는 흥분은 『사랑에 빠진 여인들』에서 절정에 달한다. 구드룬과 제럴드는 갈등 국면에 있다. 두 사람의 갈등은 낭만적인 사랑을 넘어서 남자와 여자 사이의 본질적인 대결로까지 번진다. 우르술라와 루퍼트의 관계도 격정적이고 열정적인 것은 틀림없다. 그러나 구드룬과 제럴드의 관계보다는 차분하다. "루퍼트와 우르술라의 관계가 서로 알아가며 발전해나가는 관계인 반면, 제럴드와 구드룬의 관계는 끊임없이 격렬한 대치를 떠올리게 한다. 둘 중 한 명이 상대방보다 우월한 지위를 차지해야만 끝날 것 같은 관계이다."[11] 8장에 나오는 다음과 같은 묘사가 소설의 처음부터 끝까지 가득하다. 보석처럼 반짝이는 이런 묘사는 등장인물에 생명력을 불어넣는다. "그리고 구멍 속에 숨어 있는 게처럼 우르술라의 빛나는 좌절과 절망을 엿보고 있었다. 그녀는 부유하지만 위험한 힘으로 가득 차 있었다. 그녀는 힘을 소유한 여성답게 야릇하고 무신경한 꽃봉오리 같았다. 루퍼트는 무의식적으로 우르술라에게 마음이 끌렸다. 그녀는 그의 미래였다." 이것은 미사여구가 아니다. 낭만적인 흥분을 가장 단순한 장면에 집어넣는 방법이다. 이는 로렌스를 읽는 큰 즐거움 중 하나이다. 몇 시간 정도 그의 책을 읽고 나면 모든 인물들 간의 관계가 점점 더 깊은 의미를 띠게 된다. 독자는 주변 사람들의 마음과 영

---

[11] Marlowe Miller, *Masterpieces of British Modernism*, Westport, CT:Greenwood Publishing Group, 2006, p. 91.

혼을 들여다볼 수 있는 눈을 갖게 된다. 갑자기 주변 사람들 눈빛이 복잡해보이고 많은 의미로 가득 차 보인다. 한 번의 짧은 눈길, 고개 돌림, 목소리의 높낮이, 그 모든 것이 놀랍도록 환하게 빛나며 예사롭지 않게 다가오기 시작한다.

  등장인물의 감정과 성적 욕망을 숨김없이 드러내면 로렌스처럼 가장 단순한 장면에서도 흥분을 만들어낼 수 있다. 특히 사람들 사이의 관계에 대한 글을 쓰고 있는 작가라면 로렌스처럼 등장인물의 마음을 파헤쳐 그 속에 도사리고 있는 갈망과 반쯤 가려져 있던 열망을 드러내라. 형광펜으로 밑줄을 그으며 로렌스를 읽는 것도 좋은 생각이다. 로렌스의 문장 중 몇 퍼센트가 남녀 간의 욕망을 묘사하는 데 할애되고 있는지 한눈에 볼 수 있을 것이다. 그런 다음 당신의 문장과 비교해보라. 그렇게 하면 당신의 작품을 평균 이상으로 끌어올릴 수 있다. 로렌스 말고는 누구도 들어가 본 적이 없는 섬세한 감성의 세계로 당신의 작품을 들여보낼 수 있다.

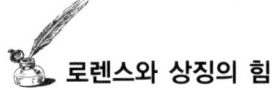

## 로렌스와 상징의 힘

  『채털리 부인의 연인』에서 우리는 사실적 행동을 많이 발견한다. 사실적 행동이 특히 두드러지는 부분은 올리버 멜로스와 채털리 부인의 정사 장면이다. 그러나 이 소설에서 사실적 행동 못지않게 '공간의 상징(ambient symbolism)'도 많이 등장한다.[12] 공간의 상징은 이야기의 배경, 혹은 작품의 처음부터 끝까지 나타나는 상징을 가리킨다. 여러 번 반복해서 나타나기 때문에 등장인물과 그들이 살고 있는 세상이 공간의 상징에 둘러싸여 있다고 말해도 무리가 아니다. 사냥터 관리인의 숲, 채털리 부인의 남편이 살고 있는 공업 도시, 채털리 부인이 살고 있는 대저택은 모두 '공간의 상징' 이다. 『뉴욕 타임스』지는 『채털리 부인의 연인』에 대해 "이 소설은 제1차 세계 대전 이후 영국 사회의 극심한 병폐를 묘사하고 있다. 로렌스는 산업주의와 계급적 관습으로 인해 황폐해진 사회를 날카롭고 솔직하게 묘사한다. 그는 열정을 불살라 영국을 다시 일으키고 자연으로 돌아가자고 호소한다."라고 평했다.[13] 이 작품에서 영국 사회의 병폐는 대부분 '공간의 상징' 을 통해 드러난다. 이는 예술작품에서 상징이 얼마나 강력한 영향력을 발휘할 수 있는지 짐작하게 해준다.

로렌스가 상징을 어떻게 사용했는지 안다면 당신도 앞으로 글을 쓸 때 상징을 더 의식하게 될 것이다. 물론 로렌스가 사용했던 상징을 똑같이 사용해서는 안 된다. 작가는 자신의 상징을 찾아내야 한다. 그러나 로렌스가 이야기의 절정에서 어떻게 상징을 사용했는지 살펴보는 것은 분명 도움이 될 것이다. 저명한 로렌스 권위자이자 전기 작가인 마크 쇼러(Mark Schorer)는 『채털리 부인의 연인』이 상징으로 가득하다고 말한다.

---

12) 존 후마(John Humma)는 "Interpenetrating Metaphor: Nature and Myth in *Lady Chatterley's Lover*" (*Publications of the Modern Language Association of America*, vol. 98, no.1, 1983, pp. 77-86.)에서 이 소설 전반에 깔린 목가적 심상과 상징의 풍부함을 다루고 있다.

13) Michiko Kakutani, "Books of The Times; Lady Chatterley and the Hippie", Book review of *The Trespassers* by Robert Roper. *New York Times*, November 24, 1992.

이 소설에 등장하는 모든 것은 상징적이다. 소설 속에서는 '모든 나무가 불에 탄다.' 마침내 그 나무 하나하나가 더 큰 하나의 거대한 상징을 이루기 때문에 독자는 그림을 기억하듯 상징을 쉽게 기억할 수 있다. 그림의 배경에는 어두운 하늘을 뚫고 검은 기계가 무섭게 모습을 드러낸다. 그림의 전경(全景)은 드문드문 서 있는 초록색 나무가 둘러싸고 있다. 그 숲에서 벌거벗은 두 인간이 춤을 추기 시작한다.[14]

로렌스에게서 상징을 배우기가 더 쉬운 이유는 상징을 분명하게 사용하기 때문이다. 다른 작가들은 너무 미묘하게 상징을 사용한다. 로렌스가 상징을 너무 드러내놓거나 지나치게 사용하는 점을 문제 삼지 마라. 로렌스가 선택하는 상징이 다른 작가보다 분명하고 따라가기 쉽다는 것이 중요하다. 『채털리 부인의 연인』의 "구조적 방법은 [두 가지 상징적 접근법을] 그저 나란히 늘어놓은 것에 불과하다." 하나는 '추상적, 지적, 정적' 접근이고 다른 하나는 '구체적, 육체적, 유기적' 접근이다.[15] '추상적, 지적, 정적' 접근은 채털리 부인의 남편과 관계가 있다. 그의 불구는 제 구실을 못하는 현대 남성을 상징한다. 그는 로렌스가 혐오하는 남성상이기도 하다. '구체적, 육체적, 유기적' 접근은 채털리 부인과 연인 멜로스와 관련 있다. 평론가 레베

---

14) Mark Schorer, "Introduction", In Lawrence, *Lady Chatterley's Lover*, New York:Grove Press, 1928, pp. 24-25.
15) Julian Moynahan, "Lady Chatterley's Lover: The Deed of Life", *ELH*, vol. 26, no. 1(March), 1959, p. 66.

D. H. 로렌스처럼 써라

카 웨스트는 『채털리 부인의 연인』에서 "채털리 부인의 남편인 클리퍼드의 하반신 불구는 당시의 무기력한 시대상을 상징한다. 반면 채털리 부인과 사냥터 관리인과의 사랑은 더욱 열정적인 삶으로 회귀하는 영혼을 상징한다."고 지적한다.[16] 이런 주제는 로렌스에게 중요했으며, 상징을 통해 주제를 강화하려고 한 시도는 매우 적절했다.

상징이란 사람이나 장소, 사건이 문자 그대로의 의미 이상을 지니는 것을 말한다. 상징은 더 큰 개념과 가치를 가리킨다. 따라서 작품에 무게를 더하고 더 풍부하고 진지한 느낌을 준다. 독자는 종종 상징이 메시지를 전달하거나 주제를 구현하는 도구라고 생각한다. 실제로 상징이 주제와 잘 섞인 작품은 독자를 더 만족시키며 더 문학적인 냄새를 풍기기도 한다. 자연의 삶을 상징하는 사냥터 관리인의 숲과 무기력한 삶을 상징하는 대저택이 없었어도 『채털리 부인의 연인』이 그토록 강렬한 인상을 주는 소설이 되었을지 의문이다. 이 작품에서는 산업화하는 세계도 훌륭한 상징이다. 상징의 의미가 분명하지 않을 때 로렌스는 독자에게 직접 메시지를 주입한다. 채털리 부인은 남편의 '추악하고 산업적인' 탄광 때문에 세상이 망가졌다고 비난한다.[17] "사람들한테서 자연의 삶과 인간다움을 빼앗아간 게 누군데요? 사람들에게 이 산업사회의 공포를 가져다준 게 누구죠?"[18]

---

16) Caroline Levine, *The Serious Pleasures of Suspense: Victorian Realism and Narrative Dought*, Charlottesville:University of Virginia Press, 2003, pp. 121-122.
17) David Cavitch, *D. H. Lawrence and the New World*, New York:Oxford University Press, 1969, p. 198.
18) D. H. Lawrence, *Lady Chatterley's Lover*, New York:Signet, 1928, p. 170.

주저 말고 가끔은 독자의 옆구리를 쿡 찔러라. 그렇게 해서라도 메시지를 전달하는 것이 중요하다. 등장인물이 자신의 느낌과 생각을 거침없이 쏟아놓게 하라. 작품에 등장하는 상징을 그 열변 속에 포함시켜라. 그렇게 하면 너무 쉽게 그리고 노골적으로 메시지를 드러낸다는 비난을 비켜갈 수 있다. 왜냐하면 열변과 강렬한 감정의 소용돌이 한복판에서 한가하게 상징을 노골적으로 사용했는지를 놓고 따질 독자는 많지 않기 때문이다. 더불어 이따금 로렌스처럼 '공간의 상징'을 전면에 내세우면 작품에 진지하고 문학적인 색깔을 보탤 수 있다. 로렌스의 작품에는 반복적으로 나타나는 상징이 있다. 생명력과 자연의 중요성, 지치지 않는 성적 능력 같은 것들이다. 동물도 중요한 상징으로 작용한다. 『묵시록 Apocalypse』(1931)에서 로렌스는 "말, 말이야! 솟구치는 정력과 지칠 줄 모르는 힘의 상징!"이라고 외친다. 단편 『여우 The Fox』(1923)에서 여우가 상징하는 것은 두 명의 여주인공과의 관계에서 헨리가 보여주는 포식자 같은 성격이다. 『사랑에 빠진 여인들』에서 소 떼는 성(性)과 생명력을 상징한다. 구드룬은 정력과 힘을 자랑하는 제럴드를 조롱하듯이 소 떼를 조롱한다. 다른 예술가들처럼 로렌스도 종종 달을 여성의 상징으로 사용했다.[19] 『사랑에 빠진 여인들』에서 루퍼트는 돌멩이를 던져 호수 위에 비치던 달의 영상을 흩어 놓는다. 이는 예비 신부인 우르술라와의 관계를 끊으려 하는 루퍼트의 속마음을 상징적으로 보여준다. 우르술라가 루퍼트를

---

19) Jane Jaffe Young, *D. H. Lawrence on Screen: Re-Visioning Prose Style in the Films of the Rocking-Horse Winner, Sons and Lovers, and Women in Love*, New York:Peter Lang, 1999, p. 113.

보고 놀란 이유도 그래서일 것이다. "우르술라는 뭔가로 머리를 얻어맞기라도 한 듯 멍한 기분이었다. 그녀는 제정신이 아니었다." 달은 루퍼트 주위를 돌고 있는 여성, 혹은 모호한 존재를 상징한다. 이 존재는 밀물과 썰물처럼 그의 가슴을 뒤흔들고 자아를 방해한다.

로렌스가 사용한 상징을 연구하는 것은 이 중요한 문학 장치를 더 자신 있게 사용하는 계기가 될 것이다. 상징은 '내 능력 밖에 있다' 며 포기하는 것은 잘못이다. 당신은 이미 상징적 요소를 작품에 사용하고 있음을 명심하라. 자각하지 못할 뿐이다. 이는 작가들에게서 흔히 볼 수 있는 현상이다. 이미지들은 종종 다양하게 나타난다. 그 이미지들은 이야기 안에서 원래 지니고 있는 의미 그대로 쓰이기도 하고, 그보다 더 넓은 의미를 가리키기도 한다. 상징을 자각하는 것은 자신의 작품을 스스로 펼쳐놓는 과정이기도 하다. 즉 상징이란 자신을 발견해 나가는 진정한 과정이다. 자신이 뭘 성취했는지 파악할 수 있는 사람은 다른 사람의 작품에 사용된 상징도 더 잘 볼 수 있다. 상징이 문학에서 어떤 효과를 불러오는지 알면 알수록 더 적극적으로 상징을 사용하고 싶어질 것이다. 마지막으로 한 마디만 더 한다면 초보 작가는 물론이고 상징을 많이 사용해본 작가들에게도 상징 사전은 많은 도움이 된다. 조셉 캠벨(Joseph Campbell)이나 카를 융(Carl Jung) 같은 저자의 책을 읽는 것도 도움이 된다. 비전문가도 어렵지 않게 읽을 수 있으면서 많은 것을 배울 수 있는 책을 소개하라면, 융의 『인간과 상징 Man and His Symbols』(1964)과 모리스 비비(Maurice Beebe)의 『문학의 상징: 문학 해석 입문 Literary Symbolism: An Introduction to the Interpretation of Literature』(1960)을 추천하고 싶다.

**윌리엄 포크너** | 주요 작품 『성역』 『음향과 분노』 『내가 죽어 누워 있을 때』
본격적인 이야기를 시작하기까지 뜸을 들이면서, 소설의 배경이 되는 이야기를 깊이 있고 복잡하게 쌓아나감으로써 입체적이고 그럴듯한 세계를 창조했다.

[ 11장 ]

# 윌리엄 포크너처럼 써라
*William Faulkner*

　어떤 독자들은 실제로 포크너라는 이름만 들어도 지레 겁을 집어먹는다. 그만큼 그의 작품은 어렵고 복잡하기로 유명하다. 이런 고정관념에 갇힌 독자들은 포크너는 물론 자기 자신들의 능력조차 무시하고 있는 셈이다. 그 과정에서 20세기의 가장 시적인 작가 중 한 사람에게서 얻을 수 있는 즐거움까지 놓치고 있다. 내 생각에 최고의 포크너 입문서는 의심의 여지 없이 『성역 *Sanctuary*』(1931)이다. 이 작품은 노벨상 수상작가인 그의 소설 중 가장 읽기 쉬운 작품으로, 포크너와 친해지는 데 이보다 더 훌륭한 선택은 없다. 그의 후기 소설을 망쳐놓았던 중복되는 문체도 이 작품에서는 나타나지 않는다.

　윌리엄 포크너는 1897년, 4형제 중 맏이로 태어났다. 십 대 때는 소설이 아니라 시를 썼던 포크너는 자신을 영국인이라 속이고 캐나다 공군에 입대했다. 이런 거짓말을 꾸며낸 걸 보면 어쩌면 이때부터 이미 소설가의 자질을 드러낸 건지도 모르겠다. 포크너는 1929년 에스텔 올드햄과 결혼하여 미시피 주 옥스퍼드에 위치한 대저택 로완 오크에서 살았다.[1] 대단한 술고래였던 포크너는 한때 할리우드에서 일하며 당시 전설적인 영화감독 겸 제작자인 하워드 혹스의 비서였던 메타 카펜터와 사귀기도 했다.[2] 그의 많은 소설에서 배경이 된 미시시피 주의 요크나파타파는 실제로 존재하는 곳이 아니라 그가 만들어낸 가상의 공간이다. 문체 면에서 포크너의 가장 두드러진 성취는 "언어는 내 음악이다."라는 자신의 말처럼 작품에서 느껴지는 시적 우아함이다.[3] 혁신적인 소설가의 한 명으로 인정받는 그는 글이란 다른 사람이 아니라 스스로 만족하기 위해 써야 한다는 것을 깨달은 후에야 비로소 성공할 수 있었다고 말했다. 포크너가 쓴 최고의 글에는 소리와 암시의 아름다움, 마치 춤을 추듯 높고 낮게 오르내리는 언어로 가득하다. 그러나 그가 쓴 최악의 글은 괴기스런 문체에

---

1) 나는 1925년 당시 포크너가 살았던 뉴올리언스의 작고 좁은 아파트를 방문한 적이 있다. 거기서 포크너는 셔우드 앤더슨(Sherwood Anderson)을 만났다. 그는 앤더슨의 삶을 부러워했다. 그가 보기에 앤더슨은 하루에 몇 시간만 글을 쓰고 나면 나머지 시간은 자기가 하고 싶은 것을 하며 보내는 것 같았다. 그는 "셔우드의 삶이 작가의 삶이라면 작가야말로 내게 맞는 일 같았다. 그래서 나는 글을 쓰기 시작했다."고 말했다.(William Faulkner, "The Art of Fiction No. 12. Interview with Jean Stein vanden Heuvel", In *The Paris Review*, no. 12, Spring, 1956, p. 18.) 이렇게 쓴 책 『병사의 보수 Soldier's Pay』는 1년 뒤인 1926년에 출간됐다.
2) 메타 카펜터(Meta Carpenter)는 회고록 『사랑스러운 신사』에서 포크너의 알려지지 않은 모습과 보기 드물게 낭만적인 면모를 처음 공개한다.(Meta Carpenter Wilde and Orin Borsten, *A Loving Gentleman: The Love Story of William Faulkner and Meta Carpenter*, New York:Simon & Schuster, 1976. 참조)
3) R. Rio-Jelliffe, *Obscurity's Myriad Components: The Theory and Practice of William Faulkner*, Lewisburg, Pa.:Bucknell University Press, 2001, p. 44.

## William Faulkner
### 윌리엄 포크너처럼 써라

낭만적인 이야기를 담은 18, 19세기의 고딕 양식, 또는 세부묘사와 화려한 장식이 특징인 18세기의 로코코 양식을 떠올리게 한다. 다시 말해 대단히 복잡한 데다 방대한 어휘를 사용하여 지나치게 장식적인 문장으로 흐르는 경향이 있다. 포크너는 지독하게 단어를 사랑한 사람으로 유명하다. 그의 동생은 포크너가 사용하던 사전이 책장마다 접힌 자국으로 너덜너덜했다고 전한다. 포크너는 언젠가 너무 안전한 단어만 사용한다는 이유로 헤밍웨이를 비난했다. 포크너와 헤밍웨이는 거의 동시대에 인기를 누렸지만 여러 면에서 두 사람은 정반대의 유형이었다. 헤밍웨이가 단어를 아끼고 압축된 글을 쓴 반면 포크너는 주로 복잡하고 장황한 글을 썼다.

포크너의 첫 소설은 『병사의 보수 Soldier's Pay』(1926)지만 그를 일약 유명 작가로 만들어준 소설은 『성역』이다. 이 소설은 한 여대생이 포파라는 이름의 깡패에게 강간을 당하면서 펼쳐지는 이야기다. 포크너는 서문에서 "돈을 벌기 위해 작정하고 쓴 소설"이라고 말했다. 그러나 이 말을 곧이곧대로 믿기는 힘들다. 이렇게 정교한 구성을 자랑하는 훌륭한 작품을 단지 돈을 벌기 위해 썼다고는 보이지 않기 때문이다.[4] 포크너의 작품 가운데 가장 유명한 『음향과 분노 The Sound and the Fury』(1929)는 네 개의 파트로 구성되어 있다. 그중 한 파트는 정신지체 장애를 가진 인물의 관점으로 진행된다. 여기서 포

---

4) 『성역』의 개정판에 대한 조셉 블로트너(Joseph Blotner)의 '대사 분석'을 보면 포크너가 1932년 모던 라이브러리 출판사의 재판(再版)에서 '오해의 소지가 있는' 서문을 빼고 싶어 했음을 알 수 있다.(Joseph Blotner, Line and page notes to the corrected edition of *Sanctuary*, New York:Vintage, 1987, p. 337.)

크너는 일정한 규칙 없이 시간을 건너뛰고 있으며 시간을 건너뛸 때마다 이탤릭체를 사용하여 그 사실을 알린다. "원래는 (이탤릭체가 아니라) 그 부분을 다른 색깔로 인쇄하여 시간이 달라졌음을 알리고 싶었다."라고 포크너는 말했다. 그의 창의력은 한계를 몰랐고, 작품을 통해 새로운 시도를 주저하지 않았다. 포크너가 즐겨 다룬 주제는 인종 관계다. 예를 들어 『8월의 빛 Light in August』(1932)은 백인 여성을 강간한 혐의를 받고 있는 흑인 남자에 관한 이야기다. 포크너는 1949년에 노벨문학상을 수상했다.

때때로 지나치게 미사여구가 많고 이해하기 어려운 문체를 사용했지만 그렇지 않았을 때 포크너의 소설은 비교 대상을 찾아보기 힘들만큼 아름답다. 포크너는 언어를 비롯하여 산문의 가능성에 대해 배울 점이 많은 작가다. 우리는 앞으로 그의 작업방식을 살펴볼 것이다. 그의 방식이 당신을 어떻게 도울 수 있는지도 살펴볼 것이다. 또 포크너가 어떻게 이야기를 시작하고 끝내는지, 등장인물은 어떻게 만드는지, 주류 소설 안에서 미스터리를 어떻게 사용하는지 집중적으로 살펴보려고 한다. 포크너에 대한 가장 훌륭한 전기는 조셉 블로트너(Joseph Blotner)가 쓴 전기다. 이 책 한 권에는 포크너에 대해 알아야 할 모든 것이 들어 있다. 당신의 작품이 너무 단순해 보이는가? 장식적 요소가 너무 빈약하고 깊이도 없어 보이는가? 이야기에 더 많은 의미를 집어넣고 싶은가? 문학사에서 '중요한 위치'를 차지하는 작품을 쓰고 싶은가? 아니면 서정적이면서 풍부한 울림을 가진 산문을 써보고 싶은가? 그렇다면 포크너를 읽어라. 포크너야말로 당신이 찾고 있는 치료약이다. 그는 당신이 새로운 경지에 오를 수 있도록 영감을 불어넣어줄 것이다. 실제로 여러 세대에 걸쳐 많은 작가들이 포크너의 문체를 모방했다. 그 결과 더 깊은 의미를 지닌 작품들이 탄생했고 독자들에게는 더 깊은 울림을 주었다. 특히 플래너리 오코너, 트루먼 커포티(Truman Capote), 펜 워렌(Pen Warren), 코맥 매카시(Cormac McCarthy) 같은 미국 남부의 작가들은 포크너의 영향을 많이 받았다. 물론 미국 남부에만 국한되는 현상은 아니다. 조이스 캐럴 오츠(Joyce Carol Oates), 토니 모리슨(Toni Morrison), 장 폴 사르트르(Jean-Paul Sartre), 알베르 까뮈(Albert Camus) 등 미국 전역은 물론 전 세계의 많은 작가들도 그의 영향을 받았다.[5] 혹시 당신도 포크너의 영향을 받았는가? 축하한다. 쟁쟁한 선배 작가들과 한 배를 탔으니.

 **소설가와 논픽션 작가 모두에게 도움이 되는 포크너의 작업 방법**

포크너는 한때 우체국 직원이었다. 하지만 일에 대한 책임감이라곤 없었다. 책임감이라니. 그는 아예 "우체국 뒤쪽에 있는 책상에 앉아 오래도록 글을 끼적거릴 때가 더 많았다. …… 우체국에 손님이 드는지 나는지 따위는 그의 관심사가 아니었다. 손님이 동전으로 우체국 계산대를 탁탁 두드리고 나서야 그는 비로소 마지못해 일어나 손님을 맞았다."[6] 성공을 꿈꾸는 작가들에게 이 일화가 전하는 작은

---

5) Jay Parini, *One Matchless Time: A Life of William Faulkner*, New York: HarperCollins, 2004, p. 432.

교훈은 무엇일까. 글을 쓸 때는 집중력이 가장 중요하다는 것이다. 글을 쓸 때 다른 일들은 생각하지 마라. 모든 걱정을 제쳐두고 지금 쓰고 있는 이야기에만 집중한다면 하찮은 일들에 신경 쓰느라 시간을 낭비할 때보다 더 빠른 속도로 작품을 진행할 수 있다. 물론 당신에겐 하기 싫어도 매일 해야만 하는 일들이 있다. 그러나 헌신적인 작가는 항상 글을 쓰는 것에 우선순위를 둔다. 시간이 났을 때 그들이 가장 먼저 하는 일은 글을 쓰는 것이다.

포크너는 작품을 진전시키기 위해 또 다른 방법도 활용했다. 글쓰기와 문체의 비밀을 배우기 위해 아무 거리낌 없이 다른 작가들의 글을 모방한 것이다. 시를 쓸 때는 영국 시인인 A. E. 하우스먼(Housman)이나 앨저넌 스윈번(Algernon Swinburne), 알프레드 테니슨(Alfred Tennyson)이나 T. S. 엘리엇(Eliot)의 시를 거리낌 없이 모방했다. 이렇게 배운 시적 문체는 소설에도 반영되었다. 그가 쓴 언어의 아름다움은 단어의 선택과 구문의 높낮이, 문장의 운율에서 분명하게 드러난다. 산문에서는 『정글북』의 작가 러디어드 키플링(Rudyard Kipling)과 조셉 콘래드, 제임스 조이스와 올더스 헉슬리에게서 주로 영향을 받았다.[7] 그 자신이 위대한 선구자였던 포크너는 훗날 다른 작가를 모방하는 것은 잘못이라고 주장했다. 하지만 그가 다른 작가들을 모방한 사실은 자신의 말이 거짓이라는 것을 보여준다.

포크너는 손으로 원고를 쓴 다음 타자기로 옮겨 쳤다. 그런 다음

---

6) Joseph Blotner, *Faulkner: A Biography*, one-volumn edition, Jackson:University Press of Mississippi, 1984, p. 110.
7) 위의 책, pp. 49-50, 137-138, 144, 159.

원고를 읽으며 수정을 했다. 그러나 항상 자신의 글이 성에 차지 않았다. 그래서 늘 마음에 안 드는 부분을 통째 들어내 이야기의 다른 부분에 갖다 붙였다.[8] 글 쓰는 일에만 집중한 나머지 그는 차가운 사람이라는 인상을 주었다. 그러나 알고 보면 아주 예의 바르고 공손한 사람이었다. 학창 시절의 친구들이나 선생님들은 포크너를 운동경기나 학교 공부에는 통 관심이 없고 혼자 공상하는 걸 좋아하던 아이로 기억한다. 그의 관심은 온통 자신을 표현하는 데 쏠려 있었다.

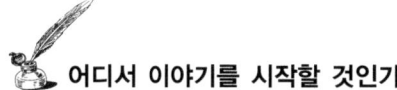

## 어디서 이야기를 시작할 것인가

『성역』은 물을 마시기 위해 분수 앞에 멈춰선 호레이스와 건너편에 서 있던 포파이가 마주보는 장면으로 시작한다. 둘은 상대를 한참 동안 쳐다보다가 상대에게 겁을 주려는 의도가 다분히 실린 위협적이고 날카로운 말들을 주고받는다. 『내가 죽어 누워 있을 때 As I Lay Dying』(1930)는 애디 번드런을 위해 관을 만드는 장면으로 시작한다. 『음향과 분노』는 제정신이 아닌 벤지의 횡설수설로 시작하고 『8월의 빛』은 앨라배마를 떠난 레나 그로브가 미시시피 주에 도착하는 장면으로 시작한다. 미시시피는 폭력과 죽음을 다룬 이 소설에서 인생과 부활을 상징한다.

지금 살펴본 네 소설의 도입부에는 공통점이 있다. 포크너는 이미 이야기가 진행 중인 상황에 뛰어들어 소설을 시작하는 방식을 거의

---

8) 위의 책, p. 137.

사용하지 않는다. 반면 많은 작가들은 한창 이야기가 진행 중인 상황에서 소설을 시작한다. 그것이 더 적절하고 극적이라고 생각하기 때문이다. 그러나 포크너의 방식은 좀 더 복합적이다. 특히 대중소설이나 장르소설이 아닌 순수소설을 쓰고 싶은 사람들은 포크너의 방식에 주목해볼 만하다. 포크너는 주로 이야기의 한복판이 아니라 주변부에서 소설을 시작한다. 『성역』은 포파이와 호레이스가 만나는 장면으로 시작한다. 즉 포파이가 템플 드레이크를 납치해서 강간하는 소설의 주요 행동은 나중에 일어난다. 포파이와 호레이스는 복잡한 과거를 가진 인물들이다. 그들의 만남은 독자에게 궁금증을 불러일으킨다. 독자는 두 남자의 미스터리가 풀리기를 기대한다.[9] 포크너는 이야기의 주변부와 눈에 잘 안 띄는 곳에서 소설을 시작하여 차츰 깡패들이 살고 있는 복잡한 세상을 펼쳐 보인다. 그런 다음 마침내 포크너는 결국 비운의 여주인공을 그 세상 속으로 밀어 넣는다.

『내가 죽어 누워 있을 때』는 애디 번드런의 자녀들이 엄마의 시신을 매장하기 위해 미시시피 주 제퍼슨으로 가져가는 이야기다. 포크너의 다른 작품과 마찬가지로 이 소설도 "복합적이고 다양한 시점과 복잡한 시간 배열"[10]을 갖고 있다. 소설은 시간의 한 지점에서 시작

---

9) 흔히 『성역』은 단순한 갱스터 스토리로 잘못 알려져 있지만 이 소설은 포크너가 여러 번 수정을 가한 후에 발표된 복잡한 문학작품이다. 그는 수도 없이 페이지와 장(章)을 재배치한 후에야 겨우 만족했다. "11페이지가 지금 그 자리에 있기까지 17번 정도 고쳤다. 총 139페이지 가운데 34페이지를 제외한 나머지 페이지들은 적어도 한 번 이상 자리를 옮겨 다녔다."(위의 책, p. 236.)

10) John Dennis Anderson, *Student Companion to William Faulkner*, Westport, Conn.:Greenwood Press, 2007, p. 62.

하여 다른 시간대로 건너뛰었다가 관(棺)이라는 중심 이미지와 제퍼슨으로 가는 여정으로 되돌아오기를 반복한다. 이런 점에서 마르그리트 뒤라스(Marguerite Duras)의 『연인 The Lover』(1984)이 떠오른다. 『연인』 역시 중심 이미지인 연락선 위의 소녀로 돌아오기를 반복한다. 포크너는 액션 장면이 아니라 관을 만드는 장면으로 시작함으로써, 그리고 많은 화자 가운데 한 사람의 시점으로 시작함으로써 앞으로 다가올 복잡한 세상에 대한 호기심을 불러일으킨다.

『음향과 분노』는 의식의 흐름 기법을 가장 잘 보여주는 작품이다. 그리고 포크너의 소설 가운데 가장 복잡한 작품이기도 하다. 이 소설은 마치 엄격하게 시간 순서대로 배열이 된 이야기를 조각조각 잘라서 아무렇게나 뒤섞은 다음 쪽 번호를 매겨 놓은 듯하다. 독자는 뒤죽박죽된 이야기 속에서 사실과 동기를 찾아내기 위해 엄청난 탐구력을 발휘해야 한다. 그런데 가만히 들여다보면 이 정신 나간 짓에도 체계가 있다. 소설의 제1장은 시간 순서의 논리를 따르기보다는 자유 연상의 논리를 따른다. 예컨대 하나의 감각적 인상이나 단어를 통해 벤지는 예전에 일어났던 일들을 떠올린다. 시간의 변화가 한 페이지에서 한 번 이상 일어나는 경우도 흔하다. 시간 이동이 일어날 때는 활자체가 로마체에서 이탤릭체로 바뀐다. 때로는 아무 표시도 없이 시간이 이동한다. 포크너는 "1장을 다른 색깔로 인쇄를 할까도 생각해봤다. 그러나 비용이 너무 많이 들어서 포기했다."[11]라고 말했다.

---

11) Michael Cowan, *Twentieth Century Interpretations of The Sound and The Fury: A Collection of Critical Essays*, Englewood Cliffs, N.J.:Prentice Hall, 1968, p. 15.

비록 수시로 내용을 요약하여 뒤죽박죽된 시간 순서를 바로잡아 주고는 있지만 독자는 포크너가 첫 장을 다른 색깔로 인쇄하려던 애초의 계획을 밀어붙여 줬더라면 하고 바랄 것이다. 그러나 포크너는 벤지라는 주변부 인물의 시점으로 시작하여 이야기를 따라가기 힘들게 만듦으로써 독자 앞에 펼쳐질 소설 속 세상의 사실성을 더욱 높인다.

『8월의 빛』도 시간이 뒤죽박죽이다. 회상 기법까지 빈번하게 사용된 이 소설은 조 크리스마스라는 인물에 관한 이야기다. 흑인과 백인의 피가 반반씩 섞인 그는 정당방위 차원에서 백인 여자를 살해하고 자신도 잔인하게 살해당한다. 소설의 분위기는 대체로 음울하고 어둡다. 서서히 드러나는 주요 등장인물들의 과거는 하나같이 추악하고 비도덕적이다. 심한 인종차별을 당하며 자란 조 크리스마스는 어른이 되자 자신을 차별하는 사람을 폭력으로 응징하고 싶은 충동에 사로잡힌다. 자신을 다른 사람과 동등하게 대하지 않는 애인 조애나 버든을 살해한 것도 그래서다. 하이타워 목사는 아내의 자살과 살해당한 할아버지 때문에 이중으로 고통을 받는다. 조 브라운은 아버지로서의 책임을 포기하고 범죄자가 된다. 소설은 비교적 중요한 역할을 맡고 있지도 않고 조 크리스마스를 만나본 적조차 없는 인물로 시작한다. 포크너의 시작은 늘 그렇듯이 이야기의 중심에서 벗어나 있다. 그는 예상 밖의 시점을 끌어들여 이야기에 접근한다. 레나의 선량함을 언급하며 조 크리스마스의 선량함을 예고하는 식이다.

작법을 다룬 대부분의 책에서는 널리 알려진 방식을 따르라고 충고한다. 거두절미하고, 이미 진행 중인 이야기의 한복판에 뛰어들어 소설을 시작하라는 것이다. 물론 몇몇 경우엔 이런 방법이 효과적일 수 있다. 또 이렇게 하면 이야기를 극적으로 시작할 수 있는 것도 맞다. 그러나 주변부에서 이야기를 시작하는 포크너의 방법도 충분히 타당성이 있다. 본격적인 이야기를 시작하기까지 뜸을 들이면서 소설의 배경이 되는 이야기를 깊이 있고 복잡하게 쌓아나감으로써 포크너는 입체적이고 그럴듯한 세계를 창조한다. 독자는 마치 현실과 다를 바 없어 보이는 허구의 세계에서 복잡한 이야기의 실타래를 풀기 위해 탐구심을 발휘해야 하는 또 다른 즐거움을 맛본다. 뿐만 아니라 주변부에서 이야기를 시작하는 포크너의 방식은 작품에 문학적 특성을 좀 더 강하게 부여한다. 물론 포크너의 방식에는 독자를 혼돈스럽게 하거나 도입부의 속도감을 떨어트릴 위험성이 있기도 하지만 지적인 독자들에게 복잡하고 불확실한 도입부의 묘미를 감상하고 경험할 수 있는 기회를 준다는 점에서 그 나름의 장점과 보상이 있다.

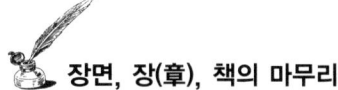

## 장면, 장(章), 책의 마무리

포크너는 소설의 시작도 독특하지만 이야기의 결론을 내리는 방식도 눈에 띄게 예술적이다. 존 가드너(John Gardner)는 이를 가리켜 '울림이 있는 결말(resonant close)'이라고 부른다. 이런 결말에서는 "등장인물이나 이미지, 사건들만으로 지금까지 한 이야기를 요약하거나 다시 떠올리게 하여 감동을 주지는 않는다. 독자는 그동안 연관성을 찾기 힘들었던 인물과 이미지, 사건이 서로 앞뒤가 들어맞아 마침내 중요한 것들이 모두 연결되는 느낌을 통해서 감동을 얻는다. 사무엘 콜리지(Samuel Taylor Coleridge: 1772~1834. 영국의 시인, 비평가)는 연관성이 점점 복잡해질수록 문학작품에는 힘이 실린다고 지적했다."[12] 『8월의 빛』에서 퍼시 그림이 조 크리스마스를 거세하는 장면은 많은 의미를 던져준다. 조를 폭행하는 데 가담한 남자들은 그 장면을 평생 잊지 못할 거라고 말한다. 그 장면을 오래도록 잊지 못하는 것은 독자도 마찬가지다. 반복적인 이미지와 주제가 누적되어왔기 때문이다. 이를 위해 포크너는 인종주의라는 중심 주제를 끊임없이 환기시켰고, 조 크리스마스의 삶과 죽음을 폭력과 연관시켰다.

『음향과 분노』에서 제이슨이 이끌어가는 3장의 결말도 오래도록 기억에 남을 만하다. 우연의 일치인지 여기서도 『8월의 빛』에서처럼 거세가 하나의 주제로 등장한다. 제이슨은 거세된 동생을 "위대한 미국의 거세당한 말"이라 부르며 이렇게 덧붙인다. "나는 거세가 필요한 놈들을 적어도 두 명은 더 알고 있어." 제이슨의 냉담함은 포크너의 작품에 등장하는 모든 인물 가운데 단연 독보적이다. 3장의 결말은 가장 비난받을 만한 인간인 제이슨을 통해 콤프슨 가문이 안에서부터 얼마나 타락했는지 보여준다는 점에서 의미심장하다.

『성역』의 결말은 시적인 동시에 의미로 가득 차 있다. 템플 드레이크는 토미를 살해한 범인으로 엉뚱하게도 아무런 죄가 없는 굿윈을 지목한다. 한편 포파이는 자신과 관련 없는 살인사건의 범인으로 몰려 사형 당하고, 굿윈은 화형에 처해진다. 포크너는 소설의 마지막 페이지에서 희생자인 동시에 가해자인 템플 드레이크를 이렇게 묘사한다. "우울한 날, 우울한 여름, 우울한 한 해가 끝나가고 있었다. 템

---

12) John Gardner, *On Becoming a Novelist*, New York:Harper & Row, 1983, p. 192.

## 윌리엄 포크너처럼 써라

플은 입을 가리고 하품을 하더니 콤팩트를 꺼내 시무룩하고 불만스러우며 슬픈 자신의 얼굴을 비춰 보았다." 소설의 마지막 문장에서 그녀는 "비와 죽음의 냄새가 가득한 계절"을 올려다본다. 이 문장에는 생과 사를 오간 사건들이 누적된 효과가 잘 드러난다. 포파이에 의해 파멸당하고 스스로 죄를 짓기도 한 템플 드레이크의 인생을 떠올리게 하는 묘사이다. 소설은 '죽음'이라는 단어를 마지막으로 강조하며 끝난다. 이 사소한 것들 하나하나가 모여 강편치를 날린 덕분에 『성역』은 포크너의 가장 인상적인 소설 중 하나가 되었다.

포크너의 특징인 복잡함은 장면과 장, 소설을 마무리하는 방식에서 뚜렷하게 드러난다. 포크너는 종종 울림이 있는 결말을 통해 이전의 사건들을 떠올리게 만들고 연관성의 그물망 위에서 그 사건들을 연결시켜 의미를 강화하고 인상을 극대화한다. 결말을 시로 처리하기도 한다. 소설 초반에 시가 나왔더라면 어색했을 것이다. 그러나 결말에 등장하는 시는 소설의 마무리를 예술적으로 만들어준다.

당신도 포크너의 강력한 마무리 기법을 사용할 수 있다. 결말에서 주요 주제를 반복하거나 다시 환기시키면 된다. 지금까지 진행된 이야기의 다양한 갈래들을 되돌아보고 그것들을 하나로 잘 엮어 마지막 문단에 집어넣어라. 결말은 새로운 언어를 과감히 시도해볼 수 있는 기회이기도 하다. 그동안 억눌러온 장식적인 구조나 미사여구에 도전할 수도 있고 소설 초반부에 등장했으면 어울리지 않았을 시를 사용할 수도 있다. 독자는 이야기의 마지막 순간에서만큼은 작가가 겉멋을 부려도 관대히 받아들인다. 마지막 문장의 운율을 검토해 보는 것도 좋은 생각이다. 마치 시인이 한 줄씩 꼼꼼히 시를 분석하는 것과 마찬가지로 운율의 패턴을 분석해보는 것이다. 믿기 힘들겠지만 많은 독자들은 자신이 가장 좋아하는 작품의 결말을 외우고 있다. 사람들이 당신 소설의 마지막 문단을 외우는 모습이 그려지는가? 그렇지 않다면 마지막 문장이 울림과 운율을 갖출 때까지 당신 소설은 수정이 더 필요할지도 모른다. 반드시 노래하듯 운율을 맞춰야 한다는 말은 아니다. 지나치게 복잡한 표현만은 피하라는 것이다. 기분 좋은 울림을 줄 수 있는 표현을 목표로 삼아라. 여기 한 가지 요령이 있다. 마지막 문장에서 '그러나' 라는 단어는 피해라. '그리고' 가 들어간 문장이 작품을 훨씬 더 강력하게 마무리하는 데 도움이 된다.

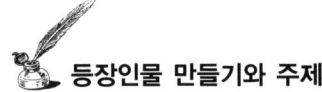
## 등장인물 만들기와 주제

포크너가 만든 몇몇 등장인물은 현대 소설에서 가장 입체적이고 전인적(全人的)인 등장인물의 하나로 꼽힌다. 포크너는 『8월의 빛』에서처럼 한 장 전체를 등장인물이 현재 하고 있는 행동을 묘사하는 게 아니라 그들은 어떤 사람들이고 어디에서 왔으며 과거에는 어떤 일을 했고 어째서 미래에는 기이하고 예상치 못한 일을 저지를 것 같은가에 대한 설명으로 가득 채우기도 한다. 이런 방법에서 배울 수 있는 점은 무엇일까? 실제로 포크너는 모든 이야기꾼들에게 도움이 될 세 가지 황금률을 제시한다. 첫째, 등장인물 창조를 하나의 장사 수단으로 생각해야 한다. 작가는 등장인물을 만들기 위해 노력해야 하고 이야기 전개에 따라 인물에 변화를 주어야 한다. 그러나 동시에 등장인물에 대한 윤곽이 머릿속에 대충 잡힌 다음에는 그들 스스로 나아가도록 내버려둘 필요도 있다. 포크너는 "일단 등장인물들이 살아 움직이기 시작하면 그들은 …… 순식간에 튀어나간다. 작가는 그들이 하는 말과 행동을 제때 받아 적기 위해 전력으로 질주해 그들을 뒤쫓는다. …… 이야기의 주도권은 그들이 쥐고 있다. …… 작가는 그저 그들을 따라다니며 받아 적을 뿐이다."라고 말했다.[13]

둘째, 관찰하는 법을 배워야 한다. "훌륭한 등장인물은 입체적이고 진짜 살아 있는 인물처럼 보인다. 그들은 스스로 일어서서 영향력을 발휘할 수 있다."라고 포크너는 말했다. 그런 인물을 만들려면 사람을 관찰하고 다른 사람의 말에 귀를 기울이고 그들이 서로 어울리는 모습을 지켜봐야 한다. 포크너가 말했듯이 "대화를 쓰는 법을 배우는 길은 딱 한 가지뿐이다. 사람들이 이야기할 때 귀를 기울여라."[14]

마지막으로, 상상력과 함께 자신의 영감을 믿고 따를 수 있는 용기가 필요하다. 상상력에 관한 포크너의 조언은 뇌의 시각적 본질과 이미지가 무의식에 얼마나 중요한 영향을 미치는지에 관한 현대의 우뇌식 사고와 완벽하게 일치한다. "내 경우, 이야기는 하나의 아이디어나 기억 혹은 머릿속에 떠오른 하나의 그림에서 출발한다. 이야기를 쓴다는 것은 사실 별것 아니다. 그런 아이디어나 기억, 그림이 떠오르는 순간까지 나아갈 수 있는지, 왜 그런 생각이 떠올랐고 그로 인해 어떤 사건이 뒤따라올지 설명할 수 있다면 이야기는 다 쓴 것이나

---

13) Frederick Gwynn and Joseph Blotner, *Faulkner in the University*, Charlottesville:University Press of Virginia, 1995, p. 120.
14) Thomas Inge, *Conversations with William Faulkner*, Jackson:University Press of Mississippi, 1999, p. 77.

마찬가지다."15) 실제로 포크너는 『음향과 분노』나 『8월의 빛』을 쓸 때 독자가 좋아할 만한 이야기는 전부 제거했다. 그는 자신이 정해놓은 목표만을 향해서 나아갔다. 당신에게도 자신의 영감을 믿고 따를 수 있는 자신감이 필요하다. 그런 자신감이 있어야 마지막 결승선을 통과할 수 있다. 포크너가 『성역』의 줄거리를 오랜 친구인 필 스톤에게 들려주자 스톤은 이렇게 말했다. "빌(윌리엄의 애칭—옮긴이) …… 이건 안 팔릴 거야. 자극적인 소설이 인기를 끌던 시대는 지나갔어." 조셉 블로트너의 말처럼 "이 정도면 충분히 낙담할 만도 한데, 포크너는 워낙 자신의 판단을 믿는 성격이었다. 그는 자기 생각대로 밀어붙였다."16) 자신에 대한 믿음이 대단한 사람이 아니고서는 『음향과 분노』나 『8월의 빛』 같은 작품을 끝까지 쓰기는 힘들 것이다. 그러나 포크너에겐 자신에 대한 믿음이 있었다. "뛰어난 예술가는 자신에게 적절한 충고를 해줄 수 있을 만큼 훌륭한 사람이 있다는 것을 믿지 않는다. 이런 예술가의 자만심은 하늘을 찌른다. 그는 자신이 존경하는 대작가라 할지라도 반드시 이기고 싶어 한다."17)

포크너는 등장인물과 더불어 주제도 작가의 또 다른 '장사 수단'이라고 생각했다. 포크너는 버지니아 대학에서 두 학기 동안 교내 상주 작가로 머물렀다. 수업 시간 도중 포크너는 주제와 관련하여 한 학생의 질문을 받고 이렇게 대답했다. "메시지는 결국 장인이 사용하는 도구 가운데 하나입니다. 미사여구나 구두점, 그런 것들과 마찬가

---

15) Faulkner, 앞의 글, p. 17.
16) Blotner, 앞의 책, 1984, p. 237.
17) Faulkner, 앞의 글, p. 11.

지로."[18] 그는 종종 자신을 목수에, 그리고 작가라는 직업은 닭장을 만드는 일에 비유하며 자신을 낮췄다.[19] 목수처럼 기술을 익히기 위해 열심히 노력해야 하고, 일정 기간 동안 도제 생활을 거쳐야 하며, 장사 수단을 터득하려면 수많은 공부와 연습이 필요하다는 생각은 작가들에게 시사하는 바가 많다. 특히 이런 생각을 한 작가가 포크너였다는 점은 더욱 뜻밖이다. 많은 업적을 이루고 늘 실험적이며 창의적이었던 포크너조차도 이처럼 훈련의 중요성을 강조한 것이다.

## 포크너의 미스터리 기법

포크너가 미스터리 장치를 사용했다는 사실에 주목하는 사람은 거의 없다. 디킨스처럼 포크너도 거의 모든 작품에 미스터리 기법을 사용했다. 그러나 디킨스와 달리 포크너의 미스터리는 논리적이거나 추론적이지 않다. 포크너의 작품은 또 다른 차원의 미스터리 요소를 담고 있었다. 굳이 표현하자면, 놀랍도록 문학적인 미스터리였다. 제임스 조이스의 『율리시스』(1920)를 칭송했던 포크너는 복잡함 그 자체는 장점을 지닌다고 믿었다. 그는 복잡한 인물과 줄거리, 문체를 통해 그러한 신념을 자신의 작품에 고스란히 반영했다. 독자가 포크너 소설의 첫 장을 펼치자마자 부딪치는 첫 번째 미스터리는 누구에게 무슨 일이 일어나고 있는가이다. 이 사람들은 누구인가? 어디에서

---

18) Gwynn and Blotner, 앞의 책, p. 239.
19) David Evans, *William Faulkner William James, and the American Pragmatic Tradition*, Baton Rouge:Louisiana State University Press, 2008, p. 235.

왔는가? 서로 어떤 관계인가? 아마도 『성역』은 미스터리 장치로 독자를 어떻게 끌어들여야 하는지 가장 잘 보여주는 작품일 것이다. 미스터리 기법은 『음향과 분노』와 『8월의 빛』에서도 사용되었다. 그나마 『8월의 빛』은 다른 두 작품보다는 미스터리 기법이 두드러지지 않은 편이다. 포크너의 모든 작품에서 단순한 줄거리를 가진 작품은 거의 없다. 『내가 죽어 누워 있을 때』는 너무 단순하다는 오해까지 받기도 한다. 그러나 사실 이 소설도 복잡함과 미스터리로 가득하다. 포크너는 이 작품에서 "일부 독자들로서는 극복하기 힘든 복잡한 분위기"를 만들어냈다.[20] 포크너가 복잡함을 선호했던 이유는 뭘까? 복잡한 분위기에서는 독자의 반응을 지나치게 신경 쓰지 않으면서도 이야기를 비틀어 자신의 독특한 상상을 펼쳐 보일 수 있기 때문이었다.

현대의 작가들은 글이란 불분명함을 제거하고 명쾌하게 써야 한다고 배웠다. 오늘날의 독자들은 다섯 페이지, 아니 다섯 문단, 아니 다섯 문장을 읽는 동안 흥미를 느끼지 않으면 그대로 책을 덮어버리기 때문이다. 서점의 판매대는 베스트셀러라고 떠들어대는 대중소설들이 점령했다. 이 베스트셀러들은 몇 가지 공통점이 있다. 우선 독자의 관심을 잡아채기 위해 문장이 상당히 짧다. 첫 페이지에는 살인 장면이 나오고 그 다음 장면에선 자동차 추격전이 뒤를 잇는다. 그로부터 얼마 지나지 않아 총격전과 칼부림이 난무한다. 물론 포크너도 폭력 장면을 평균 이상으로 사용했다. 수많은 살인과 강간, 거세가

---

20) Cleanth Brooks, *William Faulkner: The Yoknapatawpha Country*, Baton Rouge:Louisiana State University Press, 1963, p. 141.

등장한다. 실제로 그는 폭력 장면도 작가가 사용하는 기본 도구 중 하나라고 믿었다. 그렇다 해도 사건의 빠른 시작과 단순하고 명확한 인물 관계로 가득한 현대 소설만이 글을 쓰는 유일한 방법이라고 생각하는 것은 잘못이다. 깊이 있는 의미와 입체적인 등장인물, 등장인물이 안내하는 대로 독자가 복잡한 숲에 기꺼이 발을 들여놓을 것이라는 자신감으로 압축되는 소설의 모든 미덕은 포크너의 유산이다. 포크너는 오늘날의 이야기꾼들을 고민에 빠트리는 기교상의 문제와 그 해결책을 제시하는 최고의 안내자이다. 그렇다고 해서 무조건 이야기를 복잡하게 만들어야 한다는 뜻은 아니다. 주인공을 만들 때마다 포크너의 등장인물처럼 복잡한 인물을 만들라는 것도 아니다. 요점은 포크너의 방식이 평균적인 소설보다 더 깊이 있는 작품을 만드는 데 도움을 줄 수 있다는 것이다. 더 깊이 있는 작품을 만드는 것은 현대 미국 소설이 애타게 바라는 일이다. 이는 의심의 여지가 없다.

**어니스트 헤밍웨이** | 주요 작품 『노인과 바다』 『누구를 위하여 종은 울리나』 구어(口語) 중에서 가장 쉬운 단어를 선택하고 감각적 세부묘사를 위해 특정 분야 전문 용어와 색깔을 이용했다. 가장 두드러진 특징은 'and'를 과도하게 사용한 것이었다.

[ 12장 ]

# 어니스트 헤밍웨이처럼 써라
*Ernest Hemingway*

헤밍웨이는 가장 모방하고 싶은 작가로 확고한 지위를 누리고 있다. 그러나 모든 작가가 헤밍웨이의 글을 좋아하는 것은 아니다. 가령 J. D. 샐린저는 헤밍웨이의 문체가 마치 전보문처럼 지나치게 간략하고 메말랐다며 싫어했다.[1] 풍부한 표현과 감정을 선호한 샐린저는 헤밍웨이와 달리 형용사와 부사, 여러 가지 구두점 등을 적극적으로 사용했다. 그렇더라도 현대 작가들이 헤밍웨이에게 많은 것을 빚

---

1) 샐린저와 헤밍웨이 두 사람을 모두 알고 지냈던 소설가 A. E. 호치너에 따르면 샐린저는 "드라이저에서 헤밍웨이에 이르기까지 유명한 작가들을 깔보았다."(A.E. Hotchner, *Choice People: The Greats, Near-Greats, and Ingrates I Have Known*, New York:Morrow, 1984, pp. 65-66.) 샐린저는 제2차 세계 대전 기간에 최소한 두 차례 이상 헤밍웨이를 만났고 다정한 친구처럼 편지를 주고받기도 했다. 그러나 샐린저의 화려한 문체와 꼼꼼하게 공들인 긴 문장은 헤밍웨이의 짧고 군더더기 없는 문장과는 상극을 이루었다.

지고 있다는 것만은 부인할 수 없다. 헤밍웨이가 미국 산문체에 가장 많은 영향을 끼친 작가라는 말에 이의를 제기할 사람은 그다지 많지 않을 것이다.[2]

그렇다면 헤밍웨이의 문체란 정확히 무엇인가? 헤밍웨이의 문체를 이용해 당신의 글쓰기는 어떻게 향상될 수 있을까? 대부분의 비평가가 동의하는 헤밍웨이 문체의 특징은 네 가지다. 짧은 문장, 종속절을 거의 보기 힘든 문장, 형용사나 부사 대신 명사와 동사에 의존하는 문장, (일부에서는 남용이라고 부를 만큼) '그리고(and)'라는 단어의 지나친 사용. 잘 알려지진 않았지만 여기에 한 가지 빠진 게 있다. 헤밍웨이는 전통적인 구조적 요소들과 등장인물 개발도 효과적으로 사용했다. 이런 특징은 특히 그의 후기 소설에서 두드러진다.[3]

어니스트 헤밍웨이는 1899년에 태어나 일리노이 주 오크파크에서 자랐다. 위로는 18개월 터울의 누나가 한 명 있었고, 밑으로는 여동생들과 어린 남동생이 있었다. 고등학교를 졸업한 헤밍웨이는 대학에 진학하는 대신 신문사에 들어가 기자로 사회생활을 시작했다. 기자로 일했던 시절의 경험은 그의 문체에 지울 수 없는 흔적을 남겼다.[4] 당시 그가 근무하던 『캔자스시티 스타 The Kansas City Star』 신문사의 문장 지침서에는 다음과 같은 기준이 실려 있었다. "문장을

---

2) Leo Lania, *Hemingway: A Pictorial Biography*, New York:Viking Press, 1961, p. 5.
3) Philip Young, *Ernest Hemingway: A Reconsideration*, University Park:Pennsylvania State University Press, 1966, pp. 205-206.
4) 헤밍웨이는 신문 기사가 자신의 문체에 영향을 끼쳤다고 인정한 최초의 작가였다. (Lania, 앞의 책, p. 27)

짧게 쓸 것. 첫 문단을 짧게 쓸 것. 활기찬 표현을 사용할 것. 긍정적인 표현을 쓸 것. 부정적인 표현을 피할 것."

헤밍웨이는 6개월 만에 신문사를 그만두고 육군에 입대했다. 제1차 세계 대전에 참전하여 적십자의 야전 의무대에 배속된 그는 열아홉 살 생일을 사흘 앞두고 오스트리아의 박격포 사격으로 부상을 당했다.[5] 몇 주간 이탈리아의 병원에 입원한 헤밍웨이는 거기서 아그네스 본 쿠로브스키라는 미국인 간호사의 보살핌을 받았다. 아그네스는 헤밍웨이보다 여섯 살 연상이었다. 두 사람은 곧 사랑에 빠졌고, 헤밍웨이는 그녀와 결혼하게 되리라고 생각했다. 그러나 막상 전쟁이 끝나고 헤밍웨이가 미국으로 돌아갈 때가 되자 아그네스는 그를 따라나서지 않았다. 이때 자존심에 입은 상처는 훗날 『무기여 잘 있거라 A Farewell to Arms』(1929)를 쓰는 자극제가 되었다.[6]

집에 돌아온 헤밍웨이는 또 다른 신문을 위해 기사를 쓰기 시작했다. 1921년 파리로 거처를 옮기고 난 후에도 기사 쓰는 일은 계속했다. 헤밍웨이는 파리에서 자신의 문체에 지대한 영향을 미치게 될 거트루드 스타인(Gertrude Stein)을 만났다.[7,8] 그녀는 전통적인 종속절

---

[5] 앤서니 버제스(Anthony Burgess)는 전쟁 중에 입은 헤밍웨이의 부상을 낭만적으로 묘사한다.(Anthony Burgess, *Ernest Hemingway and His World*, New York:Scribner's, 1978, p. 22.)
[6] 헤밍웨이는 A. E. 호치너에게 『무기여 잘 있거라』가 "대부분 내 개인적인 경험에서 나왔다. 하지만 그렇지 않은 부분도 …… 많다."라고 말했다.(A. E. Hotchner, *Papa Hemingway: A Personal Memoir*, New York:Random House, 1966, p. 51.)
[7] 앤서니 버제스에 따르면 스타인은 "혹독하게 단순한 언어"를 찾고 있었다. 그녀는 묘사와 장식, 압축, 집중에 반대했다.(Burgess, 앞의 책, p. 31.)
[8] 스타인은 문체가 둔해질 수 있으므로 신문 기사 쓰는 일을 그만두라고 헤밍웨이에게 충고했다.(Lania, 앞의 책, p. 47.)

대신에 'and'를 이용하여 절(節)을 연결하는 법을 헤밍웨이에게 알려 줬다.[9] 이 방법을 어떻게 사용하며, 무엇보다도 왜 사용하는지는 이 장의 후반부에서 자세히 언급할 것이다.

작가 경력 내내 헤밍웨이는 문체를 실험했다. 다른 작가들과 마찬가지로 새로운 기법도 계속 받아들였다. 후기로 갈수록 그의 문장에는 수식과 기교가 많아졌고, 초기 작품보다 등장인물을 더 깊이 파고들었다. 새로운 발견과 실험을 계속하면서도 헤밍웨이 문체의 핵심은 대부분 유지되었다. 덕분에 오늘날 전 세계 독자들은 그의 문체를 한눈에 알아볼 수 있다. 헤밍웨이는 1954년, '가장 최근에 『노인과 바다 The Old Man and the Sea』에서 보여주었듯이 완벽한 경지에 오른 서사와 현대 문체에 끼친 영향'을 평가 받아 노벨문학상을 수상했다.

### 문장의 길이

그렇다, 헤밍웨이는 문장을 짧게 썼다. 그는 단순하고 직접적인 문장으로도 유명하다.[10] 그러나 문장을 짧게 쓰기 위해 헤밍웨이가 얼마나 많은 노력을 기울였는지, 그리고 왜 문장을 짧게 쓰려고 했는지 대부분의 작가들은 잘 모르고 있다. 가장 큰 이유는 표현의 정확함 때문이다. 그가 신문 기사를 쓸 때 가장 중요하게 여긴 것이 표현의

---

9) 스타인은 "이야기가 흘러가는 대로 그 작품 속에서 살아가며, 매일 일어나는 일들로 이야기를 채워 그 흐름이 자연스럽게 되도록 하라"는 글쓰기 요령도 가르쳐 주었다. (Michael Reynolds, *The Sun Also Rises: A Novel of the Twenties*, Boston:Twayne, 1988, p. 33.)

정확함이었다. 오늘날에도 신문 기사는 그 어떤 글보다 명확하고 직접적인 문체로 쓰인다. 헤밍웨이는 복잡하지 않고 정확한 문장을 썼다. 그래야 독자가 잠깐 동안 기사를 대충 훑어보더라도 글쓴이의 논점을 파악할 수 있다고 생각했다.[11] 짧고 직접적인 문장은 표현의 정확함을 얻을 수 있는 방법이다. 특히 수정 작업을 할 때 이 말을 기억해두면 도움이 될 것이다. 주저하지 말고 길고 복잡한 문장을 작은 조각으로 분해하라. 가독성이 높아진다. 그러나 헤밍웨이가 간결한 문장을 쓴 이유는 표현의 정확함 때문만은 아니었다.

그가 문장을 짧게 썼던 또 다른 이유는 극적 효과를 위해서였다. 『킬리만자로의 눈 The Snows of Kilimanjaro』(1936)에서 주인공은 썩어가는 다리 때문에 죽음을 눈앞에 두고 있다. "그래 좋아. 그는 이제 죽음 따위는 전혀 상관하지 않았다. 그가 항상 두려워한 것은 고통, 그 한 가지뿐이었다." 이 짧은 문장들은 주인공의 죽음이 임박했다는 사실을 상기시키며 점증 효과를 발휘한다. 문장의 어느 한 부분을 강조하거나 극적 호소력을 강화하고 싶을 때 짧은 문장을 길게 이어놓

---

10) 조이스 캐럴 오츠(Joyce Carol Oates)는 헤밍웨이의 절제된 문체를 가리켜 "감수분열하는 문장"이라고 불렀다.(Joyce Carol Oates, "The Hemingway Mystique" in *Brett Ashley: Major Literary Characters*, edited by Howard Bloom, New York:Chelsea House, 1988, p. 49.) 헤밍웨이는 이러한 효과를 얻기 위해 종종 초고를 수정하면서 처음에 썼던 단어의 3분의 2를 걸러내는 작업도 마다하지 않았다.(Frederic Joseph Svoboda, "The Most Difficult Job of Revision", in *Brett Ashley: Major Literary Characters*, edited by Howard Bloom, New York:Chelsea House, 1991, p. 46.)
11) 말년의 헤밍웨이는 "진실한 한 문장"을 쓰고 싶다는 목표를 세웠다.(Charles Scribner, Preface to *The Only Thing That Counts: The Ernest Hemingway/Maxwell Perkins Correspondence 1925-1947*, New York:Scribner, 1996, p. 15.)

으면 만족스러운 효과를 얻을 수 있다.

 짧은 문장은 글에 다양성과 음악적 특성을 보태주기도 한다. 헤밍웨이는 종종 긴 문장과 짧은 문장을 섞어 음악적 효과를 노리기도 한다. 『노인과 바다』에서 늙은 어부의 독백을 들어보자. "먹을 것도 없는 커다란 고기한테는 좀 미안했지만 녀석을 죽이겠다는 결심은 조금도 누그러지지 않았다. 저 놈을 잡아가면 많은 사람이 배를 채울 수 있어, 라고 노인은 생각했다." 첫 문장 속에서는 두 개의 생각이 충돌한다. 고기에 대한 연민과 그래도 잡고야 말겠다는 노인의 의지가 충돌한다. 다음 문장에서는 식량이 필요한 사람들을 위해 고기를 잡아야 하는 노인의 동기가 드러난다. 문장의 길이에 변화를 주면 글에 음악적 특성과 유쾌한 다양성이 부여된다.

## 문장의 속도

 헤밍웨이 문체의 두드러진 특징 가운데 하나는 빠른 문장의 속도다. 문장의 속도란 소리를 내어 읽든 속으로 읽든 문장이 읽히는 속도를 말한다. 헤밍웨이의 문장은 다른 작가들의 문장이 겨우 시동을 걸고 있을 때 혼자 총알을 타고 저만치 날아가는 듯하다. 헤밍웨이처럼 빠른 문장을 쓰고 싶다면 그의 문장 이동을 모방하라. 어느새 추월차선에서 글을 쓰고 있는 당신을 발견하게 될 것이다.

 헤밍웨이가 문장의 속도를 끌어올리는 방법은 무엇인가? 두 가지 방법이 있다. 첫째, 더 쉽게 읽히기 위해 더 짧은 단어를 사용했다. 이는 잠시 후에 다룰 것이다. 둘째, 쉼표를 생략했다.[12]

# Ernest Hemingway
어니스트 헤밍웨이처럼 써라

조셉 콘래드는 글을 쓰기 위해 매일 자기 방에 틀어박혀 아내에게 밖에서 문을 잠가달라고 했다. 그래야 비로소 글에 집중할 수 있었다. 몇 시간 후 콘래드가 점심을 먹기 위해 방에서 나오자 아내는 그에게 오전 내내 무슨 작업을 했냐고 물었다. 그는 "쉼표를 하나 뺐소."라고 대답했다. 점심을 먹은 후 그는 다시 방에 틀어박혔고 아내는 또 문을 잠갔다. 몇 시간 후 콘래드가 다시 저녁을 먹기 위해 방에서 나오자 아내가 오후에는 무슨 작업을 했냐고 물었다. 콘래드는 "오전에 뺐던 쉼표를 다시 집어넣었소."라고 대답했다.[13] 조셉 콘래드 같은 작가도 하루 종일 쉼표 하나를 놓고 넣을지 말지 고민했다. 그렇다면 당신도 하루에 몇 분 정도는 구두점의 위치를 놓고 고민해 볼 만한 가치가 있지 않을까? 그것은 분명 의미 있는 시간이 될 것이다. 헤밍웨이는 쉼표와 전쟁을 벌였다. 물론 작품에서 쉼표를 전혀 사용하지 않은 것은 아니다. 하지만 그의 가장 위대한 기법상의 혁신은 종종 중문(重文)에서 쉼표를 빼버렸을 때 이루어졌다. 중문은 두 개 이상의 독립절(주절)로 구성된다. 각각의 절은 보통 쉼표와 'and', 'but'과 같은 등위접속사에 의해 연결된다. 가장 흔하게 사용되는 등위접속사는 물론 'and'다.

---

12) 스타인의 영향은 여기서도 뚜렷이 드러난다. 그녀는 몇몇 작품에서 구두점을 거의 사용하지 않았고 실험적 문체를 시도했다. 때로는 "무슨 말인지 이해하기 불가능한" 경우도 많았다.(Kenneth Lynn, *Hemingway*, New York:Simon & Schuster, 1987, p. 171.) 헤밍웨이는 스타인의 충고 중 일부만 받아들였다. 덕분에 그의 글에서는 알아보기 힘든 글이 없고 스승인 스타인처럼 과도하게 실험적인 문체 때문에 외면당한 적도 없다.

13) Sam Smith, "Joseph Conrad Anecdote." http://forreststokes.com/wordpress/?p=131, 2005.

이 문장을 보자. "종종 아무도 스타인 양을 찾아오지 않았으나, 그녀는 항상 친절했으며, 오랫동안 다정한 태도를 보여주었다.(Often Miss Stein would have no guests, and she was always friendly, and for a long time she was affectionate.)" 이 문장은 세 개의 독립절로 구성되었다. '종종 아무도 스타인 양을 찾아오지 않았다.' '그녀는 항상 친절했다.' '그녀는 오랫동안 다정한 태도를 보여주었다.' 세 개의 짧은 절인데도 느린 걸음으로 터벅터벅 걷는 것 같다. 세 개의 쉼표가 속도를 떨어뜨리며 뚝뚝 끊어지는 느낌을 주기 때문이다. 실제로 헤밍웨이가 『해마다 날짜가 바뀌는 축제 *A Moveable Feast*』(1964)의 3장에서 이 문장을 어떻게 썼나 보자. "종종 아무도 스타인 양을 찾아오지 않았다. 그녀는 항상 친절했고 오랫동안 다정한 태도를 보여주었다.(Often Miss Stein would have no guests and she was always friendly and for a long time she was affectionate.)" 쉼표가 없으니 미끄러지듯 읽힌다.

또 다른 예로 『태양은 다시 떠오른다 *The Sun Also Rises*』(1926)에서 화자는 팜플로나에서 열리는 투우 경기를 보러 간다. 그가 관중들 틈에 섞여 투우장 안으로 서둘러 들어가는 장면에서 헤밍웨이는 문장의 속도를 높인다. "폭죽 소리가 들렸다. 이러다가는 황소가 나오는 순간을 놓칠 게 뻔했다. 나는 사람들을 거칠게 울타리 쪽으로 밀어붙였다.(I heard the rocket and I knew I could not get into the ring in time to see the bulls come in, so I shoved through the crowd to the fence.)" 'and' 앞의 쉼표를 없애니까 빨리 읽히는 것은 물론 독자에게는 마치 관중 속에 있는 듯한 느낌을 선사한다.

쉼표 생략은 까다로운 일이다. 자칫하면 문장이 엉뚱하게 읽힐 수 있기 때문이다. 당연히 마음대로 쉼표를 생략하기가 꺼려질 수밖에 없다. 그러나 등장인물이 평소보다 급하게 움직여야 하는 순간에는 헤밍웨이가 사용한 기법을 사용하여 문장의 속도를 높여보라. 다른 작가들을 멀찌감치 떼 놓을 수 있을 것이다.

 **용어 선택**

용어 선택이란 말 그대로 단어의 선택이다. 헤밍웨이는 단순한 앵글로 색슨 계열의 단어를 주로 사용한다. 물론 필요한 경우에는 전문 용어나 일반적으로 잘 쓰이지 않는 단어도 거리낌 없이 사용하지만 대개는 구어(口語) 중에서 가장 쉬운 단어를 선택한다. 포크너는 바로 이 점을 비난했다. "헤밍웨이는 겁쟁이입니다. 절대로 위험한 선택을 하지 않죠." 포크너가 대학의 문학 강의 시간에 학생들에게 한 말이다. "그는 무슨 뜻인지 궁금해서 독자들이 사전을 뒤져볼 만한 단어는 여간해선 쓰지 않습니다." [14]

물론 포크너는 헤밍웨이와 정반대 문체를 가졌던 작가다. 포크너의 비난에도 헤밍웨이의 직설적이고 직접적인 단어 선택은 엄청난 성공을 거두었다. 『가진 자와 못 가진 자 To Have and Have Not』 (1937)에서 12장의 첫 문장을 보자. "집 안으로 들어온 그는 불을 켜지 않은 채 복도에서 신발을 벗고 양말 차림으로 빈 계단을 올라갔다.

---

14) Joseph Blotner, *Faulkner: A Biography*, one-volumn edition, Jackson:University Press of Mississippi, 1984, p. 483.

(When he came in the house he did not turn on the ligh but took off his shoes in the hall and went up the bare stairs in his stocking feet.)" 한 단어만 빼고 모든 단어가 1음절이다. 헤밍웨이가 쓴 단편과 장편의 어느 페이지를 펼쳐 봐도 이와 비슷한 문장을 발견할 수 있다.

단순한 어휘를 사용하면 가독성이 크게 높아진다. 가독성을 높이는 방법을 개발한 루돌프 플레시(Rudolph Flesch)는 『가독성을 높이는 글쓰기 The Art of Readable Writing』(1949)에서 짧고 흔히 쓰이는 단어를 사용하라고 제안한다. 쉬운 동의어 사전을 구해 초고에 어려운 단어가 등장할 때마다 사전에서 그에 해당하는 쉬운 동의어를 찾아 대체하라는 것이다.[15] 그는 또 작가들에게 명사나 형용사보다는 동사에 의존하라고 충고한다. "최근의 글쓰기는 명사와 형용사에만 의존하려 한다. 작가들은 하나같이 전치사 혹은 이다(is/are)와 였다(was/were)를 이용해 명사와 형용사를 이어 붙이려고만 한다."[16] 물론 헤밍웨이는 예외다. 그의 문체는 플레시를 기쁘게 했을 것이다.

당신의 글이 지나치게 전문적인 느낌을 풍기거나 숨이 막히는 느낌이 들 때는 헤밍웨이의 방법을 시도해보라. 형용사와 부사를 엄격하게 사용하는 대신 동사에 의존해보라. 미처 눈치채지 못하는 사이에 글이 말을 하는 것처럼 들리고 가독성이 몰라보게 좋아질 것이다. 누군가 당신의 글에서 헤밍웨이의 문체가 느껴진다고 말한다면, 십중팔구 그는 당신을 질투하고 있는 것이다.

---

15) Rudolph Flesch, The Art of Readable Writing, New York:Collier Books, 1949, p. 142.
16) 위의 책, p. 147.

 **세부묘사와 색깔**

　세부묘사와 색깔을 이용하여 독자의 마음에 그림을 그려 넣는 것은 헤밍웨이의 또 다른 장기였다. 단편 『두 개의 심장을 가진 큰 강 Big Two-Hearted River』(1925)에서는 일상생활에서 잘 쓰이지 않는 특정 분야의 용어를 사용한다. "그곳에 강이 있었다. 강물이 교각의 통나무 쐐기못에 부딪혀 소용돌이치고 있었다." 헤밍웨이가 독자에게 전달하고 싶었던 정확한 그림은 '쐐기못(spiles)'이라는 단어에 담겨 있다. 많은 독자가 '쐐기못'의 정확한 뜻을 알려면 사전을 뒤져봐야 할지도 모른다. 헤밍웨이도 이를 잘 알고 있다. 그래서 특정 분야의 전문 용어를 자주 쓰지 않으려 했고, 어쩌다 한 번 일상적이지 않은 단어나 외국어를 사용하여 구체적인 세부묘사를 하는 정도였다.

　헤밍웨이는 외국어에서 빌려온 단어를 사용할 때는 곧바로 그 뜻을 설명했다. 소설에서도 마찬가지다. 『태양은 다시 떠오른다』의 13장을 보면 등장인물 중 한 사람의 입에서 'Aficionado'라는 단어가 튀어나온다. 헤밍웨이는 곧바로 "Aficion은 '열정'이란 뜻이므로, 'Aficionado'는 투우를 열광적으로 좋아하는 사람을 뜻한다."라고 친절한 설명을 달아준다. 중간에 단어 설명이 끼어든다고 해서 이야기의 흐름이 깨지지는 않는다. 짧은 멈춤이 있을 뿐이다. 멈췄던 곳에서 이야기는 곧바로 다시 시작된다.

　감각적 세부묘사를 위해 헤밍웨이는 색깔도 매우 효과적으로 사용한다. 실제로 그는 화가처럼 색깔을 이용한다. 자신이 색깔을 언급하면 독자가 그것을 볼 것을 알고 있는 듯하다. 한 가지 색깔도 몇 차례에 걸쳐 군데군데 나누어 사용하면 기대 이상의 효과를 거둘 수 있다. 이러한 반복은 장면을 독특한 색깔로 물들이고 작품의 배경을 독자의 마음속에서 살아 숨 쉬게 만든다. 『노인과 바다』를 보자. "그는 금세 잠이 들었고 아프리카 꿈을 꾸었다. 꿈속에서 그는 소년이었다. 금빛 해변을 따라 눈부시도록 하얀 해안선이 이어졌다. 그 하얀색은 눈을 찌를 만큼 강렬했다." 여기서 '하얀' 색의 반복은 마음의 눈까지도 멀게 할 만큼 강렬한 느낌으로 다가온다.

『해마다 날짜가 바뀌는 축제』에서는 흑과 백의 대비를 통해 효과를 극대화한다. 그는 자신이 머물렀던 1920년대의 파리를 "당신이 거리의 젖은 어둠 속을 걷고 있을 때 높고 하얀 집들보다 높은 지붕은 없었다."라고 묘사한다. 여기서 하얀색은 거리의 어둠과 대비되어 극명하게 두드러져 보인다. 헤밍웨이는 아마도 이러한 기법을 프랑스 인상파 화가들에게서 배우지 않았나 싶다. 프랑스 인상파 화가들은 어두운 부분에 밝은 물감을 살짝 묻혀 밝은 부분을 강조하거나 더 어두운 표면을 반사하는 빛을 강조한다.

세부묘사나 색깔을 사용할 때는 사람의 머리가 동시에 여러 가지에 집중할 수 없다는 점을 명심하라. 한 장면을 생동감 넘치게 만들 때 세부묘사는 서너 가지로 제한하는 게 좋다. 나머지는 독자의 상상에 맡겨라. 가끔은 주저하지 말고 특정 분야의 전문 용어를 사용하라. 대부분의 독자들에게 낯설게 느껴지는 단어라도 상관없다. 끝으로 색깔을 자유롭게 사용해보라. 한 가지 색깔을 반복하거나 서로 다른 두 가지 색깔을 대비시키면 강렬한 인상을 남길 수 있다.

## 'And' 사용하기

헤밍웨이가 가장 좋아했던 단어가 'and'였다는 주장은 일리가 있다.[17] 헤밍웨이가 'and'를 사랑하게 된 것은 의심할 여지 없이 거트루드 스타인의 영향이다. 스타인이 쓴 작법서 『글 쓰는 법 How to Write』(1931)은 제법 글재주를 타고났다고 하는 사람들마저도 좌절케 한다. 예를 들어 이런 문장에 부딪혔을 때다. "감정이란 잠시 머물렀다 사라지기 때문에 무게를 잴 수 있지만 사랑의 감정은 진짜로 만들어지는 것이다.(Sentiment is awhile and weighed as a weight and romance is maid to be authentic.)" 그러나 헤밍웨이는 스타인의 격언과 조언 중에서 자신이 받아들일 만한 가치가 있는 것들만 뽑아냈다. 한마디로 왕겨에서 밀을 가려내듯 자신이 받아들일 수 있는 것과 그럴 수 없는 것을 구분할 줄 알았다.

스타인의 문체 실험은 헤밍웨이의 생각을 흔들어놓았고, 결국 헤밍웨이는 독립절을 연결할 때 종속을 피하고 and를 사용하기 시작했다. 종속은 하나 이상의 절이 주절에 의존할 때 발생한다. "비가 오자, 그는 안으로 들어갔다.(When it rained, he went inside.)"라는 문장을 보자. "그는 안으로 들어갔다"는 독립절이고, "비가 오자"는 종속절이다. 헤밍웨이라면 이 문장을 "비가 왔고 그는 안으로 들어갔다.(It rained and he went inside.)"라고 썼을 것이다. 구어(口語)에 더 가깝게

---

[17] 헤밍웨이는 심지어 개정판에서도 and를 추가한다. Scott Donaldson, "Preparing for the End: Hemingway's Revision of 'A Canary for One'", in *New Critical Approaches to the Short Stories of Ernest Hemingway*, edited by Jackson J. Benson. Durham, N.C.:Duke University Press, 1990, p. 235.

들리고 쉼표가 빠져 있어 읽기도 더 쉽다.

종속절이 나쁘다는 말은 아니다. 다만 종속절을 사용한 글은 엄숙한 느낌을 주는 경향이 있다. 특히 반복해서 사용할수록 그런 느낌이 더 강해진다. 헤밍웨이는 자신의 글에서 엄숙한 분위기가 풍기는 것을 매우 싫어했다. 만약 헤밍웨이처럼 글을 쓰고 싶다면 지나치게 격식을 고집하는 문체를 피하고, 문장에서 종속절의 양을 줄여보라.

『무기여 잘 있거라』의 결말 부분은 종속절에서 벗어나는 방법을 보여준다. 우선 당신이 이렇게 초고를 썼다고 가정해보자. "잠시 후 밖으로 나갔을 때 나는 병원을 떠났다. 그리고 비를 맞으며 호텔로 돌아왔다.(When I went out after a while, I left the hospital and walked back to the hotel in the rain.)" 이 문장엔 종속절이 쓰였다. 주절은 "병원을 떠났다. 그리고 비를 맞으며 호텔로 돌아왔다"이다. 종속절은 "잠시 후 밖으로 나갔을 때"이다. 원래 주절인 "나는 잠시 후 밖으로 나갔다 (I went out after a while)"에 종속접속사 'when'이 붙으면서 종속절이 되었다는 점에 주목하라. 따라서 종속절을 고치는 첫 단계는 종속접속사 'when'을 없애는 것이다. 그러면 이런 문장이 남는다. "나는 잠시 후 밖으로 나가 병원을 떠났다. 비를 맞으며 호텔로 돌아왔다.(I went out after a while, I left the hospital and walked back to the hotel in the rain.)" 두 번째 단계는 쉼표를 없애고 그 자리에 'and'를 집어넣는 것이다. 그럼 이런 문장이 된다. "나는 잠시 후 밖으로 나갔고 병원을 떠났고 비를 맞으며 호텔로 돌아왔다.(I went out after a while and left the hospital and walked back to the hotel in the rain.)" 이제 우리는 거의 목표 지점에 다다랐다. 이 정도면 헤밍웨이가 썼다고 해도 큰 무리가 없다. 이제 첫 두 절의 순서를 바꿔주는 일만 남았다. 그럼 이런 문장이 된다. "잠시 후 나는 밖으로 나갔고 비를 맞으며 호텔로 돌아왔다.(After a while I went out and left the hospital and walked back to the hotel in the rain.)" 헤밍웨이는 『무기여 잘 있거라』를 정확히 이 문장으로 끝냈다.

앞에서도 얘기했지만 종속절 자체는 나쁘지 않다. 문제는 종속절을 지나치게 사용하면 고풍스럽고 학문적인 느낌이 강하게 난다는 점이다. 우리는 종속절에서 벗어나는 첫 단계로 종속접속사를 없앴다. 이번 기회에 종속접속사의 종류를 알아두는 것도 나쁘지 않을 것이다. 주절에 붙어 주절을 종속절로 만드는 주요 종속접속사는 다음과 같다.

| | |
|---|---|
| after | so that |
| although | though |
| as | unless |
| because | until |
| before | when |
| how | where |
| if | while |
| since | |

절대로 종속접속사를 사용해서는 안 된다는 법은 없다. 다만 종속접속사 때문에 문제가 발생할 경우 헤밍웨이의 방식을 사용하여 쉽

게 처리할 수 있다는 점을 기억해두자.

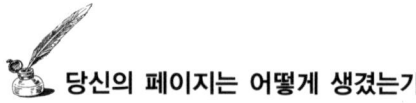
## 당신의 페이지는 어떻게 생겼는가

글을 쓰다 말고 한 발 물러서서 자신이 써놓은 글을 바라본 적이 있는가? 얼마나 자주 그래봤는가? 아, 나는 지금 실제로 물리적 거리를 두고 자신이 써놓은 글을 바라본 적이 있는가 묻고 있다. 당연히 이런 의문이 들 것이다. "왜 그래야 하죠? 그렇게 떨어져서 보면 글씨가 너무 작아서 제대로 읽을 수도 없지 않나요?" 그것이 내 요점이다. 뒤로 몇 발짝 떨어져서 보려고 하면 글씨가 너무 작아서 제대로 볼 수 없다. 그 순간 눈에 들어오는 것은 글자가 아니라 페이지 전체의 모양이다. 페이지 전체가 어떻게 생겼는지 보는 것, 이는 생각보다 훨씬 중요한 문제다.

페이지의 전체적인 모습을 살펴보는 것은 잘 알려지지 않은 헤밍웨이의 작업 비밀 중 하나였다. 그는 빼곡하게 글이 들어찬 문단을 싫어했다. 그래서 문단이 옆으로 퍼지면서 뚱뚱해진다 싶으면 슬쩍 대화를 끼워 넣어 여백을 만들었다. 그가 특히 즐겨 쓴 방법은 두 인물이 짧은 대화를 주고받게 한 것이다. 알고 있는가? 이 기교가 시작된 건 2천 년 전으로 거슬러 올라간다. 최초로 이 기교를 만들어낸 사람은 고대 그리스의 극작가들이었다. 그들은 이를 격행대화(隔行對話)라 불렀다. 문자 그대로 한 줄짜리 짧은 시나 대화를 뜻한다. 에우리피데스(Euripides)나 소포클레스(Sophocles), 아리스토파네스(Aristophanes) 등 고대 그리스 극작가들의 작품은 수없이 많은 격행대화로 이루어져 있다. 예를 들어 아이스킬로스(Aeschylus)의 「코에포로이 *The Choephoroi*」에는 이런 대화가 나온다.

    **클리템네스트라**: 그러니까 너를 낳아준 어미를 살해하겠다는 거냐?
    **오레스테스**: 당신이 죽음을 자초했습니다.
    **클리템네스트라**: 어미의 저주와 분노가 두렵지 않느냐?
    **오레스테스**: 제가 복수하지 않으면 아버지가 분노하겠지요.
    **클리템네스트라**: 내가 아들이 아니라 뱀을 낳았구나.

대화가 전부 짧은 줄로 이루어져 있고, 질문과 대답도 거의 똑같은 길이를 이루고 있다. 이 패턴은 그리스 극작가들의 표준이 되었다. 그들은 격행대화를 이용하여 극의 속도를 조절하고 이야기의 강약을 조절했다. 헤밍웨이도 격행대화를 사용했지만 이를 눈치챈 사람들은 거의 없다. 물론 그가 격행대화를 사용한 목적은 고대 그리스 극작가들의 목적과는 달랐다. 그리스 극작가들이 비교와 감정의 격렬함을 전달하기 위해 격행대화를 사용했다면 헤밍웨이는 독자에게 시각적 즐거움을 제공하기 위해 격행대화를 사용했다. 물론 짧은 대화를 사용하면 내용 전달도 쉽고 속도감도 느낄 수 있다. 그러나 헤밍웨이의 주된 목적은 페이지를 보기 좋게 만드는 것이었다. 이상하게 들리겠지만, 그는 이야기의 내용과는 별개로 시각적 호소에도 신경을 썼다.

단편 『살인자들 *The Killers*』(1927)에는 격행대화의 현대적 예가 나온다. 『무기여 잘 있거라』에서도 격행대화가 효과적으로 사용된다.

이 작품에서는 대부분의 대화가 뱀처럼 구불구불 흘러가고 있어 문단의 여백이 많아졌다. 제임스 케인(James M. Cain)도 이 기법을 사용했는데, 특히 『포스트맨은 벨을 두 번 울린다 *The Postman Always Rings Twice*』(1934)에서 격행대화를 두드러지게 사용한다. 코맥 매카시는 자신의 모든 소설에서 격행대화를 사용한다.

당신의 작품에서도 똑같은 기법을 사용할 수 있을까? 물론이다.[18] 당신의 페이지가 어떻게 생겼는지 파악하라. 이는 독자를 위한 배려다. 당신의 책을 읽고 있는 독자는 이미 당신이 말하는 내용에 관심을 갖고 있다. 그렇지 않았다면 당신의 책을 펼쳐들었겠는가? 그러나 비록 의식하지는 못하겠지만 독자들은 한편으론 당신의 페이지가 어떻게 생겼는지에 대해서도 관심을 갖고 본다. 내 말이 이상하게 들린다면 서점에 나가 사람들을 관찰해보라. 책을 구입하기 전에 책장을 넘기며 훑어보는 사람들이 쉽게 눈에 띌 것이다. 책을 잠깐 훑어보는 사이에 실제로 내용은 몇 줄 읽지 못한다 하더라도 적어도 페이지가 '어떻게 생겼는지'에 대한 인상을 결정하기엔 충분한 시간이다. 아예 내용은 단 한 글자도 읽지 않는 사람들도 많다.

의식적으로 페이지 모습을 다듬어라. 비교적 쉽게 활용할 수 있는 기법이다. 가장 간단한 방법은 지나치게 긴 대사를 피하고, 대사를 다시 쓸 때는 불필요한 단어를 쳐내는 것이다. 인용 표시를 없애는

---

18) 헤밍웨이는 폭력이라는 주제를 많이 다루고 소설의 무대도 외국인 경우가 많다. 필립 영이 지적했듯이 헤밍웨이의 이런 윤리관이나 주제까지 받아들일 필요는 없다. 단지 그의 문체만 모방해도 당신의 작품에 현대적 느낌을 가미할 수 있다. (Young, 앞의 책, p. 211.)

것도 한 방법이다. 일단 대화를 시작하면 그는 말했다(he said), 그녀는 말했다(she said)와 같은 표현을 일일이 써줄 필요는 없다. 대화는 정성껏 손질하면 손질할수록 틀림없이 더 잘 읽히고 깔끔해진다.

　긴 문단을 너무 많이 사용하지 마라. 긴 문단 사이에 짧은 문단을 끼워 넣어보라. 이 기법의 대가는 찰스 디킨스였다. 그는 종종 한두 문장으로 이루어진 짧은 문단을 긴 문단들 사이에 끼워 넣었다. 덕분에 그의 페이지는 보기 좋아졌고 그도 그 사실을 잘 알고 있었다. 디킨스 이후 많은 작가들이 짧은 문단을 중간에 집어넣어 긴 문단을 분리한다. 이는 현대 산문이든 고전 산문이든 어디에서나 볼 수 있다. 명심하라. 독자가 책을 훑어볼 때 눈에 가장 먼저 띄는 것은 페이지의 모습이다. 긴 문단이 너무 많으면 독자들은 대번에 '겁부터 집어먹는다'.[19] (제발 카프카한테 이런 충고를 들려주라고? 카프카가 내 말을 들을까? 모든 규칙엔 예외가 있지 않은가!) 현대 독자들은 여백을 사랑한다. 여백은 솔깃한 유혹이고 더 재밌게 책을 읽을 수 있게 해준다. 이것이 사람들이 잘 모르는 헤밍웨이의 비결 중 하나다. 이 방법은 당신의 작품에 쉽게 이용하여 실질적인 도움을 줄 수 있다.

---

[19] 물론 짧은 문단이 항상 좋다는 절대적 법칙이 있는 것은 아니다. 베케트(특히 3부작 『몰로이』, 『말론 죽다』, 『이름 붙일 수 없는 것』)나 카프카, 스칸디나비아의 천재 작가 닥 솔스타트(『부끄러움과 위엄』) 같은 현대의 거장들은 헤밍웨이와 정반대로 긴 문단을 주로 썼고, 때로는 의도적 유희나 모방이 아닌지 의심될 정도로 긴 문단을 쓸 때도 있었다.

거장처럼 써라

## 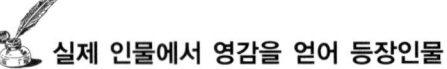 실제 인물에서 영감을 얻어 등장인물 만들기

앞서 우리는 헤밍웨이가 이탈리아에서 아그네스 본 쿠로브스키와의 사랑에 실패한 후 그 경험을 바탕으로 『무기여 잘 있거라』를 썼다는 이야기를 한 바 있다.[20] 닉 아담스라는 인물이 주인공으로 등장하는 단편들에서 닉 아담스는 바로 헤밍웨이 자신을 모델로 삼은 인물이며 『가진 자와 못 가진 자』에 등장하는 대부분의 인물은 헤밍웨이가 키웨스트에 머물 당시 만났던 주민들을 모델로 삼았다. 그런가 하면 『태양은 다시 떠오른다』에서는 헤밍웨이가 유럽에 사는 동안 알고 지냈던 사람들이 여럿 등장한다. 헤밍웨이는 이 작품의 초고에서 아예 그들의 실명을 사용하기도 했다. 소설에 등장하는 제이크 반스는 헤밍웨이 자신을, 브렛 애쉴리는 더프 트위스덴 여사(Lady Duff Twysden)를, 로버트 콘은 소설가 해롤드 롭(Harold Loeb)을 토대로 만든 인물들이다. 이런 예는 끝도 없다.

실제 인물을 토대로 소설의 등장인물을 창조하는 것은 헤밍웨이의 얄팍한 속임수일까? 아니면 존 사전트(John Singer Sargent)나 N. C. 와이어스(Wyeth), 노먼 로크웰(Norman Rockwell) 같은 초상화가들처럼 위대한 예술가라면 누구나 해왔던 일인가? 이 질문에 어떻게 대답하느냐에 따라 작가로서 얼마나 성숙한 자세를 갖는지를 알 수 있다. 만약 헤밍웨이가 실제 인물을 토대로 등장인물을 만든 것이 얄팍한

---

[20] 헤밍웨이는 아그네스와의 사랑에 대해 "충격이 크고 마음이 아프고 화도 난다"라고 말했다.(Bernice Kert, *The Hemingway Women*, New York:W.W.Norton, 1983, p. 70.)

속임수라고 생각하는 사람이 있다면 훌륭한 문학작품을 좀 더 접해 보길 권한다. 톨스토이에서 플로베르, 헤밍웨이를 거쳐 현대의 거장에 이르기까지 위대한 작가들은 하나같이 실제 인물을 토대로 등장인물을 만들어왔다는 사실을 아직 모르는 것 같아 하는 말이다.[21]

일부 초보 작가들은 실제 인물을 토대로 소설의 주인공을 만드는 것을 꺼린다. 실제 인물이 명예훼손으로 작가를 고소라도 하면 어쩌나 걱정이 되어서 그러나 본데, 몇 가지 세부 사항만 바꾸면 그런 걱정에서 벗어날 수 있다. 실제 인물에 근거를 두고 등장인물을 만드는 방법을 모르는 작가도 있다. 어렵지 않다. 초상화가들이 사용하는 방법을 거의 그대로 따르면 된다. 우선 당신이 생각하고 있는 이야기에 어울릴 만한 인물을 몇 명 떠올린다. 그 다음 언어로 표현할 수 있는 그들의 특징에 초점을 맞춰서 생각해보라. 목소리의 특징이라든가 눈썹의 모양이라든가 친구와 대화를 나눌 때 의자에 파묻혀 있는 독특한 자세 같은 것에 초점을 맞춘다. 이제 그 인물이 이야기와 어떻게 섞일지, 이야기 속에서 어떤 모습을 하고 있을지 묘사해보라. 인물이 어떤 반응을 보여야 하는 장면이라면 당신의 모델이 실제 생활에서는 그런 일에 어떤 반응을 보이는지 기억을 떠올려보라. 이런 과

---

21) 많은 작가들이 자신은 실제 인물을 모델로 삼지 않았다고 주장한다. 그러나 이는 친구나 친척, 그 밖의 지인들이 소설의 등장인물로 묘사되는 것에 불쾌감을 갖지 않도록 하려는 눈속임에 불과하다. 예를 들어 아인 랜드(Ayn Rand)도 시종일관 실제 인물을 모델로 캐릭터를 만들지 않는다고 말해왔지만, 『근원 The Fountainhead』(1943)의 등장인물인 엘스워스 투헤이는 해롤드 라스키(Harold Laski)를 모델로 삼았다고 시인한 바 있다.(Ayn Rand, *The Art of Fiction: A Guide for Writers and Readers*, New York:Plume, 2000, pp. 86-87.)

정을 통해 등장인물은 생생함과 생명력을 얻게 될 것이다. 오로지 상상 속에서 만들어진 캐릭터는 절대로 그런 생명력을 내뿜을 수 없다.

오로지 상상으로만 만들어낸 사람들에 대한 이야기는 쓰지 마라.[22] 현실에서 알고 있는 사람들을 토대로 인물을 만들어라. 그렇게 하면 현실과 멀리 떨어진 곳을 흐르고 있던 당신의 이야기가 마침내 살아 솟구쳐 오를 것이다. 그런 이야기는 반드시 독자의 마음을 움직이게 마련이다. 때로는 하나의 등장인물을 만들기 위해 두 사람 이상을 모델로 삼을 수도 있다. 헤밍웨이가 즐겨 사용한 방법이기도 하다. 두 인물을 하나로 합친 복합적 캐릭터는 소설을 지탱해주는 버팀목의 하나이다. 두 사람 이상의 인물을 떠올린 다음 그들의 특징과 행동을 한 명의 등장인물 속에 결합시켜라. 이 작업을 제대로만 하면 독자는 서로 다른 두 사람이 합쳐져 하나의 캐릭터로 태어났다는 것을 결코 알아차리지 못할 것이다. 오히려 독자는 당신의 글을 통해 새롭게 생명을 얻은 인물을 만나는 기쁨을 누린다. 두 사람을 합쳐 놓은 복합적 캐릭터는 한 사람을 토대로 만든 캐릭터보다 훨씬 사실적이고 입체적인 인물인 경우가 많다.

---

22) 『무기여 잘 있거라』와 『누구를 위하여 종은 울리나』의 주인공 캐릭터는 헤밍웨이 자신을, 주변 캐릭터들은 그가 아는 인물들을 모델로 삼고 있다. 그러나 두 작품 모두 사랑 이야기는 실제 사건에서 영감을 받지 않았다. 존 킬링거(John Killinger)는 두 작품 중 『누구를 위하여 종은 울리나』가 '성숙한 연애 관계'를 조금 더 훌륭하게 묘사하고 있다고 평가한다.(John Killinger, *Hemingway and the Dead Gods: A Study in Existentialism*, Lexington:University of Kentucky Press, 1960, p. 91.)

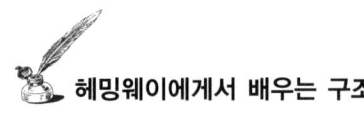

## 헤밍웨이에게서 배우는 구조

헤밍웨이의 소설은 도입부보다 결말이 훨씬 인상적이다. 작가라면 이 말을 흘려들을 사람은 없으리라 믿는다. 이야기를 어떻게 마무리할 것인지는 모든 작가들이 가장 힘들어하는 과제 중 하나이기 때문이다. 헤밍웨이도 '한 방'이 있는 인상적인 결말을 쓰기 위해 고심을 거듭했고, 그래서 나온 답이 구조였다.

물론 아이작 아시모프처럼 결말을 미리 정해두지 않으면 절대로 작업을 시작하지 않는 작가도 있다. 하지만 대부분의 작가는 글을 써나가는 과정에서 결말을 찾아내기를 더 좋아한다. 둘 중 어떤 방법을 사용하든 상관없다. 일단 초고를 완성하고 나면 처음으로 돌아가 헤밍웨이가 했던 방식을 따르면 된다. 다름 아닌 고쳐쓰기다. 예전에 나는 헤밍웨이 도서전이 열린 보스턴의 존 F. 케네디 도서관에서 그의 소설 원본을 볼 기회가 있었다. 그 원본은 거의 모든 페이지마다 내용을 고치고 바꾼 흔적으로 가득했다. 어떤 페이지는 고친 흔적이 너무 많아서 도저히 글자를 알아볼 수 없을 정도였다. 정확한 단어를 찾기 위해 헤밍웨이가 얼마나 고심했는지 한눈에 보였다. 줄거리와 구조가 올바로 가고 있는지 끝없이 점검한 것이다.

소설의 성공 여부는 무엇에 달려 있다고 생각하는가? 결말이다. 대개의 경우 결말이 소설의 성패를 좌우한다. 헤밍웨이 소설의 결말은 거의 항상 중요한 의미로 가득 차 있다. 『무기여 잘 있거라』의 결말에서는 주요 등장인물의 한 명인 간호사 캐서린 바클리가 죽는다. 그녀의 죽음은 소설의 마지막 바로 전 페이지에서 일어난다.[23] 소설의 앞부분에서 등장했던 전조(前兆)와 그녀의 죽음에 대한 화자의 반응을 통해 이 죽음이 갖는 의미는 뚜렷해진다. 특히 화자의 담담한 반응이 오히려 그녀의 죽음을 더욱 실감나게 만든다. 『노인과 바다』의 결말에서 산티아고 노인은 상어가 다 먹어버리고 겨우 머리만 남은 고기와 함께 집으로 돌아온다. 상어와의 싸움에서 패했으나 노인의 모습 어디에서도 패배의 고통을 찾아보기 힘들다. 오히려 노인은 평온한 모습이다. 그는 최선을 다해 상어와 싸웠다. 이것이 진정으로 이 소설이 말하고자 하는 것이다. 『킬리만자로의 눈』의 결말은 이미 처음부터 드러나 있었다. 시작부터 화자가 자신의 죽음이 멀지 않았다는 것을 알고 있기 때문이다. 소설에 여러 차례 등장하는 하이에나는 화자의 죽음에 대한 상징으로 사용된다. 눈을 감기 전 주인공은 킬리만자로의 사원에서 다시 태어나는 꿈을 꾼다. 그 순간 하이에나의 마지막 울음소리가 들려온다. 죽음이라는 소설의 주제를 다시 한 번 일깨우면서 주인공의 꿈이 단지 환영이었음을 알리는 울음이다.

마지막 장면을 상징적 의미로 채우고 최후의 사건에 대한 전조를 미리 깔아놓는다면 당신도 헤밍웨이와 같은 결말을 얻을 수 있다. 독자에게 미묘한 암시를 흘려 결말을 예고하라. 최후의 사건에 대해 주변 인물의 반응을 보여주고 중심 인물에게 깨달음을 주어 결말을 강조하라. 보편적이거나 영적인 표현을 통해 인생의 깊은 의미를 찾아내어 결론을 강화하라. 상징을 사용할 수도 있다. 상징을 사용할 때는 처음부터 심어두거나 『킬리만자로의 눈』의 하이에나처럼 결말에

---

23) 『누구를 위하여 종은 울리나』에서 주인공 로버트 조던은 소설의 마지막 페이지에서 죽는다. 신중한 구성, 실제 인물과 닮은 캐릭터, 소설의 마지막 순간까지 결말을 알 수 없는 구조는 최고의 기교와 수사학이다.

이르기 전 여러 차례 언급하는 것이 좋다. 이런 장치를 통해 결말은 더욱 깊은 의미를 지니고 독자에게는 더 강한 인상을 남기게 될 것이다. 물론 작품의 전체적인 구조는 독자에게 더욱 만족스런 경험으로 다가갈 것이다.

지난 백 년간 작가들이 헤밍웨이를 가장 많이 모방한 데는 그만한 이유가 있다. 헤밍웨이의 문체는 현대적 주제와 아이디어, 이야기를 풀어내는 데 완벽하게 들어맞는다. 신문 기사 작성을 통해 싹을 틔우고 단편과 장편을 통해 완벽하게 꽃을 피운 헤밍웨이의 문체는 한 세대를 사로잡았다. 그리고 현대적 산문을 꿈꾸는 이들에게 여전히 많은 가르침을 주고 있다.

**마거릿 미첼** | 주요 작품 『바람과 함께 사라지다』
주인공의 내면 독백을 통해 독자가 주인공이 경험하는 세계에 깊이 빠져들게 했고 관련 자료를 닥치는 대로 읽어 소설에 어울리는 설득력 있는 배경을 만들어냈다.

[ 13장 ]

# 마거릿 미첼처럼 써라
*Margaret Mitchell*

서양 문학의 고전 목록을 떠올릴 때 마거릿 미첼은 머릿속에 가장 먼저 떠오르는 이름이 아닐 수도 있다. 그러나 그녀가 쓴 작품은 고전임이 틀림없다. 사실 미첼이 쓴 작품은 역사상 가장 많은 인기를 누렸음은 물론 가장 많이 팔린 소설 중 하나이다. 이 사실만으로도 우리가 미첼을 진지하게 연구해볼 만한 가치는 충분하다. 미첼은 자신이 창조한 주인공 스칼렛 오하라와 닮은 구석이 많다. 둘 다 아름답고 반항적인 데다 수많은 팬들을 거느리고 있다. 작가의 인생을 작품을 판단하는 기준으로 삼아서는 안 되겠지만 작가의 삶과 그가 쓴 작품이 너무나 닮은 경우엔 작가의 인생을 들여다보는 것도 분명 의미 있는 작업이다. 미첼의 경우가 특히 그렇다. 그녀의 인생을 조금만 살펴봐도 몇 가지 흥미로운 사실과 중요한 통찰을 얻을 수 있다.

타고난 반항아라는 말만큼 그녀에게 어울리는 표현도 없을 것이다. 마거릿 미첼은 1900년에 태어났다. 그녀는 소설 속 주인공인 스칼렛 오하라처럼 고집불통으로 남의 말이라곤 지독히 안 듣는 아이였다. 어릴 때부터 이야기 만들기를 좋아한 미첼은 첫 번째 작품을 완성한 6, 7세 이후로 많은 이야기들을 쏟아냈다.[1] 네 살 터울의 오빠에 이어 집안의 막내로 태어난 미첼은 막내 특유의 창의력과 반항적 태도를 한껏 발휘했다. 이런 그녀의 성격은 직업과 사회생활에도 영향을 미쳐 여자 신문기자는 찾아보기 힘들었던 시절에 신문기자로 잠시 일하기도 했다. 집안에서 반대하는 남자들과 데이트를 즐기는가 하면, 스칼렛 오하라처럼 동시에 두 남자의 구애를 받기도 했다.[2] 첫 번째 남편인 베리엔 '레드' 업쇼는 대공황기의 주류 밀매업자였다. 마치 소설 속의 스칼렛과 레트처럼 미첼과 남편은 사사건건 충돌했다. 미첼은 첫 남편과 사는 동안 신경쇠약 직전까지 내몰렸고,[3] 바람 잘 날 없던 그들의 결혼 생활은 그리 오래가지 않았다. 그러나 공교롭게도 그녀의 첫 남편은 오늘날 세계적으로 유명한 소설의 남자 주인공이 탄생하는 데 영감을 주었다. 미첼의 두 번째 결혼은 첫 번째보다 훨씬 성공적이었지만 『바람과 함께 사라지다』의 매력적인 주인공 레트 버틀러는 어디까지나 첫 남편인 레드 업쇼의 유산이었다.

---

1) Darden Asbury Pyron, *Southern Daughter: The Life of Margaret Mitchell*, New York:Oxford University Press, 1991, p. 49.
2) 위의 책, pp. 134-135.
3) 위의 책, pp. 139-141.

마거릿 미첼처럼 써라

### 내면 독백의 장인

독자들이 『바람과 함께 사라지다 Gone With the Wind』(1936)에 열광하는 이유는 무엇일까? 여러 가지 이유가 있겠지만 특히 여주인공의 목소리를 빼놓을 수 없다. 미첼은 등장인물의 내면의 소리를 능수능란하게 활용한 작가였다. 그녀의 글이 독자를 사로잡은 이유는 소설의 대부분이 주인공인 스칼렛 오하라가 바라보는 제한된 3인칭 시점으로 서술되고 있기 때문이다. 다시 말해 이야기는 대부분 여주인공의 시점을 통해 펼쳐진다. 우리는 『바람과 함께 사라지다』에 등장하는 다른 인물들보다 스칼렛이라는 인물에 대해 더 많은 것을 알고 있다. 따라서 이 소설의 본질은 감정적이고 순수하지만 때로는 이기적인 한 여인이 혼란스럽고 고통스러운 시대를 어떻게 헤쳐 나갔는지에 대해 던지는 질문이다.

『바람과 함께 사라지다』처럼 규모가 방대한 소설에서는 때에 따라 3인칭 전지적 작가 시점으로 바꾸어주면 더 좋은 효과를 거둘 수 있다. 그러나 미첼은 그와 같은 시점 변화를 거의 사용하지 않는다. 독자가 다른 등장인물보다 스칼렛을 사랑하고 있음을 알기에 작가는 당연히 스칼렛의 생각을 조금이라도 더 드러내려고 한다. 미첼은 이야기의 매 단계마다 스칼렛의 마음속으로 들어가려고 애쓴다. 그리고 스칼렛이 눈앞에서 벌어지는 일들을 어떻게 느끼고 생각하는지 엿보려고 한다. 미첼이 어떻게 멀리 떨어진 것에서 친밀하고 개인적인 것으로 자연스럽게 이동하는지, 어떻게 등장인물이 느끼는 핵심적인 감정에 도달하는지는 잠시 후에 살펴볼 것이다.

여기서는 『바람과 함께 사라지다』에서 펼쳐지는 세상이 여주인공의 관점을 통해 독자에게 전달되고 있다는 점만 짚고 넘어가기로 하자. 독자는 소설의 어느 페이지를 펼치든 거의 항상 '생각'하고 있는 스칼렛을 만난다. 여기서 말하는 '생각'이란 차분한 심사숙고라기보다는 불안하고 감정적이며 심장이 터질 듯한 흥분과 자각에 가깝다. 가령 기분이 나쁜 스칼렛은 "난 왜 이렇게 바보 같을까, 이런 바보, 멍청이. 그녀는 미친 듯이 생각했다."[4] 북군 병사들을 바라볼 때 그녀의 가슴엔 자긍심이 차오른다. "정말 잘생긴 남자들이야. 가슴 가득 차오르는 자긍심을 느끼며 스칼렛은 생각했다."[5] 그런가 하면 레트에 대해서는 분노와 격렬한 감정을 느끼기도 한다. "분노와 증오가 그녀의 골수에 흘러들었고, 그녀는 그의 포옹을 거칠게 뿌리쳤다."[6] 이런 '생각'들은 스칼렛의 가슴을 관통하고 있는 다양한 감정 가운데 극히 일부에 불과하다. 그녀는 많은 사람들과 만나고 헤어지는 과정에서 이런 감정들을 겪는다. 그렇게 사랑을 찾았다가 잃는 기쁨과 슬픔을 겪으며 스칼렛의 이야기는 앞으로 나아간다.

요컨대 미첼이 스칼렛의 생각을 통해 사건을 바라보기 때문에 독자는 소설이 끝날 때까지 스칼렛의 옆에 바짝 붙어 그녀의 독백까지 세세히 듣게 된다. 이는 조지 오웰이 『1984년』(1949)에서 주인공 윈스턴 스미스의 눈을 통해 사건을 바라보는 방법과 같다. 레이 브래드버리는 『화씨 451 Fahrenheit 451』(1953)에서 가이 몬태그의 눈을 통해,

---

4) Margaret Mitchell, *Gone With the Wind*, New York:Avon, 1936, p. 569
5) 위의 책, p. 168.
6) 위의 책, p. 384.

서머싯 몸은 『인간의 굴레』(1915)에서 필립 케리의 눈을 통해 사건을 바라본다. 이런 방법은 작가가 풀어놓는 이야기와 주요 등장인물들이 하는 생각에 독자의 관심을 붙들어놓는 데 효과가 있다고 입증되었다. 스칼렛의 감정이 변할 때마다 독자는 그녀에게 한 걸음 더 가까이 다가간다. 스칼렛은 사랑과 인간관계가 자신의 삶을 지배하는 세계에 살고 있다. 그녀가 사랑을 얻거나 잃을 때, 혹은 저택과 영지를 잃을 때 독자는 그녀 못지않게 강렬한 감정에 휩싸인다. 이 소설을 끌고 가는 주된 힘은 이러한 정서의 힘이다. 따라서 미첼이 사용한 내면의 독백은 이야기를 튼튼하게 구성하고 독자를 아주 가까운 친구처럼 주인공의 세계로 초대하기 위해서 반드시 필요했던 문학적 장치다.

제한적 3인칭 시점으로 글을 쓰는 작가라면 미첼과 같은 방법을 사용해볼 수 있을 것이다. 그러려면 작가는 주요 등장인물의 생각 속으로 들어갈 때 스스로 제한을 둘 필요가 있다. 때로는 등장인물의 생각을 드러내야 하지만 그들의 말과 행동도 드러내야 한다. 등장인물의 생각에 할애하는 비중은 전체 이야기에서 10퍼센트 정도가 적당하다. 미첼도 전체 이야기에서 스칼렛의 생각을 표현하는 데 이 정도의 비중을 할애했다. 나머지 시간은 주요 등장인물의 말과 행동, 기타 등장인물의 말과 행동으로 채워야 한다. 이 10퍼센트는 절대로 적은 분량이 아니다. 그 정도면 독자의 관심과 공감을 불러일으키기에 충분한 분량이다. 등장인물의 강렬한 감정을 묘사하고 있거나 현재 벌어지고 있는 일에 대해 주요 등장인물이 적극적인 반응을 보이도록 만든다면 등장인물의 생각에 10퍼센트의 분량만 할애한다 하더라도 미첼의 독자들이 그랬던 것처럼 뜨거운 관심을 끌어낼 수 있을 것이다.

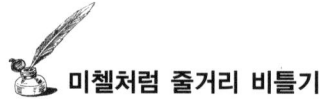
## 미첼처럼 줄거리 비틀기

『바람과 함께 사라지다』의 줄거리는 비틀기와 반전의 연속이다. 비틀기와 반전은 독자가 이야기에 지속적인 관심을 갖게 만든다. 『바람과 함께 사라지다』에서 줄거리가 비틀린 첫 번째 이유는 미첼이 만든 등장인물들이 예측 불허의 인물들이기 때문이다. 예를 들어 스칼렛은 레트를 사랑하지만 다른 남자와 결혼하고, 레트도 스칼렛을 사랑하지만 여러 차례 그녀를 떠난다. 두 사람 사이에서 태어난 아이는 얼마 못 가 끔찍한 사고로 세상을 떠난다. 아이의 죽음으로 두 사람의 관계에 금이 가기 시작하고 이는 결국 이혼으로 이어진다. 미첼이 스칼렛의 인생에 수많은 우여곡절을 배치한 것은 독자의 관심을 사로잡기 위해서였다.

당연한 얘기지만 줄거리 비틀기는 제법 긴 이야기가 진행되는 동안 극적 긴장감을 상승시킬 수 있는 방향으로 이루어져야 한다. 『바람과 함께 사라지다』에 등장하는 사건들은 처음보다 나중으로 갈수록 그 세기가 강해진다. 소설은 전쟁의 임박으로 시작하여 조지아 주가 불타고, 레트와 스칼렛이 결혼을 하고, 아이가 태어나고, 아이가 죽고, 레트가 스칼렛을 떠남으로써 마무리된다. 이처럼 점점 고조되는 긴장이 소설을 떠받치는 한 축이라면, 줄거리 비틀기와 반전은 그 기본 축 위에 세워놓은 발판과 같다. 이 발판은 독자의 흥미를 강화시키는 데 기여한다. 일단 줄거리의 뼈대가 갖춰지면 작가는 주제를 순서대로 늘어놓을 수도 있고 순서에 변화를 줄 수도 있다. 예를 들어 『바람과 함께 사라지다』에는 수많은 탄생과 전투, 결혼과 이별이 등장한다. 이 모든 요소들은 주요 사건의 긴장이 고조될 때마다 맞물려 돌아가고, 이야기를 앞으로 진전시키며 독자에게 놀라움을 주어 계속해서 책장을 넘기는 역할을 한다.

미첼은 줄거리를 비틀거나 이야기의 방향을 바꿀 때 비극적인 사건을 일으킨다. 등장인물 중 누군가가 죽으면 상황은 달라질 수밖에 없다. 결혼이 깨지면 관련된 사람들은 변해야 하고 새로운 짝을 찾아야 한다. 전쟁이 터지면 사회는 변해야 하고 사람들은 새로운 곳으로 떠나야 한다. 소설 속에서 스칼렛은 불타는 조지아에서 쫓겨나듯 떠난다. 이제 그녀는 변해야 하고 뭔가 새로운 일을 찾아야 한다. 어딘가 다른 곳으로 거처를 옮겨야 하며 새로운 미래와 인생을 찾아야 한다. 미첼이 그랬던 것처럼 등장인물을 끊임없이 한계상황으로 몰아넣고 예상 못한 방향으로 줄거리를 비틀면 독자는 이야기에서 빠져나오기 힘들다.

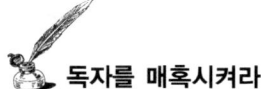

## 독자를 매혹시켜라

유치하고 뜬구름 잡는 이야기처럼 들릴지 모르지만, 독자를 매혹하는 것은 때때로 글쓰기에 기적을 불러오는 훌륭한 기교다. 적어도 그러한 기교를 '시도하는' 동안 몇 가지 기법과 장치들에 익숙해질 수 있다. 또 이야기의 흐름과 인상을 위해 그러한 장치를 어떻게 활용하면 좋은지 깨닫는 기회도 된다. 이것이 독자를 매혹시키라는 요구가 생각만큼 어리석지 않은 이유다. 미첼은 자신의 인생은 물론이고 작품에서도 독자를 매혹하는 데 대가였다. 그녀가 독자를 어떻게 매혹시켰는지 그 비결을 통해 우리는 좀 더 효과적인 글쓰기로 이어지는 비밀의 문을 열 수 있다. 그러나 본격적인 이야기를 시작하기 전에 먼저 미첼의 방법과 그에 상반되는 방법을 비교해보고자 한다. 미첼의 방법과 반대되는 방법은 이 책의 다른 장에서도 다루고 있다. 예를 들어 포크너와 샐린저를 다룬 장에서 나는 작가가 독자를 신경 쓰지 말고 자신이 쓰고 싶은 이야기를 써야 한다고 했다. 언뜻 보기에 '미첼의 방법'과 '포크너의 방법'은 정반대편에 놓여 있다. 물론 어떤 의미로는 서로 반대라고 할 수 있지만, 반드시 배타적인 것만은 아니다. '미첼의 방법'은 자신의 글이 다른 사람에게 어떤 반응을 불러일으키는지 관심을 기울이라고 요구한다. 반면 '포크너의 방법'은 괜히 의욕이나 떨어뜨리기 십상인 독자의 반응에 일희일비하지 말라고 충고한다. 작가에게는 두 가지 방법이 모두 필요하다. 궁극적으로는 영감에만 의지해 자신이 원하는 작품을 써야 하지만, 한편으로는 자신이 쓴 글이 다른 사람에게 어떤 느낌을 주는지 알고 있어야 할 필요도 있다. "독자를 잊어버려라"고 했던 포크너와 샐린저조차도 독자의 반응을 의식하는 것을 혐오했을지는 몰라도 적어도 독자가 어떤 사람들인지 정확히 꿰뚫고 있었다.

　미첼은 매우 매력적인 여성이었다고 한다. 그렇다고 책을 읽는 동안 독자가 그녀의 육체적 매력을 느꼈을 리는 없다. 그렇다면 그녀는 어떤 방법으로 독자를 매혹할 수 있었을까? 미첼은 두 가지 방법을

### 마거릿 미첼처럼 써라

사용한다. 첫째, 심리적 거리를 조절한다. 미첼은 심리적 거리를 좁히며 여주인공에게 가까이 다가갈 때 강렬한 느낌이 실린 언어를 사용한다. 이 언어가 독자의 가슴에 울려 퍼진다. 둘째, 자신의 작품이 독자에게 어떤 반응을 불러일으킬지 생각하면서 장면을 구성한다. 이는 심리적으로 독자의 감성에 호소한다.

  물론 강렬한 느낌을 담은 언어의 사용이 미첼만 지닌 장점은 아니다. 대부분의 일급 작가들은 힘들이지 않고 자연스럽게 이런 기법을 사용한다. 특히 등장인물의 정서적 상태를 드러낼 때는 흔히 감정이 실린 언어를 사용한다. 『바람과 함께 사라지다』에서 미첼은 처음부터 끝까지 스칼렛이라는 등장인물의 관점에 밀착해서 떨어지지 않는다. 미첼은 스칼렛의 감정이라는 렌즈를 통해 세상을 바라본다. 그러나 강렬한 느낌이 실린 언어와 관점은 구분해서 다뤄야 한다. 관점을 통해 감정을 드러낼 때보다 단어를 통해 감정을 드러낼 때 독자는 더 큰 관심을 보인다. 곧 살펴보겠지만 이는 독자를 사건에 더 가깝게 끌어들이고 스칼렛이 느끼는 것을 똑같이 느낄 수 있게 해주는 뛰어난 전략이다. 독자는 반복적으로 스칼렛의 비탄, 기쁨, 절망 등과 마주친다.

  스칼렛은 의자에 털썩 주저앉았다. 호흡이 격렬해졌다. 옷끈이 풀리지는 않을까 두려울 정도였다. 아! 어떻게 이런 일이 일어날 수 있을까! 그녀는 그를 다시 만나게 되리라고는 꿈에도 생각하지 못했다![7]

미첼이 어떻게 스칼렛의 감정을 골수까지 파헤치는지 그 방법을 잘 살펴볼 필요가 있다. 미첼은 단숨에 인물의 감정 속으로 뛰어들기보다는 감정이 시작된 곳을 향한 '점진적 하강(gradual descent)'이라는 절차를 거친다. 심리적 거리를 철저한 계산 아래 좁혀가는 것이다. 즉 먼 곳에서 가깝고 개인적인 곳으로 서서히 거리를 좁혀간다. 심리적 거리란 "독자가 느끼는 자신과 소설 속 사건과의 거리"를 뜻한다.[8] 스칼렛은 무도회에 간다. 이때만 해도 심리적 거리가 다소 멀게 느껴진다. "(그녀는) 칸막이 뒤편의 작은 의자들 중 하나에 앉아서 홀에 있는 사람들을 훑어보았다." 이 문장에서처럼 심리적 거리가 떨어져 있을 때는 마치 영화의 롱샷(long shot: 카메라를 피사체로부터 멀리 떨어뜨려놓고 피사체의 전체 모습을 찍는 촬영 기법—옮긴이) 같은 기분이 든다. 대상은 멀리 떨어져 있다. 이제 위의 인용문을 뜯어보면서 미첼이 어떻게 더 가까이 다가가고 있는지 살펴보자. 여기서 '더 가까이'는 등장인물의 감정에 더 가까이 접근한다는 의미다. "스칼렛은 의자에 털썩 주저앉았다. 호흡이 격렬해졌다."라는 문장을 보자. 단순히 의자에 앉은 모습을 묘사할 때보다 스칼렛의 감정에 더 가까이 다가갔다. 그녀의 호흡이 부각됨으로써 독자는 스칼렛의 감정이 어떤지 간파한다. 위의 문장에 사용된 언어는 심리적 거리를 조절하는 열쇠로 쓰였다. 다음 문장에서는 그녀의 심리에 더 가까워진다. "아! 어떻게 이런 일이 일어날 수 있을까!" 이는 독자가 다가갈 수 있는 가장

---

7) 위의 책, p. 180.
8) John Gardner, *On Becoming a Novelist*, New York:Harper & Row, 1983, p. 111.

가까운 거리다. 인물의 감정이 어떻다고 부연 설명을 해주는 화자도 없다. 등장인물의 마음속에서 직접 튀어나온 문장이 있는데 무슨 설명이 더 필요하겠는가. "아"는 스칼렛이 내뱉은 감탄사이다. "아"에 붙어 있는 느낌표는 우리가 스칼렛의 개인적이고 가장 내밀한 감정을 듣고 있다는 사실을 알려준다. 중요한 것은 롱샷에서 클로즈업으로 단숨에 이동하지 않고 천천히 움직였다는 것이다.[9] 영화에서는 롱샷에서 클로즈업으로 한 번에 넘어가지만 소설에서는 미첼처럼 '단계적'으로 거리를 좁혀야 독자를 더 깊은 감정으로 이끄는 데 유리하다.

하나 더 예를 들어보자. 마지막 장에서 스칼렛은 레트가 영원히 자신을 떠나려 한다는 것을 알게 된다. 이제 미첼은 스칼렛이 얼마나 분개하는지 독자에게 보여주려고 한다. 그러나 미첼은 이 장면을 스칼렛의 가슴 깊은 곳에서 나온 생각이나 느낌표 등으로 시작하지 않는다. 미첼은 두 사람의 눈길이 마주치는 장면으로 시작한다. 문장 사이에 삽입된 괄호는 설명을 위해 내가 집어넣은 것이다.

그의 피곤한 눈길과 마주치자 그녀는 당황해서 그대로 얼어버렸

---

9) 극작에서의 '장면 도약(jumping)'에 관한 레이조스 에그리(Lajos Egri)는 주장은 귀 기울일 만하다. '장면 도약'이란 소설에서 매우 빠른 속도로 심리적 거리를 좁히는 것과 유사하다. 에그리는 장면 도약, 즉 캐릭터의 위치나 감정을 너무 성급하게 바꾸지 말라고 충고한다. 그는 한 지점에서 다른 지점으로 이동할 때는 작은 '발걸음'을 이용하라고 제안한다. 예를 들어 명예롭던 캐릭터가 불명예스러운 존재로 전락할 때 중간 과정을 충분히 겪도록 하라는 것이다. (Lajos Egri, *The Art of Dramatic Writing*, New York:Simon & Schuster, 1960, pp. 146-152.)

다. 마치 처음 남자 친구를 사귀는 소녀처럼 수줍어졌다.[첫 문장은 이 장면의 물리적 배경을 묘사하는 미디엄 숏으로 시작한다. 그러나 문장의 끝에서 그녀를 수줍은 소녀에 비교함으로써 감정을 향해 첫발을 내딛는다.] 그가 그녀의 마음을 조금만이라도 어루만져 주면 좋으련만![이 문장은 스칼렛의 신경계 가장 깊은 곳까지 파고들어간다. 이 단어들은 스칼렛 자신의 생각을 가리킨다. 느낌표는 우리가 그녀의 개인적인 생각과 느낌에 깊이 들어와 있다는 신호다.] 그가 손을 내밀어 주기만 한다면 그녀는 기어서라도 다가가 그의 가슴에 얼굴을 묻을 것이다.[이 문장도 여전히 그녀의 감정 가까이에 머물러 있다. 그러나 느낌표가 없다. 우리는 아주 약간 뒤로 후퇴하기 시작한다.] 더듬거리는 백 마디 말보다 그와 나누는 한 번의 입맞춤이 그녀의 마음을 더 잘 표현할 수 있을 듯싶다.[이 문장도 역시 그녀의 감정 가까이에 있다. 그러나 이번에도 느낌표가 없다. 따라서 심리적 거리는 전보다 더 가까워지지 않았다.] 그러나 그의 얼굴은 왠지 매몰차게 그녀를 버리고 떠날 사람처럼 보이지는 않았다.[여기서 우리는 최초의 미디엄 숏으로 돌아간다.] 그는 그녀가 무슨 말을 하더라도 관심없다는 듯 지친 얼굴을 하고 있었다.[레트의 외모 묘사를 통해 우리는 조금 더 뒤로 후퇴했다.][10]

천천히, 단계적으로 이야기를 진행시키고 느낌표와 함께 등장인물에 다가감으로써 미첼은 치밀한 계산 아래 심리적 거리를 조절한다.

---

10) Mitchell, 앞의 책, p. 1015.

## Margaret Mitchell
### 마거릿 미첼처럼 써라

서두르거나 갑작스럽지 않다. 미첼은 "그가 그녀의 마음을 조금만이라도 어루만져 주면 좋으련만!" 같은 말로 독자의 뇌리에 깊은 인상을 남기고 나서 다시 한 발짝 뒤로 물러선다. 미첼은 이런 방식으로 심리적 거리를 서서히 조절함으로써 독자의 감정을 거스르지 않는다. 따라서 독자는 거부감 없이 작가가 이끄는 대로 따라간다. 독자는 등장인물 바로 옆에서 이야기를 쫓아가며 깊은 감정을 함께 나눌 때 만족감을 느낀다. 독자가 등장인물의 감정이 진짜라고 믿게 하려면 그러한 감정을 단계적으로 드러내야 한다.

독자를 매혹시키는 미첼의 또 다른 방법은 독자로 하여금 앞으로 벌어질 사건을 기대하게 만드는 것이다. 미첼은 『바람과 함께 사라지다』의 독자층이 여성이라는 점을 알고 있기 때문에 줄거리의 전환점이 되는 사건을 만들 때도 여성 독자들의 반응부터 떠올린다. 여성 독자를 겨냥한 소설을 분석한 타냐 모들스키(Tanya Modleski)는 여성들이 남자의 심리를 이해하는 데 어려움을 겪는 경우가 많으며 자신과 비슷한 고민을 가진 인물이 등장하는 이야기를 좋아한다고 지적한다. 따라서 여성 독자를 겨냥한 이야기를 쓰고 싶을 때 도저히 이해할 수 없는 행동을 하는 남자 주인공을 등장시키면 여성 독자의 흥미를 불러일으킬 가능성이 많다. 예컨대 책을 읽던 여성 독자가 "그 남자는 왜 계속해서 여자 주인공을 놀릴까?"나 "그는 왜 걸핏하면 그녀에게 화를 내지?" 같은 질문을 던질 수 있다면 성공이다.[11] 미첼은

---

11) Tanya Modleski, *Loving With A Vengeance: Mass-Produced Fantasies for Women*, Hamden, Conn.:Archon Books, 1982, pp. 38-39.

여성 독자의 기대를 저버리지 않고 확실한 마법을 건다. 소설 내내 레트는 매력적인 남자와 밥맛없는 남자 사이를 오간다. 스칼렛은 레트가 왜 그런 행동을 하는지 갈피를 잡지 못한다. 레트가 그녀를 떠날 때 스칼렛의 머릿속에 떠오르는 질문은 딱 세 가지뿐이다. 왜? 왜? 왜?

그는 왜 가버렸을까? 무엇 때문에 그 어둠 속으로, 전쟁터로 뛰어든 것일까? 대체 왜 그따위 의미 없는 대의명분 때문에 세상의 광기에 동참하러 떠나버린 것일까? 여자와 술을 사랑하는 레트가 왜 좋은 음식과 포근한 침대, 보드라운 시트의 감촉을 마다하고 떠났을까? 남부를 증오하고 남부를 위해 싸우는 바보들을 조롱하던 사람이 대체 왜 그랬을까?

미첼은 독자가 재미를 느끼는 지점을 알고 있다. 그녀는 그런 것을 어떻게 알았을까? 나름대로 독자를 연구했을 수도 있고, 예술가의 본능적 감으로 알아챘을 수도 있다. 아니면 자신의 마음을 가만히 들여다보고 즐거움을 느꼈던 경험을 되돌아봤을 수도 있다. 어떤 방법이 됐건 그녀는 독자의 마음을 파악하고 그들이 경험하고 싶어 하는 것을 제공한다.

독자를 매혹시키는 방법은 많다. 미첼은 그 가운데 두 가지 방법을 완벽하게 사용했다. 한편으로는 심리적 거리를 좁힐 때 강렬한 느낌이 실린 언어를 사용하여 스칼렛의 생각 속으로 깊이 파고들어갔고, 다른 한편으로는 알다가도 모를 남자라는 존재에 대해 느끼는 여성 독자의 심리를 이용했다. 당신도 여러 가지 방법을 통해 독자에게 마법을 걸 수 있다. 매혹적인 사건들을 만들 수도 있고, 연애와 사랑, 섹스나 죽음처럼 보편적인 관심사를 건드릴 수도 있다. 시적 언어를 사용해보는 것은 어떤가. 블라디미르 나보코프와 조셉 콘래드, 윌리엄 포크너는 시적 언어를 이용해 독자를 매혹시킨 대표적인 작가들이다. 인물들끼리 불꽃 튀는 대화를 주고받게 할 수도 있고, 갈등을 활용할 수도 있다. 독자를 행복하게 만들 수 있는 방법은 무궁무진하다. 독자를 행복하게 만드는 방법을 연구하는 것은 잘못이 아니다. 유행에 편승하려는 몸부림이나 작가의 원칙과 신념을 버리는 일이 아니다. 비예술적인 행위는 더더욱 아니다. 독자를 행복하게 만드는 것은 좋은 이야기를 만들고 다듬기 위해 작가가 사용해야 할 무기의 하나이다.

물론 '항상' 독자를 매혹시키는 방법만 고민하고 있을 필요는 없다. 포크너와 샐린저의 경우처럼 때로는 독자의 반응 따위는 잊어버리고 당신의 이야기에 집중하는 것이 더 바람직한 경우도 있다. 다만 그런 경우라도 작가는 독자를 염두에 둘 줄 알아야 한다. 어쩌다 한 번씩이라도 독자의 존재를 떠올려봐야 한다. 미첼은 독자를 매혹하는 방법을 분명하게 보여준다. 독자가 되어 자신의 작품을 객관적으로 볼 수 있는 능력이 작가에게 필요하다. 가끔씩이라도 독자를 매혹하고 싶은 작가라면 이런 기술을 완벽히 익혀두는 것이 좋다.

거장처럼 써라

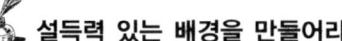
## 설득력 있는 배경을 만들어라

　남북전쟁을 배경으로 하고 있지만 『바람과 함께 사라지다』는 전쟁소설이 아니다. 제임스 존스(James Jones)의 『지상에서 영원으로 From Here to Eternity』(1951)와 노먼 메일러(Norman Mailer)의 『벌거벗은 자와 죽은 자 The Naked and the Dead』(1948), 조셉 헬러(Joseph Heller)의 『캐치 22 Catch 22』(1961)도 마찬가지다. 미첼은 전쟁으로 황폐해진 조지아 주를 배경으로 이야기를 펼쳐놓지만 그녀의 관심은 어디까지나 전쟁이 아니라 사랑이다. 『바람과 함께 사라지다』는 사람들 간의 관계나 연인들을 다루고 있고 대부분은 행복을 꿈꾸는 스칼렛의 이야기로 채워진다. 그러나 미첼은 설득력 있는 소설의 배경을 만드는 것으로도 유명하다. 발을 다쳐 꼼짝 못하는 동안 미첼은 남북전쟁과 관련된 자료를 닥치는 대로 읽었다. 덕분에 미첼은 마치 직접 그곳에서 전쟁의 황폐함을 겪은 사람처럼 생생하게 조지아 주를 묘사할 수 있었다. 미첼은 전쟁이라는 거대한 화폭 위에 인간 드라마와 사랑, 결혼과 아이 양육 같은 문제를 펼쳐 보인다. 이는 전쟁 자체보다 더 중요한 문제로 떠오른다.

　미첼은 설득력 있는 배경을 만들기 위한 한 가지 방법을 우리에게 알려준다. 우선 전쟁 장면을 묘사한 뒤 등장인물을 그 그림 속에 집어넣는다. 그런 다음 화가처럼 인물을 풍경의 전경(全景)에 놓고 묘사한다. 예를 들어 레트가 스칼렛을 만나고 있을 때 배경에서는 조지아 주가 불타고 있는 식이다. 23장에서 미첼은 스칼렛이 불길에 휩싸인 마을을 바라보는 장면을 역사적 사실에 근거하여 묘사한다.

북군이 왔구나! 그녀는 북군이 와서 마을을 불태우고 있다는 것을 알았다. 불길은 마을 가운데를 중심으로 동쪽에서 타오르고 있었다. 불길은 갈수록 더 높아졌고 더 넓은 지역으로 빠르게 번지고 있었다. 그녀의 눈은 공포에 휩싸였다.[12]

미첼은 이 화재를 배경으로 스칼렛을 만나러 온 레트의 모습을 소개한다. "레트가 작은 마차에서 내리는 것이 어렴풋이 보였다." 미첼이 이 장면을 롱숏으로 시작한 점을 눈여겨보라. 그 상태에서 레트를 끌어당겨 묘사하니까 마치 레트가 불길이 치솟는 배경 속에서 등장하는 느낌을 준다. "그는 미개인처럼 거친 걸음으로 성큼성큼 다가왔다." 마침내 그가 코앞까지 다가왔을 때 미첼은 '불길'이라는 단어를 사용하여 화염에 휩싸인 배경을 독자에게 다시 일깨운다. "그의 검은 눈동자는 이 모든 상황이 재미있다는 듯 춤을 췄다. 지축을 뒤흔드는 소음과 무시무시한 불길은 아이들이나 겁을 낼 일이라는 듯 전혀 신경 쓰지 않는 눈치였다." 이 장면의 후반부는 화재에 대한 대화로 이어진다. 스칼렛은 힐난조로 레트에게 묻는다. "꼭 이 불길을 뚫고 가야만 하겠어요?" 배경에 대한 이야기를 대화 속에 끼워 넣는 것은 수준 높은 기술이다. 초보 작가들은 이런 시도를 업신여기기 일쑤이지만, 등장인물의 대화 속에 배경에 대한 이야기를 조금이라도 포함시키는 것은 매우 바람직한 시도이다.

미첼은 방금 언급한 장면 말고도 많은 장면에서 '시각적 생각'을

---

12) Mitchell, 앞의 책, p. 368.

활용했다. 시각적 생각은 대부분의 성공한 작가들이 사용한 방법이다. 예를 들어 포크너와 레이 브래드버리는 단편뿐 아니라 장편조차도 문득 떠오른 단 하나의 그림에서 시작할 때가 있다고 인정했다. 그렇게 시작한 다음 그 그림의 전후에 일어나는 일을 찾아내기만 하면 소설은 완성된다. 한마디로 그림이 이야기를 만든다. 작가들은 시각적인 생각을 가볍게 보는 경향이 있다. 소설은 직선적이고 언어적인 것이라고만 생각하는 작가들일수록 이런 경향이 강하다. 천만의 말씀이다. 미첼이 우리에게 가르쳐주고 있지 않은가.

실제로 소설 작업의 많은 부분은 언어가 아니라 시각적인 특성에 의존한다. 글쓰기는 그림 그리는 작업과 비슷하다. 인간의 우뇌는 시각과 그림 지향적이고, 시각적인 생각은 작가가 마음의 눈으로 '본 것'을 단어로 옮기려고 할 때 더 사실적인 묘사가 가능하도록 도와준다. 시각적인 생각은 때때로 잠들어 있던 생각을 자극하여 줄거리와 등장인물, 언어를 둘러싼 골치 아픈 문제를 한 번에 해결할 수 있게 해준다.[13] 다시 말해 이야기 구상이나 줄거리 비틀기, 캐릭터 등을 '시각적' 언어로 상상하는 것이 가능하다는 이야기다.

무엇보다도 시각적 언어를 이용하면 미첼처럼 화폭 위에 배경을 묘사하고 '단어로 그림을 그려' 등장인물을 움직이게 할 수 있다. 대화 속에 배경에 대한 언급을 조금이라도 포함시켜라. 그렇게 하면 장면은 활기를 띠고 등장인물의 행동이 독자의 가슴속에서 생생하게

---

13) 우뇌의 창의력에 관한 책으로 베티 에드워즈(Betty Edwards)의 『오른쪽 두뇌로 그림 그리기 The New Drawing on the Right Side of the Brain』(1999)를 추천한다.

마거릿 미첼처럼 써라

살아날 것이다. 처음 그 장면이 작가의 머릿속에 떠올랐을 때 그랬던 것처럼.

**조지 오웰** | 주요 작품 『1984년』, 『동물농장』
그의 소설에는 사회와 정치가 통제된 억압적 전체주의에 저항하는 인물이 빠지지 않고 등장했다. 문장은 단순하지만 주제와 인물에서 유일무이한 작품들을 보여주었다.

## 14장

## 조지 오웰처럼 써라
*George Orwell*

조지 오웰의 『1984년』(1949) 같은 작품이 다시 쓰일 가능성은 많지 않아 보인다. 이만한 작품을 쓸 수 있는 재능을 갖춘 작가가 드물어서가 아니다. 오히려 오웰의 문장은 "새롭지도 않고, 평범하며, 단순한" 편이다. 그보다는 『1984년』이 유사한 작품을 찾아보기 힘들 만큼 이 장르에서 거의 유일한 작품이기 때문이다.[1] 한마디로 말해서 이 소설은 희귀종이다. 크리스토퍼 부커에 따르면, 『1984년』은 " '절대자'에 맞선 반란에 초점을 맞춘다. …… 이러한 구성의 정수는 무소불위의 권력을 휘두르는 절대적 존재에게 분노하고 저항하는 고독한 영웅을 보여주는 데 있다."[2]

---

1) Graham Good, *The Observing Self: Rediscovering the Essay*, New York:Routledge, 1988, p. 168.

당시로서는 누구도 상상하지 못할 만큼 암울한 미래상을 펼쳐 보인 이 작가는 어떤 사람일까? 1903년에 태어난 조지 오웰의 본명은 에릭 블레어(Eric Blair)이다. 블레어는 런던 인근의 중류층 가정에서 자랐다. 어릴 적 아버지가 집에 있는 날이 드물었기 때문에 자녀 양육은 거의 어머니 몫이었다. 블레어는 누나와 여동생이 한 명씩 있었지만, 이웃집 소녀 재킨타 버디컴과 더 친하게 지냈다. 블레어와 버디컴은 글쓰기에 관심이 많다는 공통점이 있었다.[3] 블레어는 버디컴에게 유명한 작가가 되고 싶다는 꿈을 털어놓았고, 조만간 이름을 바꾸고 싶다는 뜻을 내비치기도 했다. 그 후 바로 블레어는 작가 데뷔와 동시에 조지 오웰이라는 필명을 사용하기 시작했다.

영국의 명문 이튼스쿨에 다닐 때 오웰을 가르친 스승은 올더스 헉슬리(Aldous Huxley)였다. 『멋진 신세계 Brave New World』(1932)의 작가인 헉슬리는 훗날 오웰의 작품 세계에 지대한 영향을 미쳤다. "오웰의 반(反)유토피아적 상상력은 의심할 여지 없이 헉슬리를 떠올리게 한다. 그러나 1930년대에 접어들자 오웰은 헉슬리의 이상(理想)을 '쾌락주의에 기반을 둔 물질주의적이고 천박한 문명', 혹은 '위험한 과거'로 받아들였다. 오웰은 동시에 당시 고개 들기 시작한 전체주의에서 소름 끼치는 미래가 다가오고 있음을 어렴풋이 깨닫기 시작했

---

2) Christopher Booker, *The Seven Basic Plots: Why We Tell Stories*, New York:Continuum, 2004, pp. 495-496.
3) 버디컴은 훗날 시인이 되어 어린 시절 에릭 블레어와 나눴던 추억을 회고하는 글을 썼다. 회고록에서 그녀는 블레어와 문학 게임을 하거나 시를 쓰며 놀았던 시절을 돌아본다.(Jacintha Buddicom, *Eric and Us: A Remembrance of George Orwell*, London:Frewin, 1974, p. 35.)

다."⁴⁾ 이후 『동물농장 Animal Farm』(1945)을 비롯한 오웰의 작품 속에는 사회와 정치가 통제된 억압적 전체주의에 저항하는 인물이 빠지지 않고 등장했다.

오웰은 5년 동안 버마(지금의 미얀마)에서 경찰관으로 근무한 후 영국에 돌아와 교편을 잡기도 했다. 비록 내색은 하지 않았지만 그는 두 직업 모두 혐오했으며, 오로지 작가가 되기만을 간절히 원했다. 『나는 왜 쓰는가 Why I Write』(1946)에서 그는 다른 작가, 예컨대 아리스토파네스 같은 작가를 모방하며 글쓰기에 조금씩 눈을 떴다고 말했다. "나는 불행한 결말과 세부묘사, 매력적인 비유와 화려한 미사여구로 가득한 자연주의 소설을 쓰고 싶었다. 때로는 단어의 조합에서 나오는 언어의 아름다움 외에는 다른 어떤 것도 전부 불필요하게 느껴졌다." 『제국은 없다 Burmese Days』(1934)가 화려한 미사여구로 가득한 것은 아마도 이런 이유 때문일 것이다.⁵⁾ 그러나 다행히 서머싯 몸의 수식 없는 문체에 영향을 받은 후에는 장식과 꾸밈으로 가득했던 이전의 과잉 문체를 뜯어고치고 명료하고 직설적인 문장을 쓰는 법을 익혔다. 그 밖에 잭 런던과 에밀 졸라, 허먼 멜빌도 오웰의 문체와 줄거리 구성에 영향을 미쳤다. 오웰은 "형용사가 전혀 없고 허세를 부리지 않는 문장을 쓰기 위해 조나단 스위프트와 서머싯 몸의 글"을 흉내 내기도 했다.⁶⁾

---

4) Gordon Bowker, *Inside George Orwell*, New York:Palgrave Macmillan, 2003, p. 133.
5) 이 작품은 서머싯 몸의 영향을 받았지만, 한편으론 "환상적이고 비유적인 미사여구가 넘쳐 난다." (D.J. Taylor, *Orwell: The Life*, New York:Henry Holt, 2003, p. 80.)

오웰은 스페인 내전에서 목에 총상을 입었지만 다행히 치명상이 아니었던 덕분에 곧 작가 생활로 돌아왔다. 오웰의 여러 작품 중 특히 『동물농장』과 『1984년』은 암울하고 절망적인 분위기의 소설로 꼽힌다. 그 배경을 놓고 의견이 분분하지만 여러 정황에 비춰볼 때 오웰이 이 두 작품을 집필하는 동안 이른바 '내면의 악마' 와 씨름하느라 고통스러운 시간을 보냈다는 분석이 가장 설득력을 얻고 있다. 오웰의 삶을 날카롭게 분석한 D. J. 테일러(Taylor)에 따르면, 오늘날에도 전체주의를 반대한 대표적인 인물 하면 오웰이 머리에 떠오를 만큼 그는 전체주의라면 치를 떤 사람으로 유명하지만, 실제로는 "자유민주주의 원칙 및 정의에 대한 신념과 거의 본능에 가까운 권위주의 성향 사이에서 끊임없이 갈등했다"고 한다.[7] 그의 작품이 유일무이하다는 점엔 의문의 여지가 없다. 그는 흔히 보기 힘든 장르를 개척했고, 줄거리나 접근법에서 비슷한 작품은 쉽게 찾아보기 힘들다. 하지만 그렇다고 해서 오웰이 구사한 창작 기법을 오늘날의 주류 문학에 적용하기 어렵다는 이야기는 아니다.

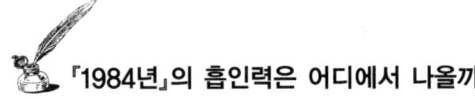

## 「1984년」의 흡인력은 어디에서 나올까

소설로서 『1984년』이 가진 흡인력은 주로 한 명의 매혹적인 캐릭터에 초점을 맞추는 데서 나온다. 오웰은 서머싯 몸에 비하면 캐릭터

---

6) Bowker, 앞의 책, p. 126, 144, 240G (caption 1)
7) Taylor, 앞의 책, p. 83.

를 빚어내는 일에 신경을 덜 쓰는 편이었지만[8] 윈스턴 스미스라는 인물을 창조해낼 때만큼은 열과 성을 다했고 그 덕분에 소설은 강력한 흡인력을 띠게 되었다. 제한적 3인칭 시점을 사용한 『1984년』은 모든 사건을 윈스턴 스미스라는 편집증적 인간을 통해 바라보면서 그의 눈에 비친 기이한 세계를 독자 앞에 자세하게 펼쳐놓는다. 무엇보다도 소설의 첫 문단부터 주인공의 마음속으로 들어가 미래 사회를 향해 맹렬한 비판을 쏟아붓기 시작하여 소설이 끝날 때까지 단 한 순간도 비판의 수위를 낮추지 않는다는 점이 가장 인상적이다. 윈스턴 스미스는 소설의 도입부에서부터 위험을 느끼기 시작한다. 특히 자신의 비밀 일기를 펼치면서 "발각당하면 …… 사형을 면치 못할 것이다. 적어도 강제노동수용소에서 25년은 썩어야 할 테지."라며 목숨의 위협을 느낀다. 이토록 혹독한 정권 아래에서 살아가는 인물에게 어찌 동정을 느끼지 않을 수 있겠는가! 처음부터 오웰은 독자의 관심을 사로잡는 데 성공한다. 그러나 이는 시작에 불과하다.

뜻밖의 즐거움이랄까, 디스토피아에서의 불안하기만 한 삶을 구원해주는 것은 윈스턴과 줄리아의 러브 스토리다. 줄리아가 "사랑해요"라는 한 마디를 적어 건넨 쪽지를 계기로 두 사람의 은밀한 만남이 시작되고 이 만남은 전체주의 사회의 악몽 같은 삶을 버틸 수 있는 버팀목 역할을 한다. 그러나 두 사람의 사랑은 국가에 의해 파국을 맞는다. 주요 줄거리에 대비되는 부차적인 줄거리로써 두 사람의 사

---

8) Patrick Howarth, *Play Up and Play the Game: The Heroes of Popular Fiction*, London:Eyre Methuen, 1973, p. 163.

랑 이야기는 소설 속에서 펼쳐지는 고통과 억압의 시간들을 독자의 뇌리에 더욱 강렬하게 각인시키는 데 기여한다.

많은 독자는 윈스턴 스미스에게 가해지는 고문과 그의 자백이 주요 내용을 이루는 소설의 3부가 너무 끔찍하다고 생각한다. 그러나 윈스턴의 저항이 짓밟히는 과정을 보여주는 데 그토록 긴 시간을 할애한 오웰의 선택은 예술적 측면에서는 적절했다. 국가가 반동분자를 얼마나 잔혹하게 다루는지 보여줄 수 있기 때문이다. 윈스턴이 고문당하고 세뇌당하는 장면을 읽고 있으면 독한 위스키라도 한 잔 마신 듯 정신이 번쩍 든다. 우리는 누구나 세뇌당할 수 있고, 얼마든지 내 의지와 상관없이 신념과 가치관을 강요당하는 상황에 놓일 수 있다는 철학적 메시지가 명료하게 부각되기 때문이다. 올더스 헉슬리가 『멋진 신세계의 재림 *Brave New World Revisited*』(1958)에서 지적했듯이 오늘날 "선동자들은 자신의 메시지를 사실상 전 문명국가의 모든 사람에게 전달할 수 있게 되었다."[9] 『1984년』에 등장하는 국가도 헉슬리의 신세계 못지않게 절대 권력을 휘두른다. 바로 이 점이 『1984년』이 강력한 흡인력을 발휘하는 또 다른 이유다. 우리는 무지막지한 덩치의 괴물 같은 국가가 얼마나 위험한가에 대한 경고가 담겨 있음을 깨닫는다. 우리가 이 소설을 어떤 메시지나 경고로 받아들일 때 그 줄거리는 한층 더 깊은 의미를 띠게 된다. 독자는 대개 그런 의미 속에서 더 큰 만족을 찾아낸다.

---

9) Aldous Huxley, *Brave New World & Brave New World Revisited*, New York:Harper & Row, 1932, p. 44.

##  오웰은 어떻게 캐릭터를 만들었을까

『1984년』에서 가장 완성도 높게 창조된 등장인물을 꼽으라면 단연 윈스턴 스미스다. 소설 전체를 윈스턴의 관점에서 풀어가고 있기 때문이다. 오웰은 『1984년』을 집필하는 동안 폐결핵으로 심하게 고생하고 있었다. 소설 속의 윈스턴 스미스도 오른쪽 발목 윗부분의 정맥류성 궤양으로 고통을 겪는다. 고문을 당할 때도 궤양이 언급될 정도다. 국가는 그를 세뇌시키는 데 성공한 뒤에야 궤양을 치료해주고 상처 부위에 붕대를 감아준다. 폐결핵에서 궤양으로 바뀌긴 했지만, 작가의 병이 주인공에게 전이된 셈이다. 여기서 우리는 인물을 만드는 기본적 방법 한 가지를 엿볼 수 있다. 작가 자신을 비롯한 실제 인물의 특징을 바탕으로 인물을 만드는 방법이다. 단, 진행중인 줄거리에 적합한 방향으로 실제 인물의 특징에 '변화'를 주는 게 필요하다. 오웰은 『1984년』에서 자신의 폐결핵을 윈스턴의 궤양으로 바꿨다. 소설 속에서는 폐결핵보다 궤양이 더 잘 어울린다. 눈으로 더 확인하기 쉬운 질병이라서 그렇다. 특히 국가가 상처 부위를 붕대로 감아줄 때 궤양이라는 소설 속의 장치는 그 효과를 유감없이 발휘한다. 국가의 '도움'을 받는다는 것은 전체주의 정부에 포섭되어간다는 것을 절묘하게 암시하지 않는가?

오웰은 주인공의 어린 시절을 보여주기 위해 경계가 분명한 꿈과 회상을 동원하기도 하는데, 이럴 때의 오웰은 마치 포크너나 도스토예프스키를 연상시킨다. 그러나 오웰은 눈에 잘 띄는 방식으로 회상을 사용하기 때문에 모방하기가 더 쉽다. 꿈을 통해 윈스턴의 어린 시절이 드러나는데, 특히 어머니와 여동생에 대한 꿈을 꿀 때 그렇다. 오웰은 매우 직설적으로 꿈을 활용한다. 예를 들어, 제1부의 제3장은 다음과 같은 한 줄짜리 문단으로 시작한다. "윈스턴은 어머니에 대한 꿈을 꾸고 있었다." 꿈 장면은 윈스턴이라는 등장인물의 성격 구축을 돕고 그의 정신 상태나 친척과의 관계, 어머니의 죽음에 대한 세부 사항을 제공한다. 더 나아가 오웰은 타인과 주변 세상으로부터 동떨어져 사는 윈스턴의 고립감까지 꿈을 통해 표현한다.[10] 오웰은 다른 작가들에 비해 현실과 명확히 구분되도록 꿈을 사용한다. 마치 전기 스위치를 켜듯 꿈으로 돌입한다는 분명한 신호를 준다. '딸칵!' 지금부터 꿈이 시작됩니다. '딸칵!' 여기까지 꿈이었습니다. 따라서 어떤 장면이 주인공의 꿈인지 상상인지 모호하거나 헷갈릴 염려가 없다. 이 점에서 오웰의 꿈은 함순이나 포크너와는 180도 다르다.

    등장인물을 창조할 때 오웰이 사용한 또 다른 방법은 일반적이지는 않지만 매우 효과적이다. 이를 '반(半)그림자' 접근법이라 부른다. 한마디로 특정 인물에 대한 명쾌한 단정보다는 모호한 암시에 의존하는 방법이다. 독자에게 궁금증을 불러일으키고 독자 스스로 전체 그림을 완성하여 빈자리를 메우도록 하기 때문에 이 모호성은 반그림자 접근법의 최대 장점이다. 마샬 맥루언(Marshall McLuhan)이 '차가운 매체(cool medium)'라고 부른 것을 떠올리게 하는 반그림자 접근법은 그 모호성 덕분에 오히려 독자의 관심을 그만큼 더 끌 수 있다.[11] 게다가 반그림자 접근법은 등장인물의 신비감을 한층 더 강화

---

10) Claude Lefort, *Writing: The Political Test*, translated by David Ames Curtis, Durham, N.C.:Duke University Press, 2000, pp. 8-14.

한다. 독자는 등장인물에 대한 묘사가 사실인지 거짓인지 쉽게 판단을 내리지 못하고 궁금해 하다가 결국에는 모든 가능성을 따져보게 된다.

반그림자 기법은 어떤 한 인물이 다른 인물에 대해 이야기를 하거나 생각을 할 때 가동된다. 예를 들어 줄리아에게 사랑의 쪽지를 받고 난 윈스턴은 여러 가지 상상을 하기 시작한다. 줄리아의 정체는 뭘까? 무슨 속셈으로 내게 그런 쪽지를 건넨 것일까? 그 과정에서 여러 가지 생각이 윈스턴의 머릿속을 스쳐 지나고, 이는 결국 줄리아란 인물의 캐릭터를 형성하는 데 기여한다. 물론 이런 방식을 통해 끌어모은 줄리아에 관한 정보는 맥루언의 표현을 빌리자면 '낮은 정세성'을 지니고 있기는 하지만 윈스턴은 한 가지 결론에 도달한다. "문득 그녀가 사상경찰의 비밀요원이 아닐까 하는 생각이 그의 뇌리를 스쳤다. 물론 그럴 리는 없지만 그는 계속해서 왠지 모를 불안함을 느꼈다. 그녀가 근처에 올 때마다 윈스턴은 적대감과 두려움을 느꼈다." 윈스턴은 줄리아의 한 가지 지배적 특징을 통해 그녀의 이미지를 확정하는 것이 아니라 그녀가 좋은 사람일 수도 있고 나쁜 사람일 수도 있다는 여러 가지 가능성을 전부 타진해본다. 이런 불확실성은 역설적으로 그녀의 내면에 대한 직접적인 한 마디보다 더 입체적인 캐릭터를 만드는 데 도움이 된다. 우리는 현실에서도 전혀 모르는 타인을 보면 저 사람이 누굴까 하고 궁금증을 품기 마련인데, 오웰은 바

---

11) Marshall McLuhan, *Understanding Media: The Extensions of Man*, New York:Routledge, 1964, pp. 24-25.

로 이 점을 노려 독자의 궁금증을 있는 대로 자아낸다. 독자가 여기에 휘말리면 줄거리에 흠뻑 빠져들 수밖에 없다. 그리고 그 과정에서 자연스럽게 현실의 비슷한 인물을 떠올리며 자꾸 대입해보려고 한다. 『1984년』에서도 윈스턴은 오브라이언에 대해 항상 궁금해 한다. "왜냐하면 예전부터 오브라이언의 정치적 신념이 완벽하지 않을 것이라는 믿음을 몰래 간직해왔기 때문이다. 아니, 믿음이라기보다 막연한 희망에 더 가까운지도 모르지만." 오브라이언의 진짜 모습은 아직까지 윈스턴도 모르고 독자도 모른다. 그러나 적어도 오브라이언이란 인물에 대해 호기심이 고개를 들기 시작한다. 이 점이 우리를 소설로 끌어당기고 오브라이언이라는 인물을 더욱 흥미롭게 만든다. 만약 "그는 당(黨)을 경멸했다."라고 말하고 끝내버렸다면 어땠을까? 그 인물에 대한 궁금증은 훨씬 약해지지 않았을까? 윈스턴은 오브라이언의 초대를 받자 그에 대해 더 깊이 생각한다. 이런 윈스턴의 생각은 오브라이언의 캐릭터를 더욱 강화한다. 그렇다, 결론적으로는 오브라이언에 대한 윈스턴과 줄리아의 예상은 완전히 빗나갔다. 하지만 윈스턴이 처음에 오브라이언에 대해 가졌던 생각 덕분에 오브라이언의 성격이라고 믿어 왔던 것들 중 하나가 더욱 강렬하게 부각된다. 트레이드마크나 마찬가지였던 그의 친절함은 새빨간 거짓이었던 것이다. 이런 진실이 밝혀지는 순간 윈스턴과 줄리아는 큰 충격을 받고 그 충격은 고스란히 독자에게 이입된다. "두 사람은 화들짝 놀라 상대방에게서 떨어졌다. 윈스턴의 심장은 얼음처럼 차갑게 식었다. 줄리아의 눈동자는 하얗게 질렸고, 얼굴은 우윳빛처럼 창백해졌다." 현실에서 우리도 종종 다른 사람에 대해 잘못된 판단을 내린다.

마찬가지로 작가는 반그림자 기법을 통해 의도적으로 묘사를 비틀어 놓아 독자는 물론 등장인물에게 오해를 불러일으키고 충격에 빠트린 다. 윈스턴과 줄리아의 하얗게 질린 얼굴은 이를 증명하고도 남는다.

물론 오웰은 인물의 창조보다는 정치적 관점과 작품의 메시지로 더 널리 알려져 있다. 그러나 그는 모든 장르의 이야기꾼에게 도움이 될 만한 효과적인 기교를 터득한 작가이기도 하다. 제한적 3인칭 시점은 중심 등장인물을 생생하게 묘사할 때 도움이 된다. 윈스턴 홀로 전지전능한 국가를 상대로 싸워야 하는 상황에서 그의 관점으로 이야기를 풀어가는 것이 불가피하기에 제한적 3인칭 시점은 『1984년』에서 더욱 결정적인 역할을 한다. 꿈과 회상도 캐릭터를 창조하는 데 도움이 된다. 반그림자 접근법과 마찬가지로 꿈과 회상을 통해서도 인물에 대한 단서를 흘려놓고 독자를 진실게임으로 끌어들여 궁금증을 유발하는 것이다.

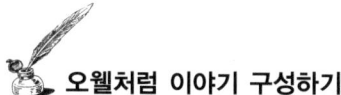

## 오웰처럼 이야기 구성하기

『1984년』은 세 부분으로 나뉜다. 이는 아리스토텔레스가 말한 시작, 중간, 결말에 그대로 부합한다. 제1부에서는 등장인물과 소설의 배경이 되는 세계를 소개한다. 제2부에서는 주인공이 어떻게 세상을 변화시키려 하는지 보여주면서 이야기를 진전시킨다. 줄리아와 윈스턴이 공모자가 되면서 갈등이 깊어지고, 윈스턴이 골드스타인의 책을 읽는 장면을 통해 앞으로 맞서게 될 거대한 권력을 예고하기도 한다. 제3부는 결말로, 두 연인이 헤어지고 윈스턴은 철저한 고문과 세뇌를 당한다. 그리고 결국 섬뜩한 한 마디를 남기며 소설이 끝난다. "그는 빅브라더를 사랑했다."

그러나 우리가 오웰의 구성에 주목하는 까닭은 이렇게 세 부분으로 이야기를 나누었다는 점 때문이 아니다. 무엇보다도 구성이 전혀 복잡하지 않다. 오죽하면 『1984년』에 열광하는 독자들조차도 서슴없이 '빈약한 구성'이라고 부를 정도이겠는가.[12] 그러나 이는 하나만 알고 둘은 모르는 소리다. 오히려 줄거리가 단순한 덕분에 철학적, 정치적 분석을 부각시킬 수 있다. 이런 작품에서는 작가의 메시지를 제대로 전달하는 것이 가장 중요하다. 작가들은 때로 단순한 구성을 통해 더 뛰어난 소설을 선보이기도 한다. 포크너의 『음향과 분노』처럼 구성이 복잡하고 디킨스의 소설처럼 굴곡 많은 인생사가 담긴 작품과는 달리 오웰은 명확한 메시지를 줄거리로 만들어놓은 다음 거기에 등장인물에 관한 묘사와 정치적 언급을 덧붙인다. 이처럼 구성에 신경을 덜 쓸수록 큰 효과를 보는 경우도 가끔 있다.

복잡하게 구성하기를 두려워하는 작가라면 오웰에게서 영감을 얻으며 그대로 따라 해볼 만하다. 복잡한 줄거리를 선호하거나 비틀린 구성을 즐기는 작가와는 달리 오웰의 줄거리는 시종일관 쫓아가기 쉬운 편이다. 당신이 쓰려는 소설의 소재가 이런 유형에 속한다면 오웰식 이야기 구성이 해답이 될 수 있다. 그렇게 하면 작가와 독자는 항상 어떤 일이 벌어지고 있는지 놓치지 않고 따라갈 수 있고 서머싯 몸의 소설에서 그러하듯 사건의 진행은 항상 명확히 눈에 보이게 될

---

12) Lefort, 앞의 책, p. 4. "『1984년』의 줄거리는 믿기 어려울 만큼 단순하다."

것이다. 줄거리가 단순하다면 구성상의 기본 뼈대를 유지하면서 작가의 정치적 견해는 물론이고 소설 속에 등장하는 지역에 대한 자세한 설명이나 철학적 개념까지 자세하게 풀어놓을 수 있는 충분한 여유가 생긴다. 인과관계가 복잡한 줄거리를 이리저리 짜 맞춰 흥미를 자아내는 덕에 당신의 작품이 고전의 반열에 오른다 해도 그 안의 사건을 요약해가면서 이해하려고 애쓸 독자가 과연 어디에 있겠는가?

### 오웰의 반복 기법

반복은 어느 장편소설에서든 성공의 열쇠다. 이 점에서 장편과 단편은 큰 차이를 보인다. 장편에서는 주요 모티프와 주제, 상징을 여러 차례 반복해야 한다. 등장인물은 다른 사람들과 한 번 이상 갈등을 겪어야 비로소 실제 인물처럼 다가온다. 예를 들어 『1984년』에서는 "빅브라더가 당신을 지켜보고 있다."라는 메시지가 반복적으로 등장한다. 이런 반복은 이곳이 전체주의 정권의 지배를 받는 사회임을 끊임없이 상기시킨다. 윈스턴과 오브라이언의 만남에서도 반복과 발전이 있다. 윈스턴은 처음에 오브라이언의 정체를 알 수 없었다. 그래서 한때 그를 동지로 오인하기도 하지만 결국엔 적이라는 사실이 드러난다. 윈스턴과 줄리아의 만남에서도 비슷한 반복과 발전이 있다. 처음에 줄리아와 윈스턴은 서로 완전한 타인이었으나 차츰 연인이 되었다가 결국은 다시 남남이 되어 헤어지고 만다.

뚜렷하게 표면에 드러나지 않는 부분에서는 줄거리 비틀기가 반복된다. 예를 들어, 윈스턴은 일기를 쓸 때마다 자신이 제거되지는 않을지, 모든 것이 끝나버리지 않을지, 비밀경찰에게 발각당하지 않을지 두려워한다. 이런 두려움은 처음 일기장을 펴는 순간부터 드러나더니 마침내 한 글자도 적어 넣지 못한 깨끗한 일기장을 볼 때도 공포를 느낀다. "계속해서 일기를 쓰든 쓰지 않든 그런 것은 상관없다. 어쨌든 사상경찰은 그를 잡아갈 것이다." 일기장을 펼치며 이런 생각을 할 때도 있다. "감시를 벗어날 수 있는 사람은 없다. 생각을 들키지 않은 사람도 아무도 없다. 일단 사상범이 되면 죽은 목숨이나 다름없다." 이런 비관적 생각의 반복은 작품의 메시지나 소설 전반에 퍼져 있는 절망스런 분위기에도 이바지한다.

기억해야 할 것은 주제든, 인물 사이의 반응이든, 혹은 사건이든, 무언가를 반복할 경우에는 그렇게 하는 것이 줄거리의 필수적인 요소여야 하고 줄거리를 진전시키는 역할을 해야 한다는 것이다. 반복되는 생각이나 묘사를 모티프(motif)라 하는데, 문학의 모티프는 음악의 푸가처럼 작품 전반의 주제와 어울리는 하나의 패턴을 형성한다. 예를 들어 윈스턴의 일기 쓰는 장면이 반복해서 등장하는 이유는 그가 전지전능한 국가에 저항하는 하찮은 개인에 불과하다는 사실을 강조하기 위해서다. 죽음이 반복해서 언급되는 이유도 윈스턴이 결국은 반란 음모를 털어놓고 저항의지를 꺾게 된다는 암시를 미리 깔아놓으려는 데 있다. 또 빅브라더가 반복적으로 등장하는 이유는 이곳이 사생활이 허락되지 않는 미래사회라는 점을 독자의 뇌리에 각인시키기 위해서다. 이 모든 반복은 소설의 의미를 한층 더 깊게 해주고 "'절대자'에 대한 저항"이라는 중심 주제를 뒷받침해주는 역할을 한다.

### 악당 캐릭터 만들기

악당 캐릭터를 만들 때 가장 중요한 것은 악당의 '모든 측면'을 악하게 해서는 안 된다는 것이다. 그런 인물은 현실감이 없을 뿐더러 독자에게 외면당하기 십상이다. 악당에게도 반드시 선한 면모가 있어야 한다. 오웰은 소설의 3분의 2가 지날 때까지도 오브라이언의 가면을 벗기지 않는다. 결국 윈스턴과 줄리아는 오브라이언이 선한 사람이고 자기들과 마찬가지로 국가 전복을 꿈꾸는 비밀 혁명세력의 일원이라고 착각한다. 오브라이언이 사려 깊고 똑똑하며 정부에 불만을 갖고 있음을 보여주는 미묘한 암시도 있다. 그러나 소설의 도입부에서만 해도 윈스턴은 오브라이언에 대해 아는 것이 하나도 없었다. 오브라이언은 당의 요직을 차지하고 있으며 "너무나 중요하고 높은 자리에 있는 인물이기 때문에 윈스턴으로서는 그에 대해서 막연한 짐작만 할 수 있"을 뿐이다. 그런 중에도 윈스턴은 "오브라이언에게 몹시 끌리는 것을 느꼈다." 그리고 어쩌면 "오브라이언의 정치적 정통성이 완벽하지 않을지도 모른다."고 생각한다. "오브라이언의 얼굴에서 왠지 그런 표정을 읽을 수 있었기" 때문이다. 그러나 "윈스턴은 자기 짐작이 맞는지 확인하려는 노력은 눈곱만큼도 하지 않았다. 물론 확인할 수 있는 방법도 없었다." 오웰은 윈스턴이 오브라이언에 대해 궁금해 하도록 줄거리를 끌어감으로써 독자도 오브라이언에게 호기심을 느끼게 한다. 더구나 독자는 오브라이언이 선한 사람일 수도 있다는 희망마저 품게 된다. 이렇게 악당은 불확실한 묘사를 통해 입체적 캐릭터로 거듭난다. 오브라이언은 몇 가지 괜찮은 면이 있다. 똑똑하고 윈스턴에게도 어느 정도 호감을 표시한다. 말도 교양 있게 하고 교육도 많이 받았다. 그는 분명 악마지만 '모든 측면'이 악한 것은 아니다.

악당 캐릭터를 가장 그럴듯하게 만드는 방법의 하나는 악당의 무의식 속에 선한 면모를 섞어 넣는 것이다. "가장 인상적이고 매력적인 인물은 의식적인 욕구뿐 아니라 무의식적인 욕구도 갖고 있다. 이런 복잡한 인물은 잠재의식에서 어떤 욕구가 솟아날지 자신도 알지 못한다."[13] 그러나 독자는 그 내면에서 여러 가지 욕구가 서로 충돌하고 있음을 안다. 오브라이언은 이중적 성격을 갖고 있다. 어떨 땐 윈스턴에게 친절하다가 어떨 땐 가혹한 전기 고문을 가한다. 바로 오브라이언의 입체적 성격을 보여주는 대목이다. 이 악당에게는 악한 측면만 있는 것이 아니다. 그는 똑똑하기도 하고 남을 배려할 줄도 안다. 이것이 그를 더 사악한 인물로 만든다. 심지어 윈스턴에게 전기 충격을 가할 때는 마치 자식 잘되라는 마음으로 회초리를 드는 아버지와 같은 얼굴로 바뀌기도 한다.

악당 캐릭터를 만들 때는 이런 효과를 내기 위해 노력하라. 처음부터 끝까지 야비하고 더럽기만 한 인물로 만들지 마라. 오히려 몇 가지 선한 모습을 부여하라. 주인공에게 살을 붙여갈 때와 마찬가지로 악당에게도 다양한 성격을 부여하면 더욱 그럴듯한 악당이 되며, 결국에는 더욱 사악하고 더욱 나쁜 놈으로 꾸며낼 수 있다.

---

13) Robert McKee, *Story: Substance, Structure, Style and the Principles of Screenwriting*, New York:ReganBooks, 1997, p. 138.

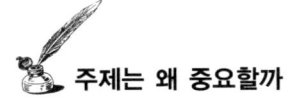

## 주제는 왜 중요할까

한 평론가는 "오웰의 중심 주제는 개인의 소외"라고 말한 적이 있다. 그는 오웰의 소설에서 "중심인물은 자신에게서 벗어나려고 몸부림치며 낡은 자아에서 탈피하여 새로운 인격체로 태어나는 변화를 겪는다"고 지적한다.[14] 이 지적은 『1984년』에도 고스란히 적용된다. 윈스턴은 자신이 살고 있는 사회와 그를 둘러싼 모든 사람들로부터 소외된 남자로, 잔혹한 고문을 당한 뒤 영혼이 파괴되는 변화를 겪었다. 크리스토퍼 부커는 어두운 권력에 의한 자아의 파괴가 오웰의 주제라고 말한다. 『1984년』에서 윈스턴은 "인간의 정체성에서 핵심이라 할 수 있는 자아를 상징하는 인물이었다. 자아는 결코 완전히 억압될 수 없다."[15] 짓밟히고 파괴된 윈스턴은 결국 줄리아를 포기한다. "그는 마침내 배신을 선택했다. 자신의 영혼을 버린 것이다."[16] 이 지점에 이르면 독자는 어둠의 세력에 저항하는 개인이라는 주제가 작품의 논리를 지배하고 있다는 사실에 고개를 끄덕일 것이다.

주제는 중요하다. 작품에 의미를 부여하기 때문이다. 그리고 의미는 독자의 마음을 움직인다. "의미가 감정을 낳는다."[17] 주제는 작품에서 가장 중요하므로 그 작품의 성공 여부를 따지는 척도가 되기도 한다. 오웰은 소설의 모든 페이지마다 자신의 주제를 구현해낸다. 전

---

14) George Woodcock, *The Crystal Spirit: A Study of George Orwell*, Montreal:Black Rose Books, 1966, p. 84.
15) Booker, 앞의 책, pp. 501-503.
16) 위의 책, p. 501.
17) McKee, 앞의 책, p. 309.

지전능한 빅브라더의 존재는 어둠의 세력, 억압적인 국가, 얼굴 없는 적의 힘을 한층 더 돋보이게 한다. 윈스턴의 비밀 일기는 그의 인생에서 마지막 희망과 선함을 상징한다. 바람에 흔들리는 양초와도 같았던 그 희망과 선함은 끝내 부질없는 몸짓만 남기고 꺼져버린다. 윈스턴은 줄리아를 자기 삶의 일부로 여길 만큼 사랑하고, 이런 사랑 속에서 자기 내면의 선한 모습을 드러낸다. 그러나 전지전능한 어둠의 세력에 맞선 저항이라는 소설의 주제는 이 두 사람의 사랑마저도 파괴한다.

　주제 혹은 지배적 아이디어는 작가의 도구이자 고성능 렌즈이다. 작가는 주제를 통해 자신의 작품을 바라보고 수정하고 윤을 내며 더 흡인력 있게 만든다. 주제를 뒷받침하거나 구현하는 사건이 있다면 최대한 활용하라. 주제에서 겉돌거나 주제를 구현하지 못하는 대화나 장면이 한 토막이라도 있다면 인정사정없이 잘라내라. 폴 밀스(Paul Mills)의 지적처럼 "주제의 다른 말은 태도, 지향점, 동력, 목적이다. 당신의 작품에서 이런 요소가 부족하다면 수정 작업을 하는 과정에서 그 이유를 짚어보고 주제를 보여줄 수 있는 조치를 취하는 게 옳다."[18] 『1984년』은 작품 곳곳에 주제가 배어 있다. 오웰은 주제를 통해 작품의 일관성을 유지한다. 당신도 오웰처럼 주제를 활용할 수 있다. 그러나 주제나 메시지가 처음부터 명확하게 포착되지 않을 수도 있다는 사실을 명심하라. 주제나 메시지는 작품을 본격적으로 써내려가는 과정에서 서서히 드러나며, 작품에 대한 고민을 거듭할수록

---

[18] Paul Mills, *Writing in Action*, New York:Routledge, 1996, p. 65.

더욱 명확해진다. 주제는 구조의 결함을 발견하고 고칠 때 매우 중요한 기준이 된다. 독자를 감동시키는 원동력 또한 주제에서 나온다. 비록 많은 단어로 표현되지 않더라도 주제가 반복되어 점점 쌓아나갈 때 생기는 효과는 누구도 부인할 수 없을 것이다.

**이언 플레밍** | 주요 작품 『카지노 로얄』, 『죽느냐 사느냐』 등 제임스 본드 시리즈 12권. 서스펜스와 흥미진진한 소재를 세부적으로 묘사하여 감각적 쾌락만을 삶의 목표로 삼고 살아가는 인간 군상과 세상의 모습을 그대로 옮겨놓았다.

# 15장

## 이언 플레밍처럼 써라
*Ian Fleming*

　이언 플레밍의 업적은 단순히 제임스 본드라는 가상의 캐릭터를 창조한 데 그치지 않았다. 그는 영화와 음악, 첩보원 문화 산업에 불을 붙인 창조적 불꽃이었고, 그가 일으킨 첩보원 열풍은 전 세계로 뻗어나갔다. '본드 시리즈'는 한 세대의 상상력을 사로잡았으며 독자와 영화 제작자들에게 마르지 않는 영감을 제공했다. 마침내 007은 오늘날 세계에서 가장 유명한 상징의 하나로 자리 잡았다.

　이언 플레밍은 1908년 영국의 명문가 출신 부모 밑에서 태어났다. 아버지는 그가 아홉 살 때 세상을 떠났다. 플레밍에게는 한 살 많은 형과 각각 세 살, 다섯 살 어린 남동생 두 명이 있었고, 열일곱 살 어린 이복 여동생도 한 명 있었다.[1] 외국어에 뛰어난 재능을 보인 플레밍은 제2차 세계 대전 때 첩보 기관에서 일하기도 했다. 비교적 늦은 마흔넷에 결혼하기는 했지만 오래전부터 많은 여자들과 염문을 뿌렸고 가학성 성애를 즐기는 사람이었다. 그는 호화로운 삶을 중요하게 여겼고 죽음을 앞둔 병상에서도 의사의 명령에 아랑곳없이 담배를 태우고 위스키를 들이켰다.[2]

플레밍의 소설이 성공을 거둔 비결 가운데 서스펜스와 흥미진진한 소재를 빼놓을 수 없다. 그러나 흔히 무시되고 넘어가지만 그의 천재성이 발휘된 또 다른 분야가 있다. 바로 호화로운 삶을 자세하게 묘사하는 능력이다. 플레밍은 정확한 세부묘사에 남다른 열정을 보였을 뿐만 아니라 세부묘사를 통해 감각적 쾌락만을 삶의 목표로 삼고 살아가는 인간 군상과 세상의 모습을 그대로 옮겨놓았다. 한마디로 그는 사치와 향락을 추구하는 작가였다. 제2차 세계 대전이 끝난 후 플레밍은 자메이카의 북쪽 해안가에 은둔자처럼 처박혀 글을 썼다. 플레밍의 명성을 알린 작품들도 그곳에서 탄생했다. 『카지노 로얄 Casino Royale』(1953)을 필두로 모두 열두 편의 '본드 시리즈'가 차례로 발표되었다. 자메이카에서 글을 쓰는 동안 플레밍은 금도금을 한 로얄 디럭스 타자기를 사용하고 몰랜드 스페셜 담배를 쉴 새 없이 피워댔는가 하면 늘 술에 절어 있었다. 인생의 쾌락을 좇는 그의 성향은 문체에도 고스란히 반영되었다. 세부적으로 묘사를 아끼지 않은 문장과 이국적 배경 설정, 다채로운 인물의 창조는 플레밍 특유의 문체로 자리 잡았다. 그가 의도적으로 모든 작품에서 사용한 플레밍 문

---

1) 이복 여동생은 플레밍의 친부가 세상을 떠난 몇 년 후 화가인 아우구스투스 존과 플레밍의 어머니 사이에서 태어난 사생아였다. (Andrew Lycett, *Ian Fleming: The Man Behind James Bond*, Atlanta:Turner Publishing, 1995, pp. 19-20.)
2) 위의 책, p. 441.

체는 세부묘사를 활용하여 감각을 자극하고 독자에게 호화로움과 쾌락의 세계를 전한다.

플레밍 문체에 매료된 현대 작가들은 앞다퉈 그의 성공 비결을 모방하기 시작했다. 그러나 대부분은 원하던 목표에 도달하지 못했다. 이유는 간단하다. 플레밍의 어떤 점이 독자에게 그토록 호소력을 지닐 수 있었는지 꼼꼼히 분석해보지 않았기 때문이다. 플레밍의 작품을 제대로 분석할 수 있다면 작품 깊은 곳에 숨어 있는 플레밍 문체의 비결을 배울 수 있다. 상당수의 작가 지망생들은 다른 작가의 작품에 너무나 깊이 빠진 나머지 객관적으로 분석할 능력을 잃어버릴 때가 많다. 그럴 때는 다른 사람의 비평을 몇 개 읽어보는 일이 도움이 된다. 다른 관점에서 쓰인 그런 분석들은 당신이 신처럼 떠받드는 작가의 문체에서 쉽게 찾아내기 힘든 핵심적인 문제들을 정확하게 집어낼 때가 많다. 예를 들어 어떤 비평가는 플레밍 문체의 특징으로 "건조한 배열과 효율성"을 들기도 한다. "무미건조한 단어의 나열, 개념 정의투 어구, 신문 기사체 문장 등 플레밍 소설의 서스펜스와 성격 묘사는 때때로 딱딱한 교과서를 읽는 듯한 느낌을 준다."[3] 또 다른 비평가는 플레밍의 소설이 "독자를 자극하고, 본드의 성적(性的) 무용담과 사치스런 생활을 통해 독자에게 대리 만족을 선사하는 소설"이라고 지적한다.[4] 이런 비평가들은 플레밍 문체의 중요한 비밀을 속삭

---

[3] Edward Comentale, "Fleming's Company Man: James Bond and the Management of Modernism", in *Ian Fleming and James Bond: The Cultural Politics of 007*, edited by Edward P. Comentale, Stephen Watt and Skip Willman, Bloomington:Indiana University Press, 2005, p. 20.

여준다. 그제야 플레밍 문체의 특징을 파악하게 된 작가들은 이런 게 언제 여기 숨어 있었지? 하는 표정이 된다. "아니 내가 어떻게 그동안 이걸 모를 수 있었지?" 당연하다. 서스펜스와 액션에 정신이 팔려 있을 때는 이런 미묘한 특징들이 코앞에 있다 하더라도 모르고 지나치기 쉽다. 그러나 이런 특징들을 의식하기 시작하면 독자를 자극하는 세부묘사가 플레밍의 소설이 선보이는 마술의 핵심요소라는 사실이 분명해진다. 그렇지 않다면 본드 시리즈 2탄인 『죽느냐 사느냐 Live and Let Die』(1954)의 다음과 같은 도입부는 무슨 수로 설명할 수 있겠는가. "비밀 첩보원의 삶에는 최고의 호화로움을 누릴 수 있는 순간들이 있다. 그는 엄청난 갑부 행세를 해야 하는 임무를 맡기도 하고, 위험했던 기억이나 죽음의 그림자를 지우기 위해 호화로운 곳에서 오랫동안 푹 쉬기도 한다."[5] 책을 펼치자마자 등장하는 주인공의 삶의 동기는 호화로운 인생이다. 플레밍은 처음부터 독자를 상류사회의 화려함과 호화로움이 가득한 환상의 세계로 밀어 넣는다. 물론 그곳에는 첩보소설에서 빠질 수 없는 처참한 죽음과 악의 무리도 기다린다.

 **플레밍에게서 배우는 세부 사항의 중요성**

플레밍은 독자의 흥미를 불러일으키는 것으로 유명하다. 다음에

---

4) James Chapman, *Licence to Thrill: A Cultural History of the James Bond Films*, New York:Columbia University Press, 2000, p. 37.
5) Ian Fleming, *Live and Let Die*, New York:Signet, 1954, p. 7.

예를 든 것은 그가 효과를 본 몇 가지 기교다. 이 기교를 적절히 활용하면 당신도 플레밍처럼 독자의 흥미를 불러일으키는 작가가 될 수 있다.

- 음식을 자세하게 묘사하라. 단, '고급' 음식이어야 한다.
- 등장인물에게 많은 술을 마시게 하라. 단, '고급' 술이어야 한다.
- 멋있는 옷에 대해 감각적으로 자세하게 묘사하라.
- 등장인물이 편안하게 쉬면서 마음껏 즐길 수 있는 시간을 줘라.
- 간간이 성적인 것을 빗대어 묘사하거나 언급하라.
- 특정 브랜드나 고급 차량, 이국적 장소를 언급하라.

이런 기교들은 플레밍이 쓴 모든 소설, 거의 모든 페이지에서 뚜렷이 드러난다. 『위기일발 *From Russia With Love*』(1957)을 보자. 본드는 이스탄불에 있는 다르코 케림 베이의 사무실에 앉아 있다. "노크 소리가 들리더니 서기장이 들어와 그들 앞에 도자기 찻잔을 하나씩 내려놓고 나갔다. 금줄로 장식된 찻잔이었다. 본드는 커피를 한 모금 마시고 찻잔을 내려놓았다. *맛은 훌륭했지만 약간 진한 느낌이었다.*"[6] 이탤릭체가 플레밍의 장기인 감각적인 세부묘사다. 이런 세부묘사가 살짝 들어가면 장면에 사실적인 느낌이 더해진다. 그러나 에밀 졸라나 싱클레어 루이스의 문체에서 볼 수 있는 사실주의와는 차이가 있다. 졸라나 루이스의 사실적 묘사는 독자를 비참한 인생의 수

---

6) Ian Fleming, *From Russia With Love*, New York:Signet, 1957, p. 96.

렁으로 끌고 들어가는 반면 플레밍의 감각적 세부묘사는 분위기를 띄우고 감각을 자극하며 주인공을 통해 독자가 인생의 희열을 맛볼 수 있도록 해준다. 이 기교를 제대로 구사하면 소설이나 논픽션을 가리지 않고 모든 장르에 활기를 불어넣을 수 있다. 반드시 제임스 본드 같은 인물이 나와야 할 필요도 없다. 당신의 등장인물은 쾌락을 누릴 자격이 있다. 그래야 그들도 행복하고 독자도 즐겁다.

    건강이라는 측면에서 보자면 종잡을 수 없는 제임스 본드의 식단도 흥미롭게 다가온다. 그러나 작가의 눈으로 바라보면 본드의 희한한 식성이 훨씬 잘 이해된다. 본드는 술과 커피를 입에 달고 산다. 특히 드라이 마티니는 제임스 본드를 상징하는 술이 되었다. 그는 늘 이렇게 말한다. "젓지 말고 흔들어서." 『위기일발』에서 본드는 달걀을 먹는다. 그런데 건강에 좋은 달걀을 다 먹기 무섭게 곧바로 건강에 해로운 커피를 연거푸 들이켠다. 『골드핑거 Goldfinger』(1959)의 2장에서는 샴페인을 곁들인 게와 녹인 버터를 잔뜩 먹는가 하면 『살인번호 Doctor No』(1958)의 5장에서는 스트랭웨이즈의 살인사건을 생각하면서 '맛있는 아침식사'를 즐긴다. 나중에 닥터 노와 부딪힌 본드는 까딱하면 고문을 받다가 죽을 수도 있겠다는 위험을 감지한다. 그러나 그런 상황에서도 본드는 일단 적들과 함께 앉아 세 가지 종류의 스프와 고기, 샴페인으로 이루어진 훌륭한 식사를 즐긴다. 이 모든 훌륭한 음식들은 문학적 목적을 지닌 장치다. 플레밍은 본드 시리즈 1편에서부터 본드가 좋은 음식을 먹도록 했다. 『카지노 로얄』의 9장을 보자. 본드가 식당에서 베스퍼와 작전을 짜고 있는 동안 독자는 "그들의 접시에 철갑상어알이 가득 쌓여 있는" 것을 본다. 플레밍은 처음부터 본드를 사치스럽고 호화로운 생활이라면 사족을 못 쓰는 인물로 설정했다. 본드가 화려하게 사는 모습을 통해 독자가 대리만족을 느끼리라는 사실을 잘 알고 있었기 때문이다. 대리만족은 본드의 세계로 들어가는 가장 큰 즐거움이다. 또한 감각적 쾌락을 좇는 본드의 인생에서 빼놓을 수 없는 것은 젊은 여인들이다. '본드 걸'의 목록을 보고 있으면 그의 여성편력은 거의 수집욕에 가깝다고 할 정도다. 『살인번호』의 허니차일 라이더, 『위기일발』의 타티아나 로마노바, 『골드핑거』의 푸시 갤로어, 『마제스티의 비밀 임무』의 트레이시, 그리고 『두 번 산다』의 키시 스즈키 등 본드는 항상 기억할 만한 파트너들과 함께 있었다.

호화로운 인생이라는 모티프를 표방하는 플레밍의 작품에서 우리는 무엇을 배울 수 있을까? 당신의 등장인물에게 값비싼 고급 양주를 마시게 하고 훌륭한 음식을 먹게 하며 아름다운 여인과 사랑을 나누게 하라는 것이다. 이것이 핵심이다. 존 가드너(John Gardner)[7]가 즐겨 지적하듯이 세부묘사는 허구의 세계를 창조할 때 허구의 세계를 살아 숨 쉬게 하는 피를 공급한다. "세부묘사는 독자에게 풍부하고 생생한 즐거움을 제공한다는 점에서 중요하다."[8] 허구의 세계를 창조할 때 플레밍의 가르침을 마음에 새겨라. 세부묘사를 통해 마치 현실과 같은 꿈으로 당신의 이야기를 물들여라. 본드의 여인들은 하나같

---

[7] 소설가이자 비평가인 존 가드너를 가리킨다. 플레밍 사후 많은 본드 소설을 썼던 스릴러 작가 존 가드너와 혼동하지 말 것.
[8] John Gardner, *The Art of Fiction: Notes on Craft for Young Writers*, New York:Vintage Books, 1985, p. 30.

이 아름답고 그가 타고 다니는 차는 뛰어난 성능을 자랑하며 그가 들르는 장소는 이국적이다. 이런 선택을 그대로 따라 하라는 이야기가 아니다. 독자들은 주인공이 겪는 경험을 통해 대리만족을 할 수 있기를 바라고 있다는 사실만 이해한다면 작가가 창조하는 허구의 세계에 어떤 세부묘사가 필요할지는 작가 자신이 가장 잘 알 것이다.

플레밍의 소설에서 발견할 수 있는 감각적 세부묘사의 예는 헤아릴 수 없이 많다. 이를 들여다보면 플레밍이 어떤 방식으로 세부묘사를 이용하여 효과를 거두었는지 알 수 있다. 또 그의 테크닉을 살펴봄으로써 당신의 작품을 개선할 만한 효과적인 방법을 발견할 수 있을 것이다. 그러나 그의 뛰어난 세부묘사가 플레밍의 펜 끝에서 단숨에 나온 것은 아니라는 사실에 주목해야 한다. 세부묘사는 대개 여러 번 수정을 거치는 과정에서 계속 추가되었다. 인디애나 대학 릴리 도서관에 소장된 『두 번 산다 *You Only Live Twice*』의 원본을 살펴보다가 우연히 발견하게 된 사실이다. 나는 원본을 훑어보다가 플레밍이 '더 감각적이고 생생한 세부묘사를 추가하기 위해' 종종 앞으로 되돌아갔다는 사실을 알게 되었다. 예를 들어 제임스 본드는 그의 스승이자 안내자인 타이거와 함께 섬으로 향하는 배에 오른다. 이때 플레밍은 자살 욕조에 대한 세부묘사를 추가한다. 본드는 나중에 블로펠드 영지에 도착해서야 이 자살 욕조에 대해 깨닫는다.[9] 플레밍이 추가한 세부묘사는 때때로 충격적인 것과 성적인 것의 경계에 걸쳐 있다. 예를 들어 11장에서 타이거는 본드에게 일본 투사들은 사타구니

---

9) Ian Fleming's original typescript, p. 80.

로 날아오는 발길질에 대비하여 고환을 감추는 방법을 훈련하고 있다는 설명을 들려준다.[10] 때로는 세부묘사가 묘사를 생생하게 살리기 위한 목적뿐만 아니라 주제를 한층 더 강조하기 위해 추가되기도 한다. 『두 번 산다』에서 본드는 마침내 블로펠드의 성(城)을 발견한다. 플레밍은 이 장면을 원래는 이렇게 썼다. "가까이에서 보니 거대하게 솟은 검은 황금빛 성이 매우 장엄했다." 그러나 플레밍은 다소 무미건조한 이 묘사에 다음과 같은 표현을 집어넣어 변화를 주었다. "가까이에서 보니 거대하게 솟은 검은 황금빛 성은 마치 괴물처럼 그를 덮쳐올 듯했다."[11] 플레밍이 '괴물처럼'이라는 단어를 추가한 것은 단순히 생생한 묘사를 위해서만은 아니다. 이 표현은 소설의 주제와 완벽하게 일치한다. 즉 블로펠드는 괴물 같은 존재이고 그를 무너뜨리는 본드는 '괴물을 처단한' 영웅적 인물이라는 주제를 강조한다.[12]

플레밍의 이와 같은 작업 방법은 모든 작가에게 묘사와 서사에 더 생생한 세부묘사를 추가하도록 용기를 불어넣는다. 사치스러움이나 상류 사회의 삶, 신체의 안락함과 관련된 세부묘사를 추가하라. 그렇게 하면 독자는 작가가 만든 허구의 세계로 흠뻑 빠져들어 대리만족

---

10) Ian Fleming's original typescript, p. 82.
11) Ian Fleming's original typescript, p. 119.
12) 이 부분에 대해서는 크리스토퍼 부커의 분석을 많이 참고했다. "이언 플레밍의 본드 시리즈가 성공할 수 있었던 이유는 본드가 비록 현대적인 인물이기는 하지만 여전히 악당을 응징하는 전형적인 영웅의 모습을 보여주고 있으며 이를 자세하게 묘사했기 때문이다."(Christopher Booker, *The Seven Basic Plots: Why We Tell Stories*, New York:Continuum, 2004, p. 380.)

을 느낄 수 있다. 충격적이거나 감각적인 세부묘사도 가능하고 플레밍이 본드걸들을 묘사할 때 그랬듯이 세부묘사를 통해 등장인물의 성적 매력을 드러낼 수도 있다. 더 구체적이고 예술적인 측면에서 말한다면 세부묘사는 작품의 주제와도 무관하지 않다. 세부묘사는 이야기의 메시지에 힘을 실어주고 작가가 독자와 소통하고 싶어 하는 상징적인 요소들을 강화해주는 역할을 한다.

그러나 뭐니 뭐니 해도 플레밍의 작업 방법에서 배울 수 있는 가장 중요한 점은 주제와 관련된 효과적인 세부묘사가 글을 쓰기 시작하자마자 작가의 마음속에서 단숨에 터져 나와야 할 필요는 없다는 것이다. 초고는 물론이고 두 번째 수정 작업을 마칠 때까지 효과적인 세부묘사를 찾아내지 못하는 경우도 있다. 작품을 다시 읽다가 어떤 문장들이 무미건조하게 읽히거나 생기가 없어 보인다고 해서 작업을 포기하거나 절망에 빠져 "난 작가가 아닌 거야. 내 묘사는 플레밍의 생생한 묘사나 그의 재능에 발끝도 못 따라가잖아!"라고 자책할 필요는 없다. 대부분의 베테랑 작가들과 마찬가지로 플레밍도 처음으로 되돌아가 단어와 구절의 형태로 추가적인 세부묘사를 끼워 넣으면서 자신의 글을 더욱 효과적으로 만들고 이야기에 활력과 화려함을 불어넣었다. 헤밍웨이가 비쩍 마른 간결한 문장을 들고 문학계에 혜성처럼 등장한 이후 현대 작가들은 자신들이 써놓은 문장으로 허겁지겁 돌아가 요점만 남겨두고 쓸데없이 붙어 있는 살들은 전부 제거해야 한다는 공포에 사로잡혔다. 물론 이런 방법도 분명 이점이 있다. 특히 지나치게 문장을 길게 쓰는 작가라면 헤밍웨이의 문장을 경고로 받아들여야 한다. 그러나 플레밍을 통해 알 수 있듯이 적절한 세부묘사를 추가하고 끼워 넣는 것도 헤밍웨이의 방식 못지않게 매우 효과적인 방식이다. 독자는 플레밍식 세부묘사에 대해 칭찬과 충성심, 높은 판매고로 작가에게 고마움을 표시할 것이다.

## 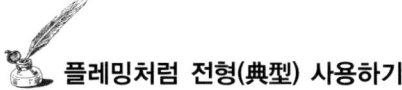 플레밍처럼 전형(典型) 사용하기

플레밍 문체의 또 다른 비밀은 갈등을 구축하고 마지막에는 그 갈등이 만족스럽게 해결되도록 이끌어주는 단단한 틀에 있다. 플레밍 소설의 줄거리를 받쳐주는 틀은 우리에게 감동을 주는 동화나 신화에서 사용되는 전형적인 틀과 동일하다. 어떻게 보면 모든 이야기는 이 전형이라는 틀에 기대고 있다고 할 수 있다.[13] 곧 살펴보겠지만 당신의 작품도 전형과 결합하면 더 큰 힘과 효과를 발휘할 수 있다. 플레밍은 전형을 어떻게 사용했는지 자세히 알아보고, 당신의 작품에 전형을 어떻게 적용할 수 있는지도 알아보자. 본드 시리즈는 크게 네 가지 전형에 의존한다.[14] 첫 번째 전형이자 가장 중요한 전형은 제임스 본드라는 슈퍼히어로(superhero) 주인공이다. 19세기 이전 소설에서는 대부분 주인공들이 이야기가 진행되는 동안 세상을 배우고 성숙한 인간으로 성장해가면서 커다란 정신적, 정서적 변화를 겪었다.

---

13) "우리가 상상 속에서 이야기를 만들어내려고 할 때마다 우리는 이 전형이 기본 밑그림이자 출발이 된다는 것을 깨닫게 된다. 우리는 전형을 벗어날 수 없다." (위의 책, pp. 215-216.)

14) 예를 들어 『두 번 산다』를 보자. 이 소설은 네 가지 전형을 사용한다. 초영웅(본드), 괴물(블로펠드), 여성성(키시 스즈키), 조력자(신도의 사제)가 그것이다. (위의 책, pp. 410-411.)

그러나 현대 소설의 영웅은 그런 변화를 겪는 일이 드물다.[15] 예를 들어 제임스 본드는 내면의 힘을 키우는 일에 시간을 쏟는 법이 없고 인생을 변화시킬 만한 일을 배우지도 않으며 한 사람의 남자 혹은 인간으로서 성장을 위해 노력하지도 않는다. 몇 차례 일시적 각성을 제외하면 소설이 시작될 때나 끝날 때나 본드의 내면은 전혀 변한 게 없다. 제임스 본드라는 인물의 핵심은 힘과 선과 악에 맞서는 정의감과 윤리의식, 월등한 싸움 실력으로 요약된다. 월등한 싸움 실력은 그가 초인적 적수들을 상대로 승리를 거둘 수 있는 이유이기도 하다.

두 번째 전형은 괴물(monster)이다. 이들은 반드시 제거되어야만 하는 사악한 스파이로 등장한다. 에른스트 스타브로 블로펠드, 골드핑거, 닥터 노, 미스터 빅, 르 치파이어로 악당의 이름과 모습만 바뀌었을 뿐 소설 속의 상황은 항상 본즈에게 불리하게 돌아간다. 이들은 뼛속까지 악당이며 세상을 전부 자신의 지배하에 두겠다는 자아의 소유자들이다. 그들은 주인공의 대척점에 놓인 타락한 인간의 모습이자 궁극적 악을 상징한다. 융이 말한 무의식의 세계에 빗대 말하자면 이들은 그림자(shadow)에 해당하는 존재이다. 우리 안에 잠재한 부정적 특질, 즉 자아를 강조하고 타인을 배려할 줄 모르는 자기중심적 특질을 반영하는 인물들이다.

세 번째 전형은 남성 속에 자리 잡은 여성성(anima)이다. 본드 소설에서 여성성은 아름답고 매혹적인 여성 등장인물로 표현된다. 오늘

---

15) 주인공이 본질적으로 변하지 않는 현대 소설로는 『호밀밭의 파수꾼』과 『고리오 영감』, 『모비딕』과 『적과 흑』이 있다.

날 본드걸이라 불리는 이 여성 등장인물은 단 한 사람의 예외도 없이 여성의 전형적 특성을 보여준다. 이들의 특성 중 하나인 타인에 대한 배려는 남성 우월적인 본드의 모습 속에서는 발견할 수 없는 부분이다. 남성 속에 잠재해 있는 여성적 특징을 보여주는 인물들은 육체적 의미에서만 매력적인 것이 아니다. 이들이 매력적인 또 다른 이유는 본드가 진정한 인간으로 성숙하기 위해 갖추어야 하는 인격을 대변하기 때문이다.[16]

네 번째 전형은 조력자(helper)다. 조력자의 전형은 주로 나이 들고 지혜로운 남자들이다. 상사인 엠(M), 정신적 지주인 큐(Q), 본드를 사랑하는 비서 미스 머니페니, 그리고 미국에 있을 때 본드를 도와준 CIA 요원 펠릭스 라이터가 그들이다. 본드의 친구이기도 한 이들이 맡은 역할은 두 가지로, 하나는 본드의 고민거리를 들어주는 것이고 (그 과정에서 독자가 본드의 문제를 이해할 수 있게 도와준다), 다른 하나는 그를 도와 문제를 해결하는 것이다. 위에 열거한 조력자들은 본드 시리즈에서 한 편 이상의 소설에 지속적으로 등장한다. 그러나 이 외에도 각각의 시리즈에는 수없이 많은 조력자들이 등장한다. 가령 『두 번 산다』에서는 신도(神道: 일본의 전통 종교)의 사제가 나이 들고 지혜로운 조력자 역할을 맡고, 소설 초반부에서는 일본의 비밀 요원인 타이거 타나카도 본드의 조력자 역할을 한다.

이와 같은 카를 융의 네 가지 전형은 세계 문학사에서 수도 없이 등장한다. 좀 더 단순화시켜 말한다면 대부분의 이야기는 위의 네 가지

---

16) Booker, 앞의 책, pp. 298-299.

전형 중 두 가지 전형의 충돌을 중심으로 진행된다. 즉 처음 언급한 두 개의 전형, 즉 슈퍼히어로와 괴물의 충돌이다. 슈퍼히어로는 선한 세력을 상징하고 괴물은 악의 세력을 상징한다. 대개 선과 악은 별개의 두 사람으로 의인화되고, 슈퍼히어로가 친구와 여성 캐릭터의 도움을 받아 괴물을 제압함으로써 갈등이 해결된다. 갈등의 해결은 본드가 여성 캐릭터와 결합하는 계기가 된다. 혹은 이런 관계가 『살인번호』의 결말처럼 다음 시리즈까지 이어지는 경우도 있다.

당신도 이와 같은 전형을 작품에 활용할 수 있다. 그러나 가만히 앉아서 "나에겐 슈퍼히어로와 괴물과 나이 들고 지혜로운 남자와 여성 캐릭터가 필요해."라고 말만 늘어놓는 것은 좋은 방법이 못 된다. 우선 당신의 이야기에 필요한 구성요소들을 만든 다음 초고를 작성하고, 그도 아니라면 적어도 대충의 줄거리라도 만들어놓는 작업이 필수적이다. 그런 다음 네 가지 전형 가운데 어떤 전형을 포함시킬지 고민하라. 반드시 그렇지는 않지만 대개는 어떤 이야기든 적어도 주인공과 여성 캐릭터가 존재한다. 그런 다음 조력자나 친구는 등장할 수도 있고 그렇지 않을 수도 있다. 친구나 조력자가 나이 들고 지혜로운 노인일 수도 있지만 젊은 현자(賢者)이거나 절친한 동료일 수도 있다. 그리고 악의 세력이나 괴물의 전형도 빠지지 않고 등장할 때가 많다. 이렇게 따지고 보면 당신의 줄거리나 초고에는 이미 어떤 형태로든 네 가지 전형이 전부 들어 있을 가능성이 많다. 따라서 당신의 중심 캐릭터가 맡고 있는 전형적인 역할이 어떤 것인지 파악할 수 있다면 2고를 쓸 때 그런 캐릭터들의 특성을 강화해줄 수 있다. 예를 들어 주인공을 올바른 길로 이끌고 주인공의 고민거리를 들어주는 조력자의 역할이 부족하다고 느끼면 조력자의 비중을 더 높일 수 있다. 대부분의 신화적 이야기가 제공하는 해피엔딩을 원하면 주인공과 여성 캐릭터가 만족스럽게 결합하도록 결말을 수정해야 할지도 모른다. 이처럼 전형에 대한 지식이 더 도움이 되는 시기는 이야기를 처음 만들 때가 아니라 수정 작업에 들어갈 때다.

 **플레밍과 시점**

『살인번호』의 1장은 스트랭웨이즈 중령과 메리 트루블러드의 피살 사건을 다룬다. 3인칭 객관적(관찰자) 시점으로 쓰인 1장은 이른바 현실에 개입하지 않고 무언가 일어나기를 조용히 기다리는 관찰자라는 의미로 '벽에 붙은 파리(fly on the wall)' 라 불리는 시점에서 벌어지는 일들을 드러낸다. 여기서 독자는 등장인물들이 무슨 생각을 하고 있는지는 전혀 알 수가 없다. 1장을 제외한 소설의 나머지 부분은 3인칭 주관적(전지적) 시점으로 진행된다. 대부분 제임스 본드의 생각을 통해 이야기를 풀어나가기 때문에 1장과 마찬가지로 다른 인물들의 생각은 어쩌다 한 번 볼 수 있을까 말까다. 플레밍은 본드에 집중함으로써 주인공과 친밀감을 만들어내고 독자가 본드의 시점을 통해 소설 속 세상을 경험하도록 이끈다. 이는 정확히 본드 소설을 펼쳐드는 독자들이 원하는 바다. 그들은 단 하루만이라도 본드가 되고 싶어 한다. 플레밍은 독자에게 대리 경험과 짜릿한 흥분을 선사하여 그들이 본드와 함께 모험을 즐기고 있다는 느낌을 준다. 본드에겐 살인면허가 있고 마음껏 자동차의 속도를 높여도 되는 자유가 있으며 사

랑을 나눌 아름다운 여인들도 줄지어 서 있다. 물론 그를 죽이려고 혈안이 된 악당들도 있고 위험한 고비도 여러 차례 넘겨야 하지만 최후의 승자는 항상 본드이기 때문에 그런 위기의 순간들은 오히려 재미를 더해줄 뿐이다. 마지막에는 언제나 본드가 위기에 빠진 세상을 구원한다. 하루만이라도 본드로 살면서 많은 것을 누려볼 수 있는 것이다.

플레밍은 대부분의 본드 시리즈에서 이런 시점을 사용했다. 그러나 『위기일발』은 조금 다르다. 무슨 이유에서인지 이야기는 꽤 오랫동안 본드에게서 떨어져 있다. 대신 플레밍은 1장부터 10장까지 독자를 악당들의 세계 속에 머물게 한다. 우선 비밀 지령을 받은 첩자 레드 그랜트를 묘사한 다음 그를 비롯하여 다양한 단역들이 무슨 생각을 하고 있는지 하나하나 보여준다. 결국 이를 통해 제임스 본드를 제거하려는 음모가 드러난다. 그러나 이때까지도 본드는 이야기에 등장하지 않는다. 이어서 등장하는 인물은 러시아의 미녀 타티아나 로마노바로, 그녀는 본드를 유혹하여 죽음으로 몰고 가는 임무를 띠고 있다. 플레밍은 타티아나의 계획과 생각을 독자에게 보여준다. 타티아나처럼 젊고 순수한 여자가 초강대국 간의 위험한 전쟁 게임을 위한 노리개로 사용되고 있다는 생각에 독자는 그녀에 대한 연민에 사로잡힌다. 그리고 나서 마침내 본드가 등장하는 11장에 이르면 서스펜스는 극에 달한다. 이때부터 독자는 본드의 시점을 따라 타티아나와 암살자 레드 그랜트와 차례로 맞닥뜨린다.

플레밍의 시점을 활용하기 위해 반드시 스릴러나 추리소설을 써야 하는 것은 아니다. 3인칭 시점으로 작품을 쓰고 있는 작가라면 누구나 플레밍이 시점을 다루는 방법을 통해 많은 것을 배울 수 있다. 예를 들어 플레밍은 『살인번호』와 『위기일발』 같은 작품에서 주인공의 생각 속으로 곧장 들어가지 않는다. 따라서 소설의 초반부에서 독자는 본드가 무슨 생각을 하고 있는지 알지 못한다. 이런 점에서는 셰익스피어의 『햄릿』과 비슷하다. 이 작품에서도 햄릿의 등장은 유령이 나타나는 도입부의 자극적인 사건이 끝날 때까지 미뤄진다. 마침내 햄릿이 무대에 등장하면, 본드의 경우처럼 모든 관심은 즉시 햄릿에게로 옮겨가고 관객은 이미 한껏 달궈진 긴장 속에서 햄릿의 행동과 말에 촉각을 곤두세운다.

일단 본드가 등장하고 나서 플레밍이 얼마나 '자주' 본드의 생각을 드러내는지를 살펴보는 것도 유익하다. 본드의 생각을 전혀 드러내지 않는 문장이 의외로 많다. 자세히 설명하는 문장의 경우가 대개 그렇다. 예를 들어 『두 번 산다』에서 타이거로부터 일본에 대해 배우고 있는 동안 본드의 생각은 전혀 드러나지 않는다. 그런가 하면 독자가 현재 벌어지고 있는 상황을 오직 본드의 시점을 통해서만 이해해야 하는 때도 있다. 이런 장면에서 플레밍은 독자의 코앞에 상황을 갖다 들이밀고 허구의 세계에 흠뻑 젖어들게 만든다. 『살인번호』의 후반부에서 우리의 슈퍼 첩보원께서 환기구를 기어가는 순간이 좋은 예다.

시점을 얼마나 완벽하게 사용하는지를 보면 직업 작가인지 아닌지를 대번에 알 수 있다. 플레밍의 작품은 경험이 풍부한 작가들에게도 이 중요한 장치를 더 효과적으로 이용하는 방법을 가르쳐준다. 특히 매우 대중적인 3인칭 시점으로 작품을 쓰고 있는 작가라면, 그리고 주인공에 초점을 맞춘 이야기라면, 플레밍의 작품을 분석해보는 것은 큰 도움이 된다. 당신도 플레밍처럼 균형 잡힌 접근법을 사용하여 주인공의 마음속에 오랫동안 머물 수도 있고 주인공을 잠시 떠나 있는 시간을 이용하면 좀 더 객관적인 상황을 제시할 수도 있다. 이런 식으로 심리적 거리를 조절하여 '멀고 객관적인 곳'에서 '가깝고 개인적인 곳'으로 움직인다면 당신이 주인공에게서 '멀리' 떨어져 있을 때 독자는 잠시 숨을 돌렸다가 주인공에게 '가까이' 달라붙으면 다시 가슴 두근거리는 흥분에 빠져들 것이다.[17] 이런 식으로 시점을 활용하면 단순히 이야기를 늘어놓을 때보다 더 큰 효과가 나타난다. 심리적 거리라는 예술적 장치를 활용하면 당신의 이야기가 절정을 향해 치달을 때 흥분의 강도를 서서히 높일 수 있다.

플레밍처럼 이야기를 쓴다는 것은 그 효과가 입증된 플레밍의 기교에 숙달되었다는 것을 의미한다. 가장 두드러진 플레밍의 기교는 세부묘사와 생생하고 호화로운 삶에 대한 묘사다. 전형을 이용하는 것 또한 중요하다. 전형을 사용하면 튼튼한 구조로 이야기를 떠받칠 수 있고 이야기를 만족스럽게 해결하는 데 도움이 된다. 긴장을 고조시키고 중심인물에 대한 관심을 만들어내기 위한 시점의 적절한 활용도 효과적인 이야기꾼이 되기 위해 누구나 반드시 터득해야 하는 기교다. 이런 기교로 가득한 플레밍의 작품이 세계를 정복한 것은 어

---

[17] 존 가드너는 『소설 쓰는 법 The Art of Fiction』에서 심리적 거리에 대해 매우 유익한 의견을 제시한다. 그는 작가들에게 '먼 곳'에서 '가까운 곳'으로 급하게 움직이기보다는 롱샷(long shot)에서 클로즈업으로 서서히 움직이라고 충고한다. (Gardner, 앞의 책, p. 111.)

찌 보면 당연하다. 당신이 쓰고자 하는 내용이 무엇이건 간에 플레밍의 기교를 적절히 활용한다면 분명 더 강렬한 충격과 호소력을 지닌 작품이 탄생할 것이다.

**J. D. 샐린저** | 주요 작품 『호밀밭의 파수꾼』, 『프래니와 주이』
이탤릭체의 잦은 사용과 신중한 단어 선택, 반복적인 단어의 사용은 모두 주인공 홀든의 목소리에 개성을 더해주었고, 모든 세대의 독자들에게 호소력을 가질 수 있었다.

## 16장

## J. D. 샐린저처럼 써라

*J. D. Salinger*

최근 몇 년간 출간된 새로운 전기들을 읽어보지 않았다면 J. D. 샐린저에 대해 제대로 안다고 말하기에는 무리가 있다. 미국에서 가장 유명한 은둔자라는 사실 외에 『호밀밭의 파수꾼 The Catcher in the Rye』을 쓴 작가에 대해 우리가 알고 있는 것은 많지 않기 때문이다. 물론 그의 인생과 작품을 연결시키는 것은 샐린저의 문학세계에 접근하는 여러 가지 방법 중 하나에 불과하다. 그러나 작품에 가려졌던 그의 인생을 알게 된다면 샐린저의 문체에 훨씬 더 많은 흥미를 느끼게 될 것이다. 헤밍웨이는 언젠가 이렇게 탄식했다. "세상에, 이 친구는 엄청난 재능을 지니고 있어."

J. D. 샐린저는 1919년에 태어나 뉴욕의 어퍼웨스트사이드에서 자랐으나 시간이 흐르면서 이 동네를 점점 경멸하게 되었다. 샐린저가 십 대 때 아버지는 그를 유럽에 보내 가업(家業)인 육류 및 유제품 사

업을 체험하게 했다. 이 일로 샐린저는 아버지와 심각한 갈등을 겪는다. 아버지의 의도와 달리 샐린저는 이 '그랜드 투어(grand tour: 과거 영미 부유층 젊은이들이 교육의 일환으로 유럽 주요 도시들을 둘러보던 여행—옮긴이)'에서 아무런 감흥을 받지 못하고 집으로 돌아왔을 뿐 아니라 절대로 공장에서 일을 하며 인생을 보내지 않겠다는 결심을 굳히는 계기만 되었다. 샐린저의 부모는 샐린저가 학교에서 적응하지 못하자 그를 밸리포지 육군사관학교에 보냈다. 샐린저는 일반 학교보다 육군사관학교에 더 잘 적응했다. 샐린저가 마침내 물 만난 고기처럼 사관학교를 휘젓고 다녔다고 말하는 이도 있다. 사관학교를 졸업하자마자 컬럼비아 대학에 입학한 샐린저는 학점과 상관없는 단편 창작 강의를 들었다. 당시 강의를 맡은 사람은 잡지 『스토리 Story』의 유명 편집인 위트 버넷이었는데, 그는 얼마 후 샐린저의 첫 단편을 사들였다. 이후 단편 작업에 열중하던 샐린저는(그중 일부 작품에는 홀든이라는 이름의 인물이 등장하기도 했다) 입대영장을 받고 유럽으로 파견되어 연합군의 노르망디 상륙작전에 참가한다. 그는 유럽에서 복무하는 4개월 동안 수많은 전우들이 죽어가는 것을 지켜봤고, 이로 인해 신경쇠약에 시달렸다.[1] 프랑스에 머무는 동안 독일 첩보원과 결혼도 했으나 미국으로 돌아오자마자 이혼했다. 미국에 돌아온 샐린저는 그동안 써놓았던 글들을 모아 『호밀밭의 파수꾼』을 완성했고, 소설은 발표되자마자 큰 반향을 불러일으켰다. 소설 출간 이후 그는 뉴욕

---

1) Paul Alexander, *Salinger: A Biography*, Los Angeles:Renaissance Books, 1999, pp. 107-108.

을 탈출하기 위해 뉴햄프셔 주의 작은 마을 커니시로 거처를 옮겼다. 거기서 36세의 샐린저는 당시 19세였던 클레어 더글러스를 신부로 맞았다. 두 사람은 두 명의 아이를 가졌지만 결국엔 파경에 이르렀는데, 그 이유는 샐린저가 집에서 400미터 떨어진 곳에 작은 콘크리트 벙커를 지어놓고 수 주일씩 틀어박혀 글을 쓰는 일이 허다했기 때문이다. 수시로 집을 비우는 샐린저에게 화가 난 아내는 '정신적 학대'를 견딜 수 없다며 샐린저와 이혼했다. 1972년 53세의 샐린저는 18세의 조이스 메이너드와 연애를 시작했고, 두 사람의 관계는 열 달 간 지속되었다. 1977년에는 자신보다 마흔 살이나 어린 간호사 콜린 오닐을 만나 몇 년 동안 편지를 주고받다가 1980년대 후반에 결혼했다.

알다시피 작가들 중에는 기이하고 유별난 인생을 살았던 사람이 많다. 그러나 로렌스 큐비(Lawrence Kubie)가 『창조적 과정의 신경증적 왜곡 *Neurotic Distortion of the Creative Process*』(1958)에서도 지적했듯이 창조적인 작가가 되기 위해 반드시 유별난 인생을 살아야 할 필요는 없다. 큐비는 오히려 유별난 인생이 창조성을 갉아먹고 왜곡할 수 있다며 경계한다. 위대한 예술가들이 위대한 이유는 유별난 인생을 '살았기 때문'이 아니라 유별난 인생을 '살았음에도' 그러한 업적을 이루었기 때문이다. 큐비는 그들이 조금만 더 평범하고 덜 신경증적인 삶을 살았다면 훨씬 더 창조적이고 생산적인 작가가 되었을 거라고 주장한다. 이것은 예술가들이란 본디 약간 제정신이 아닌 사람들이고 그들의 기이함과 유별남이 훌륭한 예술작품을 창조하기 위한 전제조건이라는 통념을 정면으로 거스르는 매력적인 주장이다. 샐린저의 경우가 큐비의 주장을 뒷받침한다. 샐린저가 자신의 유별남 덕분에 훌륭한 작품을 쓸 수 있었는지는 모르겠지만 그의 작가 경력을 단축시킨 것이 바로 그 유별남이라는 데는 의심의 여지가 없다.[2] 미국에서 가장 장래가 촉망되는 젊은 작가 중 한 명이자 '미국에서 가장 내성적인 작가'로 알려진 샐린저는 1965년부터 모든 소설 출간을 중단하고 도시 생활과 열혈 애독자들에게서 벗어나기 위해 뉴잉글랜드의 외진 마을에 틀어박혀 은둔 생활을 시작했다. 하지만 그의 기이하고 유별난 인생 행로와는 상관없이 우리가 현대 소설을 쓰는 방법에 대해 샐린저에게서 배울 수 있는 것들은 너무나 많다.

 **문체의 거장에게서 배우는 목소리에 관한 가르침**

샐린저는 뉴햄프셔 주 커니시의 드넓게 펼쳐진 언덕과 목초지, 시냇물이 흐르는 넓은 사유지에 틀어박혀 누구의 방해도 받지 않고 편안하게 살 수 있었다. 이 모든 것은 작가 경력 초반에 이룬 큰 성공 덕분이었다. 하지만 이것이 진정 그가 꿈꾸던 삶이었을까? 어쩌면 그럴지도 모른다. 『호밀밭의 파수꾼』에서 홀든은 샐리에게 뉴잉글랜드로 도망가서 "실개천이 흐르는 어딘가에" 오두막을 짓고 겨울엔 장작을 패면서 둘이서 조용히 살자고 애원한다.[3] 샐린저는 홀든이라는 캐릭

---

2) 그의 유별난 삶에 대해서는 비교적 최근에 출간된 네 권의 책을 참고하라. 해밀튼(Ian Hamilton)의 『J. D. 샐린저를 찾아서 In Search of J. D. Salinger』(1988), 조이스 메이너드(Joyce Maynard)의 『호밀밭 파수꾼을 떠나며 At Home in the World』(1998), 마가렛 샐린저(Margaret A. Salinger)의 『드림 캐처 Dream Catcher』(2000), 폴 알렉산더(Paul Alexander)의 『샐린저 전기 Salinger: A Biography』(1999)다.

터를 창조할 때 신경쇠약을 포함하여 자신의 많은 면을 반영했다. 그만큼 구체적이고 사실적인 캐릭터 덕분에 독자들은 마치 자신들의 이야기를 읽는 것처럼 홀든이라는 캐릭터를 친숙하게 받아들였다.

홀든 콜필드는 우리가 알고 있는 그 또래의 전형적인 젊은이다. 그는 부모와의 의사소통에 어려움을 겪고, 친구나 학교 급우들로부터는 소외감을 느낀다. 내 말은 전형적인 젊은이들에게 홀든처럼 친구가 없다는 얘기가 아니다. 평균적으로 따지면 젊은이는 부모나 기성세대보다 친구가 많다. 그러나 과연 그럴까? 젊은이들은 종종 부모 세대는 물론이고 자신과 같은 세대로부터도 소외감을 느낀다. 그들은 사춘기를 통과하는 동안 아무도 자신을 이해해주지 못한다고 느낀다. 이 점에서는 가장 친한 친구도 예외가 아니다. 이것이 아마도 홀든이 젊은이들에게 그토록 폭발적인 사랑을 받을 수 있었던 이유 중 하나일 것이다. 홀든은 누구와도 깊은 사랑을 나누지 못한다. 진정한 친구도 없고, 어린 여동생 피비를 제외하곤 누구와도 인간적인 관계를 맺지 못한다. 크리스토퍼 부커가 지적했듯이 홀든은 의미 있는 관계를 전혀 맺지 못한 채 사람들 사이를 떠돌 뿐이다. 상당수 젊은이들한테 사춘기란 정확히 이런 느낌이다.

홀든 콜필드가 모든 세대의 독자들에게 호소력을 지닐 수 있는 또 다른 이유는 그 특유의 경박한 목소리 때문이다. 목소리란 무엇인가?

---

3) J. D. Salinger, *The Catcher in the Rye*, New York:Bantam, 1951, p. 132, 134. 샐린저와 홀든 사이에는 닮은 구석이 너무나 많다. 둘 다 신경쇠약에 걸렸고 둘 다 뉴욕에 살았으며 대학 진학을 위한 예비학교에 다닐 때 교칙을 어기는 등 말썽을 일으킨 것도 똑같다.

소설에서건 논픽션에서건 목소리는 글의 느낌이나 어조, 단어의 선택에 의해 결정되는 어떤 특징이며 뚜렷하고 독특한 사람 냄새를 내기 위해 글에 부여하는 개성을 가리킨다. 작가의 목소리는 보통 1인칭 시점의 글에서 더 분명하게 들린다. 3인칭 시점은 객관적 보도를 생명으로 여기는 기자들의 '따분한 목소리'를 흉내 낼 때가 많은 반면, 1인칭 시점은 친근하고 독특하며 개성적인 느낌을 전달하기가 더 쉽다. 실제로 『호밀밭의 파수꾼』의 어느 대목을 펼쳐보더라도 독자는 홀든의 목소리를 크고 분명하게 들을 수 있다. 샐린저는 홀든이 미성숙한 십 대 청소년이라는 점을 십분 활용해 주제를 여러 차례 반복한다. 즉 홀든이 머릿속에 떠오르거나 홀든에게 개성을 부여하는 단어나 표현을 반복적으로 사용하는 것이다. 샐린저는 F. 스콧 피츠제럴드의 『위대한 개츠비 The Great Gatsby』(1925)를 무척 좋아했는데, 피츠제럴드가 이 작품에서 사용한 기법이 바로 동일한 표현의 반복이다. 작품 속에서 개츠비는 마치 버릇처럼 등장인물들을 "여보게, 자네"라고 부른다. 이런 호칭은 개츠비가 부르는 사람들을 묘사하기 위한 목적보다는 그가 얼마나 가식적인 상류층 인물인지 보여주려는 의도가 더 크다. 마찬가지로 『호밀밭의 파수꾼』에서 독자는 '제기랄', '빌어먹을', '거짓말' 같은 단어를 반복해서 듣는다. 이런 단어는 개츠비의 경우처럼 홀든이 그렇게 부르는 사람들을 묘사하려는 의도보다는 사실상 홀든이라는 인물을 드러내는 데 더 효과적인 역할을 한다. 이처럼 주제와 관련된 표현을 반복함으로써 샐린저는 주인공 홀든에게 특유의 목소리를 부여한다. 이탤릭체의 잦은 사용과 신중한 단어 선택, 반복적인 단어의 사용은 모두 홀든의 목소리에 개성을 더해준다. 예를 들어보자. "하지만 최악은 샐리에게 한 말이 진심이었다는 것이다. 그것이 최악이다. 신에게 맹세코 나란 놈은 미친 놈이다." 17장의 끝부분에 나오는 이 문장은 이탤릭체의 사용과 신중한 단어 선택, 반복의 좋은 예다. 그러면서도 친근하고 개성적인 홀든의 목소리는 그대로 유지된다. 샐린저보다 목소리를 잘 사용한 작가는 없다. 마크 트웨인이 『허클베리 핀』에서 그랬던 것처럼 샐린저는 『호밀밭의 파수꾼』에서 특징적이고 일관되게 주인공의 목소리를 포착한다. 그의 방법을 주의 깊게 살펴보면 당신도 거장의 기교를 배울 수 있을 것이다.

### 작가들에게 해준 조언을 샐린저 자신은 왜 따르지 않았을까, 그리고 우리는 그의 조언에서 어떤 가르침을 얻을 수 있을까

많은 작가들은 샐린저 같은 대가의 가르침이나 조언을 듣고 싶어 한다. 만약 뉴햄프셔의 커니시로 차를 몰고 가서 그에게 당신의 작품을 읽어 주십사 부탁을 한다고 상상해 보라. 그리고 그에게 이런 질문을 던진다면? "샐린저 선생님, 신인 작가들을 위해 한 말씀만 들려주시지요." 실제로 많은 작가들이 샐린저를 만나기 위해 순례 여행을 떠났지만 대부분은 샐린저를 만나지 못했고 심지어 그의 집조차 제대로 찾을 수 없었다. 현지 주민들이 샐린저의 주소를 외지인에게 함부로 알려주지 않았기 때문이다. 그런데 그에게 조언을 구하러 찾아갔던 한 작가가 그의 '집 안'으로 들어가는 데 성공했다. 게다가 열 달 간 그와 함께 살기까지 했다. 그렇다, 앞서 언급했던 이 작가의 이름은 조이스 메이너드(Joyce Maynard)다. 그녀가 샐린저의 집에서 보낸 열 달을 기록한 책 『호밀밭 파수꾼을 떠나며 At Home in the World』(1998)는 조금의 과장도 없이 두 눈을 번쩍 뜨이게 만드는 책이다. 조이스 메이너드는 샐린저가 자신에게 해준 조언을 이 책에 고스란히 옮겨놓고 있다. 하지만 정작 샐린저 자신은 메이너드에게 해준 조언을 실천하지 않았다.

샐린저는 메이너드에게 글을 쓰는 분명한 '목적'을 가져야 한다고 말했다. 단순히 물질적 욕심을 채우기 위해서가 아니라 고귀한 목적을 갖고 글을 쓰는 것이 훨씬 훌륭하다는 것이다. 다시 말해 사람들을 위한 메시지와 실질적으로 그들에게 도움이 되는 메시지를 가지고 글을 쓰는 것이 바람직한 글쓰기라는 것이다.[4] 그는 메이너드에게 이렇게 말했다. "글을 쓰는 이유가 작가 자신의 자아를 만족시키는 것 말고 다른 어떤 쓸모가 있는지 진지하게 생각해 봐야만 해."[5] 글을 쓰려는 목적이 고귀할수록 더 좋은 글을 쓸 수 있다는 것이다. 문득 『주이 Zooey』의 후반부에서 프래니의 오빠가 프래니더러 '뚱보 아줌마'를 위해 우스꽝스러운 사람이 되어 보라고 말하는 장면이 떠오르지 않는가? "시모어가 말한 뚱보 아줌마는 어디에나 있고 누

---

4) 이는 조지 오웰의 고백과는 정반대다. 오웰은 글을 쓰는 목적 가운데는 "이기적인 욕심"과 "사후에도 사람들 입에 오르내리며 기억될 만큼 똑똑해지려는 욕망"이 어느 정도 자리 잡고 있다고 고백했다. 오웰은 이기적 욕심을 부인하는 작가는 거짓말을 하고 있는 것이라고 말했다. 오웰에 따르면 글을 쓰는 또 다른 목적에는 "미학적 열정과 단어의 배열을 통한 아름다움의 자각, 역사적 동기, 그리고 정치적 목적"이 있다.(George Orwell, Why I Write, New York:Penguin Books, 2005, pp. 4-5.)
5) Joyce Maynard, At Home in the World: A Memoir, New York:Picador, 1998, p. 139.

구나 될 수 있다."라는 말을 통해 독자는 프래니가 언급하는 뚱보 아줌마가 결국은 모든 사람을 가리킨다는 것을 알게 된다. 또한 뚱보 아줌마가 그리스도를 가리킨다는 것도 우리는 알고 있다. 맞다, 모든 것이 지나치게 이타적이다. 하지만 점점 더 나아질 것이다.

샐린저는 메이너드에게 이렇게 말했다. "당신이 좋아하고 존경하는 것, 당신이 소중하게 여기고 아끼는 것을 소재로 글을 썼다고 가정해보자. 그것이야말로 작가에겐 하나의 도전이 될 것이다." 그런 다음 샐린저는 메이너드가 그녀의 부모에 대해 쓴 글이 마음에 들지 않는다고 덧붙였다. 언뜻 보기엔 잘 쓴 것 같지만 피상적이고 겉치레에 불과한 글이라고 했다. 샐린저는 메이너드가 그녀 자신의 삶을 글로 옮기면서 눈에 거슬리는 대목들은 외면했다며 호되게 비판했다. 대표적으로 그녀가 아버지의 알코올 중독 이야기를 감추려 한 점을 들었다. 샐린저는 메이너드가 언젠가는 스스로 중요하다고 생각하는 글을 쓰고 싶어질 것이고, 다른 사람들의 반응에는 더 이상 신경 쓰지 않게 될 것이라고 내다봤다. "당신은 결국 당신의 능력에 맞는 작품을 쓰게 될 것이다."[6] 이것은 샐린저가 메이너드를 비롯하여 모든 작가들에게 전하는 메시지였다. 이는 마치 포크너가 한 말을 떠올리게 한다. 포크너는 독자를 잊어버리고 오직 작가 자신을 위해 글을 썼을 때 최고의 작품이 나왔다고 말했다. 그러나 공교롭게도 샐린저 자신은 이 조언을 따르지 않았다. 그는 단 한 번도 자신의 작품에서 아버지와의 불편한 관계를 털어놓은 적이 없다. 제2차 세계 대전 때 겪었

---

6) 위의 책, pp. 140-141.

던 불안을 작품 속에서 언급한 적도 없다. 물론 더글러스와 메이너드, 오닐을 비롯한 여러 여인들과의 관계에 대해서도 샐린저는 입을 굳게 다물었다. 항상 젊은이들에 대한 이야기를 쓰면서도 샐린저 자신의 삶에서 중요한 의미를 띠는 인간관계에 대해서는 철저하게 입을 다물었던 것이다. 샐린저의 작품에서 소외되기는 제2차 대전 기간 중 프랑스에서 만났던 첫 번째 아내 실비아도 예외가 아니었다. 이쯤 되면 이런 의문을 품게 될 것이다. 샐린저 자신도 지키지 않은 조언을 따르는 것이 정말로 좋은 작품을 쓰는 데 도움이 될 수 있을까?

물론이다. 나는 그의 조언을 믿어보라고 말하고 싶다. 본질적으로 타당한 조언이기 때문이다. 윌리엄 포크너에게는 분명히 통했던 조언이다. 포크너는 독자에 대한 걱정을 접어두고 자신이 쓰고 싶은 글을 쓰기 시작하면서 노벨상을 받았다. 샐린저는 자신의 조언을 따르지 않았지만 조이스 메이너드는 샐린저의 조언 덕을 봤다. 그녀는 자신의 저서 『호밀밭 파수꾼을 떠나며』에서 커니시에 꼭꼭 숨어 살던 샐린저의 삶을 세상에 공개했다. 1998년 출간과 함께 뜨거운 관심을 받은 이 책은 철저하게 샐린저의 조언을 따른 책이다. 책 속에서 메이너드는 자신이 정말로 쓰고 싶은 이야기, 즉 샐린저와 어떤 관계를 유지했고 어떻게 샐린저를 극복했는지 밝힌다. 껄끄러운 부분을 비켜가지 않고 사람들이 어떻게 받아들일지 걱정하지도 않는다. 샐린저의 조언은 메이너드뿐 아니라 대부분의 작가에게 효과가 있을 것이다. 특히 가슴 깊은 곳에 하고 싶은 말을 담고 있는 작가라면 샐린저의 조언에 귀를 기울여라. 그의 조언을 작품에 적용하기 위해선 어떤 대상이나 사람에게 깊은 관심을 쏟아야 한다. 그런 다음 넘어야 할 벽은 독자의 반응에 대한 걱정으로 미리부터 의욕을 잃지 않는 것이다. 샐린저는 이 지점에 도달한 작가들이라면 자신 있게 앞으로 나아가며 최선의 실력을 보여줄 수 있을 것이라고 말한다.

 **줄거리보다 등장인물에 초점을 맞추려면**

샐린저의 작품에서는 등장인물이 중요한 비중을 차지한다. 이런 경향은 이미 초기의 단편 소설에서부터 나타났다. 시간이 갈수록 그의 소설은 점점 더 인물 중심이 되어갔고, 줄거리의 역할은 줄어들었다. 『호밀밭의 파수꾼』만 해도 미약하나마 사건이 일어난다. 즉 홀든이 예비 학교에서 뉴욕까지 이동하는 동안 여자 친구들과 선생님들을 방문하면서 어느 정도 줄거리의 진전이 이루어진다. 그러나 『프래니와 주이』(1961)에 이르면 사실상 도도히 흐르는 줄거리나 앞으로 나아가는 구성상의 발전은 거의 눈에 띄지 않고, 사건이라 할 만한 것도 일어나지 않는다. 『시모어: 서문 Seymour: An Introduction』(1963)은 아예 캐릭터 보고서라 해도 과언이 아니다. 등장인물 중심의 소설로 변한 샐린저의 작품에 짜증스런 반응을 보이거나 혼란스러워하는 독자들도 있었다. 하지만 샐린저의 골수팬들은 여전히 샐린저의 작품에 열광했다. 한편으로는 그의 언어가 선사하는 즐거움 때문이기도 하지만, 다른 한편으로는 샐린저가 창조한 인물들을 읽는 재미가 줄거리를 따라가는 재미 못지않았던 데도 원인이 있다.

샐린저처럼 캐릭터에 초점을 맞추기 위해선 두 가지 조건이 필수적이다. 첫째, 샐린저의 등장인물들처럼 유별난 구석을 가진 인물이어야 하고 검증을 거친 인물이어야 한다. 둘째, 그들이 누구이고 소설 속에 있는 그들의 모습을 떠올려보기 위해 등장인물의 정체성과 성격, 모습을 사실적으로 묘사하기 위해 자료 조사가 필요하다. 조이스 메이너드는 샐린저가 캐릭터에 관한 메모를 깨알같이 적어놓은 수십 권의 공책을 갖고 있었다고 증언한다. 이 공책들이야말로 샐린저가 끊임없이 캐릭터를 발전시키는 비결이다. 물론 독자가 볼 수 있는 캐릭터는 세상에 발표된 작품 속에 등장하는 인물들로 국한된다. 샐린저는 후기 작품에서 주요 인물로 등장하는 글래스 가문을 묘사하기 위해 구성원들 한 사람당 책 한 권 분량의 메모를 적어두었다. 최종 발표된 작품에 이들이 전부 실리지는 않았다. 그럼에도 샐린저는 작품에 실리지도 않을 이 인물들을 한 명 한 명 자세하게 분석했다. 그의 딸 마가렛 샐린저에 따르면 샐린저는 실제 가족보다도 소설 속 인물들과 더 가깝게 지냈다고 한다. 엄밀히 말해 이와 같은 샐린저의 편집증, 즉 소설 속 인물에 대한 망상에 가까운 이런 관심까지 '필수적'인 것은 아니다. 그러나 샐린저가 캐릭터를 만드는 방법은 모든 작가들에게 도움이 되는 훈련의 본보기임이 분명하다.

    이야기에 필요한 인물만 만드는 데 그치지 말고 무대 뒤의 인물들까지 만들어라. 이렇게 하면 작가가 책상 앞에 앉아 글을 쓸 때 종이 위에 쏟아놓을 수 있는 것보다 더 많은 내용을 마음에 갖고 작업에 임할 수 있다. 헤밍웨이도 이런 작업 방식을 좋아한다는 뜻을 내비친 적이 있다. 그 유명한 '빙산 이론'을 논하는 자리에서였다. "당신이 어떤 부분을 빼버렸을 때 이야기가 더 강화된다면, 어떤 부분을 빼버렸을 때 독자가 이해하는 것보다 더 풍부한 느낌을 전달할 수 있다는 확신이 든다면, 무엇이 됐건 빼버려라."[7] 우리는 잠시 후 샐린저가 단편 『테디 Teddy』의 끝부분에서 헤밍웨이의 빙산 이론을 어떻게 효과적으로 사용하고 있는지 살펴볼 것이다.

### 독자의 기억에 남는 여성 캐릭터 만들기

샐린저의 작품이 특별한 이유 중 하나는 등장하는 여성 캐릭터들이 굉장히 흥미롭기 때문이다. 그중 압권은 단연 피비 콜필드다. 그녀는 남성의 여성적 특징인 아니마, 혹은 남자 주인공 속에 내재된 여성적인 면을 대변하기 때문에 주목할 만한 가치가 충분하다.[8] 홀든은 어른은 물론이고 소설에 등장하는 거의 모든 사람들을 거짓말쟁이라 부르며 ("나는 거짓말쟁이들에게 둘러싸여 있다.") 그들과 관계를 맺는 데 어려움을 겪는다. 그런 그가 유일하게 아끼는 인물이 바로 어린 여동생 피비다. 홀든에게 피비란 존재는 인간관계에서 일어나는 모든 좋은 점과 훌륭한 점을 대변한다. 본질적으로 피비라는 캐릭터는 홀든의 인격 속에 존재하지 않는 면을 대변한다. 그것은 사람들과 원만한 관계를 맺는 능력이다. 피비에겐 부모는 물론이고 홀든과 그 밖의 다른 사람들과 원만하게 지낼 수 있는 능력이 있다. 그러나 홀든은 아직 이러한 능력을 자신의 인격 속으로 통합시키지 못했다.[9]

---

7) Susan Beegel, *Hemingway's Neglected Short Fiction: New Perspectives*, Tuscaloosa:University of Alabama Press, 1992, p. 61.
8) 융의 심리학에서 아니마(Anima)는 모든 남성이 갖고 있는 여성의 심리적 특성이다. 참고로 아니무스(Animus)는 여성이 지니는 남성적 요소다.

샐린저가 창조한 여성 캐릭터에서 어느 정도 샐린저 자신의 정신적 측면을 대변하는 인물은 프래니 글래스다. 그녀는 샐린저의 소설 속에 여러 차례 등장하는 글래스 가문의 자녀들 가운데 한 명이다. 글래스 가문의 자녀들이 특히 큰 비중을 차지하는 작품은 『프래니와 주이』, 『시모어: 서문』 두 편이다. 글래스 가문의 7남매 중 막내인 프래니는 정신적 세계를 찾아가는 여정에 있다. 폴 알렉산더(Paul Alexander)는 샐린저 전기에서 프래니의 정신적 탐구가 저자의 정신적 여정을 어떻게 반영하고 있는지 깊이 있게 다루고 있다. 샐린저의 정신적 여정은 제2차 세계 대전에서 돌아온 직후 시작되었다. 프래니가 추구하는 깨달음은 샐린저가 추구하는 정신적 깨달음과 거의 비슷하다. 중편 소설 『프래니』에서 그녀는 물질을 중시하는 남자 친구 레인 쿠텔과 갈등을 빚는다. 『프래니』의 자매소설 격인 『주이』에서 신경쇠약에 시달리는 프래니는 오빠 주이가 정신 나간 상태에서 미친 듯 해주는 말을 듣고 안도의 한숨을 내쉰다. "시모어가 말한 뚱보 아줌마는 세상 어디에나 있어."라는 주이의 말은 깨달음을 얻고자 하는 프래니의 노력이 예수 기도서를 읽는 노력에 국한되어서는 안 된다는 것을 의미한다. 주이의 말은 기도문 밖으로 나가서 연기와 행동을 통해 세상과 대화를 하며 관계를 맺어야 한다는 의미를 담고 있다. 프래니는 소설 마지막 문장에서 미소를 지으며 주이의 메시지를 '이해' 한다. 주이의 메시지는 전형적인 불교의 메시지다. 불교를 믿

---

9) 이미 피비(Phoebe)라는 이름에서 그녀가 아니마적 존재임이 암시된다. 피비는 토성의 둘레를 도는 위성 가운데 하나의 이름이다. 융의 심리학에서 위성은 여성, 즉 아니마를 상징한다.

는 사람들은 인생의 감정적인 동요로부터 초연해지고 욕망을 버려야 하는 동시에 행동해야 하고 매일 일어나는 일상 세계의 일부분이 되어야 한다. 주이는 말한다. "원한다면 너는 오늘부터 최후의 날까지 예수께 기도를 드릴 수 있어. 그러나 네가 종교 생활에서 정말로 중요한 게 무엇인지 깨닫지 못한다면 1센티미터도 앞으로 나가지 못할 거야. 네가 지금 할 수 있는 종교적인 일은 연기(演技)를 하는 일밖에 없어." 우리는 마지막 페이지에서 프래니가 주이의 메시지를 받아들인다는 것을 안다. 왜냐하면 그녀가 다시 인생을 살아가기로 마음먹기 때문이다. 마지막 장면에서 그녀가 보여주는 차분함은 마음의 평화와 깨달음을 찾았다는 것을 의미한다.

지금까지 살펴본 것처럼 깨달음을 위한 정신적 탐구를 포함하여 샐린저의 생애에서 중요한 의미를 지니는 몇 가지 요소들을 알고 나면 그의 소설에 등장하는 여성 캐릭터들 중 일부는 샐린저 자신이 지닌 성격의 일부로 읽히고 해석된다. 작가의 정신이 소설 속에 완벽하게 투영된 경우다. 그러나 이런 사실이 당신에게 어떤 가르침을 줄 수 있을까? 가장 중요한 가르침은 여성 캐릭터를 만들 때 작가 자신의 여성적 특징, 즉 아니마와 접촉해야 한다는 사실이다. 정형화된 이미지를 피하고 지금 쓰고 있는 이야기에 적절하게 어울릴 만한 성격의 핵심 요소를 자신 안에서 찾아보라. 자신을 더 깊이 파고들면 들수록 더 강력한 여성 캐릭터가 탄생할 것이다. 이런 작업은 특히 D. H. 로렌스와 구스타브 플로베르, 샐린저 같은 작가들이 훌륭하게 해냈다. 작가 자신 속에 숨어 있는 여성성을 찾아낸다면 당신이 만드는 여성 캐릭터들은 실제 인물처럼 살아 숨 쉬기 시작할 것이다.

###  최고의 결과를 얻으려면 언제 어디서 써야 하는가

물론 글을 쓰는 장소는 글쓰기의 본질을 논할 때 부차적인 문제이긴 하다. 하지만 대부분의 작가들은 여전히 어디에서 글을 써야 최고의 결과를 얻을 수 있는지에 관심이 많다. 여기서 말하는 최고의 결과란 많은 양의 글을 쏟아낼 수 있는 능력뿐 아니라(물론 양도 중요하다) 질적인 면에서 최고의 작품이란 의미까지 포함한다. 당신이 모방하려는 작가들은 어디에서 글을 썼을까? 그들이 가장 큰 효과를 얻었던 장소를 찾아보는 것도 알찬 정보가 될 것이다. 그곳은 도서관이나 해변일 수도 있고, 당신의 서재일 수도 있으며, 헤밍웨이와 사르트르가 글 쓰는 장소로 가장 좋아했던 단골 카페일 수도 있다.

샐린저가 내놓은 답은 가능한 한 문명사회에서 멀리 떨어진 곳으로 가서 쓰라는 것이다. 이것이 적어도 샐린저로부터 가장 '최근에' 들은 대답이다. 정작 샐린저 최고의 작품은 그런 곳에서 쓰이지 않았다. 가장 성공한 작품으로 평가 받는 『호밀밭의 파수꾼』과 『프래니와 주이』를 집필할 당시 샐린저는 미국에서도 가장 혼잡한 대도시 한복판에 살고 있었다.[10] 샐린저는 늘 고립에 가까운 평온과 고요를 갈망했다. 잘 알려져 있다시피 그가 뉴햄프셔의 커니시로 거처를 옮긴 데는 『호밀밭의 파수꾼』에 쏟아진 예상 밖의 관심에서 벗어나기 위한 것뿐만 아니라 평온한 곳에서 살며 글을 쓰기 위한 목적도 있었다.

정신을 산만하게 하는 것들에서 멀리 떨어진 고립된 장소에 있을

---

10) 샐린저는 당시 『뉴요커』 지의 사무실에서도 이 소설들을 일부 썼고, 뉴욕 호텔의 객실과 코네티컷 주의 웨스트포트에서도 소설 작업을 했다.(Paul Alexander, 앞의 책, p. 145.)

## J. D. 샐린저처럼 써라

때 작가가 작품에 더 몰두할 수 있는 것은 당연하다. 많은 전기 작가들이 말해주듯이 샐린저는 집에서 400미터 가량 떨어진 곳에 콘크리트 벙커를 지어놓고 한 번 들어갈 때마다 몇 시간씩 틀어박혀 나오지 않고 글을 썼다. 벙커에 머무는 시간은 점점 늘어났다. 몇 시간에서 며칠, 나중에는 몇 주씩이나 밖으로 나오지 않을 때가 허다했다. 자리에서 일어날 때마다 지붕에 머리를 부딪칠 정도로 벙커 안은 좁았지만 책상과 타자기는 물론 소파까지 들여놓고 낮잠을 즐기기도 했다. 게다가 지붕을 초록색 섬유유리로 덮어 낮에는 햇빛이 잘 들었기 때문에 조명기구 없이도 글을 쓸 수 있었다. 바로 이 지붕 때문에 그와 그의 아내 더글러스는 벙커를 '온실'이라 불렀다. 온실은 수십 년 동안 샐린저의 은신처 역할을 했다. 직업 작가라면 이 이야기를 듣고 입가에 절로 미소가 떠오를 것이다. 그들은 샐린저를 이해한다. 작가라면 적어도 한두 번쯤은 그런 벙커를 꿈꿔봤을 것이다. 호젓함과 고립은 작품에 집중할 수 있는 환경을 허락해준다. 스티븐 킹(Stephen King)은 이를 '문 닫고 글쓰기'라 불렀다. 킹은 특히 초고를 쓸 때는 그런 환경이 매우 중요하다고 말한다. '온실'이든 '문 닫고 글쓰기'든 이름이야 뭐가 됐건 간에 샐린저는 자신의 콘크리트 벙커에서 호젓함과 고립을 찾았다. 아마도 지금쯤 그의 책상 위엔 그동안 써놓은 작품들이 출간을 기다리며 잔뜩 쌓여 있을 것이다. 언제쯤 출간이 될지는 모르지만. 샐린저는 조이스 메이너드를 비롯한 많은 사람들에게 지금도 여전히 매일 글을 쓰고 있다는 사실을 인정했다.(이 책이 출간된 2009년 당시 샐린저는 생존해 있었다. 그는 2010년 1월 27일 세상을 떠났다.—옮긴이) 물론 샐린저는 자신이 글을 쓰는 이유는 발표가 목적이 아니라 글을 쓰는 순수한 즐거움 때문이라고 말한다. 그러나 언젠가는 잠들어 있던 그의 원고들이 세상의 빛을 볼 날이 오리라는 기대는 나만의 바람일까? 만약 그런 날이 온다면 번잡함을 벗어난 곳에서 글을 쓴다는 것의 중요성을 샐린저의 그 원고들이 증명해줄 것이다.[11]

 **독자를 놀라게 하는 이유와 방법**

샐린저는 흠잡을 데 없는 장인이자 사람들에게 즐거움을 주는 방법을 아는 작가다. 그는 중요한 정보를 가장 적절한 순간까지 감춰둘 줄 안다. 물론 왜 그래야 하는지도 안다. 이런 질문을 던지고 싶을 것이다. 대체 중요한 정보를 왜 감춰두어야 하는가? 독자에게 정보를 주지 않으면 이야기가 더 강력해지기 때문이다. 시간 끌기와 서스펜스는 독자의 관심을 고조시키는 두 가지 방법이다. 시간 끌기와 서스펜스는 모두 기다림에 의존한다. 중요한 사건이나 정보를 공개하기에 가장 적절한 순간까지 기다려야 한다. 논란을 불러일으킨 샐린저의 단편 『테디』는 정보를 감춰두고 독자를 놀라게 하는 방법을 잘 보여주는 작품이다. 이제부터 살펴보겠지만 이 단편을 둘러싼 논란의 핵심은 결말에 대한 해석에 있다.

샐린저가 독자를 놀라게 하는 방법을 살펴보기 전에 우선 그가

---

11) 버지니아 울프(Virginia Woolf)는 『자기만의 방 A Room of One's Own』(1929)이란 에세이에서 특히 여성은 창의적이 되려면 고독이 필요하다고 말한다. 그녀는 전혀 불가능한 일은 아니지만 현대 사회에서 고독과 고립된 환경을 찾기란 무척 힘든 일이라고 말한다.

'왜' 이 방법에 의존하는지 잠시 짚고 넘어가자. 작가가 독자를 놀라게 하는 첫 번째 이유는 독자가 그런 경험을 '즐기기' 때문이다. 작가가 몇 가지 놀랄 만한 일을 던져놓으면 그 작품은 독자의 뇌리에 더 오래 남고 독자로 하여금 더 많은 이야기를 하게 만든다. 『테디』의 놀랄 만한 사건은 소설의 마지막 문단에 이르러서야 밝혀진다. 이는 상상을 초월한 결말로 1953년 『뉴요커』지에 처음 발표됐을 당시 논란을 불러일으킨 이래 오늘날까지도 사람들 입에 오르내린다. 이야기는 열 살짜리 천재 소년 테디와 여섯 살 난 그의 여동생 부 부를 중심으로 펼쳐진다. 테디는 배 위에서 젊은 남자 밥 니콜슨과 이야기를 나눈다. 다른 사람들의 죽음을 내다보는 능력이 있는 테디는 밥 니콜슨에게 자기가 죽을지도 모른다는 이야기를 한다. 테디는 잠시 후에 자기가 수영강습을 받으러 갔을 때 풀장이 텅 '비어 있을 수도' 있고, 그때 동생이 자기를 풀 안으로 '밀어버릴 수도' 있고, 그럼 풀장 바닥에 머리가 깨져 그 자리에서 죽을 수도 있다는 말들을 늘어놓는다. 그는 그야말로 지나가는 농담처럼 이 말을 한다. 그러나 소설의 마지막 문단에 이르렀을 때 밥 니콜슨은 수영장으로 가는 도중 이런 소리를 듣는다. "그가 계단을 반쯤 내려갔을 때 귀를 찢을 듯한 비명소리가 들려왔다. 듣기에 작은 여자아이가 내지르는 소리가 분명했다." 순간 독자는 대번에 테디의 여동생인 부 부가 테디의 죽음을 목격하고 내지르는 비명임을 짐작한다.[12]

---

12) Ben Yagoda, *About Town: The New Yorker and the World It Made*, New York:Scribner, 2000, p. 284.

이는 분명 쉽게 잊히지 않을 충격적 결말이다. 그러나 작가가 이야기의 후반부까지 정보를 손에 쥐고 내놓지 않으려는 이유는 이것 말고도 또 있다. 어떤 목표를 갖고 있으면 작가가 겨냥하는 목표 지점을 향해 가는 동안 작가적 상상력을 마음껏 발휘하여 독자의 흥미를 불러일으킬 수 있는 세부 사항들로 이야기의 중반부를 채울 수 있기 때문이다. 『테디』에는 그런 세부 사항들로 가득하다. 예를 들어 아빠가 테디에게 소리를 지르는 방식부터 독특하다. 또 테디가 어린 여동생을 마치 부모처럼 돌보는 점도 그렇고, 테디와 밥 니콜슨의 옷차림에 대한 묘사도 이 소설에서만 볼 수 있는 세부 사항에 속한다. 이 자그마한 천재가 매튜슨과 대화를 나누는 장면도 테디가 보여주는 대부분의 행동이 그렇듯 흥미를 불러일으킨다. 테디가 '수영강습'을 받으러 가기 위해 소설에서 퇴장할 때까지 이런 이야기들이 계속해서 이어진다.

놀라움은 신중하게 계획되고 전체 이야기와 적절하게 통합되었을 때 최고의 효과를 거둘 수 있다. 아무런 사전 준비도 없고 이야기와 별로 관련도 없이 갑자기 마룻바닥이 푹 꺼져버리는 식의 놀라움은 예술적이지도 않을[13] 뿐더러 효과적이지도 않다. 놀라움을 통해 효과를 제대로 거둘 수 있느냐 없느냐는 '씨뿌리기(planting)'에 달려 있다. '씨뿌리기'는 나중에 벌어질 행동이나 사건으로 인한 결과를 이

---

[13] '예술적이지 않다(inartful)'라는 단어는 사전에 없을 수도 있다. 하지만 윌리엄 새파이어(William Safire)는 『뉴욕 타임스』(2008. 7. 20.)에서 이 단어를 다음과 같이 정의한다. "서툴게 표현되었지만, 그렇다고 모든 표현이 거짓이라고 할 수만은 없는. 비슷한 말은 현명하지 못한, 잘못 표현된, 부적절한, 촌스러운"

야기의 초반부에 의도적으로 흘려놓는 것을 가리킨다. 『테디』에서 샐린저는 소년 테디의 일기장에 신중하게 씨를 뿌려놓는다. 테디는 일기에 이렇게 적는다. "그 일은 오늘 아니면 내가 열여섯 살이 되는 1958년 2월 14일에 일어날 것이다." 독자는 처음 일기를 봤을 때 무슨 뜻인지 몰라 고개를 갸우뚱하거나 거의 신경을 쓰지 않고 지나친다. 소설의 결말에 이르러서야 '그 일'이 테디의 죽음을 의미한다는 것을 알게 된다. 샐린저는 또 다른 씨도 뿌려둔다. 이번에는 놀랍게도 테디의 죽음을 눈앞에 보이는 것처럼 묘사한다. 테디는 밥 니콜슨에게 여동생이 "다가와서 날 밀어버릴" 수도 있다고 말한다. 그러면서 "머리가 깨져 그 자리에서 죽을 수도 있다."고 덧붙인다. 작가는 이렇게 나중에 벌어질 사건을 미리 심어둠으로써 충격적인 결말을 접한 독자가 이야기의 처음으로 돌아가 숨어 있던 의미를 발견하도록 이끈다. 이렇게 하면 독자가 더 적극적으로 이야기에 개입할 수 있고, 독자들의 만족감도 더 커진다.

독자가 놀라움이나 발견을 즐기지 않는다면 위대한 작가들이 왜 그렇게 자주 이런 기교를 사용하겠는가. 여기 한 가지 유명한 예가 있다. 조지 오웰의 『1984년』은 "그는 빅브라더를 사랑했다."라는 문장으로 끝난다. 처음부터 워낙 치밀하게 계산된 마무리다 보니 어떤 면에서는 그다지 놀랍지 않을 수도 있겠다. 느닷없이 수백 톤의 벽돌이 깨지는 것은 요란스러움이지 진정한 놀라움이 아니다. 의미 있는 충격이야말로 좋은 문학작품을 읽는 기쁨 중 하나이다. 당신의 독자를 놀라게 하라. 그들이 얼마나 놀라움을 사랑하는지 알고 나면 이번엔 당신이 깜짝 놀랄 것이다.

**레이 브래드버리** | 주요 작품 『무언가 위험한 것이 다가오고 있다』 『화씨 451』
가슴 속에 풍부한 향수와 시(詩)를 담아 주로 청소년 시절을 이야기했다. 많은 환상에 의존하고 대화를 많이 사용했으며 어린 주인공들을 마법의 세계로 밀어넣었다.

[ 17장 ]

## 레이 브래드버리처럼 써라
*Ray Bradbury*

오늘날 문학과 시에 마법이 존재한다면, 환상의 세계와 또 다른 세상으로 가는 비밀의 문이 존재한다면, 그건 다른 어떤 현대 작가들보다도 레이 브래드버리의 작품에서 찾을 수 있을 것이다. 내가 열세 살 때 브래드버리는 나와 친구들에게 그 문을 열어주었다. 그 문은 무한한 가능성이 흘러넘치는 환상적인 신세계를 향해 있었다. 내 생각에 오늘날까지도 브래드버리만큼 환상적인 세계를 잘 그려내는 작가는 없다. 어떤 작가도 브래드버리만큼 아름다운 언어로 글을 쓰지 못한다. 그만큼 줄기차게 어린 시절의 마법을 떠올리게 하지도, 그만큼 진정한 삶의 환희를 노래하지도 못한다. 주로 청소년기의 기쁨과 아픔을 소재로 글을 썼던 브래드버리는 리처드 매티슨(Richard Mathesen)이나 윌리엄 F. 놀란(William F. Nolan), 스티븐 킹(Stephen King) 같은 후대의 작가들에게 많은 영향을 끼쳤다.

레이 브래드버리는 1920년 둘째아들로 태어났다. 형과 여동생이 있었지만 여동생은 브래드버리가 일곱 살 때 세상을 떠나고 말았다. 브래드버리는 에드거 라이스 버로스를 비롯한 환상문학과 과학소설을 읽으며 어린 시절을 보냈다. 그는 대학에 진학하지 않고 비교적 이른 나이에 작가로 데뷔하여 작품 활동을 시작했다. 비록 대학교육은 받지 않았지만 그의 작품 속에는 어느 철학자 못지않은 사상과 과학자의 지식이 담겨 있다.[1] 그의 소설 가운데 많은 작품이 TV 드라마와 영화로 만들어졌다. 브래드버리는 희곡에 대한 관심 때문에 7만 5천 달러를 연극 제작으로 고스란히 날려버리기도 했다. 이런 무모한 사업에 실망한 그의 아내는 잠시 그를 떠나 있기도 했다.[2]

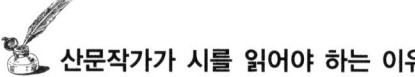
## 산문작가가 시를 읽어야 하는 이유

초보 작가들은 흔히 군데군데 은유를 사용하고 자극적인 어휘를 나열하거나 길고 난해한 문장을 섞어 넣으면 자신만의 문체를 가질 수 있다고 생각한다. 그러나 이런 시도는 인위적이고 형식적인 문장을 만들 가능성만 높인다. 그보다는 오랜 세월에 걸쳐 효과가 입증된 브래드버리의 방법이 더 효과적일 수 있다. 브래드버리는 시를 읽고 직접 써보는 것이 더 나은 문장가가 되는 데 도움이 된다고 믿는다.

---

1) Ray Bradbury, *Zen in the Art of Writing: Releasing the Creative Genius Within You*, New York:Bantam, 1990, p. 59.
2) Gene Beley, *Ray Bradbury Uncensored! The Unauthorized Biography*, Lincoln, Nebr.:iUniverse, 2006, p. 100.

"매일 시를 읽어라. 시는 속이 꽉 찬 은유이며 직유다. 은유는 일본의 종이꽃처럼 활짝 피어오르며 거대한 형태를 드러낸다."고 브래드버리는 조언한다.[3] 말할 것도 없이 브래드버리의 단편과 장편 상당수에서도 은유에서 출발한 아이디어가 확장돼 이를 중심으로 새로운 세계가 창조된다. 예컨대 『무언가 위험한 것이 다가오고 있다 Something Wicked This Way Comes』(1962)는 기이하고 신비한 축제가 두 소년에게 또 다른 세계를 볼 수 있는 기회를 제공한다는 아이디어가 중심이 되어 하나의 세계가 만들어진다. 이 세계에서는 마법이 '작용'하고 시간이 앞뒤로 빠르게 지나간다. 『화성 연대기 The Martian Chronicles』(1950)는 식민지화 과정을 은유적 기법으로 그려낸 작품이다. 여기서 화성은 유럽인들이 정복했던 모든 식민지 국가들을 상징한다. 『화씨 451 Fahrenheit 451』(1953)의 세계는 사상 검열과 도서 출판 금지가 옳지 않다는 핵심 전제 위에 세워졌다. 위에 언급한 작품 모두 시로 가득하다. 특히 『무언가 위험한 것이 다가오고 있다』에는 많은 시가 등장한다.

　브래드버리뿐 아니라 상당수 작가들도 시 쓰기가 훌륭한 산문을 쓰기 위한 좋은 훈련이라고 말한다. 윌리엄 포크너와 토마스 하디, D. H. 로렌스도 뛰어난 시인들이었다. 브래드버리는 고등학교 때 시 창작반에 들어갔다. 당시 시 창작반의 선생님은 스노 롱리 하우쉬로, 브래드버리는 『무언가 위험한 것이 다가오고 있다』의 헌정사에서 하우쉬에게 감사를 표한 바 있다. 시 창작반에 가입한 여학생들이 예상

---

3) Bradbury, 앞의 책, p. 39.

외로 많아 당황하기도 했지만 브래드버리는 그곳에서 시에 대한 사랑을 싹 틔울 수 있었고 그 사랑은 평생 계속되었다. 1973년에는 『앞마당에 목초가 마지막으로 피었을 때 When Elephants Last in the Dooryard Bloomed』라는 시집까지 펴냈다.

브래드버리는 산문 속에 종종 시를 집어넣는다. 다음은 『무언가 위험한 것이 다가오고 있다』의 24장에서 미스터 일렉트리코를 묘사하는 장면이다. "어딘가에서 다이나모스가 찢어지는 소리를 냈다. 날카롭고 새된 소리와 끙끙거리는 신음 같은 소리가 흘러나왔다. 암녹색 빛이 흘러나왔다. 윌은 죽었다고 생각했다. 그러나 살아 있었다! 기계가 울부짖고 불길과 불꽃이 울부짖었다! 격노한 짐승의 무리들이 울부짖었다.(Somewhere, dynamos protested, skirled, shrilled, moaned a bestial energy. The light turned bottle-green. Dead, dead, thought Will. But live alive! cried machines, cried flame and fire, cried mouths of crowds of livid beats on illustrated flesh.)" 소설 속에 시를 포함시킬 때는 이야기의 진행에 방해가 되지 않도록 주의해야 한다. 브래드버리도 "적절한 시어를 찾아내는 일은 무척 어렵다."는 것을 인정한다. "내 잠재의식은 단어 하나를 툭 던져 놓고 내게 말한다. '저 단어가 아니라 이 단어야.' 그러면 나는 내 자신에게 묻는다. '어디서 나온 단어인데?' 시어를 찾는 것은 마치 게임을 하는 것과 같다."[4] 더러는 브래드버리의 소설에 시가 너무 많이 들어 있다고 생각하는 독자들도 있을 것이다. 그러나 대부분의 독자들은 시가 그의 작품에 마법과 즐거움을 더해

---

4) Beley, 앞의 책, p. 168.

준다고 생각한다.

###  브래드버리가 하루 만에 단편 초고를 끝낼 수 있었던 비결

많은 작가들은 초고를 쓸 때 머리에서 나오는 이야기를 걸러내지 않고 빨리 써야만 최상의 결과를 얻을 수 있다는 사실을 인정한다. 그들은 이렇게 말한다. "그냥 나오는 대로 받아써라." 스티븐 킹과 어니스트 헤밍웨이, 윌리엄 포크너도 모두 그런 식으로 초고를 썼다. 그리고 나서 처음으로 돌아가 수정을 했다. 그러나 이제부터 말하는 작은 요령은 어떤 작가에게서도 들어본 적이 없을 것이다. 오랫동안 브래드버리가 효과를 본 방법이다. 브래드버리도 다른 작가들과 마찬가지로 초고를 쓸 때는 머리에서 나오는 것을 걸러내지 않고 최대한 빨리 쓰려고 한다. 그러나 그는 한 걸음 더 나아가 겹쳐 쓰기를 한다. 나중에 수정할 때 잘라내고 편집할 요량으로 문장이나 대화마다 다양한 대안을 적어놓는 것이다. 1960년, 브래드버리는 편집하지 않은 『무언가 위험한 것이 다가오고 있다』의 원고를 더블데이 출판사의 편집인에게 보내며 이렇게 덧붙였다. "원고를 보시면 지나치게 장식적인 은유 몇 군데를 잘라내고 싶은 마음이 드실 겁니다. 제 초고와 수정을 거친 두 번째 원고는 항상 은유로 가득하니까요. 더러는 한 페이지에 네 개에서 다섯 개, 아니 여섯 개의 직유가 쓰일 때도 있습니다. 물론 다섯 번째 수정 작업을 할 때쯤엔 강조를 위해 꼭 필요한 것 한두 개만 남길 겁니다."⁵⁾ 실제로 그는 초고를 쓸 때 겹쳐 쓰기를 하고 나중에 '편집 단계'에서 가장 좋은 표현이나 적절한 대화를 골라낸다. 초고를 쓰면서 자신만의 비슷한 말 혹은 비슷한 표현 사전을 만든 셈이다. 나중에 작품을 다시 읽을 때 그중에서 좋은 것을 선택하기만 하면 된다.

물론 이런 식으로 작업을 하려면 써야 할 글의 분량이 많아진다. 그러나 이 방법의 매력은 글 쓰는 이의 가슴이 가장 뜨겁게 달아올랐을 때, 다시 말해 소설 속 장면 한가운데에 있을 때의 이점을 최대한 활용할 수 있다는 것이다. 이렇게 하면 시간이 흐른 뒤 감정이 고조되었던 그때의 장면으로 되돌아갔을 때 이미 식어버린 마음을 다시 달궈야 할 필요가 없다. 첫 번째 '예행연습' 때 최고의 어휘와 표현이 떠오른다면 그것이 바로 작가가 찾고 있는 그 어휘일 가능성이 많다. 열기가 식고 차분해진 상태로 편집을 하는 과정에서 처음과 같은 감정적 동화가 일어나지 않는다면 그 어휘가 다시 마음속에 떠오르리라는 보장도 없다.

브래드버리가 자신에게 '강요한' 또 다른 요령은 단편을 쓸 때 적용되었다. 그는 초고를 하루 만에 끝내기 위해 빨리 감기 버튼을 눌렀다. "나는 생명이나 인생과 마찬가지로 초고는 즉각적이고, 신속하고, 열정적이어야 한다고 생각한다. 나는 하루 만에 초고를 끝냄으로써 줄거리에 피부를 입힌다."[6] 이 만만치 않은 작업을 해내기 위해선 이야기의 개요를 쓴다는 기분을 가져야 한다. 최선을 다해 초고의 절

---

5) Jonathan Eller and William Touponce, *Ray Bradbury: The Life of Fiction*, Kent, Ohio:Kent State University Press, 2004, p. 267.

6) Ray Bradbury, *Conversations With Ray Bradbury*, Edited by Steven L. Aggelis, Jackson:University Press of Mississippi, 2004, p. 26.

정과 결말을 써둔 다음 나중에 여유가 생기고 열정과 에너지가 가라앉았을 때쯤 세부 사항과 묘사, 대화로 살을 붙여 가는 것이다.

이번에 소개하는 브래드버리의 요령은 모든 작가에게 기적을 불러올 수 있다. 소설 한 권 분량의 원고를 1년 동안 묵혀 두고 쳐다보지 않는 것이다. 1년 후 다시 꺼내서 읽어보면 마치 다른 사람이 쓴 글처럼 보이기 십상이다. 이런 과정은 작품을 새롭게 볼 수 있는 기회를 준다. 충분한 시간이 있다면 이 방법을 강력하게 추천한다. 특히 여러 개의 작업을 동시에 진행하는 작가에겐 가장 적합한 방법이다. 한 작품이 완성되면 다른 작품으로 바꾸고, 그 작품이 완성되면 책상에 넣어두었던 첫 번째 작품으로 돌아가 작업을 하라.[7]

많은 직업 작가들과 마찬가지로 브래드버리도 매일 시간을 정해놓고 글을 쓴다. "나는 글 쓰는 시간을 철저하게 지킨다. 일주일에 5일, 보통 오전 9시에 작업을 시작한다. 아침에 글을 많이 쓴 날은 산책을 하거나 체육관에서 운동을 하기도 한다. 오후에는 오전에 써놓은 글을 고친다."[8] 이렇게 매일 규칙적으로 작업을 하면 글 쓰는 습관을 형성하는 데 도움이 되고 단어도 끊이지 않고 흐른다. 마지막으로 브래드버리가 숨겨둔 요령이 하나 더 있다. 그는 수정을 할 때 한 페이지에서 적어도 한 단어는 바꾸겠다는 의도로 원고를 훑어본다. "내 최종 원고는 항상 수정 작업에서 트집 잡을 것들이 있는지 없는지 꼼꼼히 살펴본 결과물이다. 나는 한 페이지에서 적어도 한 단어는 바꾸

---

[7] 테네시 윌리엄스(Tennessee Williams)는 이런 방식으로 한 번에 하나 이상의 작품을 진행하는 것으로 유명하다.
[8] Bradbury, 앞의 책, 2004, p. 26.

려고 한다. 그렇게 원고를 훑어본 다음 모든 단어가 완벽하다고 생각되면 비로소 출판사에 보낸다."⁹⁾

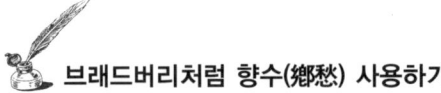
### 브래드버리처럼 향수(鄕愁) 사용하기

"『민들레 와인 Dandelion Wine』(1957)에는 내가 어린 시절에 겪은 근사한 경험이 가득 들어 있다."¹⁰⁾ 브래드버리는 글을 쓸 때 인생의 밝은 면을 보려고 한다. 이런 접근 방식은 마치 철학이나 종교적 열정처럼 그의 작품 전반에 스며들어 있다. 그의 접근 방식을 보면 그가 향수를 얼마나 훌륭하게 이용하고 있는지 분명하게 드러난다. 브래드버리는 희망 넘치고 따뜻하며 행복했던 시절을 돌아봄으로써 독자로 하여금 어린 시절의 가장 좋았던 기억들을 떠올리게 한다.

그러나 향수는 어둠과 회한에 물들기도 한다. 1928년 심한 독감으로 느닷없이 여동생이 세상을 떠난 후 브래드버리는 죄책감에 빠져 우울해했다. 비평가 샘 웰러(Sam Weller)도 지적했듯이 당시 브래드버리에게 각인된 감정이 상실과 윤리라는 평생의 주제로 그의 작품에 스며든 점은 누가 봐도 분명하다.¹¹⁾ 예컨대 『무언가 위험한 것이 다가오고 있다』에서 등장하는 죽음과 임사(臨死) 체험, 『화성 연대기』에서의 죽음들은 상실과 윤리라는 주제가 그의 작품에서 어떻게 사용

---

9) 위의 책.
10) Beley, 앞의 책, p. 3.
11) Sam Weller, *The Bradbury Chronicles: The Life of Ray Bradbury*, New York:William Morrow, 2005, p. 40-41.

되고 쓰이는지를 단적으로 보여준다. 물론 당신의 작품을 어두운 세계로 물들이라는 이야기가 아니다. 요점은 어떤 종류의 향수가 됐건 작가가 자신의 감정을 기억하고 있어야 한다는 것이다. 만약 과거가 작가에게 말을 걸어온다면, 그 시절의 기억들을 되살려 다시 구성하고 소설 속에서 새롭게 태어날 수 있는 기회를 주어야 한다. 결국 소설이란 과거를 껴안아 예술로 전환시키는 작업 아니겠는가.

물론 브래드버리는 주로 소년들의 유년기를 다루는 작가다. 『민들레 와인』과 『무언가 위험한 것이 다가오고 있다』는 분명 브래드버리가 소년이었을 때 겪은 풍부한 경험을 바탕으로 하고 있다. 실제로 브래드버리의 기억력은 믿기지 않을 정도다. 비평가 데이비드 모겐(David Mogen)은 브래드버리의 접근방법을 '자전적 환상'이라 부른다. 그가 어렸을 때 알았던 장소와 자라면서 겪은 감정들이 작품에 너무나 많은 영향을 미쳤기 때문이다. 작품에 도움이 될 수만 있다면 과거에 일어난 일에 대한 어떤 기억도 향수에 포함할 수 있다. 예컨대 소녀들의 어린 시절도 좋은 이야기이고, 어린 시절 다녔던 학교에 대해 쓸 수도 있으며, 어려서 가봤던 장소를 다시 불러낼 수도 있다. 그때의 감정이 여전히 존재하기만 한다면 살면서 만났던 사람과 장소, 배경은 모두 작품의 소재가 될 수 있다.[12] 화가는 물감을 사야 하

---

[12] 브래드버리는 부끄러운 일도 태연히 털어놓는 작가다. 그는 전기 작가에게 자신은 하루에 한 번 이상 눈물을 글썽거린다고 말했다. "기쁨의 눈물과 슬픔의 눈물. 뉴스를 보면서 그는 운다. 사람들의 친절한 말에 그는 운다. 문득 행복했던 추억을 떠올리며 그는 운다. …… 그는 우러나오는 감정을 결코 감추려 하지 않는다."(위의 책, p. 9.)

지만 작가는 필요한 '물감'을 기억 속에 전부 갖고 있다. 당신이 해야 할 일은 단 한 가지, 그 물감을 뒤섞어 종이에 글로 표현하는 것이다.

 **단짝 캐릭터를 사용할 때의 장점**

『민들레 와인』에서 더글러스 스폴딩과 남동생 톰은 잊지 못할 1928년 여름을 보낸다. 그 여름 동안 더글러스는 몇 가지를 깨닫는다. 놀랍게도 그것은 나이 든 사람들은 결코 아이들이 아니고 물건은 부서지고 깨어지기 때문에 마음을 의지해선 안 되며 사람들은 결국 '떠나거나' 죽기 때문에 믿고 의지할 수 없다는 깨달음이다. 그리고 자신도 언젠가는 죽게 된다는 것이다. 영원히 살고 싶은 더글러스는 동생 톰과 함께 타로 점을 치는 마녀에게 도움을 청하려 한다. 그러나 소설의 결말에 이르러 그는 자신이 영원히 살 수 없다는 사실을 받아들이고 현재를 충실히 살아가는 더 지혜로운 소년이 된다.

단짝 캐릭터는『무언가 위험한 것이 다가오고 있다』에도 등장한다. 윌 할러웨이는 열세 살 소년으로 마을에서 열리고 있는 축제에 정신없이 빠져 있다. 윌의 친구 짐 나이트쉐이드도 윌과 동갑내기다. 하지만 그는 윌보다 좀 더 대담한 소년으로 미쳐버리거나 목숨을 잃을지도 모르는 상황에서도 마법의 회전목마를 타려고 한다. 두 소년은 힘을 합쳐 축제에서 어둠의 세력에 맞서 싸우고, 그 과정에서 윌의 아버지에게도 악의 세력에 '대항할 수 있다는' 자신감이 있음을 일깨워준다.

이 두 작품은 단짝 캐릭터에 의존한다. 이 장치는 세계 문학사에서 오랜 세월에 걸쳐 효과가 입증된 장치이다. 브래드버리는 두 가지 목적을 위해 능숙하고도 의식적으로 이 장치를 사용한다. 단짝 캐릭터를 등장시키는 첫 번째 이유는 두 인물을 비교하여 '유사점'을 발견할 수 있기 때문이다. 그렇게 되면 한 소년만을 등장시켜 이야기를 할 때보다 더 심도 깊은 인물 묘사가 가능해진다. 예를 들어 『민들레 와인』에서 더글러스와 톰 형제는 부모와 사이가 좋지 않다는 점에서는 서로 비슷하다. "맞아, 그거야 형!" 톰이 소리친다. "그래서 우리가 부모님이랑 사이좋게 지내지 못하는 거야. 눈만 떴다 하면 사고를 쳐대니까! 와, 형은 정말 천재야!"[13) 라고 톰이 감탄하는 장면에서 알 수 있듯 형제는 부모와 사이가 좋지 않다. 브래드버리는 이런 공통점을 보여줌으로써 그 또래 소년들의 보편적 특징을 강조한다. 즉 그들은 어른들과는 다른 세대에 속해 있기 때문에 세상을 어른들과 다른 식으로 볼 수밖에 없다. 독자는 이런 점에서 더글러스와 톰이 같은 세계관을 공유하고 있다는 사실을 이해한다. 인간적인 측면에서도 우리는 이 소년들을 충분히 이해할 수 있다. 우리도 더글러스와 톰처럼 세대 차이가 무엇인지 느껴봤기 때문이다.

단짝 캐릭터를 등장시키는 두 번째 이유는 첫 번째 이유와 정반대다. 매우 미세한 두 인물의 '차이점'을 발견할 수 있기 때문이다. 이를 통해 등장인물의 미세한 심리적 차이를 드러낼 수 있다. 『민들레와인』에서 드러나듯 톰보다 두 살 많은 더글러스는 세상에 더 예민하게 반응한다. 세상에서 벌어지는 일에 의문을 품는 더글러스와 달리

---

13) Ray Bradbury, *Dandelion Wine*, New York:Bantam, 1957, p. 20.

동생 톰은 아직 그런 의문조차 품지 못한다. 더글러스가 "할아버지와 아빠라고 해서 세상의 모든 것을 알 수 없다."는 것을 깨닫지만 톰은 더글러스의 생각이 터무니없다고 생각할 뿐이다.[14] 이런 미묘한 감성의 차이는 두 소년을 지혜로운 소년(더글러스)과 어린아이 같은 소년(톰)으로 구분하는 데 도움을 준다.

마찬가지로 『무언가 위험한 것이 다가오고 있다』에서도 미세한 차이에 의해 두 소년의 특징이 부각된다. 짐은 기꺼이 위험을 무릅쓰는 모험가에 가깝다. 그는 자신만만하고 대담하다. 반면 단짝인 윌은 더 생각이 깊고 신중하며 자기 성찰적이다. 이는 윌의 아버지의 생각에서도 잘 드러난다.

> 그들은 간다. 짐은 윌과 보조를 맞추기 위해 속력을 늦춘다. 윌은 짐을 따라잡기 위해 더 빨리 달린다. 짐은 윌이 가까이 오자 유령의 집 창문 두 장을 깼다. 윌도 가만있으려다가 창문 한 개를 깬다. 짐이 보고 있기 때문이다. 세상에, 우리는 각자의 찰흙으로 서로의 손가락을 빚었지 않은가? 그것이 우정이다. 각자 도예가가 되어 우리가 서로를 어떤 모양으로 만들 수 있는지 지켜본다.

브래드버리는 두 소년의 차이점을 강조하기 위해, 달리기 속도와 충동적 행동을 통해 드러나는 두 소년의 미묘한 차이에 주목한다. 단짝 캐릭터를 사용하면 중심인물이 한 명일 때보다 두 소년의 심리 속

---

14) 위의 책, p. 19.

으로 더 깊이 들어갈 수 있다. 브래드버리는 단순히 짐과 윌의 차이를 묘사하는 데 그치지 않고 두 소년의 우정과 일반적인 우정에 대한 이야기까지 나아간다. 친구란 서로 다른 차이를 끌어안는 것이고 우정을 유지하기 위해서는 그런 차이를 인정해야 한다고 말한다. 이처럼 캐릭터 묘사를 통해 소설의 주제 가운데 하나인 우정과 충성심을 강조하는 효과까지 거둔다.

인물을 만들 때 브래드버리의 교훈을 기억하라. 서로 비슷한 두 명의 캐릭터가 있을 때 두 사람을 비교하여 유사점을 발견함으로써 굉장히 많은 특징들을 찾아낼 수 있다. 성공한 작가 대다수가 이처럼 두 명의 인물을 비교하여 그들의 특징을 끌어냈다. 수없이 많은 역사적 인물들을 비교한 플루타르코스를 필두로 『베니스의 상인』에서 샤일록과 포셔를 대비시킨 셰익스피어, 『8월의 빛』에서 조 브라운과 조 크리스마스를 비교한 포크너까지 많은 작가들이 두 인물의 미세한 차이를 통해 캐릭터의 특징을 더 뚜렷하게 드러냈다. 짐과 윌은 열세 살짜리 동갑내기 소년들이지만 둘의 미세한 차이 때문에 우리는 그들 각각을 훨씬 더 깊이 파악할 수 있다.

비교와 대조는 논픽션 작법 시간에 모든 작가들이 배우는 기법이다. 그러나 브래드버리의 예에서 볼 수 있듯 대부분의 훌륭한 문학작품에서도 이 기법은 얼마든지 사용될 수 있다. 단짝 캐릭터를 비교, 대조하는 기법이 두드러지는 작품으로는 헤르만 헤세의 『나르치스와 골드문트 Narziss und Goldmund』(1930), 폴 오스터(Paul Auster)의 『거대한 괴물 Leviathan』(1992), D. H. 로렌스의 『사랑에 빠진 여인들』(1920)이 있다.

## 청소년 문학은 어떻게 쓸까

　　마크 트웨인의 작품은 청소년기를 다루고 있고 찰스 디킨스도 청소년들에 대한 이야기를 썼다. J. D. 샐린저도 마찬가지다. 그러나 브래드버리만큼 가슴 속에 풍부한 향수와 시(詩)를 담아 청소년 시절을 이야기하는 작가는 찾기 힘들다. 브래드버리의 삶에서 구체적으로 어떤 일들이 그를 청소년이라는 평생의 주제로 이끌었는지 살펴보는 것도 흥미로운 작업이겠지만 여기서는 그가 그 주제를 '어떤 방식'으로 썼는지 살펴보는 것이 우리의 목적에 좀 더 들어맞을 것 같다. 분석력이 남다른 독자라면 브래드버리가 어떤 방식으로 청소년들을 주인공으로 하는 소설을 썼을까 라는 질문이 나오자마자 적어도 세 가지 명백한 사실이 머릿속에 떠올랐을 것이다. 첫째, 브래드버리는 상당히 많은 환상에 의존한다. 둘째, 대화를 많이 사용한다. 셋째, 어린 주인공들을 마법의 세계로 밀어 넣는다.

　　언젠가 브래드버리는 『무언가 위험한 것이 다가오고 있다』가 청소년 독자들로부터 그토록 많은 사랑을 받는 이유가 뭐라고 생각하느냐는 질문을 받았다. 그는 사람을 쑥쑥 자라게 만드는 회전목마의 환상적 요소를 이유의 하나로 들었다. "나는 사람들의 관심이 회전목마에 집중된다고 생각합니다. 빨리 어른이 되고 싶은 소년들은 회전목마에 매혹당하죠. 그들이 내 소설을 읽으면서 회전목마와 사랑에 빠진 게 아닐까요?"[15] 여기서 얻을 수 있는 교훈은 무엇일까? 독자에게

---

15) N.D. Ray Bradbury Interview, Interview by Colin Clark, Web & Publications Editor, National Theatre of Scotland, www.nationaltheatrescotland.com/content/default.asp?page=s452 (accessed December 23, 2008.)

마술적 요소를 제공하고 등장인물이 마술적 변화와 경험을 겪게 하라는 것이다. 브래드버리의 모든 작품에는 환상적 요소가 들어 있다. 그의 작품이 평범하고 진부한 소설의 한계를 뛰어넘을 수 있었던 이유는 환상적 요소 덕분이다. 청소년은 아무런 제약 없이 상상의 날개를 펴는 존재(들이)다. 상상에는 한계가 없다. 따라서 이야기 속 환상적인 요소는 분명 청소년 독자들을 사로잡고도 남는다.

둘째, 브래드버리가 청소년들에 대한 이야기를 쓸 때 대화에 크게 의존했다는 사실도 기억해둘 만하다. 청소년들의 대화 장면을 쓰지 않으려는 작가들이 있다. 무엇보다도 청소년들이 실제로 사용하는 말들을 찾아내지 못할까 봐 두려워서다. 청소년들이 이야기를 나눌 때 귀를 쫑긋 세워 듣거나 작가 자신의 청소년기를 되돌아보면 닫혔던 말문도 서서히 열린다. 청소년에 관한 이야기를 쓰면서 대화를 생략하는 것은 잘못이다. 브래드버리가 그랬듯 청소년들의 대화에서 그들 특유의 순발력 넘치는 생각과 그들의 삶에 중요한 의미를 지닌 것들, 그리고 어린 시절의 유머와 경이로움을 낚아채기 위해 최선을 다하라. 독자는 틀림없이 당신에게 고마워할 것이다. 당신이 쓴 대화에 확신이 서지 않는다면 청소년 몇 명에게 원고를 읽힌 다음, 그들의 반응을 살피는 방법도 있다. 루이스 캐롤도 『이상한 나라의 앨리스』를 비롯하여 아이들을 위해 쓴 여러 작품을 이런 식으로 점검했다.

끝으로 브래드버리는 항상 자신의 주인공들을 마법의 세계로 밀어 넣는다. 『무언가 위험한 것이 다가오고 있다』에서 윌과 짐은 그 자체로 환상적인 축제의 세계로 빠져든다. 브래드버리는 축제를 훨씬 긴장감 넘치게 만들어 이야기의 강도를 높인다. 이 축제를 연 미스터

다크와 미스터 쿠거는 교활하고 사악한 인물이다. 축제는 놀라운 위험으로 가득하다. 거울로 만든 집, 사람을 젊게 혹은 늙게 만드는 마법의 회전목마, 어쩌면 죽었고 어쩌면 살아 있을 미스터 일렉트리코, 이런 요소 때문에 이야기가 더욱 아슬아슬하게 흘러간다. 『민들레 와인』이 범작 수준을 뛰어넘어 어른과 청소년 독자에게 두루 사랑 받은 것도 바로 마술적 배경 덕분이다. 소설의 무대인 일리노이 주의 그린 타운은 활기 넘치는 유년기의 세계다. 우울하거나 부도덕한 일은 이 마을에서 절대로 일어날 수 없다. 열두 살짜리 소년은 결코 세상을 그런 식으로 보지 않는다. 브래드버리는 소년의 눈을 통해 세상을 느끼려고 한다. 이는 독자로 하여금 어린 시절로 돌아가 세상을 바라보는 기분을 느끼게 한다. 어린 시절 '당신'이 경험했던 마법을 떠올려 보라. 그것을 작품의 배경으로 활용해보라. 그렇게 하면 청소년을 주제로 한 당신의 이야기는 더욱 생생하고 효과적일 것이다.

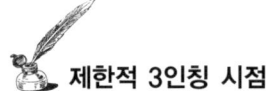
### 제한적 3인칭 시점

작품을 쓸 때 가장 중요한 요소 중 하나는 어떤 시점을 사용할지 결정하는 일이다. 성공한 작품들은 대부분 복합 시점(multiple points of view)을 사용한다. 『흥행 소설 쓰기 Writing a Blockbuster Novel』(1994)의 저자 알 주커만(Al Zuckerman)도 복합 시점을 추천한다. 그러나 베스트셀러나 그 밖의 소설을 쓰는 데 반드시 복합 시점만 필요한 것은 아니다. 시점의 종류는 다양하다. 때로는 복합 시점이 아닌 시점이 더 적절할 때도 있다. 예를 들어『호밀밭의 파수꾼』은 베스트셀러 중의 베스트셀러였다. 그러나 이 소설은 복합 시점이 아니라 1인칭 시점이다. 또 다른 베스트셀러 『1984년』은 제한적 3인칭 시점이며 상업적 성공을 거둔 브래드버리의 『화씨 451』도 역시 제한적 3인칭 시점이다. 제한적 3인칭 시점의 장점은 무엇일까?

『화씨 451』은 주인공 가이 몬태그의 시점으로 펼쳐진다. 브래드버리는 한 번도 몬태그의 시점에서 벗어나지 않는다. 때문에 독자는 다른 등장인물의 마음속으로는 들어가지 못한다. 주인공 몬태그는 주변인(outsider)이다. 그는 『1984년』의 윈스턴 스미스처럼 평범한 사람들과는 다른 사고방식을 갖고 있다. 소설의 배경은 미래인 것 같다. 그곳에서는 책을 읽는 것이 범죄 행위다. 정부가 소방관을 채용하는 것도 책을 '불태우기' 위해서다. 편견이 없는 이웃 주민인 클래리스 맥클레런과 대화를 나눈 몬태그는 책을 불태우는 것이 올바른 일인지 의문을 품기 시작한다. 이제 몬태그는 서서히 그러나 확실하게 변하기 시작한다. 그리고 머지않아 이 소설의 첫 장과는 정반대의 생각을 갖게 된다. 책을 사랑하게 된 것이다. 범죄자 신세가 되어 쫓기는 몬태그는 소설의 끝에서 책을 사랑하는 또 다른 사람들을 만난다. 그들은 각자 책 한 권씩을 암기하는 데 인생을 바친 사람들로, 외워서라도 책에 담긴 지식을 후손에게 물려주려고 한다.

자신이 살고 있는 세계의 진실을 보기 시작한 몬태그라는 인물은 소설에서 중요한 초점 역할을 한다. 브래드버리는 다른 인물들은 제외하고 중심인물에게만 초점을 맞추기 위하여 제한적 3인칭 시점을 사용한다. 결국 모든 일을 몬태그의 눈을 통해 바라봄으로써 이야기에 일관성과 팽팽한 긴장감을 부여하고 독자는 주인공의 새로운 세계관을 통해 대리 경험을 하게 된다. 『1984년』처럼 『화씨 451』도 제한적 시점을 유지함으로써 최고의 효과를 거두고 있다.

비록 '제한적'이라는 말이 붙기는 하지만, 제한적 3인칭 시점은 작가가 주인공의 생각 속으로 깊이 들어갈 수 있는 장치다. 예를 들어 이런 장면을 보자. 몬태그는 부상을 입은 채 도망중이다. "그가 발걸음을 옮길 때마다 총탄이 빗발쳤다. 그는 중얼거렸다. 넌 바보야. 멍청이라구. 이 멍청한 놈. 바보. 한심한 놈. 어리석은 바보. 이 모자란 놈아. 이 바보 같은 놈아."[16] 중심인물의 생각을 이렇게 속속들이 들춰냄으로써 소설은 매우 개인적인 이야기가 되고 독자로부터 더 큰 공감을 불러일으킨다. 독자는 다른 인물에게 관심을 쏟을 여유가 없고, 전체 이야기를 몬태그의 제한된 시점을 통해 보는 까닭에 그가 느끼는 것을 독자 역시 하나도 놓치지 않고 느낀다. 결국 독자는 그를 걱정하고 보살피게 된다. '제한된'이라는 말이 붙는 이유는 독자가 한 인물의 시점에만 '갇혀' 있고, 소설에 등장하는 다른 인물의 생각에는 영향을 받지 않기 때문이다. 제한적 3인칭 시점은 독자가 한 명의 등장인물의 눈으로 사건을 따라가야 하는 구조의 소설에서 특히 효과적이다. 『1984년』에서 우리는 오브라이언이나 줄리아가 무슨 생각을 하고 있는지 전혀 알 수 없다. 『화씨 451』에서도 몬태그의 아내인 밀리와 몬태그의 친구인 클래리스의 생각은 안개에 싸여 있다. 이처럼 극단적으로 한 인물에게만 초점을 맞춘 이야기는 흡사 밀실에 갇힌 듯한 팽팽한 긴장감을 조성하고 통일성을 유지하며 중심인물의

---

16) Ray Bradbury, *Fahrenheit 451*, New York:Del Rey, 1953, p. 121.

의식은 '우리의' 의식이 된다. 이런 이유로 강력한 주장이나 주제를 가진 소설은 제한적 3인칭 시점을 채택하여 성공을 거둘 때가 많다.

   브래드버리의 작품은 과학소설과 환상소설의 범주를 넘어 상상력을 최대한 발휘하고자 하는 모든 장르의 작가들을 위해 활짝 열려 있다. 시적 언어와 초고를 쓰는 방법, 향수의 사용과 단짝 캐릭터의 등장, 그리고 시점의 완벽한 활용은 성공한 대다수 작가들에게 용기를 불어넣어 과감하고 새로운 도전을 가능케 했다. 브래드버리의 환상적인 이야기나 주제와는 별개로 그가 사용한 강력한 기법들만 따로 분리해 연구해본다면 브래드버리가 누구도 필적할 수 없는 영감의 원천이라는 사실이 명백히 입증될 것이다.

**플래너리 오코너** | 주요 작품 『폭력이 그것을 끌고 갔다』
독자는 우선 높은 음조와 무거운 이야기에 압도당한다. 그러나 심각한 이야기에 유머 집어넣기, 자유간접화법을 통해 등장인물의 마음속에 침투하기, 독자를 만족시키는 결말 등 오코너에게서 배울 점은 한두 가지가 아니다.

## 18장

## 플래너리 오코너처럼 써라
*Flannery O'Connor*

　남부 말투, 시골 사람들, 기이한 등장인물들, 극단적인 줄거리 비틀기. 이 모든 것은 플래너리 오코너의 소설에서 만날 수 있는 특징들이다. 이 특징들은 윌리엄 포크너와 윌리엄 스타이런, 트루먼 커포티 같은 작가들의 남부 소설(Southern fiction)에도 나타나기는 한다.[1] 그러나 '남부 고딕 문학(Southern Gothic. 미국 남부의 일상적 공간을 배경으

---

1) 커포티는 소설 속에서 폭력을 다루는 방법에 관해 오코너로부터 많은 것을 배웠다.(Josephine Hendin, *The World of Flannery O'Connor*, Bloomington:Indiana University Press, 1970, p. 156.) 그러나 오코너는 커포티와는 상당히 다른 방식으로 폭력을 다뤘다. 오코너는 주로 영적 깨달음이라는 주제를 뒷받침하기 위해 폭력을 사용했다. 커포티는 오코너의 작품세계를 극찬했으나 오코너는 커포티의 작품을 가리켜 "속이 메스꺼워진다"고 평했다.(Marshall Bruce Gentry, "He Would Have Been a Good Man: Compassion and Meanness in Truman Capote and Flannery O'Connor", in *Flannery O'Connor's Radical Reality*, Edited by Jan Nordby Gretlund and Karl-Heinz Westarp, Columbia:University of South Carolina Press, 2006, pp. 42-43.)

로 하여 비현실적이거나 괴이한 사건을 결합시킨 문학을 가리킨다.—옮긴이)'
과 종교적 분위기, 유머가 어우러진 오코너의 독특한 작품은 이 유명
작가들을 가볍게 뛰어넘는다. 오코너의 소설에서만 발견할 수 있는
그녀 특유의 문체 때문이다. 신선함과 담대함을 지닌 그녀의 문체는
그 자체로 이목을 집중시킨다.

플래너리 오코너는 1925년 조지아 주의 서배너에서 무남독녀로 태
어났다. 그녀의 조상은 아일랜드 가톨릭 교도였다.[2] 그녀의 아버지
는 그녀가 열다섯 살 때 결핵성 피부병의 일종인 낭창으로 세상을 떠
났다. 오코너는 아이오와 대학의 언론대학원에서 정식으로 작법 교
육을 받았다. 당시 담당교수였던 폴 잉글은 오코너의 강한 남부 억양
에 깜짝 놀랐다. 그녀는 수업 시간에 좀처럼 손을 드는 법이 없는 조
용한 학생이었다. 그러나 그녀의 작품은 이미 그때부터 교수들 사이
에서 다른 학생들에 비해 월등히 뛰어나다는 평가를 받고 있었다.[3]
예술석사 학위를 받은 후 오코너는 단편소설들을 발표하기 시작했
고, 그중 몇 편은 훗날 자신의 장편소설에 장(章)으로 삽입되기도 했
다.[4] 오코너는 스물다섯 살 때 낭창에 걸려 밀리지빌에 있는 어머니
의 목장으로 거처를 옮겼다.[5] 주요 작품들은 바로 그곳에서 탄생했

---

2) Melissa Simpson, *Flannery O'Connor: A Biography*, Westport, Conn.:Greenwood Press, 2005, p. 1.
3) Neil Scott, *Flannery O'Connor: An Annotated Reference Guide to Criticism*, Milledgeville, Ga.:Timberlane Books, 2002, p. xv.
4) 위의 책, p. xvi.
5) Richard Giannone, *Flannery O'Connor: Hermit Novelist*, Urbana:University of Illinois Press, 2000, p. 8.

고, 서른아홉의 나이로 세상을 떠날 때까지 계속 그곳에 머물렀다.

 **진지한 소설에 유머 끼워 넣기**

오코너만큼 노련하게 진지한 소설에 유머를 끼워 넣는 작가는 찾아보기 힘들다. 『폭력이 그것을 끌고 갔다 The Violent Bear It Away』 (1960)를 펼쳐드는 순간 독자는 우선 높은 음조와 무거운 이야기에 압도당한다. 그러나 독자를 놀라게 하는 것은 또 있다. 바로 그녀의 음울하면서도 코믹한 상상력이다. 특히 레이버라는 인물이 눈길을 끄는데, 섬뜩하고 기이한 악몽을 연상시키는 그는 모방과 풍자적 요소를 통해 묘사된다. 진지한 주제를 지닌 이야기에 유머를 살짝 끼워 넣고 싶다면 오코너가 사용한 방법을 살펴보면 된다. 의외로 그녀가 사용한 기교가 흉내 내기에 그리 어렵지 않다는 것을 알 수 있을 것이다. 그녀가 작품에 유머를 집어넣는 방법은 크게 세 가지다. 과장, 웃음 요소의 강조, 그리고 웃음 요소 나란히 늘어놓기가 그것이다.

『폭력이 그것을 끌고 갔다』는 열네 살짜리 고아 소년 타워터에 관한 이야기다. 어느 날 그를 맡아 길러 주던 작은할아버지 메이슨이 갑자기 세상을 떠난다. 작은할아버지는 종교적 광신자였다. 타워터는 자기도 작은할아버지 같은 사람이 되지는 않을지 걱정한다. 타워터의 가장 큰 투쟁은 그의 내면에서 일어난다. 그는 자신의 사촌 비숍에게 세례를 주고 싶은 욕망과 광신적인 작은할아버지 같은 인간이 되지 않으려는 욕망 사이에서 몸부림친다.

타워터가 보청기를 낀 비숍의 아버지 레이버를 처음 만나는 장면에서 오코너가 어떻게 '과장'을 사용하는지 보자. "그는 맨발에 잠옷 차림이었다. 눈 깜짝할 새 돌아온 그의 귀에는 뭔가가 끼워져 있었다. 그는 검은 뿔테 안경을 서둘러 쓰고 잠옷 허리띠에 금속 상자를 부착했다. 그런 다음 그것을 귀에 낀 보청기 줄과 연결시켰다. 순간 소년은 그의 머리가 전기에 의해 돌아가는 것은 아닐까 하는 생각이 들었다."6) 오코너는 이렇게 주요 인물들의 특징을 잡아내 희화화하고 기괴하게 묘사한다. 예컨대 작은할아버지의 특징은 종교에 미쳐 있는 것이고 레이버는 귀가 잘 들리지 않는 것이며 타워터는 세례에 집착하는 것이다. 과장을 효과적으로 사용하려면 의식적으로 오코너의 접근 방법을 이용하여 등장인물의 특징을 강조하고 그 인물에 대해 언급하라.7) 오코너는 분명한 확신을 갖고 과장을 사용한다. 그녀는 "인간의 본질적인 모습은 극단적인 상황에서 가장 잘 드러난다."고 믿는다.8) 그녀가 레이버의 보청기에 쏟는 관심은 분명 과장이다. 그러나 이런 인물을 묘사할 때 과장은 그가 어떤 인물인지 더 효과적이고 명확하게 알려준다. 레이버가 일상생활에서 지나칠 정도로 보

---

6) Flannery O'Connor, *The Violent Bear It Away*, in *3 by Flannery O'Connor: Wise Blood, The Violent Bear It Away, Everything That Rises Must Converge*, New York:New American Library, 1960, p. 175.
7) 성공한 작가들은 예외 없이 특정 갈등과 등장인물의 지배적 특징을 강조하기 위하여 사실보다 과장하는 경향이 있다. "예를 들어 구스타브 플로베르는 『마담 보바리』에서 엠마의 무료함과 공허감을 과장하여 기본 갈등을 부각시킨다."(Robert Meredith and John Fitzgerald, *Structuring Your Novel: From Basic Idea to Finished Manuscript*, New York:Barnes & Noble Books, 1972, p. 21.)
8) Sarah Fodor, "Marketing Flannery O'Connor: Institutional Politics and Literary Evaluation", in *Flannery O'Connor: New Perspectives*, Edited by Sura P. Rath and Mary Neff Shaw, Athens:University of Georgia Press, 1996, p. 42.

청기에 의존하는 것은 그가 삶에 대해 얼마나 기계론적이고 프로이트적인 가치관을 갖고 있는지를 상징적으로 보여준다. 다시 말해 보청기는 레이버가 정신적 세계와 단절된 인물이라는 사실을 보여준다.[9] 강조하고 싶은 특징을 고를 때는 오코너처럼 하라. 반드시 주제를 구현할 수 있고 독자를 끌어당길 수 있는 특징들을 골라라.[10]

두 번째 방법인 '웃음 요소 강조하기'에 다른 이름을 붙인다면 아마도 '문장의 끝까지 기다렸다가 마지막 한 방 날리기'일 것이다. 오코너는 이 장치를 자주 사용한다. 예를 들어 타워터와 레이버가 모텔에 묵기 위해 숙박부를 쓰는 장면을 보자. 오코너는 타워터가 펜을 쥐고 숙박부에 기록하는 과정을 꼼꼼히 묘사한다. 그리고 마침내 끝에 이르러 '마지막 한 방'을 드러낸다. 타워터는 "프랜시스 마리온 타워터"라고 쓴 자기 이름 뒤에 이런 말을 덧붙였다. "테네시 주. 파우더헤드에 살고 있음. 이 남자의 아들 아님." 이는 매우 심각한 상황에서 웃음을 짓게 하는 한마디이다. 타워터는 자신의 신분을 밝히면서 자신은 레이버와 별개의 사람이라는 주장을 하고 싶었던 것이다. 타워터는 진지하지만, 그가 취한 행동은 오히려 웃음을 불러일으킨

---

9) 어떤 평론가에 따르면 "종교적 색채가 짙은 작품을 쓰는 오코너조차도 프로이트 이론과 상징을 받아들이고 이해했다. 그만큼 그녀는 당대의 흐름과 세속적 사상가들을 이해하고 하려고 노력했다." (Sura Rath, *Flannery O'Connor: New Perspectives*, Athens:University of Georgia Press, 1996, p. 8.)
10) 오코너의 과장된 묘사는 확실히 메시지를 분명하게 전달하는 데 탁월한 효과를 발휘했다. 한 비평가의 지적대로 "오코너의 이론은 모든 인간적인 것에 대한 경멸로 요약된다." (André Bleikasten, "The Heresy of Flannery O'Connor", in *Critical Essays on Flannery O'Connor*, Edited by Melvin J. Friedman and Beverly Lyon Clark, Boston:G.K.Hall & Co., 1978, p. 156.)

다. 이런 정보를 웃음을 통해 독자에게 전달하기로 한 오코너의 선택은 매우 적절하다. 오코너는 아무 이유 없이 농담을 하지는 않는다. 따라서 타워터가 숙박부에 "이 남자의 아들 아님"이라고 썼을 때 그것은 타워터라는 인물을 이해하는 열쇠의 하나이다. 타워터에겐 그것이 그만큼 중요한 문제이다. 다만 그것을 표현하는 방식은 진지함과는 정반대로 독자에게 기이함과 생소함, 익살스러움을 선사한다.

끝으로 '웃음 요소 나란히 늘어놓기'란 웃음을 강조하거나 독자를 놀라게 하는 기법의 또 다른 버전이라 할 수 있다. 어울리지 않는 것들을 서로 연결시키거나 하나로 묶는 방법은 희극의 주요 기법 중 하나이다. 오코너는 자신의 작품에서 반복적으로 이 기법을 사용한다. 레이버는 식당에서 타워터에게 자신의 아들에게 세례를 줄 생각은 하지 말라며 분명히 못을 박는다. "비숍에게 세례를 주겠다는 그 마음을 없애지 못하면 넌 절대로 정신병을 고칠 수 없다는 것을 명심해." 세례와 정신병은 어울리지 않는 조합이다. 이 말은 한편으론 우습지만, 다른 한편으론 매우 진지하게 들린다. 예를 하나 더 들어보자. 악마를 상징하는 친구의 목소리는 타워터에게 이렇게 속삭인다. "남자가 되고 싶어? ...... 진짜 남자 말이야. 그럼 그 얼간이를 익사시켜야만 해(여기서 익사란 세례를 의미함—옮긴이)." 여기서도 마찬가지로 진정한 남자가 되는 것과 누군가를 익사시키는 것은 어울리지 않는 기이한 조합이지만 동시에 어두운 웃음을 유발한다. 이런 엉뚱한 조합은 영적 추구라는 오코너 주제의 핵심을 건드리기도 한다. 익사와 세례는 물을 매개로 서로 상징적으로 연결되기 때문이다. 웃음의 요소를 나란히 늘어놓는 것은 유머를 만들기 위해 오코너가 사용한 방법 중 가장 정교한 기법이다. 그것은 때때로 저속한 유머가 될 수도 있지만 그 효과는 강력하다. 어떻게 해야 이런 조합을 만들어낼 수 있는지 감이 잡히지 않는다면 당신의 작품에서 두 가지 어울리지 않는 것들을 골라 서로 연결시켜보라. 그러나 이러한 조합은 항상 주제와 동떨어진 것이 되어서는 안 된다는 것을 명심하라.

 ## 상징은 작품을 어떻게 강화시킬까

오코너는 작품 속에서 상징을 눈에 띄게 사용한다. 그런 면에서 오코너의 소설은 상징이라는 효과적인 장치의 사용법을 배울 수 있는 교과서라 부를 수도 있다.[11] 한 비평가가 지적했듯이 오코너가 사용하는 언어는 "단순하고 기능적"일지 몰라도, 그녀의 작품은 "상징에 의한 통일성"을 유지하고 있다.[12] 독실한 가톨릭 신자인 오코너는 작품 전반에서 기독교적 상징을 사용했다. 그러나 또 다른 비평가의 다음과 같은 말 역시 꽤 설득력 있게 들린다. "플래너리 오코너는 가톨릭 신자였지만 가톨릭 소설가는 아니었다. 그녀에게는 '작가' 만으로

---

11) 오코너는 등장인물 이름도 상징적 가치를 염두에 두고 짓는다. 타워터는 절대로 섞일 수 없는 타르(tar)와 물(water)이라는 두 요소를 결합시킨 이름이다. 이는 타워터의 영적 세계와 물질적 세계가 충돌하고 있음을 상징한다. 믹스의 중간 이름인 'facet(수도꼭지)'은 이 굴뚝 영업사원이 영적 세계가 아닌 물질적 세계에 발을 딛고 있음을 상징한다. 노인인 메이슨은 비밀친목단체인 프리메이슨과 관련이 깊다.(Margaret Earley Whitt, *Understanding Flannery O'Connor*, Columbia: University of South Carolina Press, 1995, pp. 93-94, 96, 99.)
12) Stanley Edgar Hyman, *Flannery O'Connor*, Minneapolis:University of Minnesota Press, 1966, pp. 20-21, 23.

충분하다. 작가로서 그녀는 문학이라는 종교 외에 그 어떤 종교에도 속하지 않았다." [13] 오코너의 열렬한 숭배자인 조이스 캐럴 오츠도 비슷한 생각이었다. 오츠는 "오코너의 작품을 감상하기 위해 그녀의 종교까지 이해할 필요는 없다."라고 말했다. [14]

악마는 오코너가 가장 즐겨 쓰는 상징 가운데 하나다. 오코너는 악마가 믹스와 레이버의 모습을 하고 등장했을 때 그들이 악마라는 것을 독자가 분명히 알아차리기를 원했다. 그녀는 혹시라도 독자가 믹스와 레이버를 악마가 아닌 다른 존재로 착각하지 않기를 바랐다. [15] 굴뚝 연통 외판원인 믹스는 타워터를 마을까지 차로 태워다 준다. 그 과정에서 믹스는 악마로 묘사된다. [16] 오코너는 타워터의 머릿속에서 '이방인' (나중에는 '친구' 로 불린다)의 목소리가 들려올 때마다 자동적으로 악마가 떠오를 수 있도록 처음부터 암시를 던져둔다. 믹스가 처음 등장하는 장면에서 오코너는 믹스에게 '타워터의 새 친구' 라는 이름을 붙여주는데, 여기엔 믹스를 악마와 연결시키기 위한 의도가 깔려 있다. 소설 『폭력이 그것을 끌고 갔다』는 타워터가 자신의 신념

---

13) Bleikasten, 앞의 글, p. 157.
14) Joyce Carol Oats, "The Visionary Art of Flannery O' Connor", in *Flannery O' Connor: Modern Critical Views*, edited by Harold Bloom, New York:Chelsea House, 1973, p. 49.
15) "나는 악마가 악마로 인식되기를 바란다. 행여 악마가 전혀 다른 심리적 상징으로 비춰지는 것은 원하지 않는다." (Giannone, 앞의 책, p. 6.)
16) "믹스는 오코너의 창조한 역작이라 부를 수 있다. 그녀는 믹스를 최대한 생기 없는 인물로 그리고 있다. 믹스가 쓰는 생기 없는 단어나 살고 있는 집에서도 잘 드러난다. 세일즈맨답게 친절한 말투에 깃든 냉소주의는 사랑이나 사람끼리의 접촉을 상품화한다." (Richard Giannone, *Flannery O' Connor and the Mystery of Love*, Urbana and Chicago:University of Illinois Press , 1989, p. 126.)

과 싸우는 이야기이다. 타워터의 행로에 악마의 상징을 배치해놓음으로써 이 소년이 맞서야 할 위험인물이 생기고 이야기는 강화된다. 그의 이름(Meeks)은 '온순(meek은 온순하다는 뜻—옮긴이)'하고 겉보기엔 친근해 보일지 몰라도 믹스의 내면에는 악마가 도사리고 있기 때문이다.

또 다른 상징은 타워터의 사촌인 비숍의 세례다. 원래 세례란 종교를 받아들인다는 상징이지만 오코너는 단순히 세례 그 자체가 아니라 사촌에게 세례를 주는 것이 옳은지 아닌지를 놓고 타워터가 갈등하게 만든다. 이와 같이 상징은 타워터가 씨름해야 할 문제가 되고, 이 소설에서 상징이 지닌 중요성은 타워터에게, 그리고 진리와 믿음의 발견이라는 소설의 주제에 깊은 영향을 미친다.

오코너는 등장인물을 상징적으로 묘사하는 데 대가다. 레이버의 기계론(mechanism)과 심리학에 대한 의존, 청각장애는 모두 그가 하느님의 진리에서 멀리 떨어져 있다는 상징이고, 심리학에 집착하는 레이버의 태도는 그의 합리성을 보여주는 또 다른 상징이다. 물론 이는 현대인에 대한 풍자이기도 하다. 레이버는 귀가 잘 들리지 않는다. 그러나 더 중요한 것은 타워터가 이야기를 나누고 싶어할 때 레이버는 타워터의 이야기를 들을 수 없다는 사실이다. 우리는 타워터와 레이버가 사원 밖으로 나온 후에 "레이버가 여행 도중에 한 번쯤은 타워터의 어깨 위에 손을 얹어줄 수도 있었고 그랬다면 그 손을 치울 수 없었을 테지만 레이버는 단 한 번도 손을 얹으려는 시늉조차 하지 않았다"는 것을 알고 있다. 우리는 레이버가 사랑을 두려워한다는 것도 알고 있다. 여기서 말하는 사랑이란 친절함이나 '보편적인 사랑'이 아니라 '이유 없는 사랑' 혹은 무조건적인 영적 사랑, 즉 인간이 신에게 바치는 사랑을 말한다. 레이버가 타워터의 목소리나 감정을 들을 수 없는 순간은 레이버와 악마 사이의 결속이 더욱 탄탄해지는 순간이기도 하다. 하느님의 말씀을 들을 수 없는 레이버가 타워터에게 너의 종교적 믿음은 터무니없다고 줄기차게 이야기하는 것은 더욱 의미심장하다.

소년 타워터는 마음속에 질문을 품고 답을 찾아 헤매는 인간을 상징한다. 작은할아버지의 종교적 광신과 자신이 짊어진 사명에서 한눈을 팔도록 방해하는 세력들(레이버, 믹스, 이방인 혹은 친구, 도시) 사이에서 타워터는 갈팡질팡한다. 예컨대 이방인은 "딱 한 가지만 물어보자. 도대체 하느님의 목소리가 어디 있다는 거야? 난 들어본 적이 없는데. 오늘 아침에 하느님의 목소리가 널 깨웠어? 아니면 매일 아침마다?"라고 물으며 타워터의 마음을 흔든다.[17] 이러한 타워터의 모습 속에는 오코너 자신의 모습이 반영되어 있다. 8장에서 우리는 타워터 내면의 소리를 직접 듣는다. "그의 마음은 그가 맞서야 하는 침묵과 싸우느라 잠시도 쉴 틈이 없었다. 그 침묵은, 사촌 비숍에게 세례를 주고 작은할아버지가 비숍을 위해 마련해둔 삶을 즉시 시작할 수 있도록 하라고 타워터를 재촉했다." 본질적으로 타워터는 완벽함을 추구하고, 물질보다 더 높은 수준의 신앙 혹은 힘을 받아들여 인격의 통합을 추구하는 인간의 정신적 탐구를 상징한다.

---

17) 이것은 타워터를 조롱하는 이방인(악마)의 목소리다.(O' Connor, 앞의 책, p. 147.)

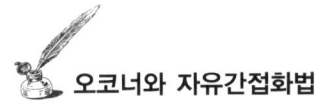

### 오코너와 자유간접화법

만약 오코너의 작품이 재미있게 읽힌다면 그것은 오코너가 '자유간접화법'이라는 문학 장치를 빈번하게 사용하기 때문일지도 모른다. 훌륭한 작가들이 즐겨 쓰는 자유간접화법은 등장인물 가운데 한 사람의 말투에서 몇 가지 특징을 뽑아내 그 특징을 포함시킨 언어로 장면을 묘사하는 것을 말한다.[18] 작가라면 한 번쯤 이 기법에 매료되지 않을 수 없다. 작품에 세련미와 예술성을 더해주기 때문이다.

오코너가 자유간접화법을 어떻게 사용했는지 살펴보기 전에 소설과 논픽션에서 발견할 수 있는 두 가지 기본적인 화법에 대해 짚고 넘어가보자. 자유간접화법도 결국은 이 두 가지 기본적인 화법에서 갈라져 나왔다. 하나는 직접화법이다. 이는 등장인물 중 한 사람이 말한 것을 직접 인용하는 방법이다. 다른 하나는 간접화법으로 인용부호가 없는 대화를 가리키며, 항상 전달동사(앞서 말했던 것을 반복하기 위해 쓰이는 동사)를 사용한다. 가장 널리 사용하는 전달동사는 '말했다(said)'라는 단어다. "그녀의 부모님과 여동생은 바비큐 파티를 위해 이모네 집에 가려고 했다. 그러나 *코니는 가고 싶지 않다고 말했다. 그녀는 엄마에게 자기 생각이 어떤지 알려주기 위해 눈동자를 굴렸다.*"[19] 이탤릭체로 표시한 부분이 간접화법이다. 코니가 말한 것을 그대로 전하고 있지만 따옴표로 묶어두지 않았다. 작가는 '간접적으

---

18) Shlomith Rimmon-Kenan, *Narrative Fiction: Contemporary Poetics*, London and New York:Methuen, 1983, p. 110.
19) Joyce Carol Oats, "Where Are You Going, Where Have You Been?", in *Classic Short Fiction*, edited by Charles H. Bohner, Englewood Cliffs, N.J.:Prentice Hall, 1966, p. 823.

로' 코니가 말한 것을 독자에게 전달하고 있는 것이다.

자유간접화법은 한 가지만 빼고 간접화법과 똑같다. 그것은 간접화법과 달리 전달동사를 사용하지 않는다는 점이다. 이 때문에 자유간접화법은 전문용어로 '올바른 철자 표시(orthographic marker)'라고도 불린다. 자유간접화법은 등장인물이 하는 말과 생각을 비롯하여 마음속의 느낌까지 전달한다. 때로는 자유간접화법을 "두 가지 목소리의 언어학적 결합"이라고 정의하기도 한다.[20] 이때 두 가지 목소리는 화자의 목소리와 등장인물의 목소리를 말한다. 화자의 목소리에 등장인물의 목소리를 살짝 물들이는 것이라고 생각하면 좀 더 이해하기 쉬울 것이다. '물들이다'라는 단어는 자유간접화법이 어떻게 화자의 이야기에 영향을 미치는지 설명할 때 자주 사용된다. 회화나 색채이론을 연상시키는 이 단어를 사용하면 자유간접화법이 어떻게 이야기에 깊이와 명암을 더해주는지 효과적으로 설명할 수 있다.[21] 자유간접화법에서는 두 사람의 목소리를 겹쳐놓을 수 있기 때문에 강력한 다성(多聲) 효과를 얻을 수 있다. 음악으로 치면 대위법 같은 효과다. 자유간접화법에서는 화자가 평소에 사용하는 단어가 아니라

---

20) Rimmon-Kenan, 앞의 책, p. 110.
21) 예를 들어 한 평론가는 캐서린 맨스필드(Katherine Mansfield)의 단편소설을 분석한 결과, "이야기의 상당 부분이 자유간접화법으로 이루어져 있다. …… 현실을 반영하는 등장인물이 즐겨 쓰는 말투에 깊이 물들어 있다."고 지적한다.(Monika Fludernik, *Towards a 'Natural' Narratology*, New York:Routledge, 1996, p. 198.) 또 다른 평론가는 이렇게 말했다. "조이스의 내레이션은 객관적 보도처럼 들리지만, 실은 등장인물의 말투에 물들어 있다. 이러한 자유간접화법은 누가 간접적인 생각의 주체인지 헷갈리게 만든다." (Kevin Barry, *The Dead*, Cork:Cork University Press, Ireland, 2001, p. 75.)

등장인물이 평소에 사용하는 단어를 사용한다. 그래서 어느 비평가는 자유간접화법이 "등장인물 자신의 정신 언어를 토씨 하나 바꾸지 않고 그대로 재생한다."고 말한다.[22] 자유간접화법은 "정상적인 화법보다 훨씬 더 많은 질문과 감탄, 반복과 과장, 구어적 표현이 들어" 있으나 "화자는 내용이나 문체에 어떤 영향도 미치지 못한다"는 점에서도 무척 흥미로운 장치다.[23]

『오르다 보면 모든 것은 한 곳에 모이게 마련 Everything That Rises Must Converge』[24](1961)에서 자유간접화법의 예를 들어보자. 줄리안은 엄마의 모자 얘기가 나오자 "하늘을 향해 눈을 치켜뜨더니" 이렇게 말한다. "그것은 소름끼치는 모자였다." 여기서 '소름끼치는'이라는 단어는 그동안 화자가 써온 단어라고 하기엔 지나치게 설명적이고 과장되게 들린다. 이 단어는 분명히 줄리안이 평소 쓰는 단어나 생각에 물들어 있다. 소설 중반쯤 이르면 우리는 줄리안이 "일종의 정신적 비눗방울" 속에 숨어 세상을 바라본다는 것을 알게 된다.[25] 그런 뒤 우리는 다음과 같은 사실을 알 수 있다. "결국은 모든 일이 잘 풀렸다. 비록 3류 대학밖에 가지 못했고 …… 편협한 마음의 지배를 받으며 자랐지만, 그는 결국엔 넓은 마음의 소유자가 되었다. 그

---

22) Dorrit Cohn, *Transparent Minds: Narrative Modes for Presenting Consciousness in Fiction*, Princeton, N.J.:Princeton University Press, 1978, p. 13. 콘은 내러티브 테크닉에 관한 자신의 매력적인 저서에서 자유간접화법을 "설명적 독백"이라 한다.
23) 위의 책, p. 102.
24) 소설 제목은 영적 추구를 하는 사람은 깨달음을 얻는 지점에서 결국 만나게 된다는 프랑스 철학자 떼이아르 샤르댕의 주장에서 따왔다.(Whitt, 앞의 책, p. 111)
25) 이는 특정 등장인물의 마음속으로 들어갈 때 자유간접화법을 사용하는 방법을 훌륭하게 보여준다.

녀의 *어리석은 생각*에 영향을 받았음에도, *다행히 편견을 갖지 않은 사람이 된 것이다.*" 이탤릭체는 필자인 내가 강조한 것이다. 이탤릭체로 된 단어들은 3인칭 화자가 일상적으로 쓰는 단어가 아니라 줄리안의 세계관과 편견에 물든 단어들이다.

『폭력이 그것을 끌고 갔다』에서 자유간접화법은 어떻게 드러날까? 타워터의 작은할아버지는 소설 내내 '노인네'로 불린다. 이 단어는 의심의 여지 없이 소년 타워터(그리고 레이버)가 사용하는 말처럼 들린다. 또 2장 중반쯤 우리는 다음과 같은 문장을 만난다. "소년은 학교 선생님들에게 *배신당했다는 것을 알 만한 눈치는 있었다.*" 이탤릭체로 된 부분은 타워터의 관점에 물든 자유간접화법이다. 같은 장의 뒷부분에서 믹스가 전화기를 사용할 때 이런 묘사가 나온다. 믹스는 태어나서 지금까지 전화기를 한 번도 본 적이 없다는 사실을 기억하라. "믹스는 그 기계를 두 개로 분리한 다음 한쪽은 머리에 대고, 다른 한쪽은 손가락으로 감아쥐었다." 이 문장은 통째로 타워터의 언어와 감각을 통해 포착된 장면이다.

자유간접화법을 사용하고 싶다면 당신이 설명하려는 등장인물의 마음속으로 뛰어들어라. 특정 상황에서 '당신'에게 떠오르는 단어나 구절 말고 '등장인물'의 머리나 마음속에 떠오를 법한 단어나 구절을 찾아라. 그런 다음 그 단어와 구절들을 이야기의 진행과 잘 섞으면 된다. 그 결과는 더욱 힘 있는 묘사로 나타날 것이고, 등장인물에 더 가까운 목소리를 사용하게 될 것이다. 동시에 이러한 등장인물의 목소리는 당신의 전형적이고 '따분한 목소리'에 의한 서술보다 훨씬 짜릿한 흥분을 독자에게 선사한다.[26]

## 어떻게 하면 재미있는 결말을 끌어낼 수 있을까

시나리오 작법에 대한 로버트 맥키(Robert McKee)의 다음과 같은 지적은 소설에도 똑같이 적용된다. "마지막 장의 절정, 즉 클라이맥스는 작가의 상상력이 가장 위대하게 도약하는 순간이다. 절정이 없으면 이야기가 없는 것과 마찬가지다. 작가가 절정에 도달할 때까지 등장인물은 애타게 치료약을 기다리는 환자처럼 고통스럽게 기다린다."[27] 오코너는 항상 모든 문제를 해결 짓고 소설을 끝낸다. 마무리에 재미를 불어넣고, 미적지근한 결말로부터 등장인물을 구해내는 것이다. 이를 위해 그녀는 세 가지 방법을 사용한다. 첫째, 이전에 일어났던 일들을 다시 한 번 '상기' 시킨다. 둘째, 항상 '반전'을 준비해 둔다. 셋째, 독자에게 '메시지'를 남긴다.

존 가드너는 장편소설에서는 주제와 이미지, 상징의 반복이 필요하다고 주장한다. 그래야 독자에게 의미 있게 다가갈 수 있다고 한다. 결말에서 가장 중요한 것은 바로 반복이다. 가드너는 소설의 결말 부분에서는 '울림이 있는 결말'이 필요하다고 제안한다. "독자를 감동시키는 것은 단순히 등장인물과 이미지, 사건들을 요점 정리하는 식으로 반복하는 것이 아니다. 독자는 서로 다른 인물과 사건들, 그리고 궁극적으로는 서로 다른 가치가 점차 하나로 합쳐지는 모습을 볼 때 감동을 받는다."[28] 이러한 문학적 울림은 음악적 울림과 닮은 구석이 있다. 음악에서 주제를 반복하듯이 오코너는 『폭력이 그것

---

26) 톰 울프도 자유간접화법의 대가였다.
27) Robert McKee, *Story: Substance, Structure, Style and the Principles of Screenwriting*, New York:ReganBooks, 1997, p. 309.

을 끌고 갔다』의 결말에서 이 장치를 사용하여 이전에 일어났던 일들을 상기시키고, 소설의 모티프가 되어준 주제나 구절을 반복한다. '폭력적인 나라'와 '침묵', '진리' 같은 단어들이 마지막 몇 페이지에 다시 등장하여 음악으로 치면 푸가풍의 울림을 불러일으킨다. 이러한 울림은 소설이 끝날 때까지 타워터를 떠나지 않았던 영적 깨달음이라는 중심 주제를 다시 한 번 타워터와 연결시킨다.

두 번째는 반전이다. 결국 타워터는 자신의 운명을 받아들여 작은할아버지가 걸어간 길을 따르기로 한다. 이는 예상을 벗어난 결정이다. 어느 평론가의 지적대로 "『폭력이 그것을 끌고 갔다』는 두 가지 상징적 대안, 즉 타워터의 길과 레이버의 길을 제시하고 독자에게 둘 중 하나를 선택하라고 요구한다. 선택하는 순간 격렬한 폭력이 따르지만 그 이상의 고통은 없는 타워터의 길과 자유의지라는 가면으로 위장했지만 결국은 무의미한 것들만 가득한 레이버의 길이 놓여 있다."[29] 반전, 즉 최후의 결정을 통해 그동안 이해되지 않았던 모든 문제가 비로소 딱 맞아떨어진다. 우리는 타워터가 작은할아버지가 걸었던 길을 좇아 힘든 인생을 선택했음을 알고 나서 책을 덮는다.

『폭력이 그것을 끌고 갔다』의 메시지는 좋은 사람이 되려면 운명과 믿음의 부름에 귀를 기울이고 그것을 거부하지 말아야 한다는 것이다. 소설의 처음부터 끝까지 방황과 갈등을 거듭하던 타워터는 마지막에 집으로 돌아와 자신의 운명을 받아들여야 한다고 깨닫는다.

---

28) John Gardner, *The Art of Fiction: Notes on Craft for Young Writers*, New York:Vintage Books, 1985, p. 192.
29) Whitt, 앞의 책, p. 107.

플래너리 오코너처럼 써라

그는 사촌 비숍을 익사시킨 후 조상 대대로 살아온 파우더헤드의 집으로 돌아온다. 그곳에서 작은할아버지 무덤을 찾는다. 순간 숲이 불타는 환영이 펼쳐지면서 하느님의 일을 하라고 명령하는 목소리가 들려온다. 상징적인 몸짓으로 그는 작은할아버지의 무덤가에 있는 흙 한 줌을 손에 쥐고 이마에 문지른다. 예언자로서 자신의 삶을 시작할 준비를 모두 끝낸 타워터는 당당히 도시로 돌아간다. 이 결말에는 여러 가지 의미가 함축되어 있다. 오코너는 분명히 타워터의 편에 선다. 결함이 없는 것은 아니지만 오코너는 이러한 결말을 통해 타워터를 이상적인 인간으로 제시하고 있는 것이다.[30]

오코너의 가르침을 얻기 위해 꼭 '남부 고딕' 소설을 써야 하는 것은 아니다. 그녀의 세련된 문학적 기교는 어떤 이야기에도 적용할 수 있다. 굳이 영적 질문을 좇거나 진리를 찾는 이야기가 아니어도 괜찮다.[31] 지나치게 심각한 이야기에 유머를 집어넣는 방법, 상징을 사용하여 이야기를 강화하는 방법, 자유간접화법을 이용하여 등장인물의 마음속에 침투하는 방법, 독자를 만족시키는 결말을 만드는 법까지 오코너에게서 배울 점은 한두 가지가 아니다. 그러나 당신이 지금 '남부 고딕' 소설을 쓰고 있고, 여기서 설명한 모든 기교에 능숙하다면 또 한 명의 독보적인 작가가 탄생하는 것은 시간문제일 것이다.

---

30) 오코너의 단편 『좋은 사람은 흔치 않다 A Good Man Is Hard to Find』(1955) 또한 세 가지 마무리 기법을 훌륭하게 사용하고 있다.
31) "오코너는 사람들이 진실을 찾기를 원한다." (Irving Malin, "Flannery O' Connor and the Grotesque", In *The Added Dimension: The Art and Mind of Flannery O' Connor*, edited by Melvin J. Friedman and Lewis A. Lawson, New York:Fordham University Press, 1966, p. 114.)

**필립 K. 딕** | 주요 작품 『안드로이드는 전기 양을 꿈꾸는가?』, 『유빅』
과학소설에서 보통 볼 수 있는 분량보다 훨씬 많은 대화를 쓰는 작가다. 그는 두 가지 대화 기법으로 인물과 장면을 묘사하는 데 큰 효과를 거두었다.

## 19장

## 필립 K. 딕처럼 써라

*Philip K. Dick*

인간이 우주로 진출하여 별들을 향해 나아가고, 원자보다 더 작은 경이로운 세계를 발견하게 되면서 우리는 삶에 위협을 느낄 정도의 갖가지 스트레스와 가치관의 혼돈을 경험한다. 과학소설은 이처럼 정신없이 빠르게 변하는 과학기술에 대처하는 데 도움을 준다. 그중에서도 필립 K. 딕의 작품은 과학소설 장르의 선두에 있다. 딕은 과학소설과 주류 소설의 결합을 평생의 목표로 삼았다. 이것이 딕의 과학소설이 주류 소설 못지않은 뛰어난 문학성을 자랑하는 이유다.[1]
그는 『오즈의 마법사』의 프랭크 바움(L. Frank Baum), 『파괴된 사나

---

1) Lawrence Sutin, *Divine Invasions: A Life of Philip K. Dick*, New York:Harmony Books, 1989, p. 3. 딕은 『쓰레기 예술가의 고백 *Confessions of a Crap Artist*』(1975)을 포함하여 10여 편의 주류 소설을 썼다. 그는 『우리는 당신을 만들 수 있다 *We Can Build You*』(1972)를 자신이 SF와 주류 소설의 결합을 시도한 작품의 예로 들었다.

이』의 알프레드 베스터(Alfred Bester), 『마담 보바리』의 구스타브 플로베르(Gustave Flaubert), 『적과 흑』의 스탕달(Stendhal), 그리고 기 드 모파상(Guy de Maupassant) 같은 작가들에게서 많은 영향을 받았다.[2]

1928년에 태어난 필립 K. 딕은 매우 가난한 집안의 외동아들로 자랐다. 다섯 살 때 부모가 이혼을 하자 그는 어머니와 함께 살면서 둘도 없이 친한 모자지간이 되었다. 딕은 평생 경제적으로 궁핍한 생활을 면치 못했지만 어머니는 딕이 작가의 길을 포기하지 않도록 용기를 북돋아주었다.[3] 외동으로 자란 남자들이 대개 그렇듯이 딕은 지독한 일 중독자였다. 그는 다섯 번 결혼했는데, 늘 아내들과 자신의 작품을 놓고 토론을 벌이기 좋아했고, 소설의 초고를 완성하면 가장 먼저 아내들에게 읽어보라고 내밀었다. 딕은 올더스 헉슬리처럼 환각제를 직접 복용해보기도 했다. 그래서인지 그의 작품은 종종 마약과 대체 현실(alternative reality), 진짜라고 생각되는 것에 대한 의심을 깊이 있게 다룬다.

### 빨리 쓰면서 훌륭한 작품을 쓰려면

딕은 자신이 천재적 작가라는 사실을 알고 있었다. 그러나 경제적 형편이 어려워서 도서관 도서반납 연체료도 내지 못할 정도였다. 딕은 "나는 과학소설을 사랑한다. 과학소설을 읽는 것도, 쓰는 것도 좋

---

2) 위의 책, p. 3.
3) 위의 책, p. 16.

## 필립 K. 딕처럼 써라

아한다. 그러나 과학소설 작가들은 돈을 많이 벌지 못한다. 아무리 부인하고 싶어도 그것은 명백한 사실이다. SF 소설은 돈벌이가 되지 않는다."[4] 결국 한 푼이라도 더 벌려면 빨리 쓰는 수밖에 없었다. 딕은 자신을 한계까지 몰아붙였다. 그 결과 평생 40편의 장편소설과 200편의 단편소설을 써낼 수 있었다.[5] 이처럼 빨리 쓴다는 점에서 딕은 발자크와 비슷했다. 아닌 게 아니라 딕도 발자크처럼 오랜 시간 깨어 있기 위해 (발자크만큼 엄청난 양을 마시지는 않았지만) 커피를 이용했다. 그리고 세목시드라인 같은 각성제를 사용하기도 했다.

작가와 약물의 관계를 연구한 어느 전문가에 따르면 딕은 "아마도 각성제에 가장 많이 의존한 작가"라고 봐도 무리가 아니다.[6] 딕이 복용한 것은 단지 각성제뿐만이 아니었다.

> 그는 20대 중반부터 진정제와 우울증 치료제를 비롯한 각종 정신질환 관련 약물을 복용했고, 30대 초반에는 LSD를 체험해보기도 했다. …… 또 각성제의 일종인 세목시드라인의 힘을 빌려 기분을 즐겁게 유지할 수 있었고, 싸구려 과학소설들을 빠른 시간 안에 여러 권 쏟아낼 수 있었다. …… 1963년부터 64년까지 1년 동안 딕은 무려 열한 편의 장편과 수많은 단편 및 에세이를 썼다. 각성제에 취한 상태에서 미친 듯이 작업에만 몰두한 결과였다. 다섯 번의 결혼 생

---

4) Philip K. Dick, *The Shifting Realities of Philip K. Dick: Selected Literary and Philosophical Writing*, edited by Lawrence Sutin, New York:Vintage, 1995, p. 18.
5) Sutin, 앞의 책, p. 9.
6) Marcus Boon, *The Road of Excess: A History of Writers on Drugs*, Cambridge, Mass:Harvard University Press, 2002, p. 206.

활 중 하나가 종지부를 찍은 것도 이 시기였다. 이때 쓴 장편 가운데 가장 주목할 만한 작품은 『팔머 엘드리치의 세 가지 성흔』(1965)이다.[7]

『팔머 엘드리치의 세 가지 성흔 The Three Stigma of Palmer Eldritch』은 간결하게 쓰인 과학소설로, 화성에 거주하는 식민지 주민들이 환각제로 삶을 견뎌내는 미래를 그리고 있다. 등장인물들은 느닷없이 대체 현실 속에 들어와 있는 자신을 발견해 놀라게 되고, 독자는 전경(前景)과 배경의 잇단 교차에 놀란다. 비틀즈의 존 레논은 이 소설에 깊은 감명을 받고 영화로 만들고 싶어 했다고 한다.[8]

딕은 머리가 더 빨리 돌아가고 더 좋아지길 바라는 마음에 니아신이나 비타민 C, 비타민 B 등 다량의 비타민을 복용하기도 했다.[9] 그러나 이와 같은 과도한 약물 남용으로 딕은 끔찍한 대가를 치러야 했다. "일주일에 1000알이 넘는 각성제를 복용한 딕은 CIA가 자신의 전화를 도청하고 있다거나 자신의 집에 침입했다고 믿는 등 말도 안 되는 음모론에 사로잡혔다. 끊임없이 정신병원을 들락거리다가 1972년 자살 시도가 실패로 돌아간 후 캐나다의 한 재활병원에 입원했다."[10]

딕의 정상적인 작업 속도는 일 년에 장편 두 권이었다. "초고를 쓰

---

7) 위의 책.
8) Sutin, 앞의 책, p. 129.
9) 딕은 다량의 비타민이 우뇌와 좌뇌를 더욱 효과적으로 작동하게 해준다는 『사이콜러지 투데이』지의 기사를 그대로 믿었다.(위의 책, pp. 212-213.)
10) Boon, 앞의 책, p. 207.

*Philip K. Dick*
필립 K. 딕처럼 써라

는 데 6주, 타이핑과 편집을 포함해서 재고(再稿)를 쓰는 데 추가로 6주가 걸렸다. 그렇게 소설 한 권을 마치는 데 12주, 즉 석 달이 걸렸다. 그리고 다음 소설을 쓰기 전까지 6개월 동안은 새로운 작품을 구상하는 데 전념했다."[11] 작품 구상은 딕에게 매우 중요했다. "그는 아내 앤에게 자신이 그냥 조용히 앉아 있는 것처럼 보일 때는 절대로 방해하지 말라고 당부했다."[12] 딕은 조용히 앉아 있을 때 주로 책에 대해 생각하면서 머릿속으로 글을 썼다.

누구도 당신에게 딕처럼 각성제를 복용하라고 권하지는 않는다. 그러나 가끔 커피를 마시는 정도는 괜찮다. 우주비행사들도 우주공간에서 임무를 수행할 때 활동성을 높이기 위해 약물을 이용한다.[13] 요컨대 작가에게는 여과 시간이 필요하다. 여과 시간이란 머릿속에 떠오른 아이디어를 심사숙고할 수 있는 시간을 말한다. 머릿속에서 충분한 리허설을 거치고 나면 실제 작품을 쓸 때 힘들이지 않고 더 빨리 쓸 수 있다.[14]

---

11) Sutin, 앞의 책, p. 107.
12) 위의 책
13) 작가는 우주비행사와 닮았다고 할 수 있다. 작가도 우주비행사처럼 해야 할 임무가 있고, 그 임무를 완수하려면 번득이는 영감을 놓치지 말아야 하기 때문이다. 우주비행사들도 수면제나 각성제 같은 약물을 정기적으로 복용한다. 중대한 임무를 수행해야 할 때 우주비행사들은 본인이 원하면 얼마든지 각성제를 복용할 수 있다.(Ann Page, *Keeping Patients Safe: Transforming the Work Environment of Nurses*, Washington, D.C.:National Academies Press, 2004, p. 415.)
14) 많은 작가들이 실제로 이런 방법을 통해 작업을 하고 있고, 운동선수들도 마인드 게임을 통해 운동 능력을 향상시킨다는 조사 결과가 있다.(James Driskell, Carolyn Copper, and Aidan Moran, "Does Mental Practice Enhance Performance?", *Journal of Applied Psychology*, vol. 79, no. 4, 1994, pp. 481-492.)

## 상상력은 왜 중요한가

딕은 단지 상상력이 뛰어났을 뿐만 아니라 그러한 상상력을 작품의 주제와 관련시켜 풀어놓았다.[15] 예를 들어『팔머 엘드리치의 세 가지 성흔』에서 등장인물들이 '퍼키 팻 레이아웃' 이라 불리는 대체 현실로 들어갈 때 상상력이 동원된다. 물론 그들은 캔-D와 츄-Z라는 약물의 도움을 받아 공간을 '이동' 했다. 그러나 일단 대체 현실 속에 발을 들여놓은 다음부터는 약효가 떨어질 때까지 다른 사람들의 생각 속을 드나들면서 새롭고 환상적인 삶을 즐겼다.

작가에게 왜 상상력이 중요하냐는 물음은 새삼 흥미로운 질문일 수 있다. 그러나 무엇보다 중요한 것은 창의력이 무엇인지 이해하고 어떻게 하면 독자들의 반향을 불러일으키는 이야기를 만들어낼 수 있는지 이해하는 것이다. 오늘날엔 정신의 능력에 관한 책들과 창의력을 높이는 방법에 관한 책들을 쉽게 접할 수 있다. 딕은 우뇌와 좌뇌의 차이에 대한 연구에 관심이 많았고, 「인간, 안드로이드, 그리고 기계 Man, Android, and Machine」라는 에세이에서 뇌를 주제로 글을 쓰기도 했다.[16] 그는 자신의 뇌의 좌반구와 우반구 사이의 의사소통을 강화함으로써 창의력을 향상시키려 노력했다.[17] 니체가 말년에 자신을 디오니소스라고 생각했던 것처럼 딕도 지나치게 왕성한 상상력 때문에 1974년부터 1982년에 세상을 뜰 때까지 여러 가지 정신질

---

15) Christopher Palmer, *Philip K. Dick: Exhilaration and Terror of the Postmodern*, Liverpool:Liverpool University Press, 2003, p. 86.
16) Dick, 앞의 책, pp. 211-232.
17) Sutin, 앞의 책, p. 212.

*Philip K. Dick*

필립 K. 딕처럼 써라

환에 시달렸다.[18] 물론 오늘날 우리가 『발리스 VALIS』(1981) 같은 작품을 읽을 수 있는 것은 그가 생애 마지막 8년 동안 환영에 시달린 덕분인지도 모른다. 하지만 그가 환영에 시달리지 않았더라면 분명 『발리스』보다 뛰어난 작품을 대여섯 권쯤은 더 쓸 수 있었을 것이다.[19]

창의력과 상상력을 발전시키기 위해서는 어쩌면 분석적이고 비판적인 내부 검열, 즉 뇌의 편집 기능을 잠시 잊어버려야 할지도 모른다. 이를 위한 방법에는 무엇이 있을까? 한 가지 방법은 딕처럼 빨리 쓰는 것이다. 당신의 속도를 미처 따라잡지 못한 편집자의 입에서 "이봐, 좀 천천히 써주게. 내가 읽어볼 시간은 줘야 하잖아."라는 말이 나올 만큼 빨리 초고를 완성하는 것이다. 상상력을 발전시키는 방법에 대해서는 작가마다 의견이 다를 수 있다. 명상이 상상력을 발전시킨다고 믿는 작가가 있는가 하면,[20] 기억력 강화제가 창의력 향상에 효과가 있다고 주장하는 작가도 있다.[21] 딕 같은 천재도 창의력을

---

[18] 1974년 딕은 자신이 먼 과거에 살고 있다는 망상에 **빠지기** 시작했다.(Michael Pinsky, *Future Present: Ethics And/As Science Fiction*, Madison, N.J.:Fairleigh Dickinson University Press, 2003, p. 159.) 그는 몇 가지 기이한 심리적 이상상태를 보였지만, 언제 그랬냐 싶게 항상 현실로 돌아왔다. 그리고 1976년에서 1982년까지는 비교적 건강한 정신 상태를 보이기도 했다. 『발리스』 집필은 사실상 치료제와 같은 효과를 발휘했다.

[19] 『발리스』는 높은 평가를 받는 중요한 작품이다. 한편으론 지나치게 자기중심적이고 난해하며 구성이 복잡하다는 평가도 있다. 이 작품은 1인칭 시점과 3인칭 시점이 혼재한다. 주인공 호스러버 팻이 필립 K. 딕 자신의 또 다른 자아로 등장하는 것이다. 등장인물과 작가 간의 이러한 혼재는 전에 없던 재미있는 시도로 무척 흥미롭다. 하지만 로렌스 큐비(Lawrence Kubie)는 정신강박 수준의 이러한 기이함이 오히려 창작 과정을 방해할 수 있다고 지적한다.(Lawrence Kubie, *Neurotic Distortion of the Creative Process*, Lawrence:University of Kansas Press, 1958.)

[20] David Lynch, *Catching the Big Fish: Meditation, Consciousness, and Creativity*, New York:Jeremy P. Tarcher/Penguin, 2006.

높이는 데 관심을 가진 것을 보면 창의력 강화가 모든 작가의 염원인 것은 당연해 보인다. 그리고 그리 멀지 않은 미래에 이러한 염원을 풀어줄 획기적인 방법들이 분명 발견될 것이다.

## 현대적 문체란 무엇일까

딕은 가장 현대적인 문체를 구사한 작가였다. 앞서 말했듯 과학소설과 주류 소설의 결합을 평생의 목표로 삼고 매진한 딕이 이야기를 서술하고 묘사하는 능력은 다른 SF 작가들을 압도하고도 남았다. 과학소설에서 물처럼 흐르는 현대적 문체를 구사하고 싶다면 딕의 소설이 많은 도움이 될 것이다. 물론 딕의 문체는 과학소설뿐 아니라 주류 소설을 쓰고자 하는 사람에게도 훌륭한 본보기가 된다. 실제로 딕의 작품은 존 업다이크나 노먼 메일러, 윌리엄 스타이런이 쓴 최고의 작품과 비교해도 전혀 밀리지 않는다. 지금부터 우리는 문체라는 큰 틀 아래에서 다음과 같은 세 가지 주제를 살펴보려고 한다. 동기(motivation), 문장의 길이, 그리고 등장인물의 성격 묘사다.

18세기와 19세기의 작가들은 등장인물의 과거에 대한 장황한 묘사를 통해 그 인물의 동기를 드러내는 방식을 주로 사용했다. 예를 들

---

21) 예를 들어 프레그네놀론과 빈포세틴은 뇌 기능을 향상시켜주는 기억력 강화제의 일종이다.(Ray Kutzweil and Terry Grossman, *Fantastic Voyage: Live Long Enough to Live Forever*, New York:Rodale, 2004, pp. 276-277.) 사헬리안 박사는 프레그네놀론이 창의력 향상에 도움이 된다고 주장한다.(Ray Sahelian, *Pregnenolone: Nature's Feel Good Hormone*, Garden City Park, N.Y.:Avery Publishing Group, 1997, p. 46.)

필립 K. 딕처럼 써라

어 디킨스는 『황폐한 집』에서 에스더의 혈통에 대해 길고 자세한 설명을 늘어놓는다. 에스더의 어머니인 데들록 부인이 다시는 딸과 만날 수 없는 이유를 만들어줘야 하기 때문이었다.[22] 도스토예프스키는 『백치』에서 작가인 자신도 전부 드러내지 못할 만큼 등장인물들의 동기가 복잡하다고 솔직히 털어놓고 독자들의 양해를 구했다.[23] 『폭풍의 언덕』에서도 히스클리프가 낮은 신분으로 어떻게 지금의 위치까지 오를 수 있었는지에 대한 설명이 구구절절 이어진다.[24] 반면 딕은 어떤가? 그는 긴 설명을 생략하고 전혀 다른 현대적 접근 방식으로 등장인물의 동기를 드러낸다. 『팔머 엘드리치의 세 가지 성흔』에서 리처드 내트가 뇌의 기능을 강화해주는 진화 치료법을 발견하려는 이유는 고작 짤막한 몇 줄의 대사와 생각을 통해 드러난다. "나는 높은 자리에 있는 사람들과 문제가 있어."라고 그는 중얼거린다. 내트의 독백은 자신의 영향력이 커질 것이라고 느끼고 있음을 암시한다. 내트는 나중에 아내에게 이렇게 말한다. "동굴에 있는 선조들과 멀어지면 멀어질수록 우리에게 유리한 거야." 이 말은 내트가 진화 치료법을 자연 진화의 다음 단계라고 믿고 있음을 암시한다.[25]

등장인물에게 동기를 부여할 때 딕의 현대적인 접근 방식을 활용하고 싶다면 배경 지식이나 세부묘사를 최소한 생략하고 압축하라.

---

22) 디킨스, 『황폐한 집』 36장.
23) 도스토예프스키, 『백치』 4부 3장.
24) 히스클리프의 어린 시절은 4장에서 넬리 딘의 과거 이야기가 소개될 때 함께 소개된다.
25) Philip K. Dick, *The Three Stigmata of Palmer Eldritch*, New York:Vintage Books, 1965, pp. 66-67.

지나치게 압축하여 동기가 뭔지 제대로 파악할 수 없는 우를 범해서는 안 되겠지만, 적어도 디킨스나 도스토예프스키, 브론테처럼 몇 페이지에 걸쳐 장황한 설명을 늘어놓을 필요는 없다. 등장인물의 대사 몇 줄이나 간단한 생각만으로도 얼마든지 독자에게 등장인물의 동기를 이해시킬 수 있다. 독자들은 자신의 상상력을 발휘하여 짧은 대사나 생각에서 등장인물의 동기를 집어낼 것이다. 등장인물의 동기가 개연성이 있다면 굳이 길게 묘사하지 않고 간단히 언급만 해줘도 충분하다. 그것이 현대적 방식이다.

오늘날과 비교하면 18, 19세기의 문장이나 단락의 길이는 대체로 긴 편이었다. 토머스 드퀸시(Thomas de Quincey)의 유명한 산문체는 분명히 공부해볼 가치가 있을 만큼 훌륭하지만 규칙적인 운율과 복잡한 장문으로 이루어진 드퀸시의 문체를 현대 소설에서도 표준으로 삼기는 힘들다. 딕은 훌륭한 문학작품을 즐겨 읽고 그 안에서 많은 가르침을 얻었지만 복잡한 문장 구조를 그대로 답습하는 실수는 범하지 않았다. 과거에서 배우되 현대의 기준에 맞게 변형해야 한다는 것을 잊어서는 안 된다. 『안드로이드는 전기 양을 꿈꾸는가? *Do Androids Dream of Electric Sheep?*』의 4장은 주인공의 짧은 생각으로 시작한다. "릭 데커드는 '데이브가 당한 대로 나도 당할까 봐 걱정스러웠던 거야.'라고 생각했다. '레이저 총으로 데이브를 쏴버릴 만큼 똑똑한 안드로이드라면 나라고 안심할 수는 없으니까.'" 딕은 두 개의 짧은 문장으로 주인공 릭 데커드의 동기를 드러낸다. 작가에 따라서는 길고 자세한 설명을 선호할 수도 있다. 그러나 좀 더 현대적인 문체를 원한다면 설명의 분량을 줄이려는 노력이 필요하다.

*필립 K. 딕처럼 써라*

이제 우리는 딕과 디킨스를 비교해보려 한다. (우연의 일치이겠지만, 두 작가는 이름까지 비슷하다!) 이름뿐만 아니라 문체에 대한 두 작가의 접근 방식도 비슷할까? 디킨스의 문체는 달콤하고, '너무 너무' 매력적이고, 읽는 이를 '너무 너무' 즐겁게 만든다. 게다가 묘사에 관한 한 최고의 경지에 올라 있는 디킨스에게서 결함을 찾아내려는 시도는 쓸데없이 화를 자초하는 일이 되기 십상이다. 그런 위험을 알면서도 굳이 두 작가를 비교하려는 이유는 이런 비교를 통해 중요한 사실을 배울 수 있기 때문이다. 디킨스는 『황폐한 집』에서 데들록 부인을 소개하면서 부인의 외모를 묘사한다. 당시에는 별 문제가 없었겠지만, 현대 독자들에게는 이런 묘사가 다소 장황하게 느껴질 수 있다.

그녀는 여전히 아름답다. 비록 봄날의 전성기는 지났을지 모르지만 아직 가을은 아니다. 그녀는 멋진 얼굴을 갖고 있다. 아름답다기보다는 귀엽다는 말이 더 어울릴 듯한 얼굴. 게다가 옷을 그렇게 입으니까 고전적인 아름다움까지 풍긴다. 우아한 옷차림 덕분에 키도 커 보인다. 하지만 실제로는 그다지 큰 키는 아니다. 친애하는 밥 스테이블스 씨도 입버릇처럼 말하지 않던가. "그녀의 아름다움은 대부분 스스로 연구하고 연출한 결과이다. 철저하게 만들어진 것이라 할 수 있다."라고. 그는 특히 데들록 부인의 헤어스타일에 대해 칭찬을 아끼지 않는다. 그녀는 작은 금속 단추까지 신경 써서 꾸미는 여자이다.

흠잡을 데가 있는가? 문장은 위트와 자신감이 넘치고, 그런 가운데에서도 데들록 부인의 외모를 독자에게 완벽하게 전달하고 있다. 그러나 현대의 문체는 이와 다르다. 모든 것을 줄여 쓴다. 특히 현대 소설에서는 등장인물의 외모 묘사를 최대한 줄인다. 예전에 외모 묘사에 한 문단 이상을 할애했다면, 오늘날엔 한 문장으로도 충분하다.

등장인물을 묘사할 때 딕은 디킨스식 유머를 활용한다. 딕은 『유빅 Ubik』(1969)에서 디킨스식 유머를 빌려 미시즈 프릭을 우스꽝스럽게 묘사한다. 미시즈 프릭이란 인물은 초능력자의 독심술을 막을 수 있는 반(反)사이(anti-psi, 초능력을 저지하는 종)들을 직원으로 둔 회사에서 글렌 런사이터 회장의 비서로 일하고 있다. "미시즈 프릭은 바짝 마른 몸에 겁이 많은 여자로, 전반적인 노화(老化)의 기운을 감추기 위해 인공 색소를 얼굴에 잔뜩 바르고 있다." 딕은 디킨스가 즐겨 사용한 기발한 방식으로 계속 미시즈 프릭을 묘사한다. "그녀는 런사이터 회장을 향해 걸어가는 동시에 뒤로 물러서는 동작을 해 보였다. 그녀가 아니면 할 수 없는 어려운 동작이다. 이 동작을 익히기까지 무려 100년이나 걸렸다." 여기서 주목할 것은 딕이 인물묘사에 디킨스식 유머를 끌어들이면서도 묘사 분량은 디킨스의 5분의 1밖에 되지 않는다는 점이다. 압축! 압축! 압축! 현대 문체의 핵심은 바로 압축이다. 5장에서 프레드 자프스키라는 인물에 대한 묘사는 딱 두 문장으로 끝낸다. 그마저도 런사이터의 시점에서 바라본 묘사다. "런사이터는 무기력하고 발이 크고 부자연스러운 생김새를 한 중년 남자에게 시선을 고정했다. 머리는 바짝 붙였고 피부는 진흙 빛깔이며 울대뼈가 이상하게 돌출한 그는 이번 모임을 위해 비비 엉덩이 빛깔의 시프트 드레스를 입고 있었다." 딕은 자신이 만든 미래 세상에서 남자들에게 드레스를 입히고 풍자의 대상으로 삼아 소설 속에 당당히 집어넣는다. 중요한 것은 짤막한 한두 문장으로 이 모든 일을 해낸다는 점이다. 딕은 19세기의 거장들처럼 인물묘사에 여러 문단을 할애하지 않는다. 당신도 디킨스식 유머를 활용해보라. 인물의 외모를 묘사할 때 풍자를 섞어보라. 단, 한 가지는 명심하자. 핵심만 짧게 묘사하라.

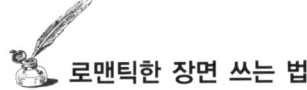
### 로맨틱한 장면 쓰는 법

대표적인 과학소설 작가인 필립 K. 딕에게서 로맨틱한 장면 쓰는 법도 배울 수 있을까? 물론이다. 주류 소설 기법과 작가로서의 역량을 모두 갖춘 딕이기에 가능한 일이다. 딕은 이런 말을 한 적이 있다. "사람들은 과학소설을 아이들이나 고등학생, 독서 장애가 있는 사람들을 위한 장르라고 생각한다. 그래서 SF 작가들은 섹스나 폭력, 심오한 철학이 담긴 글은 아예 시도해볼 생각조차 하지 않는다."[26] 하지만 딕은 주류 소설을 공부하여 그 기법을 SF 소설에 접목했다. 『안드로이드는 전기 양을 꿈꾸는가?』에서 릭 데커드와 레이첼 로젠의 러브신은 로맨틱한 장면으로 소설의 한 장(章)을 어떻게 채우는지 잘 보여준다. 이 장면은 현대적 러브신에 필요한 세 가지 요소를 갖추고 있다. 바로 준비, 로맨틱한 농담, 그리고 첫 키스다. '준비'는 남녀가

---

[26] Rare Philip K. Dick Interview. Festival du livre de science fiction, September, France, 1977. www.youtube.com/watch?v=7Ewcp6Nm-rQ 딕은 비디오로 촬영된 인터뷰에서 프랑스 리포터에게 자신의 작품과 편집증에 대해 전에 없이 허심탄회하게 이야기한다.

상대방에 대해 갖는 생각을 말한다. 그 생각은 갈망이거나 사랑, 또는 단순한 호감일 수도 있다. 이 장면은 3인칭 관찰자 시점으로 쓰였기 때문에 독자는 오로지 릭 데커드의 감정만 읽을 수 있고, 레이첼에 대한 묘사는 릭의 관점을 통해서만 제공된다. 릭은 "레이첼은 켈트족을 모델로 만들어진 안드로이드이다. 체격이 좋고 다소 고전적인 인상이지만 매력이 느껴진다. 하지만 짧은 반바지 아래로 보이는 다리는 날씬하지만 중성적인 느낌이다. 성적인 매력은 전혀 없는 다리다."라고 묘사한다.[27] 딕의 소설에 등장하는 대부분의 여주인공처럼 레이첼은 젊고 호리호리한 몸매에 검은 머릿결을 지니고 있다. 이 장면의 아이러니는 릭이 안드로이드인 레이첼에게 끌린다는 사실이다. 이는 과학소설에서만 기대할 수 있는 매력적인 부분이기도 하다. '로맨틱한 농담'은 보통 첫 키스에 앞서 이루어진다. 그러나 딕은 이 순서를 완전히 뒤집는다. "'안드로이드와 키스를 하면 어떤 기분일까? 그는 혼자 중얼거리더니 몸을 살짝 기울여 그녀의 마른 입술에 입을 맞췄다."[28] 등장인물이 둘 다 사람이라면 첫 키스 후에는 반드시 어떤 식으로든 반응이 있기 마련이다. 그러한 반응은 장면을 고조시키는 역할을 한다. 하지만 레이첼은 안드로이드이기 때문에 아무런 반응도 하지 않는다. 아니, 그게 정상이다. 그런데 뜻밖에도 그녀는 분명히 감정을 '느끼고' 있다. 그녀는 '첫 키스'가 끝나자마자 릭에게 섹스를 하고 싶다고 말한다. 릭은 망설이지만 레이첼이 그를 리

---

27) Philip K. Dick, *Do Androids Dream of Electric Sheep?* (Published as *Blade Runner*), New York:Del Rey, 1968, p. 164.
28) 위의 책, p. 165.

*필립 K. 딕처럼 써라*

드하여 마침내 육체관계를 맺는 데 성공한다. 흥미롭게도 안드로이드인 그녀가 사랑이라는 주제를 먼저 꺼내고 있는 것이다. 딕이 로맨틱한 대화 장면에서 전문적인 기술 용어를 포함시키는 점도 재미있다. 예컨대 이런 장면에서 '보넬리 반사 신경 테스트(Boneli reflex-arc test)'에 관해 이야기하거나, '넥서스 6 타입'처럼 특수한 형태의 안드로이드에 관한 이야기를 주고받는다. 이처럼 딱딱한 기술 용어를 사용하고 첫 키스와 농담의 순서가 뒤바뀌었는데도 두 사람의 대화 속에는 로맨틱한 기운이 흐른다. 이런 대화는 사실상 전형적인 러브신에는 어울리지 않지만 이 장면에서는 매우 적절하게 사용되고 있다.

네 번째 요소인 '페이드아웃(fade out)'은 선택사항이다. 엄밀히 말하면 페이드아웃은 영화에서만 사용하는 용어다. 소설에서는 한 장에서 다음 장으로 넘어가는 사이에 섹스가 이루어졌음을 암시할 때 페이드아웃이라는 용어를 사용한다. 딕이 페이드아웃을 절묘하게 사용한 예를 보자. 릭과 레이첼의 로맨틱한 장면이 끝나는 장의 마지막 바로 앞 줄에서 레이첼은 릭에게 침대에 누울 것을 요구한다. 딕은 마지막 줄을 이렇게 끝냈다. "그는 침대에 누웠다."

로맨틱한 장면을 쓰려면 첫 키스 전에 로맨틱한 농담이 오고가도록 순서를 바꿀 필요가 있다. 그런 순서가 더 보편적이다. 두 사람이 만나는 장면부터 묘사할 것인가 말 것인가는 작가가 선택할 문제다. 가령, 『안드로이드는 전기 양을 꿈꾸는가?』처럼 두 사람이 만나는 장면이 줄거리의 흐름상 필수적이지 않은 경우에는 빼버릴 수도 있다. 그러나 정사 장면이 무려 22페이지에 이르는 스콧 스펜서(Scott Spencer)의 『끝없는 사랑 *Endless Love*』 같은 작품에서는 처음 만나는 장면이 주인공의 성격과 섹스의 정당성을 설명해주는 데 필수적이므로 빼서는 안 된다.

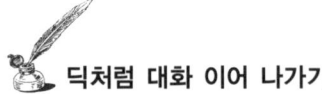
### 딕처럼 대화 이어 나가기

딕은 과학소설에서 보통 볼 수 있는 분량보다 훨씬 더 많은 대화를 쓰는 작가로 잘 알려져 있다. 그가 가진 주류 문학의 글쓰기 재능 덕분이다. 여러 가지 기법 가운데 여기서는 딕이 가장 큰 효과를 거두었던 두 가지 대화 기법을 살펴보기로 하자. 첫 문장에서 화자가 누구인지 나타내기 위하여 대화로 이루어진 한 단락을 두 단락으로 나누는 방법과, 여러 명의 인물이 등장하는 장면에서 오직 두 인물만 대화를 나누도록 하는 '타이트 포커스(tight focus)' 라는 방법이 있다.

첫 번째 기법의 예는 『스캐너 다클리 A Scanner Darkly』(1977)의 4장에서 볼 수 있다. 마약수사국 요원이자 마약중독자이기도 한 주인공 밥 악터가 친구 배리스와 이야기를 나누는 장면이다. 악터는 간밤에 꾸었던 꿈 이야기를 한바탕 늘어놓으려는 참이다. 딕은 누가 이야기를 하고 있는지 알려주기 위해 이렇게 대화를 시작한다.

" '꿈 때문에 잠이 깼어,' 악터가 말했다. '종교적인 꿈이었어. 진짜 엄청나게 큰 천둥소리가 들렸지…….' " 그러고는 악터가 이야기를 직접 들려준다. 이처럼 첫 문장에서 화자의 이름을 짧게 언급해주면 따로 화자를 지시한다거나 설명할 필요 없이 손쉽고 빠르게 이야기하고 있는 사람의 정체를 밝힐 수 있다. 여러 문단이 필요한 긴 대화를 쓸 때 이 기법을 이용해 보길 권한다. 필요할 때는 " '내 말 좀 들어